地方上級／国家総合職・一般職・専門職

公務員試験

数的推理

資格試験研究会編

実務教育出版

新スーパー過去問ゼミ7

刊行に当たって

公務員試験の過去問を使った定番問題集として，公務員受験生から圧倒的な信頼を寄せられている「スー過去」シリーズ。その「スー過去」が，令和３年度以降の問題を収録して最新の出題傾向に沿った内容に見直しを図るとともに，より効率よく学習を進められるよう細部までブラッシュアップして，このたび「**新スーパー過去問ゼミ７**」に生まれ変わりました。

本シリーズは，**大学卒業程度の公務員採用試験攻略にスポットを当てた過去問ベスト・セレクション**です。**「地方上級」「国家一般職［大卒］」**試験を中心に**「国家総合職」「国家専門職」「市役所上級」**試験などに幅広く対応できる内容になっています。

公務員試験は難関といわれていますが，良問の演習を繰り返すことで，合格への道筋はおのずと開けてくるはずです。本書を開いた今この瞬間から，目標突破へ向けての着実な準備を始めてください。

あなたがこれからの公務を担う一員となれるよう，私たちも応援し続けます。

資格試験研究会

●国家公務員試験の新試験制度への対応について

令和６年度（2024年度）の大卒程度試験から，出題数の削減などの制度変更の方針が示されています。現時点で，基礎能力試験の知能分野においては大幅な変更はなく，知識分野においては「時事問題を中心とし，普段から社会情勢等に関心を持っていれば対応できるような内容」への変更と，「情報に関する問題の出題」が予定されています。

具体的な出題内容は予測の域を出ませんが，各科目の知識も正誤判断の重要な要素となりえますので，令和５年度（2023年度）以前の過去問演習でポイントを押さえておくことが必要だと考えています。

制度変更の詳細や試験内容等で新しいことが判明した場合には，実務教育出版のウェブサイト，実務教育出版第二編集部Twitter等でお知らせしますので，随時ご確認ください。

本書の構成と過去問について

本書の構成

❶学習方法・問題リスト：巻頭には，本書を使った効率的な科目の攻略のしかたをアドバイスする「**数的推理の学習方法**」と，本書に収録した全過去問を一覧できる「**掲載問題リスト**」を掲載している。過去問を選別して自分なりの学習計画を練ったり，学習の進捗状況を確認する際などに活用してほしい。

❷試験別出題傾向と対策：各章冒頭にある出題箇所表では，平成21年度以降の国家総合職，国家一般職，国家専門職，地方上級（全国型・東京都・特別区），市役所（C日程）の出題状況が一目でわかるようになっている。具体的な出題傾向は，試験別に解説を付してある。

※市役所C日程については令和5年度の情報は反映されていない。

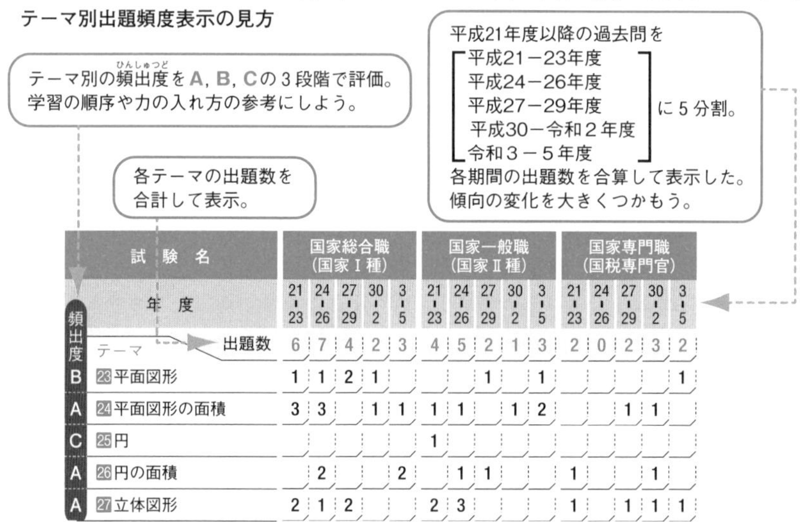

頻出度	試験名	国家総合職（国家Ⅰ種）					国家一般職（国家Ⅱ種）					国家専門職（国税専門官）				
	年度	21-23	24-26	27-29	30-2	3-5	21-23	24-26	27-29	30-2	3-5	21-23	24-26	27-29	30-2	3-5
	テーマ　出題数	6	7	4	2	3	4	5	2	1	3	2	0	2	3	2
B	23 平面図形	1	1	2	1				1		1					1
A	24 平面図形の面積	3	3		1	1	1	1		1	2			1	1	
C	25 円						1									
A	26 円の面積		2			2		1	1			1			1	
A	27 立体図形	2	1	2			2	3				1		1	1	1

❸必修問題：各テーマのトップを飾るにふさわしい，合格のためには必ずマスターしたい良問をピックアップ。解説は，各選択肢の正誤ポイントをズバリと示す「**1行解説**」，解答のプロセスを示す「**STEP解説**」など，効率的に学習が進むように配慮した。また，正答を導くための指針となるよう，問題文中に以下のポイントを示している。

（アンダーライン部分）：正誤判断の決め手となる記述
（色が敷いてある部分）：覚えておきたいキーワード

「**FOCUS**」には，そのテーマで問われるポイントや注意点，補足説明などを掲載している。

必修問題のページ上部に掲載した「**頻出度**」は，各テーマをA，B，Cの3段階で評価し，さらに試験別の出題頻度を「★」の数で示している（★★★：最頻出，★★：頻出，★：過去15年間に出題実績あり，—：過去15年間に出題なし）。

❹POINT：これだけは覚えておきたい最重要知識を，図表などを駆使してコンパクト

にまとめた。問題を解く前の知識整理に，試験直前の確認に活用してほしい。

❺**実戦問題**：各テーマの内容をスムーズに理解できるよう，バランスよく問題を選び，詳しく解説している。問題ナンバー上部の「＊」は，その問題の「**難易度**」を表しており（＊＊＊が最難），また，学習効果の高い重要な問題には◆マークを付している。

◆ ＊＊ No.2　必修問題と◆マークのついた問題を解いていけば，スピーディーに本書をひととおりこなせるようになっている。

なお，収録問題数が多いテーマについては，「**実戦問題1**」「**実戦問題2**」のように問題をレベル別またはジャンル別に分割し，解説を参照しやすくしている。

❻**索引**：巻末には，POINT等に掲載している重要語句を集めた用語索引がついている。用語の意味や定義の確認，理解度のチェックなどに使ってほしい。

本書で取り扱う試験の名称表記について

本書に掲載した問題の末尾には，試験名の略称および出題年度を記載している。

①**国家総合職**：国家公務員採用総合職試験，
国家公務員採用Ⅰ種試験（平成23年度まで）

②**国家一般職**：国家公務員採用一般職試験［大卒程度試験］，
国家公務員採用Ⅱ種試験（平成23年度まで）

③**国家専門職**：国家公務員採用専門職試験［大卒程度試験］，
国税専門官採用試験

④**地方上級**：地方公務員採用上級試験（都道府県・政令指定都市）

（全国型）：広く全国的に分布し，地方上級試験のベースとなっている出題型

（東京都）：東京都職員Ⅰ類B採用試験

（特別区）：特別区（東京23区）職員Ⅰ類採用試験

※地方上級試験については，実務教育出版が独自に分析し，「全国型」「関東型」「中部・北陸型」「法律・経済専門タイプ」「その他の出題タイプ」「独自の出題タイプ（東京都，特別区など）」の６つに大別している。

⑤**市役所**：市役所職員採用上級試験（政令指定都市以外の市役所）

※市役所上級試験については，試験日程によって「Ａ日程」「Ｂ日程」「Ｃ日程」の３つに大別している。また，「Standard」「Logical「Light」という出題タイプがあるが，本書では大卒程度の試験で最も標準的な「Standard-Ⅰ」を原則として使用している。

本書に収録されている「過去問」について

①平成９年度以降の国家公務員試験の問題は，人事院により公表された問題を掲載している。地方上級の一部（東京都，特別区）も自治体により公表された問題を掲載している。それ以外の問題は，受験生から得た情報をもとに実務教育出版が独自に編集し，復元したものである。

②問題の論点を保ちつつ問い方を変えた，年度の経過により変化した実状に適合させた，などの理由で，問題を一部改題している場合がある。また，人事院などにより公表された問題も，用字用語の統一を行っている。

CONTENTS

公務員試験　新スーパー過去問ゼミ７

数的推理

「新スーパー過去問ゼミ７」刊行に当たって …… 1
本書の構成と過去問について …… 2
数的推理の学習方法 …… 6
合格者に学ぶ「スー過去」活用術 …… 8
学習する過去問の選び方 …… 9
掲載問題リスト …… 10

第１章　数と式の計算　15

テーマ1　数の計算 …… 18
テーマ2　素因数分解 …… 32
テーマ3　約数・倍数 …… 40
テーマ4　商と余り …… 52
テーマ5　記数法 …… 62
テーマ6　数量問題 …… 74
テーマ7　覆面算，魔方陣 …… 88
テーマ8　数列 …… 100

第２章　方程式と不等式　113

テーマ9　１次方程式 …… 116
テーマ10　連立方程式 …… 124
テーマ11　方程式の整数解 …… 134
テーマ12　不等式 …… 146
テーマ13　時計算，年齢算，平均 …… 162
テーマ14　集合 …… 174
テーマ15　速さ・距離・時間 …… 186
テーマ16　旅人算，流水算 …… 200
テーマ17　ダイヤグラム …… 212
テーマ18　比，割合 …… 222
テーマ19　濃度 …… 230
テーマ20　百分率，増加率 …… 238
テーマ21　仕事算 …… 246
テーマ22　ニュートン算 …… 254

第3章 図形 265

テーマ23 平面図形 …… 268
テーマ24 平面図形の面積 …… 280
テーマ25 円 …… 298
テーマ26 円の面積 …… 314
テーマ27 立体図形 …… 332

第4章 場合の数と確率 351

テーマ28 場合の数 …… 354
テーマ29 順列 …… 364
テーマ30 組合せ …… 374
テーマ31 確率(1) …… 388
テーマ32 確率(2) …… 406
テーマ33 確率(3) …… 424

索引 …… 434

カバー・本文デザイン／小谷野まさを　書名ロゴ／早瀬芳文

数的推理の学習方法

●過去問を解く重要性

次の２つの問題を見てほしい。

例題１

１～６の目が一つずつ書かれた立方体のサイコロを３回振ったとき，出た目の和が素数になる確率として，正しいのはどれか。

【地方上級（東京都）・平成30年度】

1 $\frac{23}{108}$

2 $\frac{13}{54}$

3 $\frac{29}{108}$

4 $\frac{67}{216}$

5 $\frac{73}{216}$

例題２

１から６の目が一つずつ書かれたサイコロを３回投げたとき，出た目の数の和が素数になる確率として，正しいのはどれか。ただし，サイコロの１から６の目が出る確率はそれぞれ等しいものとする。

【地方上級（東京都）・令和５年度】

1 $\frac{7}{24}$

2 $\frac{11}{36}$

3 $\frac{35}{108}$

4 $\frac{73}{216}$

5 $\frac{19}{54}$

これは確率の問題であるが，酷似していることは明らかだろう。**例題１**は本書の旧版（『新スーパー過去問ゼミ６』）で，**例題２**は本書で取り上げた問題である。旧版で学習した読者は令和５年度の問題は難なく解けただろう（正答は**例題１**が**5**，**例題２**は**4**）。

このように，公務員試験の数的推理では，数年後に類似問題が出題されることが非常に多い。したがって，過去問に多く触れることが数的推理を制するための近道といっても過言ではない。

そこで本書を利用するうえで効果的な学習方法・対策を示しておこう。

●効果的な学習方法・対策

数的推理は，一言でいうと「数学」である。「数学」といっても，そのほとんどの問題は，中学卒業程度までの知識で解けてしまう。しかし，数学を苦手とする人には，少々やっかいなことに，文章題や図形，さらに確率といった分野が中心で，とっつきにくい内容になっている。それだけに，数学が得意な人と不得意な人とでは，教養試験（基礎能力試験）の中で得点差が出る科目である。

ここでは，数学があまり得意でない人向けの学習方法を伝授しよう。

❶重要ポイントの活用

本書では，各テーマに重要ポイントのコーナーがあり，このテーマの問題を解いていくうえで必要な数学の知識がまとめられている。ほとんどが，中学校の教科書程度の内容になっているので，教科書がなくても学べるように構成されている。ここで，必要な公式や基本事項を身につけてほしい。さらに，簡単な例題が添えられているので，これらを解くことによって，基本問題を確実に解ける基礎・基本を学ぼう。

❷必修問題の解き方

必修問題には各テーマの典型的な問題を取り上げている。内容的には中程度の難易度の問題が多いので，初めて学習に取り組む際は解けなくてもかまわない。問題を解かずに読み進めていくだけでもよい。その際，解法がSTEPごとに展開されているので，解法の流れをつかんでほしい。

❸実戦問題の解き方

実戦問題は，原則として易しい問題から難しい問題の順に並んでいる。ここ数年の数的推理の出題傾向は，数年前に比べると易しい問題が増えている。実は，難しい問題を取りこぼしても，それほど合否にはかかわらない。極端な話，五肢択一式なので20％は正解できる。これをなんとか50～60％の正答率にもっていくには，基本から中程度の難易度の問題を取りこぼさないような学習が大切である。この際，苦手な人は実戦問題の応用レベルは無視しよう。そのかわり，基本レベルに重点を置いて何度も繰り返し解くことをお勧めしたい。特に，💎の付いている問題は徹底的にマスターしよう。💎と必修問題で約100問あるので，最低限これらを身につけて，それを自信に試験に臨んでほしい。

❹学習のアドバイス

「幾何学に王道なし」

これは，紀元前の数学者であるユークリッドの言葉といわれている。ユークリッドは，当時の国王の家庭教師として幾何学を教えていた。この王様は，向学心のある人だったが，あまりにも幾何学（数学）が難しいため，ついに音を上げて，もっと幾何学を簡単に学ぶ方法はないのかと尋ねたところ，それに答えたユークリッドの言葉が，この「幾何学に王道なし」だったといわれている。国を支配する王様でも，数学はコツコツとやらなければ身につかないという意味が込められている。皆さんも，数的推理の実力をつけるには，焦らずにマイペースでコツコツと基礎づくりに励み，コツコツと応用力を身につけていこう。

◆お勧め学習方法

重要ポイントを読む → 必修問題を解く → 実戦問題を解く（基本レベルや💎を中心に繰り返し解く）

合格者に学ぶ「スー過去」活用術

公務員受験生の定番問題集となっている「スー過去」シリーズであるが，先輩たちは本シリーズをどのように使って，合格を勝ち得てきたのだろうか。弊社刊行の『公務員試験受験ジャーナル』に寄せられた「合格体験記」などから，傾向を探ってみた。

自分なりの「戦略」を持って学習に取り組もう！

テーマ１から順番に一つ一つじっくりと問題を解いて，わからないところを入念に調べ，納得してから次に進む……という一見まっとうな学習法は，すでに時代遅れになっている。

合格者は，初期段階でおおまかな学習計画を立てて，戦略を練っている。まずは各章冒頭にある「試験別出題傾向と対策」を見て，自分が受験する試験で各テーマがどの程度出題されているのかを把握し，「掲載問題リスト」を利用するなどして，**いつまでにどの程度まで学習を進めればよいか，学習全体の流れをイメージ**しておきたい。

完璧をめざさない！ザックリ進めながら復習を繰り返せ！

本番の試験では，６～７割の問題に正答できればボーダーラインを突破できる。裏を返せば**３～４割の問題は解けなくてもよい**わけで，完璧をめざす必要はまったくない。

受験生の間では，**「問題集を何周したか」**がしばしば話題に上る。問題集は，１回で理解しようとジックリ取り組むよりも，初めはザックリ理解できた程度で先に進んでいき，何回も繰り返し取り組むことで徐々に理解を深めていくやり方のほうが，学習効率は高いとされている。**合格者は「スー過去」を繰り返しやって，得点力を高めている。**

すぐに解説を読んでもOK！考え込むのは時間のムダ！

合格者の声を聞くと**「スー過去を参考書代わりに読み込んだ」**というものが多く見受けられる。科目の攻略スピードを上げようと思ったら「ウンウンと考え込む時間」は一番のムダだ。過去問演習は，解けた解けなかったと一喜一憂するのではなく，**問題文と解説を読みながら正誤のポイントとなる知識を把握して記憶することの繰り返し**なのである。

分量が多すぎる！という人は，自分なりに過去問をチョイス！

広い出題範囲の中から頻出のテーマ・過去問を選んで掲載している「スー過去」ではあるが，この分量をこなすのは無理だ！と敬遠している受験生もいる。しかし，**合格者もすべての問題に取り組んでいるわけではない。**必要な部分を自ら取捨選択することが，最短合格のカギといえる（次ページに問題の選択例を示したので参考にしてほしい）。

書き込んでバラして……「スー過去」を使い倒せ！

補足知識や注意点などは本書に直接書き込んでいこう。**書き込みを続けて情報を集約していくと本書が自分オリジナルの参考書になっていく**ので，インプットの効率が格段に上がる。それを繰り返し「何周も回して」いくうちに，反射的に解答できるようになるはずだ。

また，分厚い「スー過去」をカッターで切って，章ごとにバラして使っている合格者も多い。**自分が使いやすいようにカスタマイズ**して，「スー過去」をしゃぶり尽くそう！

学習する過去問の選び方

●具体的な「カスタマイズ」のやり方例

本書は全267問の過去問を収録している。分量が多すぎる！と思うかもしれないが，合格者の多くは，過去問を上手に取捨選択して，自分に合った分量と範囲を決めて学習を進めている。

以下，お勧めの例をご紹介しよう。

❶必修問題と◆のついた問題に優先的に取り組む！

当面取り組む過去問を，各テーマの「**必修問題**」と◆マークのついている「**実戦問題**」に絞ると，およそ全体の４割の分量となる。これにプラスして各テーマの「**POINT**」をチェックしていけば，この科目の典型問題と正誤判断の決め手となる知識の主だったところは押さえられる。

本試験まで時間がある人もそうでない人も，ここから取り組むのが定石である。まずはこれで１周（問題集をひととおり最後までやり切ること）してみてほしい。

❶を何周かしたら次のステップへ移ろう。

❷取り組む過去問の量を増やしていく

❶で基本は押さえられても，❶だけでは演習量が心もとないので，取り組む過去問の数を増やしていく必要がある。増やし方としてはいくつかあるが，このあたりが一般的であろう。

◎基本レベルの過去問を追加（難易度「＊」の問題を追加）
◎受験する試験種の過去問を追加
◎頻出度Ａのテーマの過去問を追加

これをひととおり終えたら，前回やったところを復習しつつ，まだ手をつけていない過去問をさらに追加していくことでレベルアップを図っていく。

もちろん，あまり手を広げずに，ある程度のところで折り合いをつけて，その分復習に時間を割く戦略もある。

●掲載問題リストを活用しよう！

「**掲載問題リスト**」では，本書に掲載された過去問を一覧表示している。

受験する試験や難易度・出題年度等を基準に，学習する過去問を選別する際の目安としたり，チェックボックスを使って学習の進捗状況を確認したりできるようになっている。

効率よくスピーディーに学習を進めるためにも，積極的に利用してほしい。

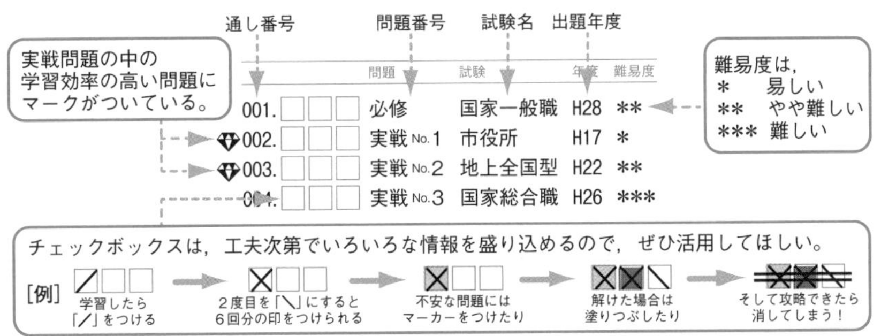

掲載問題リスト

本書に掲載した全267問を一覧表にした。□に正答できたかどうかをチェックするなどして，本書を上手に活用してほしい。

第1章 数と式の計算

テーマ1 数の計算

	問題	試験	年度	難易度
001. □□□	必修	国家専門職	R2	**
◆ 002. □□□	実戦No.1	地上特別区	R元	*
003. □□□	実戦No.2	地方上級	H20	**
004. □□□	実戦No.3	地上全国型	H25	**
◆ 005. □□□	実戦No.4	国家専門職	R4	**
006. □□□	実戦No.5	国家専門職	H24	**
007. □□□	実戦No.6	国家一般職	R元	**
008. □□□	実戦No.7	地上全国型	H29	**
◆ 009. □□□	実戦No.8	国家総合職	R2	**

テーマ2 素因数分解

	問題	試験	年度	難易度
010. □□□	必修	地上東京都	R3	**
◆ 011. □□□	実戦No.1	地上特別区	H28	*
012. □□□	実戦No.2	市役所	H25	*
013. □□□	実戦No.3	地上東京都	R3	**
014. □□□	実戦No.4	国家総合職	H29	**

テーマ3 約数・倍数

	問題	試験	年度	難易度
015. □□□	必修	国家総合職	R3	***
◆ 016. □□□	実戦No.1	地上特別区	R3	*
017. □□□	実戦No.2	地上特別区	H29	*
018. □□□	実戦No.3	地上特別区	H28	*
◆ 019. □□□	実戦No.4	地上特別区	R2	*
020. □□□	実戦No.5	地上特別区	H29	*
◆ 021. □□□	実戦No.6	地方上級	H23	**
022. □□□	実戦No.7	国家一般職	H26	**
023. □□□	実戦No.8	地方上級	H21	**
024. □□□	実戦No.9	国家一般職	H29	**

テーマ4 商と余り

	問題	試験	年度	難易度
025. □□□	必修	国家専門職	R4	**
026. □□□	実戦No.1	地上東京都	H27	*
◆ 027. □□□	実戦No.2	国家一般職	R元	*
028. □□□	実戦No.3	地上特別区	R4	*
◆ 029. □□□	実戦No.4	市役所	R元	*
030. □□□	実戦No.5	地上全国型	H29	**
031. □□□	実戦No.6	地上特別区	H26	**
032. □□□	実戦No.7	国家総合職	R元	***

テーマ5 記数法

	問題	試験	年度	難易度
033. □□□	必修	地上東京都	H30	*
034. □□□	実戦No.1	地上特別区	H19	*
◆ 035. □□□	実戦No.2	地上東京都	H26	*
036. □□□	実戦No.3	地方上級	H21	*
037. □□□	実戦No.4	市役所	H22	**
◆ 038. □□□	実戦No.5	国家総合職	R4	**
039. □□□	実戦No.6	市役所	H15	**
040. □□□	実戦No.7	市役所	H17	**
◆ 041. □□□	実戦No.8	国家総合職	R3	***

テーマ6 数量問題

	問題	試験	年度	難易度
042. □□□	必修	国家総合職	H30	**
043. □□□	実戦No.1	地上特別区	H29	*
◆ 044. □□□	実戦No.2	地方上級	H26	**
045. □□□	実戦No.3	地上全国型	R3	**
046. □□□	実戦No.4	国家一般職	H29	**
◆ 047. □□□	実戦No.5	国家一般職	H28	**
048. □□□	実戦No.6	国家一般職	R元	**
049. □□□	実戦No.7	地方上級	H20	**
050. □□□	実戦No.8	国家総合職	H26	**

テーマ7 覆面算，魔方陣

	問題	試験	年度	難易度
051. □□□	必修	地上全国型	R4	**
◆ 052. □□□	実戦No.1	市役所	H30	*
053. □□□	実戦No.2	国家総合職	H20	*
054. □□□	実戦No.3	国家総合職	H18	**
055. □□□	実戦No.4	地方上級	H24	**
056. □□□	実戦No.5	地方特別区	H27	**
◆ 057. □□□	実戦No.6	地上東京都	H30	**

テーマ8 数列

	問題	試験	年度	難易度
058. □□□	必修	国家総合職	H29	***
059. □□□	実戦No.1	地上東京都	H23	*
◆ 060. □□□	実戦No.2	地方上級	H21	**
◆ 061. □□□	実戦No.3	地方上級	H22	**
062. □□□	実戦No.4	国家一般職	H21	**
063. □□□	実戦No.5	地方上級	H20	**
064. □□□	実戦No.6	市役所	H27	**
065. □□□	実戦No.7	国家総合職	H26	**
◆ 066. □□□	実戦No.8	地方上級	H24	**

第2章 方程式と不等式

テーマ9 1次方程式

			問題	試験	年度	難易度
	067.	□□□	必修	国家一般職	H30	**
◆	068.	□□□	実戦No.1	市役所改題	H30	*
	069.	□□□	実戦No.2	国家一般職	R4	**
	070.	□□□	実戦No.3	市役所	H21	**
◆	071.	□□□	実戦No.4	国家一般職	H30	**

テーマ10 連立方程式

			問題	試験	年度	難易度
	072.	□□□	必修	国家総合職	R2	**
◆	073.	□□□	実戦No.1	地方上級	H28	*
	074.	□□□	実戦No.2	市役所	H28	*
	075.	□□□	実戦No.3	国家一般職	H30	*
	076.	□□□	実戦No.4	市役所	R3	*
	077.	□□□	実戦No.5	市役所	R元	*
◆	078.	□□□	実戦No.6	国家総合職	H28	**

テーマ11 方程式の整数解

			問題	試験	年度	難易度
	079.	□□□	必修	国家総合職	R5	**
◆	080.	□□□	実戦No.1	地上全国型	R3	*
◆	081.	□□□	実戦No.2	地上東京都	H25	*
	082.	□□□	実戦No.3	国家専門職	R元	*
	083.	□□□	実戦No.4	国家専門職	H30	*
	084.	□□□	実戦No.5	地上東京都	H26	**
◆	085.	□□□	実戦No.6	国家専門職	R3	**
	086.	□□□	実戦No.7	市役所	H30	**

テーマ12 不等式

			問題	試験	年度	難易度
	087.	□□□	必修	地上特別区	R4	**
	088.	□□□	実戦No.1	地上東京都	H27	*
◆	089.	□□□	実戦No.2	市役所	H25	*
◆	090.	□□□	実戦No.3	地上東京都	H24	*
	091.	□□□	実戦No.4	地上東京都	H29	**
◆	092.	□□□	実戦No.5	国家専門職	R4	**
	093.	□□□	実戦No.6	地上東京都	H28	**
	094.	□□□	実戦No.7	地方上級	H21	**
	095.	□□□	実戦No.8	地上東京都	R元	**

テーマ13 時計算，年齢算，平均

			問題	試験	年度	難易度
	096.	□□□	必修	市役所	R2	**
◆	097.	□□□	実戦No.1	地方上級	H28	*
	098.	□□□	実戦No.2	地方上級	H18	**
◆	099.	□□□	実戦No.3	国家専門職	R3	**
	100.	□□□	実戦No.4	地上東京都	H29	**
	101.	□□□	実戦No.5	国家専門職	H24	**
◆	102.	□□□	実戦No.6	国家専門職	H26	**
	103.	□□□	実戦No.7	地上特別区	R3	**

テーマ14 集合

			問題	試験	年度	難易度
	104.	□□□	必修	地上特別区	R3	**
◆	105.	□□□	実戦No.1	国家専門職	H24	*
	106.	□□□	実戦No.2	市役所	H24	*
	107.	□□□	実戦No.3	国家専門職	H26	*
	108.	□□□	実戦No.4	市役所	H25	**
◆	109.	□□□	実戦No.5	国家専門職	H27	**

テーマ15 速さ・距離・時間

			問題	試験	年度	難易度
	110.	□□□	必修	地上特別区	R元	**
	111.	□□□	実戦No.1	地上特別区	H29	*
◆	112.	□□□	実戦No.2	地上特別区	R3	*
	113.	□□□	実戦No.3	地方上級	H24	*
◆	114.	□□□	実戦No.4	地上特別区	H28	*
◆	115.	□□□	実戦No.5	地上全国型	R4	**
	116.	□□□	実戦No.6	地上全国型	R元	**
	117.	□□□	実戦No.7	地方上級	H19	**
	118.	□□□	実戦No.8	国家総合職	H27	***
	119.	□□□	実戦No.9	国家総合職	R2	***

テーマ16 旅人算，流水算

			問題	試験	年度	難易度
	120.	□□□	必修	地上特別区	R2	***
	121.	□□□	実戦No.1	国家一般職	R4	*
◆	122.	□□□	実戦No.2	市役所	H30	*
	123.	□□□	実戦No.3	国家専門職	H26	*
	124.	□□□	実戦No.4	地上特別区	H26	**
◆	125.	□□□	実戦No.5	市役所	R4	**
	126.	□□□	実戦No.6	地上東京都	R2	**
	127.	□□□	実戦No.7	国家専門職	H23	**

テーマ17 ダイヤグラム

		問題	試験	年度	難易度
128.	□□□	必修	国家総合職	R5	**
129.	□□□	実戦No.1	市役所	H13	*
130.	□□□	実戦No.2	市役所	H21	*
◆131.	□□□	実戦No.3	地上特別区	H23	**
132.	□□□	実戦No.4	地上特別区	H30	**
133.	□□□	実戦No.5	国家一般職	H25	**

テーマ18 比，割合

		問題	試験	年度	難易度
134.	□□□	必修	国家一般職	R元	*
135.	□□□	実戦No.1	地上全国型	R4	*
◆136.	□□□	実戦No.2	国家専門職	R2	**
137.	□□□	実戦No.3	市役所	H26	**

テーマ19 濃度

		問題	試験	年度	難易度
138.	□□□	必修	地上全国型	R元	*
◆139.	□□□	実戦No.1	地上特別区	H29	*
140.	□□□	実戦No.2	市役所	H28	*
◆141.	□□□	実戦No.3	地上東京都	R4	*
142.	□□□	実戦No.4	市役所	H17	**
143.	□□□	実戦No.5	国家一般職	H25	**

テーマ20 百分率，増加率

		問題	試験	年度	難易度
144.	□□□	必修	地上特別区	R5	**
145.	□□□	実戦No.1	地上特別区	R元	*
146.	□□□	実戦No.2	市役所	H21	*
◆147.	□□□	実戦No.3	地上全国型	R3	*
148.	□□□	実戦No.4	地上東京都	H25	**

テーマ21 仕事算

		問題	試験	年度	難易度
149.	□□□	必修	地上特別区	R4	**
◆150.	□□□	実戦No.1	市役所	H30	*
151.	□□□	実戦No.2	地上東京都	H29	**
152.	□□□	実戦No.3	地上特別区	H23	**
153.	□□□	実戦No.4	国家専門職	H27	**

テーマ22 ニュートン算

		問題	試験	年度	難易度
154.	□□□	必修	国家総合職	R元	***
◆155.	□□□	実戦No.1	市役所	R3	*
156.	□□□	実戦No.2	地上特別区	H28	*
157.	□□□	実戦No.3	地方上級	H16	**
158.	□□□	実戦No.4	地上全国型	R4	**
159.	□□□	実戦No.5	国家総合職	H24	***
◆160.	□□□	実戦No.6	国家総合職	H27	***

第3章 図形

テーマ23 平面図形

		問題	試験	年度	難易度
161.	□□□	必修	地上東京都	R5	**
◆162.	□□□	実戦No.1	地方上級	H26	*
163.	□□□	実戦No.2	国家総合職	H28	**
164.	□□□	実戦No.3	地上東京都	H27	**
165.	□□□	実戦No.4	地上東京都	R2	**
166.	□□□	実戦No.5	市役所	H20	**
167.	□□□	実戦No.6	地上東京都	R3	**
◆168.	□□□	実戦No.7	地上東京都	H30	**

テーマ24 平面図形の面積

		問題	試験	年度	難易度
169.	□□□	必修	国家専門職	H30	**
170.	□□□	実戦No.1	地上東京都	R3	*
◆171.	□□□	実戦No.2	地上特別区	H29	*
172.	□□□	実戦No.3	国家専門職	H28	*
173.	□□□	実戦No.4	国家一般職	H30	**
◆174.	□□□	実戦No.5	国家一般職	R4	**
175.	□□□	実戦No.6	地上東京都	R元	**
176.	□□□	実戦No.7	国家一般職	H25	**
◆177.	□□□	実戦No.8	地上特別区	H26	**
178.	□□□	実戦No.9	国家総合職	H24	**
179.	□□□	実戦No.10	地上特別区	H27	**

テーマ25 円

	問題	試験	年度	難易度
180.	必修	地上特別区	R 4	**
181.	実戦 No.1	地上東京都	H30	*
182.	実戦 No.2	国家一般職	H23	**
183.	実戦 No.3	地方上級	H17	**
184.	実戦 No.4	地方上級	H22	**
185.	実戦 No.5	市役所	H18	**
186.	実戦 No.6	地方上級	H15	**
187.	実戦 No.7	地方上級	H12	**
188.	実戦 No.8	国家総合職	H25	**
189.	実戦 No.9	地方上級	H18	**

テーマ26 円の面積

	問題	試験	年度	難易度
190.	必修	国家専門職	R元	**
191.	実戦 No.1	地上特別区	H30	*
192.	実戦 No.2	地上特別区	H28	*
193.	実戦 No.3	地上東京都	R 4	*
194.	実戦 No.4	地方上級	H22	*
195.	実戦 No.5	地上東京都	R 4	*
196.	実戦 No.6	地上東京都	H29	*
197.	実戦 No.7	国家総合職	R 4	**
198.	実戦 No.8	国家一般職	H27	**
199.	実戦 No.9	地上東京都	H23	**
200.	実戦 No.10	地方上級	H21	**

テーマ27 立体図形

	問題	試験	年度	難易度
201.	必修	地上全国型	R元	**
202.	実戦 No.1	市役所	R 2	*
203.	実戦 No.2	国家専門職	R 2	*
204.	実戦 No.3	地方上級	H21	*
205.	実戦 No.4	国家総合職	H24	**
206.	実戦 No.5	国家専門職	H29	**
207.	実戦 No.6	市役所	H21	**
208.	実戦 No.7	国家総合職	H27	**
209.	実戦 No.8	地方上級	H21	**
210.	実戦 No.9	地上全国型	R 3	**
211.	実戦 No.10	市役所	H19	**
212.	実戦 No.11	国家総合職	H21	**
213.	実戦 No.12	地方上級	H17	**

第4章 場合の数と確率

テーマ28 場合の数

	問題	試験	年度	難易度
214.	必修	地上全国型	R 3	*
215.	実戦 No.1	地方上級	H28	*
216.	実戦 No.2	地方上級	H27	*
217.	実戦 No.3	地上全国型	H29	*
218.	実戦 No.4	国家総合職	R元	**
219.	実戦 No.5	市役所	H21	**

テーマ29 順列

	問題	試験	年度	難易度
220.	必修	国家専門職	H29	**
221.	実戦 No.1	市役所	H23	*
222.	実戦 No.2	国家専門職	H25	*
223.	実戦 No.3	国家一般職	H14	**
224.	実戦 No.4	国家専門職	H24	**
225.	実戦 No.5	地上特別区	R元	**
226.	実戦 No.6	国家専門職	H23	**

テーマ30 組合せ

	問題	試験	年度	難易度
227.	必修	地上東京都	R 3	**
228.	実戦 No.1	地方上級	H17	*
229.	実戦 No.2	地方上級	H18	*
230.	実戦 No.3	地上特別区	H26	*
231.	実戦 No.4	国家一般職	R 2	*
232.	実戦 No.5	国家専門職	R元	*
233.	実戦 No.6	地上東京都	R元	**
234.	実戦 No.7	国家総合職	H25	**
235.	実戦 No.8	国家総合職	H28	**
236.	実戦 No.9	国家一般職	H14	***

テーマ31 確率（1）

	問題	試験	年度	難易度
237.	必修	地上東京都	R 5	**
238.	実戦 No.1	地上特別区	H27	*
239.	実戦 No.2	地上東京都	H27	*
240.	実戦 No.3	地上東京都	H29	*
241.	実戦 No.4	地上東京都	R 4	*
242.	実戦 No.5	国家一般職	H27	*
243.	実戦 No.6	国家一般職	H24	*
244.	実戦 No.7	地上東京都	H27	**
245.	実戦 No.8	国家一般職	R元	**
246.	実戦 No.9	国家一般職	H16	**
247.	実戦 No.10	国家総合職	H15	***
248.	実戦 No.11	国家一般職	H14	***

テーマ32確率（2）

		問題	試験	年度	難易度
	249. □□□	必修	国家総合職	R元	**
◆	250. □□□	実戦No.1	地上東京都	R元	*
	251. □□□	実戦No.2	地方上級	H17	*
	252. □□□	実戦No.3	地方上級	H21	*
	253. □□□	実戦No.4	国家専門職	R3	**
	254. □□□	実戦No.5	国家専門職	H21	**
	255. □□□	実戦No.6	国家総合職	R2	**
◆	256. □□□	実戦No.7	地上特別区	R3	**
	257. □□□	実戦No.8	国家総合職	H25	***
◆	258. □□□	実戦No.9	国家総合職	R3	**
	259. □□□	実戦No.10	国家一般職	H28	**
	260. □□□	実戦No.11	国家総合職	H28	***

テーマ33確率（3）

		問題	試験	年度	難易度
	261. □□□	必修	国家総合職	H30	**
	262. □□□	実戦No.1	地上東京都	H26	*
◆	263. □□□	実戦No.2	地上東京都	R3	*
	264. □□□	実戦No.3	国家専門職	H22	*
◆	265. □□□	実戦No.4	国家専門職	H30	**
	266. □□□	実戦No.5	地上東京都	H28	**
◆	267. □□□	実戦No.6	国家専門職	R4	**

第1章

数と式の計算

テーマ 1 数の計算
テーマ 2 素因数分解
テーマ 3 約数・倍数
テーマ 4 商と余り
テーマ 5 記数法
テーマ 6 数量問題
テーマ 7 覆面算，魔方陣
テーマ 8 数列

第1章 数と式の計算

試験別出題傾向と対策

頻出度	試験名	国家総合職					国家一般職					国家専門職				
	年度	21-23	24-26	27-29	30-2	3-5	21-23	24-26	27-29	30-2	3-5	21-23	24-26	27-29	30-2	3-5
	テーマ ＼ 出題数	4	4	4	5	8	5	2	5	3	5	3	2	2	4	3
A	1 数の計算		1		1	1	1	1	1	1	3	1	1	2	1	1
C	2 素因数分解			1												
A	3 約数・倍数	1			1	1		1					1		1	1
A	4 商と余り				1	1	1			1						
B	5 記数法					2	1									1
A	6 数量問題	2	2	2	2	3	2		4	1	1	2			2	
B	7 覆面算，魔方陣										1					
B	8 数列	1	1	1												

数と式の計算では，数値計算を伴うものがほとんどである。数に関する問題は，どうしても決まった約束事や公式に従って考えることになるので，それなりの基本的な知識が必要である。その場限りの取り組み方では，おのずと限界がある。どのような公式や方法を用いるかは問題によって異なるが，特殊な公式を用いるものはほとんどないので，基本的な数の計算や公式をうまく使って解く種類の問題を確実に解けるようにしておく必要がある。

出題形式は，①加減乗除の単純な計算で処理できるもの，②素数と素因数分解や約数・倍数，剰余などの整数の性質を利用して解くもの，③記数法・覆面算・魔方陣・数列といった独立したテーマのものが定着している。したがって，対策としては，整数関係では素数と素因数分解は確実に理解しておきたい。最近は，これらのテーマの問題は難易度が上がっているので手を抜かずに押さえておきたい。

●国家総合職

毎年３～４問ぐらいの出題である。出題範囲は，数量問題の出題が多いが幅広く出題されている。特に，文章題の数量問題では，問題文が長く難易度も高いものがあるので，問題の内容を正しく把握することが肝心である。最近の出題例は，ポスターを３台の印刷機で印刷する時間を問うものやブラックボックスに入力した数値を求めるものなどが出題されている。

●国家一般職

ここ数年は，数の計算問題をはじめとして，この分野からの出題は毎年２問程度である。国家総合職ほどではないが，難易度が高いものも出題されている。

地方上級（全国型）					地方上級（東京都）					地方上級（特別区）					市役所（C日程）					
21-23	24-26	27-29	30-2	3-5	21-23	24-26	27-29	30-2	3-5	21-23	24-26	27-29	30-2	3-5	21-23	24-26	27-29	30-2	3-4	
8	6	3	4	3	4	4	2	5	5	6	3	3	4	3	2	3	6	2	2	
1	1									1			2				1			テーマ1
	1	1							1	1		2								テーマ2
3		1			1	1			1		1		1	1	2		1		1	テーマ3
1			1		1	1	1	1		2	2	1		2		2	1	2		テーマ4
	2				1	1		1	1											テーマ5
2	1		1	1				1		1			1			1				テーマ6
	1	1	2	2				1	1								2		1	テーマ7
1					1	1	1	1	1	1							1			テーマ8

最近の出題例では，掛け算の覆面算で一の位とケタ数に着目して解く問題であった。また，データを転送するのにかかる時間を求めるものやAとBの質問のやり取りからAが頭に思い浮かべた数を求めるものなど多岐にわたっている。

●国家専門職

毎年１～２問ずつ出題されている。レベル的には，標準的なものが多い。

最近の出題例では，バスの運転間隔の差を求めるもので，素因数分解から約数を利用して解ける問題になっている。無限個の正六角形に，ある規則で６の倍数を記入していくとき30の番号が付された正六角形の周囲の数字の和を求めるもので２つのタイプに分類することが解法の決め手である。

●地方上級

全国型は，各テーマから満遍なく出題されている頻出分野である。標準的なものが多いが，なかには難易度が高いものも出題されることがある。特に，整数の性質には熟知しておいたほうがよい。基本的には，解法の手順さえ知っていれば簡単に解ける問題が多く出題されているので，解けそうな問題から取り組んでいけばよい。また，東京都は記数法や魔方陣など多岐にわたっている。特別区ではここ数年は毎年１問出題されている。

●市役所

地方上級全国型と同じく各テーマから満遍なく出題されている。内容的には標準的なものが多く，整数の性質を問うものが多い。

数の計算

必修問題

1から10までの整数をそれぞれ2020乗した。得られた10個の数値の一の位の数字は何種類あるか。　【国家専門職・令和2年度】

1　3種類
2　4種類
3　5種類
4　6種類
5　7種類

難易度　＊＊

必修問題の解説

実際に，1から10までの整数を2020乗する。つまり，2020回掛けるなんていうのはナンセンスである。そこで，何回か掛けていくうちに一の位がどう変化するのか調べていくのがコツである。

STEP❶　それぞれの一の位を調べる

① 1^{2020}のとき

1は，何回掛けても1であるから，一の位は常に1である。

② 2^{2020}のとき

2は，$2^1=2$，$2^2=4$，$2^3=8$，$2^4=16$，$2^5=32$，$2^6=64$……より，
一の位は，2，4，8，6の繰り返しである。$2020\div4=505$で，2020は4で割り切れるから，2^{2020}の一の位は6である。

③ 3^{2020}のとき

3は，$3^1=3$，$3^2=9$，$3^3=27$，$3^4=81$，$3^5=243$，$3^6=729$……より，一の位は，3，9，7，1の繰り返しである。したがって，2のときと同様で4で割り切れるから，3^{2020}の一の位は1である。

④ 4^{2020}のとき

4は，$4^1=4$，$4^2=16$，$4^3=64$，$4^4=256$……より，一の位は，4，6の繰り返しであり，2020は2で割り切れるから，4^{2020}の一の位は6である。

⑤ 5^{2020}のとき

5は，$5^1=5$，$5^2=25$，$5^3=125$……であるから，一の位は常に5である。

⑥ 6^{2020}のとき

6は，$6^1=6$，$6^2=36$，$6^3=216$……であるから，一の位は常に6である。

⑦ 7^{2020}のとき

7は，$7^1=7$，$7^2=49$，$7^3=343$，$7^4=2401$，$7^5=16807$……より，一の位は，7，9，3，1の繰り返しであるから，2と3のときと同様に，7^{2020}の一位は1である。

⑧ 8^{2020}のとき

8は，$8^1=8$，$8^2=64$，$8^3=512$，$8^4=4096$，$8^5=32768$……より，一の位は，8，4，2，6の繰り返しであるから，同様に，8^{2020}の一の位は6である。

⑨ 9^{2020}のとき

9は，$9^1=9$，$9^2=81$，$9^3=729$……より，一の位は，9，1の繰り返しであるから，4のときと同様に，9^{2020}の一の位は1である。

⑩ 10^{2020}のとき

10は，一の位は常に0である。

STEP❷ 一の位の数字を確認する

1から10までの整数をそれぞれ2020乗したときの一の位の数字は，順に1，6，1，6，5，6，1，6，1，0であるから，0，1，5，6の4種類であり，**2**が正しい。

正答 2

FOCUS

数の計算問題では，計算そのものは簡単なものが多いので，与えられた条件から計算の手順のようなものを見いだすことが大切である。また，数の計算には十分慣れておくことはいうまでもない。基本的な公式や法則はしっかりマスターしておかなくてはならない。

POINT

重要ポイント 1　正の数・負の数の加減

(1) 同符号（＋と＋あるいは－と－）**の2数の和**

符号が同じ（＋なら＋，－なら－）で絶対値の和

[例] ①　$2+5=7$　　②　$-2-5=-7$

(2) 異符号（＋と－）**の2数の和**

符号は絶対値の大きいほうの符号で，2数の絶対値の差

[例] ①　$-2+5=3$　　②　$2-5=-3$

注）絶対値とは，符号（＋や－）を取って考えた数。

[例] 2の絶対値は2，－3の絶対値は3，0の絶対値は0

重要ポイント 2　正の数・負の数の乗除

(1) 同符号（＋と＋，－と－）**の2数の積**（×），**商**（÷）

符号は＋で，2数の絶対値の積・商

[例] ①　$10\times 3=30$　　②$(-10)\times(-3)=30$

(2) 異符号（＋と－）**の2数の積・商**

符号は－で，2数の絶対値の積・商

[例] ①$(-10)\times 3=-30$　　② $10\times(-3)=-30$

重要ポイント 3　四則混合計算

次のような点に注意して計算する。

①カッコがあれば，カッコの中から計算する

②乗除計算を先にする

③指数が使われているときは，まず，指数から計算する

指数は重要ポイント6を参照。

重要ポイント 4　計算法則

(1) 加法の交換法則　$a+b=b+a$

(2) 乗法の交換法則　$a\times b=b\times a$

(3) 加法の結合法則　$(a+b)+c=a+(b+c)$

(4) 乗法の結合法則　$(a\times b)\times c=a\times(b\times c)$

(5) 分配法則　$a\times(b+c)=a\times b+a\times c$

重要ポイント5 平方根の計算

(1) 平方根：$a>0$ のとき，a の平方根は $\pm\sqrt{a}$ で表す

[例] ①7の平方根は $\pm\sqrt{7}$　②9の平方根は ± 3

注）平方根は「正」と「負」の2つある。ただし，0の平方根は0。

(2) 加減法　$a\sqrt{m}\pm b\sqrt{m}=(a\pm b)\sqrt{m}$　$(m>0)$

[例] $3\sqrt{2}+2\sqrt{2}=5\sqrt{2}$

(3) 乗法　$\sqrt{a}\times\sqrt{b}=\sqrt{ab}$

[例] $\sqrt{2}\times\sqrt{6}=\sqrt{12}=2\sqrt{3}$

注）根号内はできるだけ簡単な整数で表す。

$\sqrt{k^2a}=k\sqrt{a}$　$(k>0,\ a>0)$

(4) 除法

$$\frac{\sqrt{a}}{\sqrt{b}}=\sqrt{\frac{a}{b}}\quad (a>0,\ b>0)$$

[例] $\dfrac{\sqrt{10}}{\sqrt{2}}=\sqrt{\dfrac{10}{2}}=\sqrt{5}$

(5) 分母の有理化：分母に根号を含んだ式を，分母に根号を含まない式に直すことを**分母を有理化**するという。

[例] ① $\dfrac{2}{\sqrt{6}}=\dfrac{2\times\sqrt{6}}{\sqrt{6}\times\sqrt{6}}=\dfrac{2\sqrt{6}}{6}=\dfrac{\sqrt{6}}{3}$

② $\dfrac{\sqrt{2}}{\sqrt{5}+\sqrt{2}}=\dfrac{\sqrt{2}(\sqrt{5}-\sqrt{2})}{(\sqrt{5}+\sqrt{2})(\sqrt{5}-\sqrt{2})}=\dfrac{\sqrt{10}-(\sqrt{2})^2}{(\sqrt{5})^2-(\sqrt{2})^2}=\dfrac{\sqrt{10}-2}{3}$

重要ポイント6 指数法則

(1) 指数：$a^2=a\times a$，$a^3=a\times a\times a$，$a^4=a\times a\times a\times a$，…のように，$a$ を n 個掛けたものを a^n と表し，a の n 乗という。このとき，n を a^n の指数という。

(2) 指数法則：m，n を正の整数とするとき

① $a^m\times a^n=a^{m+n}$

② $(a^m)^n=a^{mn}$

③ $(ab)^n=a^nb^n$

[例] ① $a^3b\times a^2b^4=(a^3\times a^2)\times(b\times b^4)$

$=a^5\times b^5=a^5b^5$

② $(-3x^2)^2\times 2x^3=(-3)^2\times(x^2)^2\times 2x^3$

$=9x^4\times 2x^3=18x^7$

実戦問題❶　基本レベル

＊
No.1　**13^{19}と19^{13}の和の一の位の数をA，17^{17}の一の位の数をBとしたとき，AとBの積はどれか。**　【地方上級（特別区）・令和元年度】

1　14
2　28
3　36
4　42
5　56

＊＊
No.2　**（10ⓐ3）X（10ⓑ4）Y（10ⓒ5）Z（10ⓓ6）＝10という等式がある。この等式のⓐ，ⓑ，ⓒ，ⓓには，＋または－のいずれか，X，Y，Zには，×または÷のいずれかの記号が入る。このとき，ⓒ，Z，ⓓに入る記号の組合せとして正しいものは，次のうちどれか。**　【地方上級・平成20年度】

	ⓒ	Z	ⓓ
1	＋	÷	－
2	－	×	＋
3	－	÷	－
4	－	×	－
5	＋	×	＋

＊＊
No.3　**次の３つの数式①，②，③のA，B，Cには３，４，５のいずれかの整数が当てはまり，□には「＋」，「×」のいずれかの記号が入る。同じ位置に入る記号は①，②，③とも同じである。①，②，③の計算結果はすべて異なるが，①の計算結果と②，③どちらかの計算結果との差は10である。**

A□B□6□C　……①
（A□B）□6□C　……②
A□B□（6□C）……③

次のうち，正しいものはどれか。　【地方上級（全国型）・平成25年度】

1　Aに当てはまる整数は５である。
2　４の左隣の記号は「×」である。
3　Bに当てはまる整数は３である。
4　５の右隣の記号は「×」である。
5　Cに当てはまる整数は４である。

No.4 ＊＊ **図Ⅰのように，無限個の正六角形を用いて㋐～㋓の作業を行う。**

㋐ 正六角形を１つ置き，「１」の番号を付す。

㋑ 「１」の番号を付した正六角形の周囲に正六角形を隙間なく並べ，その個数である「６」の番号を付す。

㋒ 「６」の番号を付した正六角形の外側に正六角形を隙間なく並べ，その個数である「12」の番号を付す。

㋓ 外側に正六角形を隙間なく並べ，その個数である番号を付す作業を繰り返す。

㋓の作業を繰り返していくと，図Ⅱのような，「30」の番号が付された正六角形が30個でき，これらの正六角形の周囲にある６個の正六角形すべてにも，実際にはそれぞれ番号が付されている。これらの「30」の番号が付された30個の正六角形それぞれについて，周囲にある６個の正六角形に付された番号の数字の合計としてありえるもののみをすべて挙げているのはどれか。

【国家専門職・令和４年度】

1 168
2 192
3 168，180
4 180，192
5 168，180，192

図Ⅰ

図Ⅱ

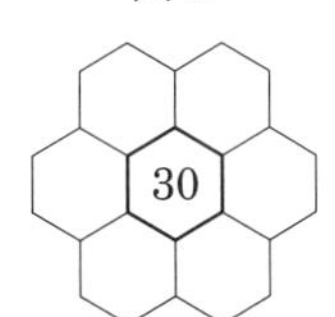

No.5 ＊＊ **「10，11」のように２つの連続する２ケタの整数を，それぞれ２乗して足し合わせた数のうち，一の位が３となるのはいくつあるか。**

【国家専門職・平成24年度】

1 12
2 14
3 16
4 18
5 20

No.6 ＊＊ **正の整数を入力すると，次の条件①～⑤に従って計算した結果を出力するプログラムがある。正の整数を入力してから結果が出力されるまでを1回の操作とし，1回目の操作では初期値を入力する。また，2回目以降の操作では，その前の操作で出力された結果を入力する。**

いま，条件⑤の一部がわからなくなっているが，■には1，2，3のうちいずれかが入ることがわかっている。

このプログラムに1を初期値として入力すると，何回目かの操作で出力された数字が10となった。このプログラムに初期値として1，2，3をそれぞれ入力したとき，それぞれの初期値に対して7回目の操作で出力される数字を合計するといくらか。

ただし，条件に複数該当する場合は，最も番号の小さい条件だけが実行されるものとする。 【国家一般職・令和元年度】

［条件］

① 入力された数字が1の場合，1足す。
② 入力された数字が2の倍数の場合，3足す。
③ 入力された数字が3の倍数の場合，1引く。
④ 入力された数字が5の倍数の場合，2足す。
⑤ 条件①～④に該当しない場合，■引く。

1 28
2 30
3 32
4 34
5 36

実戦問題1の解説

No.1 の解説　指数の計算 →問題はP.22 正答4

STEP❶　13^{19}の一の位の数を求める

13^2の一の位の数は，$3^2=9$の一の位の数と等しいから9である。

これより，$13^4=(13^2)^2$の一の位の数は，$9^2=81$の一の位の数と等しくなり1である。したがって，

$13^{19}=(13^4)^4\times 13^3$

と考えると，13^4の一の位の数は1であるから，$(13^4)^4$の一の位の数も1である。

よって，13^{19}の一の位の数は，13^3の一の位の数，つまり，$3^3=27$の一の位の数と同じ7である。

STEP❷　19^{13}の一の位の数を求める

同様にして，19^2の一の位の数は，$9^2=81$の一の位の数と等しいから1である。

したがって，

$19^{13}=(19^2)^6\times 19$

と考えると，19^2の一の位の数は1であるから，$(19^2)^6$の一の位の数も1である。

よって，19^{13}の一の位の数は19と同じ9であることがわかる。

STEP❸　AとBの積を求める

したがって，$13^{19}+19^{13}$の和の一の位の数Aは，$7+9=16$より，$A=6$

同様にして，17^{17}の一の位の数は，7^4の一の位の数が1であるから，

$17^{17}=(17^4)^4\times 17$

と考えると，17^{17}の一の位の数Bは7である。

AとBの積は，$6\times 7=42$となり，**4**が正しい。

第1章 数と式の計算

No.2 の解説　記号の計算

→問題はP.22　正答4

STEP❶　（10ⓐ3）に着目する

ここは，(10－3)＝7，(10＋3)＝13のいずれかである。しかし，7も13も素数であり，最終結果が10となるためには，（10ⓑ4），（10ⓒ5），（10ⓓ6）のどれかが7または13の倍数となって割り切れなければならない。

STEP❷　（10ⓑ4），（10ⓒ5），（10ⓓ6）に着目する

（10ⓑ4），（10ⓒ5），（10ⓓ6）は＋，－のどちらを入れても13の倍数を作ることはできないが，（10＋4）＝14とすれば7の倍数とすることが可能である。ここで，(10－3)÷(10＋4)×20とすれば最終結果が10となるので，Y（10ⓒ5）Z（10ⓓ6）については，×(10－5)×(10－6）とすればよい。

つまり，

(10－3)÷(10＋4)×(10－5)×(10－6)

＝7÷14×5×4＝10

とすればよいので，**4**が正しい。

No.3 の解説　計算結果を考える

→問題はP.22　正答3

STEP❶　□に入る記号を考える

3か所に入る記号が「＋」だけ，あるいは「×」だけだと，①，②，③の計算結果がすべて等しくなってしまう。

(　)があることによって計算結果がすべて異なるためには，A□Bと6□Cの部分の□には「＋」の記号が，Bと6の間の□には「×」の記号が入る。

STEP❷　A，B，Cに当てはまる整数を考える

次に，A，B，Cに当てはまる整数が3，4，5のいずれかを考えると，全部で6通りある。

このうち，①の計算結果と②，③どちらかの計算結果との差が10となるのは次の場合だけである。

4＋3×6＋5＝27　……①

(4＋3)×6＋5＝47　……②

4＋3×(6＋5)＝37　……③

したがって，**3**が正しい。

No.4の解説 正六角形の数字の合計

→問題はP.23 正答4

STEP❶ 正六角形に付された数字の規則性

正六角形の外側に隙間なく並べていくのだから，正六角形に付された数字は，1以外は6の倍数であるから，6，12，18，24，30，36……である。

STEP❷ 「12」の番号を付した正六角形について考える

図Iの12を○で囲んだ正六角形をAタイプ，□で囲んだ正六角形をBタイプとすると，Aタイプは「18」「12」「6」の番号を付した正六角形とそれぞれ2個ずつ接しているから，数字の合計は，

$(18+12+6)\times 2=72$

次に，Bタイプは「18」と3個，「12」と2個，「6」と1個とそれぞれ接しているから数字の合計は，$18\times 3+12\times 2+6\times 1=84$

このA，B2つのタイプ以外のパターンで接することはない。

STEP❸ 「30」の番号を付した正六角形について考える

㊤の作業を繰り返していくと，このA，B2つのタイプ以外はないから，同様に考えて，Aタイプは，$(36+30+24)\times 2=180$，Bタイプは，$36\times 3+30\times 2+24=192$となり，**4**が正しい。

図I

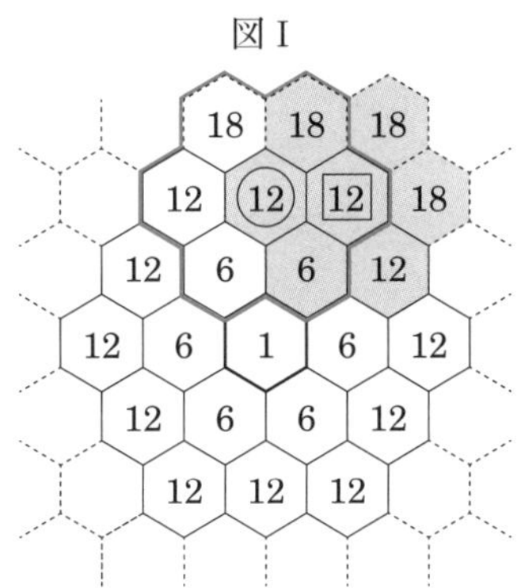

No.5 の解説　一の位が3となる組合せ　→問題はP.23　正答4

STEP❶　一の位に着目する

2つの連続する2ケタの整数の2乗の和の一の位は，その2つの連続する整数のそれぞれの一の位の2乗の和の一の位と等しい。

したがって，2つの連続する整数の2乗の和の一の位を調べてみる。

$0^2+1^2=1$，$1^2+2^2=5$，$2^2+3^2=13$，$3^2+4^2=25$，$4^2+5^2=41$

$5^2+6^2=61$，$6^2+7^2=85$，$7^2+8^2=113$，$8^2+9^2=145$，$9^2+0^2=81$

STEP❷　一の位が3となる場合を考える

一の位が3となるのは，2と3の組合せと7と8の組合せである。

2と3の組合せで，2ケタの整数は，

12と13，22と23，32と33，42と43，52と53，62と63，72と73，82と83，92と93の9つある。

7と8の組合せでも，同様に9つある。

以上により，9＋9＝18であり，**4**が正しい。

No.6 の解説　7回目の操作　→問題はP.24　正答3

STEP❶　初期値が1の場合を考える

初期値が1の場合，出力された数字を順次求めると次のようになる。

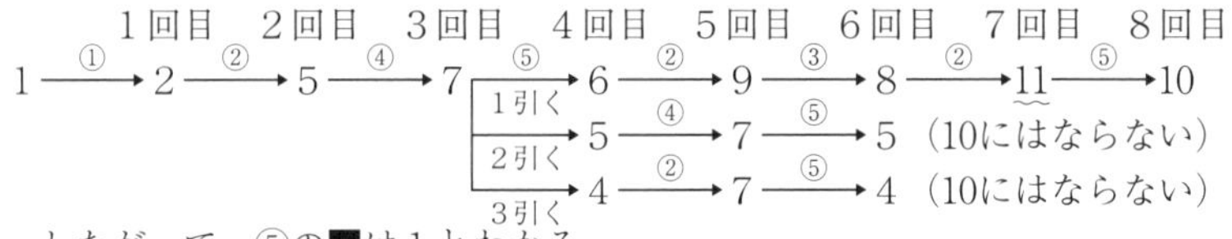

1回目　2回目　3回目　4回目　5回目　6回目　7回目　8回目

1 —①→ 2 —②→ 5 —④→ 7 —⑤（1引く）→ 6 —②→ 9 —③→ 8 —②→ 11 —⑤→ 10

7 —⑤（2引く）→ 5 —④→ 7 —⑤→ 5（10にはならない）

7 —⑤（3引く）→ 4 —②→ 7 —⑤→ 4（10にはならない）

したがって，⑤の■は1とわかる。

STEP❷　初期値が2と3の場合を考える

初期値が2と3の場合，同様にして次のようになる。

1回目　2回目　3回目　4回目　5回目　6回目　7回目

2 → 5 → 7 → 6 → 9 → 8 → 11 → 10

3 → 2 → 5 → 7 → 6 → 9 → 8 → 11

STEP❸　出力される数字の合計

よって，7回目の操作で出力される数字は，初期値が1～3のとき，それぞれ11，10，11であるから，11＋10＋11＝32となり，**3**が正しい。

実戦問題2　応用レベル

＊＊
No.7　**2ケタの数A，B，C，D（A<B<C<D）がある。この4つの数字のうち偶数が1個で，奇数は3個であった。このうち2つの数字を足すと全部で6通りの組合せがあり，そのうち小さいほうから4つは43，46，50，55である。このとき，Dの一の位と十の位の和はいくつか。**

【地方上級（全国型）・平成29年度】

1　6
2　7
3　8
4　9
5　10

＊＊
No.8　**図のように，ある値を入力するとX_1～X_4の各処理を順に行った値が出力されるブラックボックスがあり，X_1～X_4の処理では，①「3を加える」，②「3倍する」，③「2で割る」，④「偶数ならば1を，奇数ならば2を引く」の互いに異なる処理のいずれか一つが行われている。今，ある奇数の値を入力したところ，8が出力された。このとき，入力した値としてありえるのは次のうちではどれか。**

なお，各処理を行った後の値が整数ではない場合には，以後の処理は行われず，エラーが出力される。

【国家総合職・令和2年度】

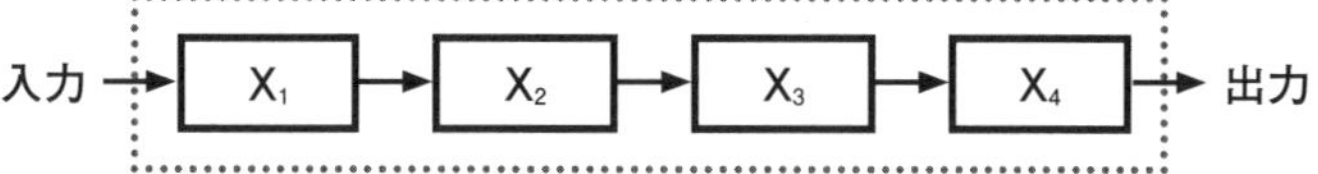

1　3
2　5
3　7
4　9
5　11

実戦問題❷の解説

No.7 の解説　4つの整数の和　→問題はP.29　正答 1

４つの数字のうち２つの数字を足す６通りの組合せは，Ａ＋Ｂ，Ａ＋Ｃ，Ａ＋Ｄ，Ｂ＋Ｃ，Ｂ＋Ｄ，Ｃ＋Ｄ，である。Ａ＋ＤとＢ＋Ｃはどちらが大きいかはわからないが，偶数が１個，奇数が３個であったことを手掛かりに解いていく。

STEP❶　偶数がどれかを考える

一番小さい組合せと二番目に小さい組合せは，Ａ＜Ｂ＜Ｃ＜Ｄより，それぞれＡ＋Ｂ，Ａ＋Ｃである。

したがって，$A+B=43$ ……①　$A+C=46$ ……②

ここで，**(偶数)＋(奇数)＝(奇数)，(奇数)＋(奇数)＝(偶数)**になるから，Ｂが偶数であり，残りのＡ，Ｃ，Ｄが奇数とわかる。

STEP❷　３番目と４番目を考える

３番目と４番目に小さい組合せは，Ａ＋ＤかＢ＋Ｃのどちらかであるが，Ｂが偶数であることから，２つの和が偶数になっている50がＡ＋Ｄで，55がＢ＋Ｃとわかる。

したがって，$A+D=50$ ……③　$B+C=55$ ……④

STEP❸　Ａ，Ｂ，Ｃ，Ｄを求める

未知数は，Ａ，Ｂ，Ｃ，Ｄの４つで，連立方程式が①～④の４つあるので，これを解けばよい。①，②より，Ａを消去することを考える。

①－②より，

$$\begin{array}{rl} & A+B=43 \\ -) & \underline{A+C=46} \\ & B-C=-3 \end{array}$$ ……⑤

④＋⑤から，Ｂ，Ｃが求められる。

$$\begin{array}{rl} & B+C=55 \\ +) & \underline{B-C=-3} \\ & 2B\quad=52 \end{array}$$

$B=26,\ C=29$

$B=26$を①に代入すると，

$A+26=43$

$A=17$

$A=17$を③に代入すると，

$17+D=50$

$D=33$

よって，Ｄの一の位と十の位の和は，$3+3=6$となり，**1**が正しい。

No.8 の解説　数の処理

→問題はP.29　正答2

STEP❶　出力値が8であることから，X_4を考える

出力値が8であることから，X_4の処理が②「3倍する」，④「偶数ならば1を，奇数ならば2を引く」の処理はありえない。④の処理は，偶数→奇数または，奇数→奇数の処理となるので出力値が偶数の場合は当てはまらない。

したがって，X_4の処理は①「3を加える」か③「2で割る」のいずれかである。

STEP❷　X_4が①の場合を考える

このとき，X_4の処理前は5であるから，X_3は③か④である（②は当てはまらない）。③のとき，X_3の処理前は10であるが，X_2が残りの②や④の処理では10にはならない。④のとき，X_3の処理前は，6または7である。6のときは，X_2が②のとき2。このとき，X_1が残りの③で入力した値は4となり，奇数の値ではない。次に，7のときは，X_2が残りの②や③の処理では7にならない。

以上のことを図示すると，**図1**のようになる。

図1

出力（8）←X_4（①）←5←X_3（③）←10←X_2（当てはまらない）
↖5←X_3（④）←6←X_2（②）←2←X_1（③）←4
↖7←X_2（当てはまらない）

STEP❸　X_4が③の場合を考える

STEP❷のときと同様にして考えて，図示すると**図2**のようになる。

図2

出力（8）←X_4（③）←16←X_3（①）←13←X_2（④）←14←X_1（当てはまらない）
↖15←X_1（②）←5

したがって，入力した値としてあり得るのは5であり，**2**が正しい。

2 素因数分解

必修問題

それぞれ異なる一ケタの4つの自然数a～dについて，壊れている2つの電卓Xと電卓Yを使って，「a ⊗ b ⊜ c ⊕ d ⊜」の計算を行ったところ，次のことがわかった。

ア：電卓Xでは，「4」または「6」を押すと「3」と入力される。

イ：電卓Xでは，「5」または「8」を押すと「2」と入力される。

ウ：電卓Xでは，「7」または「9」を押すと「1」と入力される。

エ：電卓Xでの計算結果は，5.5であった。

オ：電卓Yでは，「⊕」，「⊖」，「⊜」のどれを押しても「⊗」と入力される。

カ：電卓Yでの計算結果は，840であった。

以上から判断して「$a \times b \div c + d$」の計算結果として，正しいのはどれか。

【地方上級(東京都)・令和3年度】

1 11.8
2 12.2
3 12.4
4 14.2
5 23.2

難易度 ＊＊

必修問題の解説

条件オの「⊕」,「⊖」,「⊜」のどれを押しても「⊗」と入力され，条件カのその計算結果が840であったというのが，解法の手がかりである。

STEP❶ 電卓Yの計算結果を考える

条件**オ**より，「⊕」,「⊖」,「⊜」のどれを押しても「⊗」と入力され，条件**カ**より，その計算結果が840であるから，

$$a \times b \times c \times d = 840$$

STEP❷ 840を素因数分解する

```
2 )840
2 )420
2 )210
3 )105
5 )  35
       7
```

より，$840 = 2^3 \times 3 \times 5 \times 7$ ……①

STEP❸ 自然数a～dの組合せを考える

a～dは，それぞれ異なる一ケタの自然数であるから，①より，

(3, 5, 7, 8)または(4, 5, 6, 7)

のいずれかである。

STEP❹ 電卓Xの計算結果を考える

条件**ア**～**ウ**より，電卓Xを使っての計算は，1～3の数の組合せと考えられ，条件**エ**より，電卓Xを使って「a ⊗ b ⊜ c ⊕ d」の計算結果が，5.5となるのは「3×3÷2+1」の場合である。

電卓Xで「3」と入力されるのは「4」または「6」であるから，$(a, b) = (4, 6)$または(6, 4)である。これは，(4, 5, 6, 7)の場合であり，条件**イ**より，$c = 5$，条件**ウ**より，$d = 7$である。

STEP❺ 正しい計算結果を求める

これより，「$a \times b \div c + d$」は「4×6÷5+7」であるから11.8となり，**1**が正しい。

正答 1

FOCUS

素因数分解そのものは中学校の数学で学ぶものであるが，整数問題ではよく用いられる基本事項なので必ずできるようにしておくこと。また，基本的な式の展開や因数分解の公式もそこここで用いられるので確認しておく必要がある。

重要ポイント1 素数と素因数分解

(1) 素数：1とその数自身以外には約数を持たない数

[例] 2, 3, 5, 7, 11, 13

注）1は素数ではない。

(2) 素因数分解：整数を素数の積の形で表すこと

素因数分解したとき，累乗の場合は指数を使って表す。

[例] 504を素因数分解すると,

$504=2^3\times3^2\times7$

```
2 )504
2 )252
2 )126
3 ) 63
3 ) 21
     7
```

注)原則として小さい素数から順に割っていく。

重要ポイント2 乗法の公式

整式の乗法では，公式を用いると効率よく展開できる。

注）項が1つだけの式を**単項式**，項が2つ以上ある式を**多項式**といい，単項式と多項式を合わせて**整式**という。

① $(a+b)^2=a^2+2ab+b^2$ ……和の平方

② $(a-b)^2=a^2-2ab+b^2$ ……差の平方

③ $(a+b)(a-b)=a^2-b^2$ ……和と差の積

④ $(x+a)(x+b)=x^2+(a+b)x+ab$

⑤ $(ax+b)(cx+d)=acx^2+(ad+bc)x+bd$

⑥ $(a+b)^3=a^3+3a^2b+3ab^2+b^3$

重要ポイント3 因数分解

因数分解：整式をいくつかの整式の積として表すこと

① $a^2+2ab+b^2=(a+b)^2$

② $a^2-2ab+b^2=(a-b)^2$

③ $a^2-b^2=(a+b)(a-b)$

④ $x^2+(a+b)x+ab=(x+a)(x+b)$

⑤ $acx^2+(ad+bc)x+bd=(ax+b)(cx+d)$

〔例題〕次の式を因数分解せよ。

(1) $x^2+8x+16$　$=x^2+2\times x\times 4+4^2=(x+4)^2$

↑ ↑ ↑ ↑ ↑ ↑ ↑

①の公式 $a^2+2\times a\times b+b^2=(a+b)^2$

(2) x^2y^2-16　$=(xy)^2-4^2=(xy+4)(xy-4)$

↑ ↑ ↑ ↑ ↑ ↑

③の公式 $a^2 \quad -b^2=(a+b)(a-b)$

(3) $x^2-11x+24$

④の公式を利用するには，$a+b=-11$，$ab=24$を満たすa，bを見つければよい。

$x^2 \quad -11x \quad +24$

↑ ↑ ↑

$x^2+(a+b)x+ab$

積abが24となるa，bのうち，和$a+b=-11$になるのは，-3と-8だから，

$x^2-11x+24=(x-3)(x-8)$

(4) $2x^2+5x-12$

⑤の公式を利用するには，$ac=2$，$bd=-12$を満たすa，b，c，dのうちで，$ad+bc=5$となるものを見つければよい。

$2x^2 \quad +5x \quad -12$

↑ ↑ ↑

$acx^2+(ad+bc)x+bd$

そこで，$ad+bc=5$となるのは，

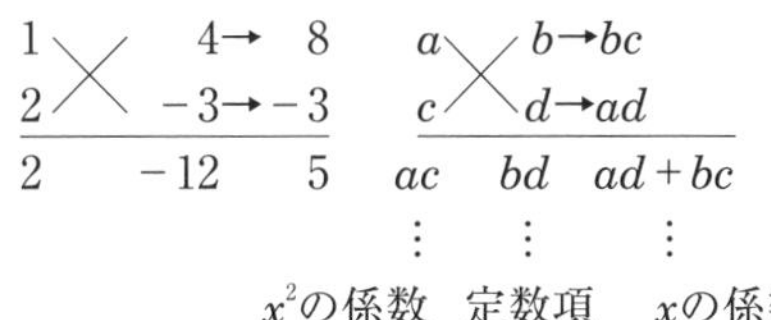

この方法を「たすきがけ」という

上図から，$a=1$，$b=4$，$c=2$，$d=-3$が当てはまることがわかる。

よって，$2x^2+5x-12=(x+4)(2x-3)$

実戦問題

No.1 $\sqrt{55000 \div x}$が整数となるような自然数xは，全部で何個か。

【地方上級(特別区)・平成28年度】

1　5個　　**2**　6個
3　7個　　**4**　8個
5　9個

No.2 aは3ケタの整数である。aは23で割り切れるが40では割り切れない。a^2は40で割り切れる。このとき，aを7で割ったときの余りはいくつになるか。

【市役所・平成25年度】

1　1　　**2**　2
3　3　　**4**　4
5　5

No.3 ある2つの自然数XとYがあり，XとYの積は1,000以上10,000以下で，二乗の差は441であるとき，XとYのうち大きいほうの数として，正しいのはどれか。

【地方上級(東京都)・令和3年度】

1　35　　**2**　45
3　55　　**4**　65
5　75

No.4 A，B，Cは，いずれも300以下の3ケタの自然数であり，次の条件を満たしているとき，BとCの差はいくらか。

【国家総合職・平成29年度】

○$A > B > C$である。
○A，B，Cの最大公約数は6であり，A，Cの最大公約数は12である。
○AとCの積は91で割り切れる。
○Bの素因数はすべて7以下である。Bは9でも49でも割り切れない。

1　42　　**2**　48
3　54　　**4**　60
5　66

実戦問題の解説

No.1 の解説　自然数xの個数　→問題はP.36　正答2

STEP❶　55000を素因数分解する

55000を素因数分解すると，

$55000=2^3\times5^4\times11$

2	55000
2	27500
2	13750
5	6875
5	1375
5	275
5	55
	11

STEP❷　xの正体をつかむ

$\sqrt{55000\div x}$が整数となるためには，$55000\div x$が2乗の形になる必要がある。

よって，$x=2^p\times5^q\times11^r$で，

pの値のとり方は，$p=1$，3の2通り

qの値のとり方は，$q=0$，2，4の3通り

rの値のとり方は，$r=1$の1通り

したがって，自然数xは全部で，$2\times3\times1=6$〔個〕あり，**2**が正しい。

No.2 の解説　aを7で割ったときの余り　→問題はP.36　正答5

STEP❶　a^2の因数を考える

aが23で割り切れることから，a^2は23^2を因数に持つ。また，a^2は$40=(=2^3\times5)$で割り切れることから，

$a^2=23^2\times2^3\times5\times m=(23\times2)^2\times2\times5\times m$（$m$は整数）

と表すことができる。

さらに，a^2は整数の2乗であるから，$2\times5\times m$は$(2\times5\times n)^2$と置き換えることができるから，

$a^2=(23\times2\times2\times5\times n)^2$（$n$は整数）

となる。

STEP❷　aを求める

よって，$a=23\times2\times2\times5\times n=460n$

となる。

aは3ケタの整数であるから，$n=1$または2である。ところが，$n=2$のとき，920となり，40で割り切れてしまう。したがって，$n=1$のとき，$a=460$

$460\div7=65$で余り5であるから，**5**が正しい。

No.3 の解説　XとYのうち大きいほうの数

→問題はP.36　**正答 5**

STEP❶　二乗の差が441を考える

XとYのどちらが大きい数かはわからないので，仮に$X>Y$とすると，二乗の差が441であるから，$X^2-Y^2=441$

左辺を因数分解すると，$(X+Y)(X-Y)=441$

STEP❷　441を素因数分解する

441を素因数分解すると，$441=3^2\times7^2$

これより，$(X+Y,\ X-Y)=(441,\ 1)$，$(147,\ 3)$，$(63,\ 7)$，$(49,\ 9)$のいずれかである。

```
3) 441
3) 147
7)  49
     7
```

STEP❸　X，Yを求める

$X+Y=441$，$X-Y=1$より，辺々足すと$2X=442$であるから，$X=221$，$Y=220$

このとき，$XY=221\times220$は10000を超えてしまう。

$X+Y=147$，$X-Y=3$より，辺々足すと$2X=150$であるから，$X=75$，$Y=72$

このとき，$XY=75\times72=5400$となり，条件にあてはまる。

$X+Y=63$，$X-Y=7$より，辺々足すと$2X=70$であるから，$X=35$，$Y=28$

このとき，$XY=35\times28=980$となり，1000以下である。

$X+Y=49$，$X-Y=9$より，辺々足すと$2X=58$であるから，$X=29$，$Y=20$

このとき，$XY=29\times20=580$となり，1000以下である。

これより，大きいほうの数は75となり，**5**が正しい。

No.4 の解説 BとCの差

→問題はP.36 正答3

STEP❶ 最大公約数を利用する

2つ目の条件の「A，B，Cの最大公約数は6であり，A，Cの最大公約数は12である」ことから，

$A=2\times6\times a$

$B=6\times b$

$C=2\times6\times c$

と表しておく。

STEP❷ Cを決定する

3つ目の条件「AとCの積は91（$=13\times7$）で割り切れる」ことから，AとCのそれぞれが13または7の素因数を持つことがわかる。

Cが7を素因数に持つとすると，Cは，$2\times6\times7=84$の倍数ということになり，300以下の3ケタの自然数では，168，252が考えられる。このとき，Aが13を素因数に持つことになるが，300以下の自然数では，$A=2\times6\times13=156$となり，$A>B>C$であることに矛盾する。

したがって，Aが7を素因数に持ち，Cが13を素因数に持つことがわかる。

よって，$C=2\times6\times13=156$が決定する。また，Aは168か252のどちらかである。

STEP❸ Bを決定する

4つ目の条件「Bの素因数はすべて7以下である。Bは9でも49でも割り切れない」ことから，Bは5または7を素因数に持ち，300以下の3ケタの自然数であるから，

5を素因数に持つ場合　　$B=6\times5^2=150$

7を素因数に持つ場合　　$B=6\times5\times7=210$

のいずれかである。

$B>C$を考慮すると，$B=210$が決定する。

STEP❹ BとCの差を出す

以上より，BとCの差$B-C=210-156=54$となり，**3**が正しい。

なお，**STEP②**の結果と$A>B>C$より，$A=252$と決定できる。

約数・倍数

必修問題

次は，約数に関する記述であるが，ア，イに当てはまるものの組合せとして最も妥当なのはどれか。

【国家総合職・令和3年度】

自然数nの階乗$n!$は，$n! = n \times (n-1) \times \cdots \times 2 \times 1$で定義される。今，2021の階乗

$$2021! = 2021 \times 2020 \times \cdots \times 2000 \times \cdots \times 2 \times 1 \quad \cdots\cdots①$$

が5^m（mは自然数）で割り切れるとき，mの最大値がいくつになるかを考える。

式①の右辺をみると，1から2021までの2021個の自然数のうち，5で割り切れるものは404個あるので，2021!は少なくとも5^{404}で割り切れる。

次に，2021!を5^{404}で割った商は，式①の右辺をもとに考えると，

$$\frac{2021!}{5^{404}} = 2021 \times 404 \times \cdots \times 400 \times \cdots \times 2 \times 1 \quad \cdots\cdots②$$

と表される。これより，式②の右辺の2021個の自然数のうち，5で割り切れるものは［ア］個あるから，$\frac{2021!}{5^{404}}$は少なくとも5の［ア］乗で割り切れる。

以上の推論をさらに進めることにより，mの最大値は［イ］であることがわかる。

	ア	イ
1	40	452
2	40	453
3	80	484
4	80	500
5	80	503

難易度　＊＊＊

必修問題の解説

問題文が長く，一見難しそうであるが，要するに2021! の中に約数の５がいくつあるかという問題なので，５で次々に割っていけば，最終的に求められる。また，2021! の意味も階乗の説明が問題文にあるので，記号に惑わされないようにすることが大切である。

STEP❶　５で割り切れるものの個数を求める

１から2021までの2021個の自然数のうち，５で割り切れるものの個数を求めると，

$2021 \div 5 = 404 \cdots 1$

であるから，404個ある。したがって，2021!は少なくとも5^{404}で割り切れる。

STEP❷　さらに５で割り切れるものの個数を求める

次に，この404個の中にさらに５で割り切れるものの個数を求めると，それはさらに５で割り切れることになる。

$404 \div 5 = 80 \cdots 4$

であるから，80個ある。したがって，**ア**は80である。

STEP❸　さらに５で割り切れるものの個数を求める

次に，この80個の中にさらに５で割り切れるものの個数を求めると，

$80 \div 5 = 16$

であるから，16個ある。

同様にして，$16 \div 5 = 3 \cdots 1$

であるから，さらに３個ある。

STEP❹　mの最大値を求める

したがって，mの最大値は，$404 + 80 + 16 + 3 = 503$となり，**イ**は503であるから**5**が正しい。

正答 5

FOCUS

約数や倍数は整数だけが持っている特有の性質である。それだけに整数問題では，この性質を利用して解く問題が極めて多い。最大公約数・最小公倍数の意味や求め方はもちろんのこと，それらの相互の関係も理解しておくこと。

POINT

重要ポイント 1 公約数と公倍数

(1) 約数と倍数：整数aが整数bで割り切れるとき，bをaの**約数**といい，aをbの**倍数**という。

注）1はすべての整数の約数である。

［例］① 12の約数は，1，2，3，4，6，12　② 12の倍数は，12，24，36，…

(2) 公約数：2つ以上の整数に共通な約数

→公約数の中で最大のものを最大公約数という。

(3) 公倍数：2つ以上の整数に共通な倍数

→公倍数の中で最小のものを最小公倍数という。

重要ポイント 2 最大公約数・最小公倍数の求め方

共通な素因数で割っていき，共通な素因数がなくなったとき

→今までの素因数をかけたものが最大公約数

→共通な素因数と残った数のすべてを掛けたものが最小公倍数

［例］① 56と72の最大公約数と最小公倍数は，

これらの積が最大公約数 →

```
2 )56 72
2 )28 36
2 )14 18
    7  9
```

最大公約数　$2\times2\times2=8$

最小公倍数　$2\times2\times2\times7\times9=504$

② 18と24と36の最大公約数と最小公倍数は，

・最大公約数は3つの数に共通な素因数の積 →

・3数のうち，2数でも共通な素因数があれば割る →

```
 2 )18 24 36
 3 ) 9 12 18
{2 ) 3  4  6
{3 ) 3  2  3
     1  2  1
```

最大公約数　$2\times3=6$

最小公倍数　$2\times3\times2\times3\times1\times2\times1=72$

重要ポイント 3 最大公約数と最小公倍数の関係

2つの整数A，Bの最大公約数をG，最小公倍数をLとすると，

(1) $A=aG$，$B=bG$（a，bは互いに素）

(2) $L=abG$

注）互いに素とは，aとbが1以外に公約数を持たないこと

〔例題〕２つの正の整数の最大公約数は３，最小公倍数は36，和は21である。この２つの正の整数を求めよ。

２つの正の整数をA，Bとすると，最大公約数は３であるから，

$A=3a$，$B=3b$　（a，bは互いに素）

となる。また，最小公倍数は36であるから，

$3ab=36$

よって，$ab=12$

a，bは互いに素であることから，$(a,\ b)=(1,\ 12)$，$(3,\ 4)$。ただし，aとbの値は入れ替わってもよい。

このうち，$A+B=21$となるのは，$(a,\ b)=(3,\ 4)$すなわち，$A=9$，$B=12$の場合のみである。

重要ポイント４　約数の個数，約数の和の求め方

どちらも素因数分解を利用する。

〔例題〕500の約数は何個あるか。また，すべての約数の和を求めよ。

500を 因数分解すると，$500=2^2\times5^3$となる。これを利用して，500の約数の一覧表を作ると右表のようになる。

$$
\begin{array}{r|l}
2 & 500 \\ \hline
2 & 250 \\ \hline
5 & 125 \\ \hline
5 & 25 \\ \hline
 & 5
\end{array}
$$

	1	5	5^2	5^3
1	1	5	5^2	5^3
2	2	2×5	2×5^2	2×5^3
2^2	2^2	$2^2\times5$	$2^2\times5^2$	$2^2\times5^3$

この表から，500の約数の個数は，$3\times4=12$個である。また，その和は，

$(1+2+2^2)(1+5+5^2+5^3)=7\times156=1092$

一般に，自然数Nが素因数分解された式が，$N=a^pb^qc^r$であるとき，Nの約数の個数は，$(p+1)(q+1)(r+1)$個である。

また，約数の和は，$(1+a+\cdots\cdots+a^p)(1+b+\cdots\cdots+b^q)(1+c+\cdots\cdots+c^r)$である。

実戦問題❶　基本レベル

No.1＊　**1ケタの整数a，b，cを用いて表される4ケタの正の整数「$\boxed{a}\boxed{b}\boxed{c}$6」がある。この正の整数が3，7，11のいずれでも割り切れるとき，$a+b+c$が最大となるのはどれか。**　【地方上級(特別区)・令和3年度】

1　6
2　9
3　12
4　15
5　18

No.2＊　**1～100までの番号がついた100枚のカードが箱の中に入っている。次のア～ウの順番でカードを箱から取り出したとき，箱の中に残ったカードの枚数はどれか。**　【地方上級(特別区)・平成29年度】

ア：5の倍数の番号がついたカード
イ：3の倍数の番号がついたカード
ウ：2の倍数の番号がついたカード

1　20枚
2　23枚
3　26枚
4　29枚
5　32枚

No.3＊　**3つの自然数14，63，nは，最大公約数が7で，最小公倍数が882である。nが300より小さいとき，自然数nは全部で何個か。**

【地方上級(特別区)・平成28年度】

1　2個
2　3個
3　4個
4　5個
5　6個

No.4 * a，bが正の整数であり，$a+b=4$を満たすとき，整数$2^2 \times 3^a \times 4^b$の正の約数の個数のうち最小となる個数はどれか。【地方上級(特別区)・令和２年度】

1 17個
2 18個
3 19個
4 20個
5 21個

No.5 * 瞬時に点灯する７種類のランプがあり，それぞれ３秒，４秒，５秒，６秒，７秒，８秒，９秒に１回の周期で点灯する。今，午後６時ちょうどに全部のランプを同時に点灯させたとき，同日の午後11時45分ちょうどに点灯するランプは何種類か。【地方上級(特別区)・平成29年度】

1 ３種類
2 ４種類
3 ５種類
4 ６種類
5 ７種類

実戦問題1の解説

No.1 の解説　$a+b+c$の最大値

→問題はP.44　**正答5**

STEP❶　3，7，11の最小公倍数を求める

3，7，11のいずれでも割り切れるとは，3，7，11の公倍数であるから，その最小公倍数は，$3\times7\times11=231$である。したがって，この4ケタの正の整数は，231の倍数である。

STEP❷　一の位の6に着目

4ケタの正の整数「$\boxed{a}\,\boxed{b}\,\boxed{c}\,6$」の一の位が6であるから，

$231\times6=1386$，$231\times16=3696$，$231\times26=6006$，$231\times36=8316$

の4通りが考えられる。

STEP❸　$a+b+c$の最大値を求める

このうち，$a+b+c$が最大となるのは，$231\times16=3696$の場合で，

$a+b+c=3+6+9=18$

となり，**5**が正しい。

No.2 の解説　カードの枚数

→ 問題はP.44　**正答3**

STEP❶　条件アを考える

条件アの「5の倍数の番号のカード」は，一の位が0または5のカードであるから1～100まででは20枚ある。

STEP❷　条件ウを考える

問題文では「ア～ウの順番で」となっているが，この順番は入れ替えても結果は変わらない。

条件ウの「2の倍数の番号のカード」は，一の位が偶数（0，2，4，6，8）のカードであるから1～100まででではさらに40枚ある。

STEP❸　条件イを考える

残りの40枚のカードは，一の位が1，3，7，9であるが，このうち条件イの「3の倍数の番号のカード」は，3，9，21，27，33，39，51，57，63，69，81，87，93，99の14枚であるから，箱の中に残ったカードの枚数は，$40-14=26$〔枚〕となり，**3**が正しい。

No.3 の解説　自然数nの個数

→問題はP.44　**正答3**

STEP❶　882を素因数分解する

882を素因数分解すると，

$882=2\times3^2\times7^2$

$$\begin{array}{r|r} 2 & 882 \\ 3 & 441 \\ 3 & 147 \\ 7 & 49 \\ & 7 \end{array}$$

STEP❷　自然数nを求める

$14=2\times7$

$63=3^2\times7$

より，自然数nは7^2を必ず因数に含んでいると考えられるから，

$n=7^2=49$，$n=2\times7^2=98$，$n=3\times7^2=147$，$n=2\times3\times7^2=294$

$n=3^2\times7^2=441$，$n=2\times3^2\times7^2=882$

この中で，300より小さい数は４個であるから，**3**が正しい。

No.4 の解説　正の約数の個数　→問題はP.45　正答２

STEP❶　a，bの値のとり方を考える

a，bは正の整数で，$a+b=4$を満たすa，bの値のとり方を考えると，$(a,\ b)=(3,\ 1)$，$(2,\ 2)$，$(1,\ 3)$の３通りである。

STEP❷　それぞれのa，bについて，素因数分解を考える

$(a,\ b)=(3,\ 1)$のとき，$2^2\times3^3\times4^1=2^4\times3^3$

約数の個数は，$(4+1)\times(3+1)=20$〔個〕

$(a,\ b)=(2,\ 2)$のとき，$2^2\times3^2\times4^2=2^6\times3^2$

約数の個数は，$(6+1)\times(2+1)=21$〔個〕

$(a,\ b)=(1,\ 3)$のとき，$2^2\times3^1\times4^3=2^8\times3^1$

約数の個数は，$(8+1)\times(1+1)=18$〔個〕

したがって，約数の個数が最小となるのは18個であるから，**2**が正しい。

No.5 の解説　点灯するランプ　→問題はP.45　正答３

STEP❶　午後６時から午後11時45分までの秒数を求める

午後６時から午後11時45分までの秒数を求めると，この間は５時間45分であるから，

５時間45分→$5\times60+45=345$〔分〕

よって，これを秒数に直すと，

$345\times60=20700$〔秒〕

STEP❷　20700の約数を考える

つまり，点灯間隔が20700の約数であれば，午後11時45分ちょうどに点灯することになる。

３，４，５，６，９は20700の約数であるが，７と８は約数ではない。つまり，20700は７と８では割り切れない。

したがって，点灯するランプは５種類であり，**3**が正しい。

```
2 ) 20700
2 ) 10350
3 )  5175
3 )  1725
5 )   575
5 )   115
       23
```

実戦問題❷ 応用レベル

＊＊
No.6 2ケタの整数aの約数は，1およびaとそのほかに3個で，合計5個ある。このaを3倍して$3a$としたところ，約数は$3a$だけが増え，合計6個となった。この2ケタの整数aの十の位と一の位の数の差として，正しいものはどれか。

【地方上級・平成23年度】

1 3　**2** 4
3 5　**4** 6
5 7

＊＊
No.7 整数$2^a \times 3^b \times 4^c$の正の約数の個数の最大値はいくらか。ただし，$a$，$b$，$c$は正の整数であり，$a+b+c=5$を満たすものとする。

【国家一般職・平成26年度】

1 14　**2** 16
3 18　**4** 21
5 24

＊＊
No.8 1～100までの数が1つずつ書かれた100枚のカードがある。この中から，ある2ケタの整数xで割り切れる数の書かれたカードを取り除いたところ，取り除かれたカードは4枚あった。さらに，残ったカードの中から8で割り切れるカードを取り除いたところ，新たに取り除かれたカードは11枚であった。このとき，2ケタの整数xの十の位と一の位の数の和として正しいものは，次のうちどれか。

【地方上級・平成21年度】

1 3　**2** 4
3 5　**4** 6
5 7

＊＊
No.9 $a^2+ab+ac+bc-315=0$を満たす素数a，b，cの組合せは何通りか。

ただし，$a<b<c$とする。

【国家一般職・平成29年度】

1 1通り　**2** 3通り
3 5通り　**4** 7通り
5 9通り

実戦問題2の解説

No.6 の解説　十の位と一の位の差

→問題はP.48　**正答5**

STEP❶　整数aの約数が5個であることを考える

整数aの約数は全部で5個あるが，5は素数なので，2個以上の整数の積ではないので，整数aは1種類の因数nだけでできており，$a=n^4$と表される。aは2ケタの整数なので，$n=2$または3である。

STEP❷　$a=2^4$のときを考える

$a=2^4=16$のとき，$3a=48$となり，$48=2^4\times3^1$であるから，約数の個数は，

$(4+1)\times(1+1)=5\times2=10$〔個〕

となり，条件を満たさない。

STEP❸　$a=3^4$のときを考える

$a=3^4=81$のとき，$3a=243$となり，$243=3^5$であるから，約数の個数は6個となり，条件を満たしている。

このとき，十の位と一の位の数の差は，$8-1=7$となり，**5**が正しい。

No.7 の解説　約数の個数の最大値

→ 問題はP.48　正答3

素因数分解から約数の個数を求める。

STEP❶　a，b，cの値のとり方を考える

a，b，cは正の整数で，$a+b+c=5$を満たすa，b，cの値のとり方を考えると，(a，b，c)＝(3，1，1)，(1，3，1)，(1，1，3)，(2，2，1)，(2，1，2)，(1，2，2)の6通りである。

STEP❷　それぞれのa，b，cについて，素因数分解を考える

（ア）　(a，b，c)＝(3，1，1)のとき，
$2^3\times3^1\times4^1=2^5\times3^1$

（イ）　(a，b，c)＝(1，3，1)のとき，
$2^1\times3^3\times4^1=2^3\times3^3$

（ウ）　(a，b，c)＝(1，1，3)のとき，
$2^1\times3^1\times4^3=2^7\times3^1$

（エ）　(a，b，c)＝(2，2，1)のとき，
$2^2\times3^2\times4^1=2^4\times3^2$

（オ）　(a，b，c)＝(2，1，2)のとき，
$2^2\times3^1\times4^2=2^6\times3^1$

（カ）　(a，b，c)＝(1，2，2)のとき，
$2^1\times3^2\times4^2=2^5\times3^2$

STEP❸　それぞれについて，約数の個数を求める

一般に自然数$\boldsymbol{N}$が素因数分解された式が，

$$\boldsymbol{N}=\boldsymbol{x}^p\times\boldsymbol{y}^q\times\boldsymbol{z}^r$$

であるとき，$\boldsymbol{N}$の約数の個数は，$(\boldsymbol{p}+1)(\boldsymbol{q}+1)(\boldsymbol{r}+1)$個である。

これより，(ア)～(カ)のそれぞれについて，約数の個数を求めると，

（ア）　6×2＝12〔個〕（イ）　4×4＝16〔個〕（ウ）　8×2＝16〔個〕

（エ）　5×3＝15〔個〕（オ）　7×2＝14〔個〕（カ）　6×3＝18〔個〕

STEP❹　約数の個数の最大値を求める

以上のことから，約数の個数の最大値は，(カ)のときで18個となり，**3**が正しい。

No.8 の解説 十の位と一の位の数の和

→問題はP.48 正答2

STEP❶ 倍数を4つ持つもの

1～100までの中に，整数xで割り切れる数は4個あるから，1～100の中にある整数xの倍数は4個である。100÷20＝5，100÷25＝4より，1～100の中に倍数を4個持つ整数は**21，22，23，24，25の5個**である。

STEP❷ 条件の絞り込み

また，100÷8＝12…4だから，1～100の中に8の倍数は12個あるが，8の倍数として取り除かれたカードは11枚しかなかったから，1～100の中にxと8の公倍数が1個だけあるということになる。21と8，23と8，25と8の最小公倍数はいずれも100を超えてしまうので条件に合わない。24の場合は，いずれも8の倍数ということになり，不適。22と8の最小公倍数は88で，初めに22の倍数として88は取り除かれており，8の倍数としてのカードは11枚残ることになる。したがって，xは22であり，2+2＝4となり，**2**が正しい。

No.9 の解説 素数a，b，cの組合せ

→問題はP.48 正答2

STEP❶ 式を変形する

$a^2+ab+ac+bc-315=0$より，$a^2+ab+ac+bc=315$

左辺を因数分解すると，$a(a+b)+c(a+b)=315$

よって，$(a+b)(a+c)=315$

STEP❷ 315を2個の整数の積で表す

315を素因数分解すると，

$315=3^2\times5\times7$

$$\begin{array}{r|r} 3 & 315 \\ \hline 3 & 105 \\ \hline 5 & 35 \\ \hline & 7 \end{array}$$

したがって，315を2個の整数の積で表すと，

$315=1\times315=3\times105=5\times63=7\times45=9\times35=15\times21$の6通りある。

STEP❸ aを決定する

6通りの2個の整数の積は，すべて(奇数)×(奇数)であるから，$a+b$も$a+c$も奇数である。**2つの素数の和が奇数となるのは，(偶数)＋(奇数)**でなければならない。これより，$a=2$(**2は素数の中で唯一の偶数である**)とわかる。

STEP❹ 素数の組合せを考える

$2<b<c$より，素数の組合せは，

$315=5\times63=(2+3)(2+61)$

$315=7\times45=(2+5)(2+43)$

$315=15\times21=(2+13)(2+19)$

となる3通りであるから，**2**が正しい。

商と余り

必修問題

2022以下の自然数のうち，4で割ると3余り，かつ，11で割ると5余る数は何個あるか。　【国家専門職・令和4年度】

1　44個

2　45個

3　46個

4　47個

5　48個

難易度　＊＊

必修問題の解説

商と余りの典型的な問題で，過去にも何度も出題されている。いくつか解法のパターンがあるので，自分に適した解法を身につけておきたい。

STEP❶　2つの条件を満たす数を拾い出す

4で割ると3余る数は，

3, 7, 11, 15, 19, 23, ㉗, 31, 35, 39, 43, 47, 51, 55, 59, 63, 67, ㊆……同様にして，11で割ると5余る数は，

5, 16, ㉗, 38, 49, 60, ㊆……

最初に一致した数は27で，その次からは4と11の最小公倍数の44ずつ増えていくことがわかる。

したがって，このような数は，$44n+27$（$n=0$, 1, 2, ……）と表すことができる。

STEP❷　不等式から絞り込む

2022以下の自然数で考えると，

$$44n+27 \leqq 2022$$
$$44n \leqq 1995$$
$$n \leqq \frac{1995}{44}=45\frac{15}{44}$$

$n=0$のときも条件を満たすことを考慮すると，46個あり，**3**が正しい。

注）最初の数27を計算で求める方法

4で割ると3余る数は，$4x+3$，11で割ると5余る数は，$11y+5$

この整数をNとすると，$N=4x+3=11y+5$ ……①

係数が小さいxについて解くと，$x=\dfrac{11y+2}{4}=2y+\dfrac{3y+2}{4}$

$\dfrac{3y+2}{4}$が整数になるためには，$3y+2$が4の倍数でなくてはならない。

このようなyの最小値は$y=2$，このとき，$N=11\times2+5=27$

［別解］

①より，$4x=11y+2$

両辺に4の倍数4，8，12，16，20，24……を加えていくと，左辺はやはり4の倍数，右辺が11の倍数になるようにすると，この場合は20を加えればよいから，

$$4x+20=11y+2+20$$

よって，$4(x+5)=11(y+2)$

これより，$x+5$が11の倍数であればよいから，$x+5=11k$（$k=1$，2，……）

$x=11k-5$を①に代入すると，$N=4(11k-5)+3=44k-17$

$k=1$のとき，$N=27$，$k=2$のとき，$N=71$というように，あとは44ずつ増えていくことがわかる。

$44k-17 \leqq 2022$より，$k \leqq \dfrac{2039}{44}=46\dfrac{15}{44}$であるから，$k=1$から46までの間に46個ある。

正答 3

FOCUS

整数aをpで割ったときの商をq，余りをrとすると，$a=p\cdot q+r$（ただし，$r<p$）であることは，常に頭の引き出しから取り出せるようにしておくこと。また，剰余類の考え方に慣れていない人は，整数を余りによって分類するこの方法を身につけてほしい。

POINT

重要ポイント 1 商と余りの関係

整数aを整数pで割ったときの商をq，余りをrとすると，

$a = p \cdot q + r$　（ただし，$0 \leqq r < p$）

［例］５で割ると４余る整数は，その整数をnとしたとき，

$n = 5a + 4$

〔例題〕正の整数xがある。90をxで割ると６余り，190をxで割ると10余る。このxを求めよ。

90をxで割ると６余ることから，商をaとすると，

$90 = ax + 6$

$ax = 84$　　これより，xは84の約数である。

また，190をxで割ると10余ることから，商をbとすると，

$190 = bx + 10$

$bx = 180$　　これより，xは180の約数である。

以上のことから，xは84の約数であり，かつ180の約数であるから，xは84と180の公約数である。

公約数は，最大公約数の約数であるから，84と180の最大公約数を求めると，

$$
\begin{array}{r|rr}
2 & 84 & 180 \\ \hline
2 & 42 & 90 \\ \hline
3 & 21 & 45 \\ \hline
 & 7 & 15
\end{array}
$$

$2 \times 2 \times 3 = 12$となるから，xは12の約数，すなわち，1，2，3，4，6，12となる。

ところが，余りが６や10なので，xは11以上の数でなければならない。

よって，xは12である。

注）例題を見てわかるように，実際の問題では，いくつか式を立てたところで，公約数（最大公約数）あるいは公倍数（最小公倍数）を求めることにより，求めたい数xの条件を絞り込んでいくことが多い。

重要ポイント 2 剰余類

整数の集合は，１つの決まった自然数で割ったとき，余りが同じになる整数の集合によって類別できる。このようにしてできた集合を**剰余類**という。

［例］① ２の剰余類

２で割ったときの余りは０，１の２種類であるから，すべての整数は次の２種類に分類される。

$C_0 = \{2n \mid n\text{は整数}\}$，$C_1 = \{2n+1 \mid n\text{は整数}\}$

② ３の剰余類

３で割ったときの余りは０，１，２の３種類であるから，すべての整数は

次の3種類に分類される。

$C_0 = \{3n \mid n$は整数$\}$，$C_1 = \{3n+1 \mid n$は整数$\}$

$C_2 = \{3n+2 \mid n$は整数$\}$

〔例題〕ある年の7月1日は木曜日であった。その翌年の元日は何曜日か。

7月～12月までの日数の合計は，

$31+31+30+31+30+31=184$〔日〕

$184 \div 7 = 26 \cdots 2$

したがって，翌年の元日は土曜日である。

注）前日までの日数の合計を7で割った余りによって次のように分類される。

0のとき …… 木曜日	4のとき …… 月曜日
1のとき …… 金曜日	5のとき …… 火曜日
2のとき …… 土曜日	6のとき …… 水曜日
3のとき …… 日曜日	

〔例題〕図のように，親指，人差し指，中指，薬指，小指，薬指，中指，人差し指，親指，人差し指，……というように番号を付けていくとき，7,171は何指になるか。

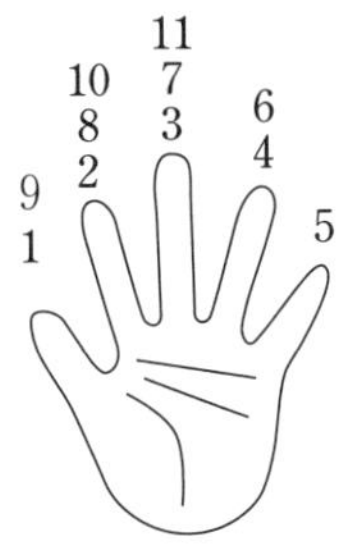

親指→人差し指→中指→薬指→小指→薬指→中指→人差し指を1周期と見ることができる。

したがって，8の倍数で1周期だから，8の剰余類，つまり8で割ったときの余りで次のように分類される。

1のとき：親指	5のとき：小指
2のとき：人差し指	6のとき：薬指
3のとき：中指	7のとき：中指
4のとき：薬指	0のとき：人差し指

$7171 \div 8 = 896 \cdots 3$　　よって，7,171は中指である。

実戦問題

No.1＊ **1,000より小さい正の整数のうち，４で割ると３余り，かつ５で割ると４余る数の個数として，正しいのはどれか。** 【地方上級（東京都）・平成27年度】

1 50個
2 51個
3 52個
4 53個
5 54個

No.2＊ **6で割ると4余り，7で割ると5余り，8で割ると6余る正の整数のうち，最も小さいものの各ケタの数字の和はいくらか。** 【国家一般職・令和元年度】

1 10
2 11
3 12
4 13
5 14

No.3＊ **分数$\frac{5}{26}$を小数で表したとき，小数第100位の数字はどれか。**

【地方上級（特別区）・令和４年度】

1 0
2 2
3 3
4 6
5 7

No.4＊ **MとNは正の整数で，aは１ケタの正の整数である。Mをaで割ると３余り，Nをaで割ると４余る。また，$M \times N$はaで割ると割り切れる。このとき103をaで割ったときの余りはいくつか。** 【市役所・令和元年度】

1 1
2 3
3 4
4 5
5 7

No.5 ＊＊ **あるイベントの参加者は100人以上200人未満であった。この参加者を何人かのグループに分けるとき，８人で分けると２人余り，18人で分けると８人余ることがわかっている。この参加者を７人で分けると何人余るか。**

【地方上級（全国型）・平成29年度】

1　1人
2　2人
3　3人
4　4人
5　5人

No.6 ＊＊ **4，6，8で割ると余りはそれぞれ１になり，５で割ると余りが３，７で割ると余りが５，15で割ると余りが13になる３ケタの自然数は，全部で何個か。**

【地方上級（特別区）・平成26年度】

1　0個
2　1個
3　2個
4　3個
5　4個

No.7 ＊＊＊ **ある人は，毎年，5月1日から5月8日までの期間のうち，平日に休暇を取得し，これを休日である土曜日，日曜日，祝日と連続させることで，できるだけ長い連休となるようにしている。次のことがわかっているとき，同期間内に2日間だけ休暇を取得することで，10日間の連休とすることができる年は，2020年から2040年の間に何回あるか。**

【国家総合職・令和元年度】

○2019年の5月1日は水曜日であり，翌年同日は金曜日である。
○2020年以降の4月，5月の祝日は，4月29日，5月3日，5月4日，5月5日であるとする。
○祝日が日曜日と重なる場合は，その日以降の最も近い平日を祝日とする。

1　2回
2　3回
3　4回
4　5回
5　6回

実戦問題の解説

No.1 の解説　4で割ると3余り，5で割ると4余る数　→問題はP.56　正答1

STEP❶　商と余り

この自然数をnとすると，

4で割ると3余ることから，$n=4a+3$

5で割ると4余ることから，$n=5b+4$

と表せる。

STEP❷　公倍数を考える

これより，辺々に1を加えると，$n+1=4(a+1)=5(b+1)$ であるから，$n+1$は，4と5の公倍数である。

よって，$n+1=20m$と表せるから，$n=20m-1$

$1 \leqq n < 1000$より，$m=1, 2, 3, \cdots\cdots, 50$となるから，条件を満たす数は50個あり，**1**が正しい。

No.2 の解説　各ケタの数字の積　→問題はP.56　正答4

STEP❶　商と余りを考える

この自然数をnとすると，

6で割ると4余ることから，$n=6a+4$　……①

7で割ると5余ることから，$n=7b+5$　……②

8で割ると6余ることから，$n=8c+6$　……③

と表せる。

STEP❷　公倍数を考える

①，②，③の両辺に2を加えると，$\boldsymbol{n+2=6(a+1)=7(b+1)=8(c+1)}$であるから，**$n+2$は，6，7，8の公倍数**である。このうち，最も小さい数とは最小公倍数のことである。

よって，$n+2=6\times7\times4=168$より，$n=166$

各ケタの数字の和は，$1+6+6=13$となり，**4**が正しい。

No.3 の解説　少数第100位の数字　→問題はP.56　正答3

STEP❶　$\dfrac{5}{26}$を小数で表す

$\dfrac{5}{26}$を小数で表すと，$\dfrac{5}{26}=0.1923076923\cdots\cdots$となり，小数第2位から小数第7位までの「923076」の6ケタの部分が，繰り返し表われることになる。このように，小数点以下のあるケタから先で同じ数字の列が無限に繰り返される小数のことを**循環小数**という。

STEP❷ 小数第100位の数字を求める

小数第100位は，６ケタの循環部分の99ケタ目である。

$99 \div 6 = 16 \cdots 3$

したがって，小数第100位は「923076」が16回繰り返された後の３ケタ目であるから，その数字は３である。よって，**3**が正しい。

No.4 の解説 aで割ったときの余り

→問題はP.56 正答１

STEP❶ $M \times N$を表す

M，Nは$M=am+3$, $N=an+4$と表せる。$(a>4)$

このとき，$M \times N=(am+3)(an+4)=a(amn+4m+3n)+12$

この数はaで割り切れるので，12もaで割り切れるからaは12の約数である。

STEP❷ aを求める

aは12の約数で，$a>4$ の１ケタの正の整数なので，$a=6$ である。

103を６で割ると，$103 \div 6 = 17 \cdots 1$であるから，**1**が正しい。

No.5 の解説 参加者の分け方

→問題はP.57 正答２

STEP❶ ２つの条件を満たす数を拾い出す

参加者を８人で分けると２人余るということは，８で割ると２余る数だから，

２，10，18，㉖，34，42，50，58，66，74，82，90，98（丸囲み），106，………

同様にして，18人で分けると８人余るということは，18で割ると８余る数だから，

８，㉖，44，62，80，98（丸囲み），116，………

最初に一致した数は26で，その次からは８と18の最小公倍数の72ずつ増えていくことがわかる。

したがって，このような数は，$72n+26$（$n=0$，１，２，………）と表すことができる。

STEP❷ 参加者の人数を求める

$72n+26$を満たす数は，100以上200未満では，

$$100 \leqq 72n+26 < 200$$

$$74 \leqq 72n < 174$$

$$\frac{37}{36} \leqq n < \frac{29}{12} = 2\frac{5}{12}$$

これを満たす整数nは，$n=2$のみであるから，参加者は$72 \times 2+26=170$〔人〕である。

STEP❸ ７人で分けたときの余りの人数を求める

$170 \div 7 = 24 \cdots 2$

よって，２人余ることになり，**2**が正しい。

注）最初の数26を計算で求める方法

8で割ると2余る数は，$8x+2$，18で割ると8余る数は，$18y+8$

この整数をNとすると，$N=8x+2=18y+8$ ……①

①より，$8x=18y+6$

係数の小さいxについて解くと，$x=\dfrac{9y+3}{4}=2y+\dfrac{y+3}{4}$

$\dfrac{y+3}{4}$が整数になるためには，$y+3$は4の倍数でなくてはならない。

このようなyの最小値は$y=1$，このとき，$N=18\times1+8=26$

［別解］

$8x=18y+6$より，$4x=9y+3$

両辺に4の倍数4，8，12，16，20，24，28……を加えていくと，左辺はやはり4の倍数，右辺が9の倍数になるようにすると，この場合は24を加えればよいから，

$4x+24=9y+3+24$

よって，$4(x+6)=9(y+3)$

これより，$x+6$が9の倍数であればよいから，$x+6=9k$（$k=1$，2，……）

$x=9k-6$を①に代入すると，$N=8(9k-6)+2=72k-46$

$k=1$のとき，$N=26$，$k=2$のとき，$N=98$というように，あとは72ずつ増えていくことがわかる。

Nはイベントの参加者数であるから，$100\leqq N<200$

したがって，$k=3$のとき，$N=170$があてはまる。$170\div7=24\cdots2$で2人余る。

No.6の解説　3ケタの自然数の個数

→問題はP.57 正答2

STEP❶　4，6，8で割ると余りが1になる数

4，6，8で割ると余りがそれぞれ1になる数をNとすると，

$N=4a+1=6b+1=8c+1$

と表せる。これより，$N-1=4a=6b=8c$であるから，$N-1$は，4と6と8の公倍数である。

したがって，$N-1=24m$，$N=24m+1$と表せる。

STEP❷　5で割ると余りが3，7で割ると余りが5，15で割ると余りが13になる数

一方，Nは，$N=5d+3=7e+5=15f+13$と表せるから，

$N+2=5(d+1)=7(e+1)=15(f+1)$

これより，$N+2$は，5と7と15の公倍数である。

したがって，$N+2=105n$，$N=105n-2$と表せる。

STEP❸　Nを求める

以上のことから，$24m+1=105n-2$

$$24m = 105n - 3$$
$$8m = 35n - 1$$
$$m = \frac{35n-1}{8} = 4n + \frac{3n-1}{8}$$

$\frac{3n-1}{8}$が整数となるためには，$3n-1$が８の倍数でなくてはならない。

このようなnの最小値は$n=3$，このとき，$N=105\times3-2=313$

次に，小さいnの値は，$n=11$，このとき，$N=105\times11-2=1153$であるから，４ケタとなってしまう。したがって，条件を満たす３ケタの自然数は１個だけであり，**2**が正しい。

No.7 の解説　連休とすることができる年の回数

→問題はP.57　正答2

STEP❶　曜日のずれを考える

平年の場合は，１年は365日であるから，365÷７＝52…１で52週と１日となり，曜日は毎年１つずつ後ろにずれていく。ところが，うるう年の場合は52週と２日となるので，２つ後ろにずれることになる。2020年はうるう年であるから，2019年の５月１日は水曜日であり，翌年の2020年は同日が２日ずれて金曜日となる。

STEP❷　表の作成

10日間の連休とすることができるのは，４月29日から５月8日までの期間であるから，４月28日が日曜日から土曜日までの７つのパターンがあるので，それを年を含めて表にすると次のようになる。

	㉙	30	5/1	2	③	④	⑤	6	7	8	年			
A	㊊	火	水	木	㊎	㊏	㊐	㊊	火	水	(2019年)	2024年	2030年	
B	㊋	水	木	金	㊏	㊐	㊊	㊋	水	木		2025年	2031年	2036年
C	㊌	木	金	㊏	㊐	㊊	㊋	㊌	木	金	2020年	2026年		2037年
D	㊍	金	㊏	㊐	㊊	㊋	㊌	木	金	㊏	2021年	2027年	2032年	2038年
E	㊎	㊏	㊐	月	㊋	㊌	㊍	金	㊏	㊐	2022年		2033年	2039年
F	㊏	㊐	月	火	㊌	㊍	㊎	㊏	㊐	月	2023年	2028年	2034年	
G	㊐	㊊	火	水	㊍	㊎	㊏	㊐	月	火		2029年	2035年	2040年

○は休日

STEP❸　10連休のパターンを考える

５月１日から５月８日までの期間のうち２日間だけ休暇を取得することで，10日間の連休とすることができるのは，表のEのパターンで，５月２日と５月６日に休暇を取得すれば，４月29日から５月８日まで10連休となる。

それができる年は，2020年から2040年の間には，2022年，2033年，2039年の３回あるから，**2**が正しい。

記数法

必修問題

2進法で1010110と表す数と，3進法で2110と表す数がある。これらの和を5進法で表した数として，正しいのはどれか。

【地方上級(東京都)・平成30年度】

1 102
2 152
3 201
4 1021
5 1102

難易度 ＊

必修問題の解説

われわれが日常的に使用しているのは10進法であるが，それには10個の数字（0～9）が必要である。コンピュータなどの電子機器では，0と1の2つの数で表現した2進法のほうが効率的である。このような2進法も10進法に直して計算すればよい。

STEP❶ 2進法を10進法に直す

10進法で365は，$3\times10^2+6\times10+5\times1$のことである。

一般に，p進法でabcと表された数は，10進法では，

$$a\times p^2+b\times p+c$$

を意味している。

したがって，2進法で1010110と表された数を10進法で表すと，

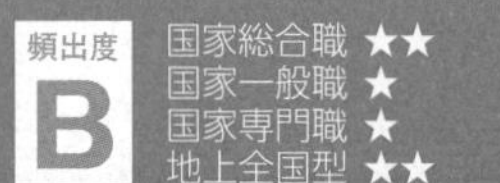

$$\begin{aligned}1010110 &= 1\times 2^6+0\times 2^5+1\times 2^4+0\times 2^3+1\times 2^2+1\times 2^1+0\times 1\\ &=64+0+16+0+4+2\\ &=86\end{aligned}$$

STEP❷　3進法を10進法に直す

同様にして，3進法で2110と表された数を10進法で表すと，

$$\begin{aligned}2110 &= 2\times 3^3+1\times 3^2+1\times 3^1+0\times 1\\ &=54+9+3\\ &=66\end{aligned}$$

である。

STEP❸　10進法を5進法で表す

86＋66＝152であるから，この152を5進法で表せばよい。

10進法の数をp進法に直す方法は，与えられた数をpで割って，余りを書き出していけばよい。

したがって，152を5で割って余りを書き出すと，

```
5 )152
5 ) 30 …… 2 ↑ ←152を5で割ったときの余り
5 )  6 …… 0 | ←30を5で割ったときの余り
     1 …… 1 | ←6を5で割ったときの余り
```

最後の商1から矢印の向きに書いて，1102が得られる。これが152を5進法で表した数であるから，**5**が正しい。

正答 5

FOCUS

われわれが日常使っている数計算は10進法によるものであるが，まずはこの仕組みを把握することである。この仕組みが理解できれば，2進法や5進法などの10進法以外の記数法についてもおのずとわかるはずである。10進法以外の記数法で表された数を10進法で表す方法，また，10進法をほかの記数法で表す方法を身につけてほしい。

POINT

重要ポイント1 10進法の仕組み

[例] $769 = 7 \times 10^2 + 6 \times 10 + 9 \times 1$

↓	↓	↓
10^2の位	10の位	1の位

重要ポイント2 p進法の数を10進法に直す方法

p進法でabcと表された数は，10進法に直すと$a \times p^2 + b \times p + c$を意味する。

[例] ① 2進法で111001と表された数を10進法に直すと，

$1 \times 2^5 + 1 \times 2^4 + 1 \times 2^3 + 1 = 32 + 16 + 8 + 1 = 57$

② 5進法で243と表された数を10進法に直すと，

$2 \times 5^2 + 4 \times 5 + 3 = 50 + 20 + 3 = 73$

重要ポイント3 10進法の数をp進法に直す方法

与えられた数をpで割って，余りを書き出していく。

[例] ① 10進法の数57を2進法に直すと，

```
2 ) 57
2 ) 28 …… 1 ↑  ←57を2で割ったときの余り
2 ) 14 …… 0 |  ←28を2で割ったときの余り
2 )  7 …… 0 |  ←14を2で割ったときの余り
2 )  3 …… 1 |  ←7を2で割ったときの余り
     1 …… 1    ←3を2で割ったときの余り
```

最後の商1から矢印の向きに書いて，111001が得られる。

② 10進法の73を5進法に直すと，

```
5 ) 73
5 ) 14 …… 3 ↑  ←73を5で割ったときの余り
     2 …… 4    ←14を5で割ったときの余り
```

最後の商2から矢印の向きに書いて，243が得られる。

〔例題〕２進法で表された数1011と３進法で表された数1121の積を５進法で表すとどうなるか。

1011を10進法で表すと，

$1011=1\times2^3+1\times2+1=11$

1121を10進法で表すと，

$1121=1\times3^3+1\times3^2+2\times3+1=43$

よって，２数の積は，$11\times43=473$

473を５進法で表すと，3343となる。

```
5 )473
5 ) 94 …… 3↑
5 ) 18 …… 4│
     3 …… 3│
```

重要ポイント 4　記号による表記は法則を見つけ出す

○，●，△，×など，数字を記号で表しているような場合にはその組合せから変換の法則を見つけ出す。

〔例題〕ある法則によれば，●●○○○は３，○●○○●は18，●●○●○は11を表す。では，○●○●●はいくつを表すか。

○と●の２種類の模様で数が表されていることから，２進法による表記ではないかと考える。

左端の●から，1，2，2^2，2^3，2^4であると考えると，

●●○○○ → $1+2=3$

○●○○● → $2+2^4=18$

●●○●○ → $1+2+2^3=11$

となる。

これより，

○●○●● → $2+2^3+2^4=26$

となる。

注）このように，使われている記号が○と●の場合は，２進法であるが，これが，△，○，×の３種類の記号が使われていれば３進法による表記を考える。

実戦問題❶　基本レベル

No.1[*] **5進法で表された数3024と3進法で表された数2110との差を7進法で表した数はどれか。**　【地方上級(特別区)・平成19年度】

1　323
2　455
3　641
4　1220
5　2444

No.2[*] **2進法で101011と表す数と，3進法で211と表す数がある。これらの和を7進法で表した数として，正しいのはどれか。**

【地方上級(東京都)・平成26年度】

1　22
2　43
3　65
4　116
5　122

No.3[*] **2進法では10101と表す10進法の数をXとし，3進法では201と表す10進法の数をYとするとき，$X+Y$の値を6進法で表した数として，正しいのはどれか。**　【地方上級・平成21年度】

1　100
2　101
3　102
4　103
5　104

No.4 ＊＊ いずれも１ケタの異なる３つの自然数があり，少なくともそのうちの２つは偶数である。この３つの自然数を並べて３ケタの自然数を作るとき，最大の数をA，最小の数をBとすると，これらはいずれも３の倍数である。また，AとBの差は百の位が５となる。このとき，A，Bの十の位の数として正しいものは，次のうちどれか。 【市役所・平成22年度】

1 3
2 4
3 5
4 6
5 7

No.5 ＊＊ 日常は，0～9までの10種類の数字を用いる10進法で数を表しているのに対し，コンピュータは，0と1の２種類の数字を用いる２進法で数を管理している。２進法で表された数は10進法で表現でき，たとえば，２進法で表された３ケタの数110を10進法で表すと６である。

ここで，n進法（nは２以上の整数）に拡張して考える。n進法で表された３ケタの数abcを10進法で表すと，$a \times n^2 + b \times n^1 + c \times n^0$である。なお，$a$，$b$，$c$は0から$n-1$の整数であるが，$a$は0ではない。

次の式がn進法で成り立つとき，nはいくらか。 【国家総合職・令和４年度】

1103−442=441

1 5
2 6
3 7
4 8
5 9

実戦問題1の解説

No.1 の解説　5進法，3進法，7進法

→問題はP.66 正答3

STEP❶　10進法に直す

5進法で表された数3024を10進法で表すと，

$3\times5^3+0\times5^2+2\times5+4\times1=375+10+4=389$

3進法で表された数2110を10進法で表すと，

$2\times3^3+1\times3^2+1\times3+0\times1=54+9+3=66$

よって，その差は，$389-66=323$

STEP❷　7進法で表す

323を7進法で表すと，

```
7 )323
7 ) 46 …… 1 ↑
     6 …… 4 ┘
```

したがって，7進法で641となり，**3**が正しい。

No.2 の解説　2進法，3進法，7進法

→問題はP.66 正答5

STEP❶　10進法に直す

2進法で表された101011を10進法で表すと，

$1\times2^5+0\times2^4+1\times2^3+0\times2^2+1\times2^1+1=43$

3進法で表された211を10進法で表すと，

$2\times3^2+1\times3^1+1=22$

よって，これらの和は10進法で表すと，$43+22=65$

STEP❷　7進法に直す

65を7進法で表すと，

```
7 ) 65
7 )  9 …… 2 ↑
     1 …… 2 ┘
```

したがって，7進法で122となり，**5**が正しい。

No.3 の解説　2進法．3進法．6進法

→問題はP.66 正答5

STEP❶　10進法に直す

2進法で表すと10101，3進法で表すと201をそれぞれ10進法で表すと，

$X=1\times2^4+0\times2^3+1\times2^2+0\times2^1+1=16+4+1=21$

$Y=2\times3^2+0\times3^1+1=18+1=19$

よって，$X+Y=21+19=40$

STEP❷　6進法に直す

40を6進法で表すと，

```
6 )40
6 ) 6 …… 4 ↑
    1 …… 0 ┘
```

したがって，６進法で104となり，**5**が正しい。

No.4 の解説　A，Bの十の位の数

→問題はP.67　正答３

STEP❶　AとBを表す

３つの自然数をa，b，cとし，$c<b<a<10$とする。３ケタの自然数のうち，最大の数Aは，$A=100a+10b+c$
また，最小の数Bは，$B=100c+10b+a$

STEP❷　A−Bを考える

$$A-B=(100a+10b+c)-(100c+10b+a)$$
$$=99a-99c=99(a-c)$$

ところが，この数の百の位が５であることから，$a-c=6$で，$A-B=594$となる。

したがって，$(a, c)=(7, 1)$，$(8, 2)$，$(9, 3)$のいずれかが考えられる。

STEP❸　a，b，cを求める

AもBも３の倍数であるから，$a+b+c$も３の倍数である。
よって，$(a, b, c)=(7, 4, 1)$，$(8, 5, 2)$，$(9, 6, 3)$
この中で，少なくとも２つ偶数であるのは，
$(a, b, c)=(8, 5, 2)$
のみである。したがって，A，Bの十の位の数は５であり，**3**が正しい。

No.5 の解説　n進法のnを求める

→問題はP.67　正答４

STEP❶　与えられた式を移項する

$1103-442=441$を移項すると，$442+441=1103$となる。
この式の２ケタ目に着目すると，$4+4=10$となっている。
つまり，10進法の８を10と表しているから８進法である。

STEP❷　10進法の計算で確かめる

したがって，$n=8$であり，確認のために$1103-442=441$を10進法で計算すると，

$$1103=1\times8^3+1\times8^2+3=512+64+3=579$$
$$442=4\times8^2+4\times8+2=256+32+2=290$$
$$441=4\times8^2+4\times8+1=256+32+1=289$$

これより，$579-290=289$となり，**4**が正しい。

実戦問題❷　応用レベル

＊＊
No.6 A，B，Cは１，２，３のいずれかの異なる数であり，ある整数を４進法で表すと$ABAC$，８進法で表すとACCとなる。この数を10進法で表したとき，正しいものは次のうちどれか。　【市役所・平成15年度】

1　133
2　144
3　155
4　166
5　177

＊＊
No.7 あるホテルでは，支配人が「４」という数字が嫌いなことから，「４」を含む番号はすべて部屋番号から除外されている。このとき，120番目の部屋にはどのような番号が付くか。　【市役所・平成17年度】

1　136
2　150
3　153
4　158
5　165

＊＊＊
No.8 12進法とは，12を底として，12の累乗で位取りを行う記数法である。表記に使用する12種類の数字としては，0から9までの10個のアラビア数字と，AとBの2つのローマ字を用いる。たとえば，10進法の「10」は12進法では「A」，「11」は「B」，「22」は「1A」，「23」は「1B」と表す。

今，12進法で表されている異なる4つの自然数がある。これらをすべて足すと「5B2」，最も大きい数字から最も小さい数字を引くと「2A5」，2番目に小さい数字と最も小さい数字を掛けると「A6」，2番目に大きい数字を最も小さい数字で割ると，割り切れてその商が「AB」となった。

このとき，最も大きい数字を12進法で表すと，その下一ケタの数字として最も妥当なのはどれか。　【国家総合職・令和3年度】

1　7
2　8
3　9
4　A
5　B

実戦問題2の解説

No.6 の解説　4進法，8進法

→問題はP.70　正答3

STEP❶　A，B，Cの決定

求める数をxとすると，xは4進法で$ABAC$，8進法でACCだから，

$$x = 4^3A + 4^2B + 4A + C = 64A + 16B + 4A + C = 68A + 16B + C$$

$$x = 8^2A + 8C + C = 64A + 9C \quad \cdots\cdots①$$

よって，$68A + 16B + C = 64A + 9C$

$$4A + 16B = 8C$$

$$A + 4B = 2C$$

ここで，A，B，Cは1，2，3のいずれかであるから，

$$A = 2 \quad B = 1 \quad C = 3$$

となる。

STEP❷　10進法に直す

したがって，この数は4進法で2123，8進法で233であるが，10進法で表すと，A＝2，C＝3を①に代入してxを求めればよい。

$$x = 64 \times 2 + 9 \times 3 = 128 + 27 = 155$$

となり，**3**が正しい。

No.7 の解説　部屋番号

→問題はP.70　正答3

STEP❶　9進法で考える

「4」の数字は使わないのだから，使う数字は「4」以外の9種類であり，9進法の応用と考えることができる。

120を9進法で表すと，

```
9 )120
9 ) 13 …… 3 ↑
     1 …… 4 |
```

であるから，143となる。

STEP❷　部屋番号の決定

ただし，これは0～8までの9種類の数字を用いた場合で，ここでは「4」は使わないことから「4」→「5」となるため，143→153となり，120番目の部屋は153で，**3**が正しい。

No.8 の解説 12進法

→問題はP.71 正答2

STEP❶ 10進法に直す

12進法で表された「5B2」，「2A5」，「A6」，「AB」を10進法で表すと，

5B2 $=5\times12^2+11\times12+2=720+132+2=854$

2A5 $=2\times12^2+10\times12+5=288+120+5=413$

A6 $=10\times12+6=120+6=126$

AB $=10\times12+11=120+11=131$

である。

STEP❷ 方程式をつくる

異なる4つの自然数をa，b，c，d（$a>b>c>d$）とすると，

これらをすべて足すと「5B2」，10進法の「854」になることから，

$a+b+c+d=854$ ……①

最も大きい数字から最も小さい数字を引くと「2A5」，10進法の「413」であるから，

$a-d=413$ ……②

2番目に小さい数字と最も小さい数字を掛けると「A6」，10進法の「126」であるから，

$c\times d=126$ ……③

2番目に大きい数字を最も小さい数字で割ると，割り切れてその商が「AB」，10進法の131であるから，

$b\div d=131$ ……④

STEP❸ 方程式を解く

③より，126を素因数分解すると，$126=2\times3^2\times7$

ここで，dは最も小さい数字であるから，$d=2$，3，6，……と考えられるが，④より，$b=131d$であるから，$a>b$を考えると，$d=2$または3のどちらかである。

$d=2$のとき，③より，$c=63$，④より，$b=262$，②より，$a=415$

このとき，$a+b+c+d=415+262+63+2=742$となり，①を満たさない。

$d=3$のとき，③より，$c=42$，④より，$b=393$，②より，$a=416$

このとき，$a+b+c+d=416+393+42+3=854$となり，①を満たす。

STEP❹ 12進法で表す

したがって，最も大きい数字は10進法で416であるから，これを12進法に直すと，

```
12 )416
12 ) 34  …… 8
      2  …… A
```

これより，2A8となり，下一ケタの数字は8であるから，**2**が正しい。

数量問題

必修問題

A～Eの5種類の商品を販売している売店がある。この売店には図のように，棚が5つあり，1つの棚に1種類の商品が置かれている。

この売店では，各種類の商品について，同じ行の棚であれば，1列目の棚に置いたときと2列目の棚に置いたときの売上げは等しくなっている。

一方，どの種類の商品でも，入口に近い行の棚に置くほうが売上げが高くなり，種類ごとにみると，1行目の棚に置いたときと2行目の棚に置いたときの売上げの比と，2行目の棚に置いたときと3行目の棚に置いたときの売上げの比は，等しくなっている。

この売店でA～Eの5種類の商品の配置換えを行ったところ，配置換え前後の売上げは表のようになり，また，商品の配置について，次のことがわかっている。

○配置換え前に，Bは棚3－1に，Dは棚1－1に，置かれていた。

○CとDは，配置換え前も配置換え後も，通路を挟んで向かい合う棚に置かれていた。

今，A～Eの5種類の商品の売上げの合計が最大になるよう，これらを改めて配置するとき，棚3－1に置かれる商品の売上げはいくらか。

【国家総合職・平成30年度】

図

	1列		2列
1行	棚1－1	通路	棚1－2
2行	棚2－1		棚2－2
3行	棚3－1		レジ
		入口	

表

(単位：円)

	配置換え前	配置換え後
A	22,000	24,200
B	16,900	10,000
C	12,000	14,400
D	6,000	8,400
E	9,000	6,000

1 11,760円
2 13,500円
3 16,900円
4 17,280円
5 24,200円

難易度 ＊＊

必修問題の解説

数量関係の文章題は，ほとんどが加減乗除のみで解決できることが多い。

STEP❶ 配置換え前と配置換え後の配置を考える

配置換え前は，Bは棚3－1に，Dは棚1－1に置かれていて，CとDは，配置換え前も配置換え後も，道路を挟んで向かい合う棚に置かれていたことから，Cは棚1－2に置かれていた。したがって，AとEは2行目（列については入れ替え可能）に置かれていたので，図Ⅰのようになる。配置換え後は，A，C，Dの売上げは上昇するので，A，C，Dはレジ側の行に移るから，図Ⅱのようになる。

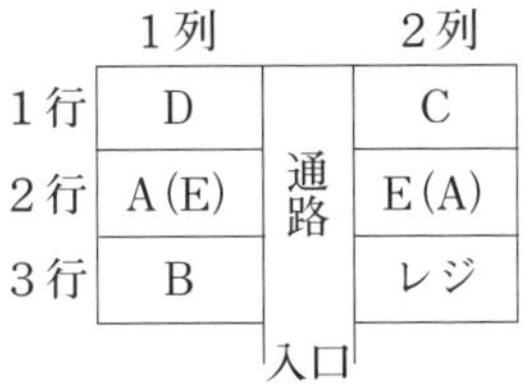

	1列		2列
1行	D	通路	C
2行	A(E)		E(A)
3行	B	入口	レジ

配置換え前（図Ⅰ）

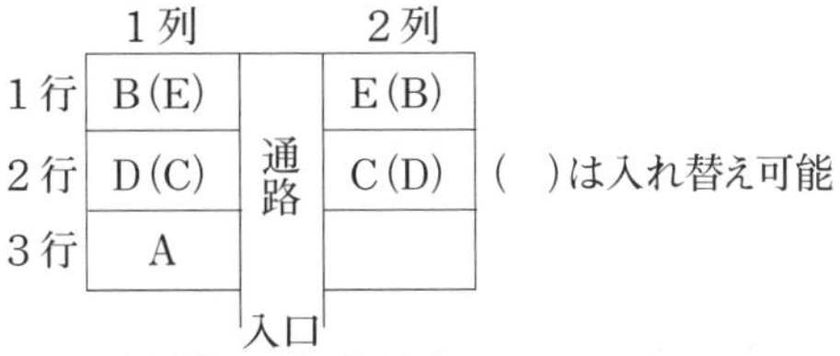

	1列		2列
1行	B(E)	通路	E(B)
2行	D(C)		C(D)
3行	A	入口	

配置換え後（図Ⅱ）

（　）は入れ替え可能

STEP❷ 1行移動させることによる売上げの比を考える

Aは，24200÷22000＝1.1倍，Bは，16900÷10000＝1.69倍（2行移動させて1.69倍であるから，1行の移動は1.3倍），Cは，14400÷12000＝1.2倍，Dは，8400÷6000＝1.4倍，Eは，9000÷6000＝1.5倍である。これにより，配置換え後の移動（1行～3行）によるA～Eの売上げの変化を表にすると表Ⅰのようになる。

	A	B	C	D	E
1行	20000(－4200)	10000(0)	12000(－2400)	6000(－2400)	6000(0)
2行	22000(－2200)	13000(＋3000)	14400(0)	8400(0)	9000(＋3000)
3行	24200(0)	16900(＋6900)	17280(＋2880)	11760(＋3360)	13500(＋7500)

STEP❸ 売上げの合計が最大になる配置を考える

上の表により，売上げの合計が最大になるのは，3行をE，2行をBとC（またはD），1行をAとD（またはC）としたときが，配置換え後より，

$$7500+3000-4200-2400=3900 \text{〔円〕}$$

増加することになり，最大となるから，棚3－1に置かれる商品の売上げは13500円となり，**2**が正しい。

正答 2

FOCUS

国家公務員試験では，最近の傾向として文章が長いものが多いので，問題の意味を短時間でしっかりとつかむ読解力が必要である。次章で学ぶ方程式と不等式でも同様なことがいえるが，ここでは，数値計算だけで解けるものが主題なので計算力も同時に問われている。速く正確に計算できるように日頃から計算力を養っておくことが大切である。

POINT

重要ポイント1 文章題を変換する

文章題を解くには，事実を示す文を，式で表せるものは式に，また，図や表にすると理解しやすいものは図や表にと変換することが必要である。

問題文を読みながら，条件を書き出すときにどのように変換するのが一番ふさわしいかを即座に判断することが大切になる。問題をこなしながら，その方法を体得していってほしい。

重要ポイント2 文章題を表に変換する

条件によって数値が異なる場合は，表にして表すのがよい。その際に大切なのは，条件の組合せが一目でわかるように縦と横にどの条件を持ってくるかを判断することである。

〔例題〕A，Bの２人が英・数・国の試験を受けた。Aの総得点は222点で，Bより６点高かった。また，Aの数学の点数は75点で，Bの英語の点数は78点であった。AとBの点数の差は英語が18点，数学が９点，国語が３点であった。Bの国語の点数は何点だったか。

Aの総得点は，Bより６点高かったことと，英・数・国の点数の差を考えると，この３教科のAの点数とBの点数の差は，順に＋18，－9，－3と考えられる。このことも含めて，相互関係を表にまとめると次のようになる。

	英語	数学	国語	総得点
A		75		222
B	78			
差	＋18	－9	－3	＋6

これより，Aの英語の点数は，78＋18＝96〔点〕であるから，国語の点数は，

222－(96＋75)＝51〔点〕

である。

したがって，Bの国語の点数は，51＋3＝54〔点〕となる。

重要ポイント3 文章題を図に変換する

題意を明確にするために，表のほかに図を積極的に利用することも必要である。時間・距離・速度などの条件が出てくる文章題の場合には，この方法が有効である。

〔例題〕**AはBと一緒にタクシーに乗った。途中，全行程の３分の１のところでCが乗車し，２分の１のところで降車した。Bは全行程の４分の３のところで降車した。最後にAはタクシー代として，7,200円支払った。**

A，B，Cは，２人で乗ったところは２人で，３人で乗ったところは３人で別個にワリカンにする。タクシー料金は距離に比例するとして，Bの支払いはいくらか。

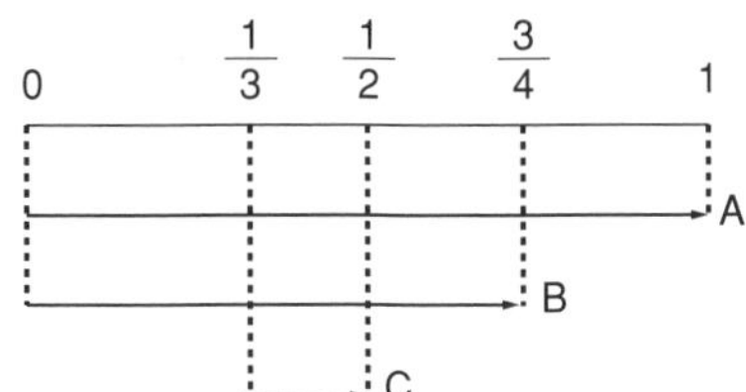

最初の$\frac{1}{3}$区間は，$7200\times\frac{1}{3}=2400$〔円〕

これをA，B２人でワリカンにすることから，Bの支払い分は，

$2400\times\frac{1}{2}=1200$〔円〕 ……①

次の$\frac{1}{2}-\frac{1}{3}=\frac{1}{6}$区間は，$7200\times\frac{1}{6}=1200$〔円〕

これをA，B，Cの３人でワリカンにすることから，Bの支払い分は，

$1200\times\frac{1}{3}=400$〔円〕 ……②

さらに，次の$\frac{3}{4}-\frac{1}{2}=\frac{1}{4}$区間は，$7200\times\frac{1}{4}=1800$〔円〕

これをA，Bの２人でワリカンにすることから，Bの支払い分は，

$1800\times\frac{1}{2}=900$〔円〕 ……③

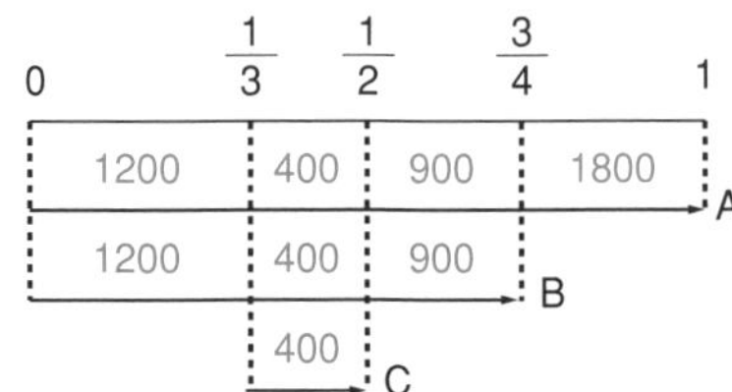

①，②，③より，Bの支払い分は，

$1200+400+900=2500$〔円〕

となる。

実戦問題❶　基本レベル

＊
No.1 ある会社は，社員数35名で，そのうち男性は18名であり，また，東京都在住は15名であった。新たに，東京都在住の男性２名および女性１名，他県在住の２名が入社した。その結果，東京都在住の男性が９名，他県在住の男性が12名になった。このとき，他県在住の女性社員数はどれか。

【地方上級（特別区）・平成29年度】

1　8名
2　9名
3　10名
4　11名
5　12名

＊＊
No.2 ＡとＢの２人がそれぞれコインを64枚持っている。２人がじゃんけんを行って，勝った人が負けた人の手持ちのコインの半分をもらうことにする。何回かじゃんけんを行った後，コインの枚数はＡが50枚，Ｂが78枚となった。このとき２人は何回じゃんけんを行ったか。　【地方上級・平成26年度】

1　3回
2　5回
3　7回
4　9回
5　11回

＊＊
No.3 ＡとＢの２人がそれぞれコインを32枚持っている。じゃんけんを行って勝った人が負けた人の手持ちのコインの半分をもらうことにする。何回かじゃんけんを行った後，コインの枚数はＡが15枚，Ｂが49枚となり，お互いに奇数となって半分を渡すことができなくなったのでゲームが終了した。ゲームが終了するまでにＡが勝った回数は何回か。　【地方上級（全国型）・令和３年度】

1　1回
2　2回
3　3回
4　4回
5　5回

＊＊
No.4 **ある職場では，表のような消耗品を３回に分けて必要個数だけ購入した。**

○１回目は，クリアファイルを除く３種類の消耗品をそれぞれ１個以上購入し，合計金額は1,200円であった。

○２回目および３回目は，ともに４種類すべての消耗品をそれぞれ１個以上購入し，合計金額は，２回目が2,300円，３回目が1,500円であった。

このとき，確実にいえるのはどれか。 【国家一般職・平成29年度】

消耗品	単価	必要個数
消しゴム	110円	7
付せん紙	170円	5
ガムテープ	290円	8
クリアファイル	530円	2

1　１回目に消しゴムを２個購入した。

2　１回目にガムテープを３個購入した。

3　２回目に付せん紙を１個購入した。

4　２回目にガムテープを３個購入した。

5　３回目に消しゴムを１個購入した。

実戦問題1の解説

No.1 の解説　他県在住の女性社員数

→問題はP.78　正答3

STEP❶　新たに入社する前の社員数を考える

社員数35名で，そのうち男性は18名であるから，女性は17名。

東京都在住は15名であるから，他県在住は20名である。

STEP❷　新たに入社した後の社員数を考える

東京都在住の男性2名および女性1名，他県在住の2名の合計5名が，新たに入社したことから，社員数は40名で，東京都在住は18名，他県在住は22名である。

STEP❸　他県在住の女性社員数を求める

このとき，他県在住は22名で，男性が12名であるから，女性は，22－12＝10〔名〕となり，**3**が正しい。

No.2 の解説　じゃんけんの回数

→問題はP.78　正答2

STEP❶　1つ前のコインの枚数を調べる

じゃんけんに勝った人は，負けた人の手持ちのコインを半分もらい，さらに，自分がもともと持っていたコインの枚数の和になるから，常に，勝った人のほうが負けた人よりも多くのコインを持っていることがわかる。

したがって，最後に勝ったのはBで，Aは50枚のコインをBに渡したことから，最後の1つ前のコインの枚数は，Aが100枚，Bが28枚とわかる。

STEP❷　同様の操作を考える

同様にして，2つ前はAが勝ち，Bは28枚のコインを渡したことから，
最後の2つ前のコインの枚数は，Aが72枚，Bが56枚
最後の3つ前のコインの枚数は，Aが16枚，Bが112枚
最後の4つ前のコインの枚数は，Aが32枚，Bが96枚
最後の5つ前のコインの枚数は，Aが64枚，Bが64枚

したがって，じゃんけんは5回行ったことになるから，**2**が正しい。

No.3 の解説　Aが勝った回数

→問題はP.78　正答3

STEP❶　1つ前のコインの枚数を調べる

じゃんけんに勝った人は，負けた人の手持ちのコインを半分もらい，さらに，自分がもともと持っていたコインの枚数の和になるから，常に，勝った人のほうが負けた人よりも多くのコインを持っていることがわかる。

したがって，最後に勝ったのはBで，Aは15枚のコインをBに渡したことから，最後の1つ前のコインの枚数は，Aが30枚，Bが34枚とわかる。

STEP❷　同様の操作を考える

同様にして，2つ前はBが勝ち，Aは30枚のコインを渡したことから，

最後の２つ前のコインの枚数は，Bが勝ち，Aが60枚，Bが４枚。
最後の３つ前のコインの枚数は，Aが勝ち，Aが56枚，Bが８枚。
最後の４つ前のコインの枚数は，Aが勝ち，Aが48枚，Bが16枚。
最後の５つ前のコインの枚数は，Aが勝ち，Aが32枚，Bが32枚。

したがって，５つ前が最初の状況であるから，じゃんけんは５回行われ，そのうちAが３回勝ったことになり，**3**が正しい。

No.4 の解説　消耗品の購入

→問題はP.79　正答３

STEP❶　１回目の購入について考える

１回目の購入は，クリアファイルを除く３種類の消耗品をそれぞれ１個ずつ購入すると，

110＋170＋290＝570〔円〕

である。

合計金額は1200円であるから，残り630円で購入したものは，付せん紙２個とガムテープ１個の組合せしかない。よって，**1**，**2**は正しくない。

STEP❷　３回目の購入について考える

２回目の購入より，金額の低い３回目のほうが考えやすい。４種類すべての消耗品をそれぞれ１個ずつ購入すると，

110＋170＋290＋530＝1100〔円〕

である。

合計金額は1500円であるから，残り400円で購入したものは，消しゴム１個とガムテープ１個の組合せしかない。よって，**5**は正しくない。

STEP❸　２回目の購入について考える

１回目と３回目で購入した消耗品の個数は，消しゴム３個，付せん紙４個，ガムテープ４個，クリアファイル１個であるから，２回目で購入した消耗品は，必要個数から考えて，消しゴム４個，付せん紙１個，ガムテープ４個，クリアファイル１個である。

合計金額は，110×4＋170×1＋290×4＋530×1＝2300〔円〕で一致する。

したがって，２回目に付せん紙１個を購入したので，**3**が正しい。

実戦問題❷　応用レベル

No.5 ＊＊ **大，中，小の３つのサイズの莢(さや)があり，大サイズの莢には豆が５粒，小サイズの莢には豆が３粒入っている。また，中サイズの莢には豆が４粒または５粒入っているが，その数は莢を開いてみなければわからない。**

今，A～Dの４人がそれぞれいくつか莢を取り，その莢から豆を取り出して，自分の年齢の数だけ豆を集めることとした。各人が次のように述べているとき，４人の年齢の合計はいくつか。 【国家一般職・平成28年度】

A：「大サイズの莢を２個，中サイズの莢を２個，小サイズの莢を２個取ったところ，自分の年齢と同じ数の豆が入っていた」

B：「中サイズの莢を４個取ったところ，自分の年齢より４粒多く豆が入っていた。また，４個の莢のうち少なくとも１個には，豆が５粒入っていた」

C：「自分の年齢はAとBの年齢の合計と同じである。１個だけ小サイズの莢を取り，残りは大サイズの莢を取ったところ，自分の年齢と同じ数の豆が入っていた」

D：「私は，Bより２歳年上である。小サイズの莢を５個以上取ったところ，自分の年齢と同じ数の豆が入っていた」

1　91
2　92
3　93
4　94
5　95

No.6 ＊＊ **A，B，Cの３人が徒競走を４回行った。徒競走を１回行うごとに，１位になった人は，他の２人から１位になった人が持っているのと同じ枚数のメダルをそれぞれ受け取る約束をした。次のことがわかっているとき，初めにBが持っていたメダルは何枚か。**

ただし，同着はなかったものとする。また，１位になった人は常に約束どおりの枚数のメダルを受け取ったものとする。 【国家一般職・令和元年度】

○１回目の徒競走では，Bが１位になった。

○２回目と３回目の徒競走では，Aが１位になった。

○４回目の徒競走では，Cが１位になり，AとBからそれぞれ27枚のメダルを受け取った。

その結果，AとBのメダルはちょうどなくなった。

1 11枚
2 13枚
3 15枚
4 17枚
5 19枚

No.7 ＊＊ **ある商店で，商品Aを1個50円，商品Bを1個10円で販売を開始し，この2品目の初日の売上げは合計で5,800円であった。2日目に商品Aを10円値下げしたところ，商品Aの販売数量は10個増え，この2品目の売上げは合計5,000円であった。2日目の商品Aの販売数量はどれか。ただし，商品Bの販売数量は，両日とも12個以上20個以下であったものとする。**

【地方上級・平成20年度】

1 120個
2 121個
3 122個
4 123個
5 124個

＊＊
No.8 A～Eの５つの投資プランがある。各プランは１年ごとに満期を迎え，その投資限度額および１年間の利益率は次の表のとおりとなっている。現在手持ち資金が200万円で，この他に銀行から年利14％で融資時の手持ち資金と同額までの融資を受けることができるとき，最も有利に投資した場合の２年後の利益額はいくらか。

ただし，複数の投資プランに同時に投資することができ，税金および手数料は考慮しないものとする。

【国家総合職・平成26年度】

	投資限度額（万円）	利益率（%）
A	200	14
B	150	16
C	150	10
D	100	18
E	50	12

1 73.7万円
2 74.1万円
3 74.5万円
4 74.9万円
5 75.3万円

実戦問題2の解説

No.5 の解説　4人の年齢の合計

→問題はP.82 正答1

STEP❶　Aの年齢を考える

Aの証言から，Aが取った豆の数は，大サイズの莢から10粒，中サイズの莢から8粒〜10粒，小サイズの莢から6粒であるから，年齢は24〜26歳である。

STEP❷　Bの年齢を考える

Bの証言から，中サイズの莢から17粒〜20粒（少なくとも1個の莢には5粒入っていた）であるが，これはBの年齢より4粒多いから，Bの年齢は13〜16歳である。

STEP❸　Cの年齢を考える

Cの証言から，AとBの年齢の合計だから，37〜42歳である。ところが，Cが取った豆の数は，8，13，18，23，28，33，38，43，………と考えられるので，この条件を満たすのは，38歳だけである。

STEP❹　Dの年齢を考える

Dの証言から，Bより2歳年上だから，15〜18歳である。ところが，Dが取った豆の数は，15，18，21，………と考えられるので，Dの年齢は15歳か18歳である。

STEP❺　条件を満たす年齢の合計を求める

Dの年齢が15歳であるとすると，Bは13歳，Aは25歳（AとBの合計が38歳）となり，条件を満たす。Dの年齢が18歳であるとすると，Bの年齢は16歳，Aの年齢は22歳となり，Aの証言と矛盾する。

したがって，4人の年齢の合計は，25＋13＋38＋15＝91となり，**1**が正しい。

No.6の解説　Bの持っていたメダルの枚数

→問題はP.83　正答2

STEP❶　4回目の結果から考える

4回目の徒競走で，Cが1位になり，AとBからそれぞれ27枚のメダルを受け取った結果，AとBのメダルがちょうどなくなったことから，3回目の徒競走の終了後（4回目の徒競走が始まる前）にCが持っていたメダルの枚数は，27枚であったことがわかる。つまり，最終的にCのメダルは81枚で，このことを表にすると次のようになる。

	Aの枚数	Bの枚数	Cの枚数
4回目の勝者C	0	0	81
3回目の勝者A	27	27	27

表Ⅰ

STEP❷　1位になった人のメダルの枚数を考える

上の表Ⅰからわかるように，1位になった人は，他の2人から1位になった人が持っているのと同じ枚数のメダルをそれぞれ受け取るということは，メダルの枚数が前の徒競走の終了時の3倍になる。したがって，2回目の徒競走終了時点でのAのメダルの枚数は9枚であるから，BとCのメダルの枚数は，それぞれ27＋9＝36〔枚〕である。

同様にして，表Ⅰの続きを作ると表Ⅱのようになる。

	Aの枚数	Bの枚数	Cの枚数
2回目の勝者A	9	36	36
1回目の勝者B	3	39	39
最初	16	13	52

表Ⅱ

したがって，初めにBが持っていたメダルの枚数は13枚であり，**2**が正しい。

No.7の解説　商品Aの販売数量

→問題はP.83　正答3

STEP❶　選択肢からの考察

初日と2日目の商品Bの販売数量が一定である保証はないので，単純な連立方程式とはならない。したがって，代数的に考えるよりも，選択肢を順次検討して条件に合う販売数量を見つけたほうが得策である。

STEP❷　表の作成

次の表のように，商品Aの2日目の販売数量の欄に選択肢の数字を入れて考えていく。120個の場合，商品Aの売上げは4,800円だから，商品Bは20個売れたことになる。しかし，初日の商品Aの売上げが5,500円となるため，商品Bを30個売ったことになり条件に合わない。同様に，2日目の商品Aの販売数量が121個，123個，124個のいずれの場合も初日の商品Bの販売個数が条件を満たさない。2日目の商品Aの販売個数が122個のときだけ，初日および2日目の商品Bの販売数量が条件を満たしている。

初日				2日目			
A¥50		B¥10		A¥40		B¥10	
販売数量	売上げ	販売数量	売上げ	販売数量	売上げ	販売数量	売上げ
110	¥5,500	30	¥300	120	¥4,800	20	¥200
111	¥5,550	25	¥250	121	¥4,840	16	¥160
112	¥5,600	20	¥200	122	¥4,880	12	¥120
113	¥5,650	15	¥150	123	¥4,920	8	¥80
114	¥5,700	10	¥100	124	¥4,960	4	¥40
		計	¥5,800			計	¥5,000

よって，**3**が正しい。

No.8 の解説　有利な投資

→問題はP.84 正答4

STEP❶　1年目の投資を考える

銀行からの融資の利率は年利14％であるから，融資を受ける限り年利14％以上のプランに投資しなければ有利にはならない。

年利14％以上のプランはBとDだけであるから，1年目は50万円借りて計250万円をBとDに投資すると，1年後には，

$150 \times 1.16 + 100 \times 1.18 = 174 + 118 = 292$〔万円〕

になっている。

ところが，50万円借りた分の利子が年利14％であるから，

$50 \times 0.14 = 7$〔万円〕

となるから，それを返すと元利合計で57万円となる。

したがって，残りは，$292 - 57 = 235$〔万円〕である。

STEP❷　2年目の投資を考える

2年目はまた合計で250万円にするために，15万円借りて同様にBとDに投資すると，292万円になるから，15万円借りた分の利子は，

$15 \times 0.14 = 2.1$〔万円〕

であるから，それを返すと元利合計で17.1万円となる。

したがって，残りは，$292 - 17.1 = 274.9$〔万円〕となり，利益額は，

$274.9 - 200 = 74.9$〔万円〕

である。よって，**4**が正しい。

覆面算，魔方陣

必修問題

図のような五芒星の頂点および交点に10個の○がついており，1～6，8～10，12の異なる整数が1つずつ入っている。1，2，10，12が図のように入ることがわかっている。直線上に並ぶ4個の数字の和がいずれも24となるとき，aに当てはまる数はいくつか。

【地方上級（全国型）・令和4年度】

1 3
2 4
3 5
4 6
5 8

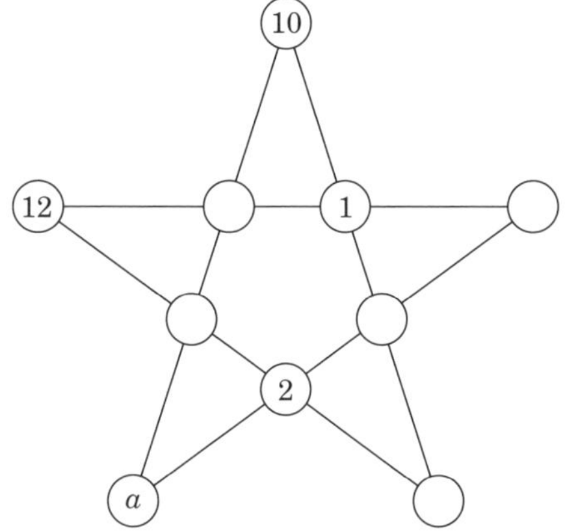

難易度 ＊＊

第1章 数と式の計算

必修問題の解説

空欄の○印を未知数にとり，連立方程式を作る。その際，５本の直線のうち，未知数が２つだけの３本の直線で考えるのがコツである。

STEP❶ 残りの○を未知数とする

図Ⅰのように，残りの５か所の○をb～fとする。次に５本の直線があるが，未知数が２つだけの３本の直線で考えると，直線上に並ぶ数字の和が24であることから，

$b+c=11$ ……①，$d+f=10$ ……②，$e+f=13$ ……③

STEP❷ b～fを考える

②より，dとfの組合せは，使われている数字と7と11を除くと6と4以外はない。同様にして，③より，eとfの組合せは9と4，8と5以外にはない。

これより，$f=4$とわかる。また，②より，$d=6$，③より，$e=9$である。

また，①より，bとcの組合せは8と3以外にはない。しかし，bとdを含む直線で$b=8$とすると，４個の数字の和が24を超えてしまうので，$b=3$，$c=8$と決まる。

STEP❸ aを求める

以上のことから，$10+b+d+a=10+3+6+a=24$より，$a=5$となり，図Ⅱのようになる。

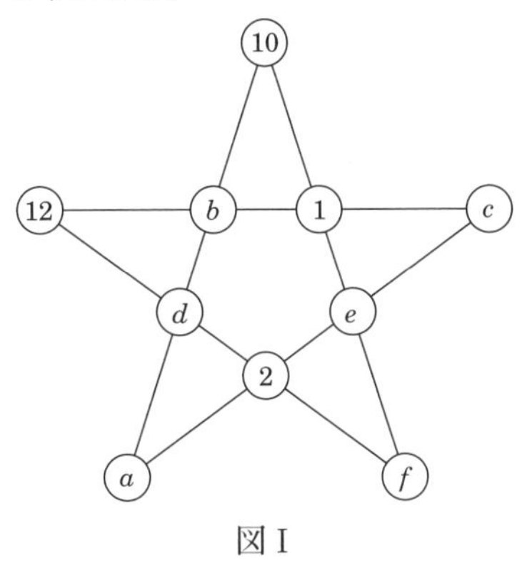

図Ⅰ

図Ⅱ

よって，**3**が正しい。

正答 3

FOCUS

覆面算については整数の加減乗除の性質を用いて，丁寧に当てはめていくことで解いていく。その際，繰り上がりの有無などに注意する必要がある。また，魔方陣は，縦，横，斜めの和が等しくなるようにマス目に連続した整数を入れたものであるが，３×３型のものと，４×４型のもので若干扱い方が異なる。最近は４×４型の魔方陣がよく出題されている。

POINT

重要ポイント 1 覆面算は繰り上がりに注意

覆面算は計算式の一部が虫食いのように空白になっており，その空白部分の数字を求めるので虫食い算ともいう。覆面算は，計算式の数字をアルファベット等の文字に置き換え，同じ文字は同じ数字を表し，異なる文字は異なる数字を表すようにしたものである。

覆面算を解くときにポイントになるのは繰り上がりの数字で，

(1) 2整数の和において，繰り上がる数は1以下

(2) 3整数の和において，繰り上がる数は2以下

であるということを押さえておこう。

[例]

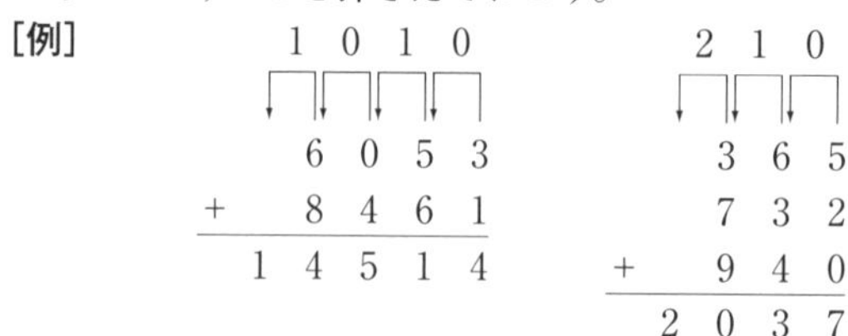

重要ポイント 2 魔方陣は図を変型させて，数字を書き込む

魔方陣は縦，横，斜めの数の合計がいずれも等しくなるような数字の並んでいる図のことである。これらがすべて等しくなるようにするには，マス目の数と同じ数字（マス目が9つであれば1～9，マス目が25であれば1～25）の配置を以下のような手順で書き込んでゆけばよい。

＜3×3型の魔方陣＞

(1) 図のように外側に枠を付け足す。

(2) 斜めに，同じ向きに1から9までの数を入れる。

(3) 外枠の数は遠いほうの空枠に入れる。

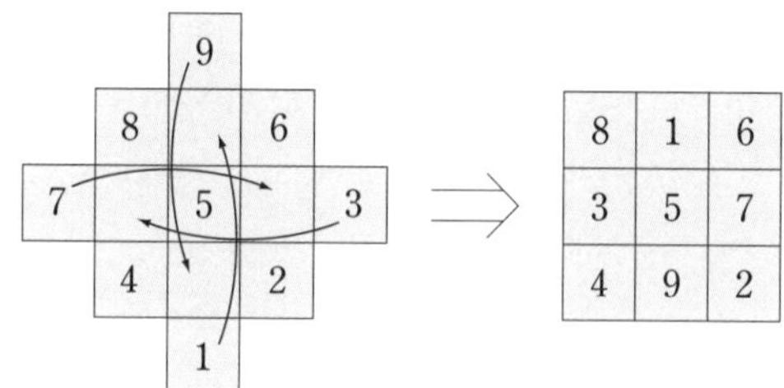

＜4×4型の魔方陣＞

$$1\sim16\text{の和は，}\ 1+2+3+\cdots+16=\frac{16\times17}{2}=136$$

だから，縦横どちらを考えても1行または1段の4数の和は，

$136\div4=34$

さらに，下図の同じ印を付けた4か所の数の和が必ず34になっている。

◎	○	○	◎
△	×	×	△
△	×	×	△
◎	○	○	◎

＜5×5型の魔方陣＞

（1）図のように外側に枠を付け足す。

（2）斜めに，同じ向きに1から25までの数を入れる。

（3）外枠の数は遠いほうの空枠に入れる。

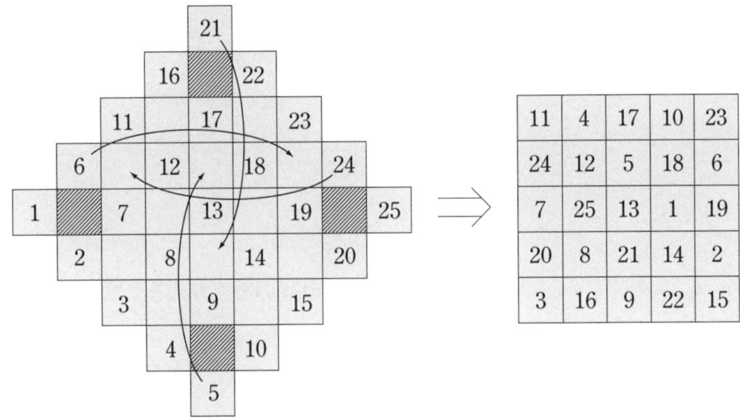

実戦問題

No.1 ＊ A～Dは互いに異なる１～５の整数である。次の計算式が成り立つとき，C＋Dの値はいくつか。　【市役所・平成30年度】

```
  A B D
－D C A
───────
  B 0 8
```

1　3
2　4
3　5
4　6
5　7

No.2 ＊ 以下の各アルファベットには，それぞれ0～9のいずれかの整数が対応し，次の5ケタの数からなる計算式を満たす。ただし，異なるアルファベットには異なる整数が対応し，同じアルファベットには同じ整数が対応するものとする。

```
  K Y O T O
＋O S A K A
───────────
  T O K Y O
```

このとき，次のアルファベットの関係式のうち正しいのはどれか。

【国家総合職・平成20年度】

1　$S=Y+1$
2　$S=Y+2$
3　$S=Y+3$
4　$S=Y+4$
5　$S=Y+5$

No.3 ＊＊ 次の等式の□には１～９までのいずれかの数字が入る。５個の□に入る数の総和はいくらか。

ただし，同じ数字を２度以上使ってもよい。　【国家総合職・平成18年度】

$$\frac{1}{\square\square}+\frac{1}{\square\square}=\frac{\square 3}{2006}$$

1　20
2　23
3　25
4　30
5　34

＊＊
No.4 図のような３×３のマス目の中に，1，2，3，4，6，9，12，18，36の数字を１つずつ入れて，縦，横，対角線に並ぶ３数の積がすべて等しくなるようにしたい。9，18，36の位置が図のように決まっているとき，xに当てはまる数として正しいのはどれか。　【地方上級・平成24年度】

	36	x
9		
		18

1　1
2　2
3　3
4　4
5　6

＊＊
No.5 次の図のように，1～16までのそれぞれ異なる整数をマス目に入れて，縦，横，対角線の数の和がいずれも等しくなるように配置したとき，AとBのマス目の数の積はどれか。

【地方上級(特別区)・平成27年度】

1	8	A	
			3
	11	7	
4	B	9	

1　10
2　20
3　30
4　60
5　90

＊＊
No.6 下の図のように，縦，横，斜めのいずれの4つの数字の和も同じになるようにした方陣がある。Xに入る数字として，正しいのはどれか。

【地方上級(東京都)・平成30年度】

	15	18	
22	A	B	13
21	C	D	X
	17	10	

1　1
2　2
3　3
4　4
5　5

実戦問題の解説

No.1 の解説 ひき算の覆面算 →問題はP.92 正答2

STEP❶ 一の位を考える

A～Dは互いに異なる1～5の整数であるから，DからAを引いて8にはならないので，十の位から10を借りてくる繰り下がりと考えられるから，

$10 + D - A = 8$

$A - D = 2$ ……①

STEP❷ 十の位を考える

十の位は一の位の計算で繰り下がりがあったので，

$B - 1 - C = 0$

$B - C = 1$ ……②

STEP❸ 百の位を考える

百の位は繰り下がりがないので，

$A - D = B$ ……③

STEP❹ A～Dを求める

①，③より，B＝2とわかる。これと②から，C＝1

残りの3，4，5の中で，①の差が2となる組合せは，A＝5，D＝3以外にはない。

したがって，C＋D＝1＋3＝4となり，**2**が正しい。

計算式は次のようになる。

$$\begin{array}{r} 523 \\ -\,315 \\ \hline 208 \end{array}$$

No.2 の解説　足し算の覆面算

→問題はP.92　正答 1

STEP❶　数のあてはめ

図Ⅰにおいて，①の部分より，A＝0である。①がO＋A＝Oであるのに対して，②がO＋A＝K（≠0）となっているのは1つ下のケタから1だけ繰り上がってくるからで，これより，K＝O＋1である。Oは5か所，Kは3か所で使われているので，順に数をあてはめていく。

STEP❷　矛盾点をさがす

O＝1，K＝2とすると図Ⅱ－1のようになる。ここで，Y＋Sを考えると，Y＋S＝1はありえないので，Y＋S＝11であり，ここからT＝4となる。しかし，T＝4であると図Ⅱ－2の③の部分で矛盾する。

```
   ② ①                          ③
  KYOTO        2Y1T1         26141
 +OSAKA       +1S020        +1S020
 ------       ------        ------
  TOKYO        T12Y1         41261
  図Ⅰ          図Ⅱ－1        図Ⅱ－2
```

O＝2，K＝3とすると，図Ⅲ－1のようになる。ここでも，Y＋S＝12よりT＝6となって，図Ⅲ－2のように矛盾する。

O＝3，K＝4とすると，図Ⅳ－1のようになる。この場合は，Y＋S＝3または13のいずれかの可能性があるので，T＝7または8である。T＝7のとき，図Ⅳ－2となって，すべて矛盾なく確定する。T＝8とすると，図Ⅳ－3のようになり，2＋S＝13となるSが存在しないので不適。

```
                  ④
  3Y2T2        39262
 +2S030       +2S030
 ------       ------
  T23Y2        62392
  図Ⅲ－1       図Ⅲ－2

                             ⑤
  4Y3T3        41373        42383
 +3S040       +32040       +3S040
 ------       ------       ------
  T34Y3        73413        83423
  図Ⅳ－1       図Ⅳ－2       図Ⅳ－3
```

図Ⅳ－2より，S＝2，Y＝1となり，S＝Y＋1となって，**1**が正しい。

No.3 の解説　分数の覆面算

→問題はP.92　**正答4**

STEP❶　分母の決定

$\frac{1}{A}+\frac{1}{B}=\frac{C}{2006}$とおくと，**AとBの最小公倍数が2006ということである。**

2006を素因数分解すると，$2006=2\times17\times59$となる。A，Bはいずれも２ケタの整数なので，AとBの組合せは，34と59以外ない。

STEP❷　計算式の決定

このとき，$\frac{1}{34}+\frac{1}{59}=\frac{59+34}{2006}=\frac{93}{2006}$となって，Cの１の位が３になることも満たしている。

したがって，□の中に入る数の総和は，$3+4+5+9+9=30$となり，**4**が正しい。

No.4 の解説　xに当てはまる数

→問題はP.93　正答3

STEP❶　縦，横，対角線に並ぶ3数の積がいくつになるのかを考える

マス目に入る「1，2，3，4，6，9，12，18，36」はすべて$36(=2^2\times3^2)$の約数だから，その約数が持つ素因数も2と3だけである。

そこで，4，6，9，12，18も素因数分解すると，$4=2^2$，$6=2\times3$，$9=3^2$，$12=2^2\times3$，$18=2\times3^2$である。

したがって，$1\times2\times3\times4\times6\times9\times12\times18\times36=1\times2\times3\times2^2\times(2\times3)\times3^2\times(2^2\times3)\times(2\times3^2)\times(2^2\times3^2)=2^9\times3^9=(2^3\times3^3)^3$であるから，縦，横，対角線に並ぶ3数の積は，$2^3\times3^3=216$である。

STEP❷　マス目に入る数を考える

図Ⅰのように，マス目の空いているところをa～eとすると，

図Ⅰ

a	36	x
9	c	e
b	d	18

$a\times36\times x=36\times c\times d=216$より，

$a\times x=c\times d=6=1\times6=2\times3$である。

つまり，xに当てはまるのは，1，2，3，6のいずれかということになる。

$x=1$とすると，$1\times36\times a=216$より，$a=6$となり，このとき，$b=4$であるが，$c=54$となり，適さない。

$x=2$とすると，$2\times36\times a=216$より，$a=3$となり，このとき，$b=8$であるため適さない。

$x=3$とすると，$3\times36\times a=216$より，$a=2$となり，このとき，$b=12$，$c=6$，$d=1$，$e=4$となり，条件を満たす。

$x=6$とすると，$6\times36\times a=216$より，$a=1$となり，このとき，$b=24$となり，適さない。

STEP❸　マス目の完成

以上から，xに当てはまる数は3で，このとき図Ⅱのようになる。

図Ⅱ

2	36	3
9	6	4
12	1	18

よって，**3**が正しい。

No.5 の解説　4×4型魔方陣

→問題はP.93　正答４

４×４魔方陣のしくみを理解しておく。

STEP❶　縦，横，対角線の４つの数の和を求める

１～16までの和を求めると，

$$1+2+3+\cdots\cdots\cdots+16=\frac{16\times17}{2}=136$$

一般に，$1+2+3+\cdots+n=\frac{n(n+1)}{2}$

したがって，縦，横，対角線上の４つの数の和は，

$136\div4=34$

である。

STEP❷　４×４魔方陣の特徴

図Ⅰにおいて，同じ記号をつけた４か所の数の和は必ず34になる。

図Ⅰ

◎	○	○	◎
△	×	×	△
△	×	×	△
◎	○	○	◎

図Ⅱ

1	8	A	
			3
	11	7	
4	B	9	

したがって，図Ⅱで，A＋B＋8＋9＝34より，A＋B＝17であるが，１～16までのうち２数の和が17となる組合せは，（１，16），（２，15），（３，14），（４，13），（５，12），（６，11），（７，10），（８，９）の８通りしかなく，すでに使われている数を除くと，A，Bの組合せは，

（２，15），（５，12）の２通りである。

STEP❸　A，Bの決定

Aに２を入れると，横の３数の和が1＋8＋2＝11となって，Aの右隣りに23を入れないと横の合計が34にならない（しかし入れられる数は16まで）。同様にして，Bに２を入れても，横の３数の和が，4＋2＋9＝15となり，やはり19を入れないと34にはならない。

また，Aに５を入れたとしても，横の３数の和が，1＋8＋5＝14で，やはり20を入れないと34にはならない。

したがって，A＝12，B＝5と決定する。

STEP❹ 魔方陣の完成

A＝12とすると右隣りは13，Aの下は6，9の右隣りは16，3の下は2，11の左隣りは14，1の下は15，8の下は10となり，完成図は図Ⅲのようになる。

図Ⅲ

1	8	**12**	13
15	10	6	3
14	11	7	**2**
4	**5**	9	16

以上から，AとBのマス目の数の積は，A×B＝12×5＝60となり，**4**が正しい。

No.6 の解説　4×4型の魔方陣

→問題はP.93 正答4

STEP❶ 4×4型魔方陣の特徴

図Ⅰにおいて，同じ記号をつけた4か所の数の和は等しい。

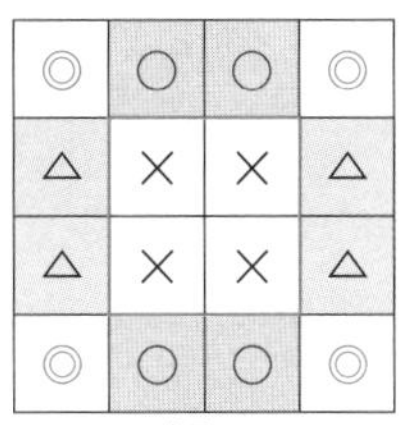

図Ⅰ

STEP❷ Xを求める

図Ⅰの△の部分の数の和と○の部分の数の和は等しいから，

$$22+21+13+\boldsymbol{X}=15+18+17+10$$

$$56+\boldsymbol{X}=60$$

$$\boldsymbol{X}=4$$

よって，**4**が正しい。

[別解] 縦の列の和と横の行の和は等しいことから，

$$(15+A+C+17)+(18+B+D+10)=(22+A+B+13)+(21+C+D+\boldsymbol{X})$$

$$A+B+C+D+60=A+B+C+D+\boldsymbol{X}+56$$

$$\boldsymbol{X}+56=60$$

$$\boldsymbol{X}=4$$

数　列

必修問題

平面上に一辺の長さが100cmの正方形がある。図のように，針金の一端をこの正方形の頂点A_0に固定して，正方形の中心Bに向かって折り曲げていく。

まず，正方形の辺に沿ってA_1，A_2，A_3と進み，辺A_0A_3の中点A_4まで進んだところで，辺A_0A_1の中点A_5に向かって折り曲げた。次にA_4とA_5を結ぶ線分を一辺とする新たな正方形を考え，同様に針金を折り曲げた。これを繰り返したとき，針金のもう一方の端が限りなくBに近づいた。このとき針金の長さはいくらか。

ただし，針金の太さは考慮しないものとする。

【国家総合職・平成29年度】

1　$700+350\sqrt{2}$ cm
2　$800+400\sqrt{2}$ cm
3　$900+450\sqrt{2}$ cm
4　$1000+500\sqrt{2}$ cm
5　$1100+550\sqrt{2}$ cm

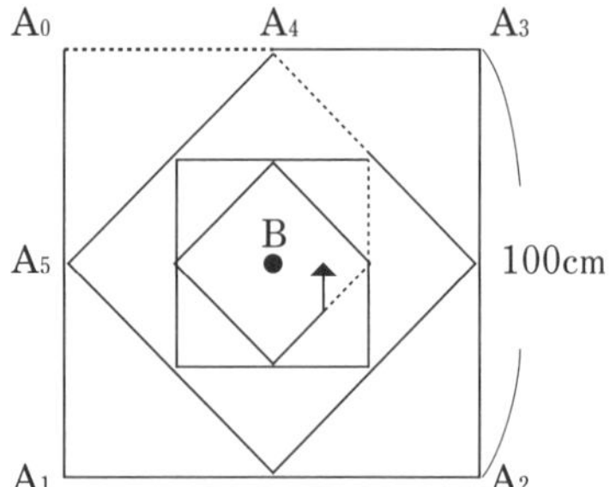

難易度　＊＊＊

必修問題の解説

無限に続く等比数列の和を無限等比級数という。等比数列の初項a，公比rとすると，$a+ar+ar^2+\cdots\cdots$は，$-1<r<1$のとき，その値は$\dfrac{a}{1-r}$となる。

STEP❶　A_0からA_4までを１つの行程と考える

図Ⅰ

図Ⅰにおいて，$A_0 \to A_1 \to A_2 \to A_3 \to A_4$を１つの行程と考え，この行程の針金の長さを$l_1$とする。

$$l_1 = A_0A_1 + A_1A_2 + A_2A_3 + A_3A_4$$
$$= 100 + 100 + 100 + 50$$
$$= 350 \text{〔cm〕}$$

STEP❷　A_4からA_8までの次の行程を考える

$A_4A_5 = 50\sqrt{2}$であるから，次の行程$A_4 \to A_5 \to A_6 \to A_7 \to A_8$の針金の長さ$l_2$を求めると，

$$l_2 = A_4A_5 + A_5A_6 + A_6A_7 + A_7A_8$$
$$= 50\sqrt{2} + 50\sqrt{2} + 50\sqrt{2} + 25\sqrt{2} = 175\sqrt{2} \text{〔cm〕}$$

STEP❸　無限等比級数を求める

以下同様の行程が限りなくBまで続くと考えられるから，数列l_1，l_2，……は，初項350，公比$\dfrac{175\sqrt{2}}{350} = \dfrac{\sqrt{2}}{2}$の無限等比数列である。したがって，

$l_3 = 175\sqrt{2} \times \dfrac{\sqrt{2}}{2} = 175$〔cm〕となる。

よって，求める針金の長さをlとすると，$-1 < \dfrac{\sqrt{2}}{2} < 1$であるから，

$$l = \frac{350}{1 - \dfrac{\sqrt{2}}{2}} = \frac{350 \times 2}{2\left(1 - \dfrac{\sqrt{2}}{2}\right)} = \frac{700}{2 - \sqrt{2}} = \frac{700(2 + \sqrt{2})}{(2 - \sqrt{2})(2 + \sqrt{2})} = \frac{700(2 + \sqrt{2})}{4 - 2}$$
$$= 350(2 + \sqrt{2}) = 700 + 350\sqrt{2} \text{〔cm〕}$$

となり，**1**が正しい。

正答 1

FOCUS

ここでは，基本的な数列である等差数列と等比数列をまずは理解してほしい。最近の傾向としては，漸化式（２つ以上の項の間の関係式）の考えが必要なものも出題されているので，このような考え方にも慣れておくことが必要である。

POINT

重要ポイント 1 初項と一般項

数列とは，ある規則に従って並べられた数の列をいい，その１つ１つの数を数列の**項**という。数列を一般的に表すには，

a_1，a_2，a_3，………，a_n……

のように書き表す。このときa_1を**初項**，a_2を第２項，a_3を第３項，……a_nを**第n項**という。

上の数列を数列 $\{a_n\}$ とも表す。また第n項をすべての項の代表とみて，一般項ともいう。

数列の問題では，初項がどのような規則で第２項，さらには第３項へと変換されていくのかを見抜くことが何より大切である。数字の列を眺めるだけでその規則性を見抜くことができるものがほとんどであるが，わかりにくい場合には，隣り合う項どうしを加減乗除，またはその組合せで計算してみるなど，試してみることが必要になる。

重要ポイント 2 等差数列

等差数列：初項に一定の数を次々に加えてできる数列。その一定の数を**公差**という。

初項a，公差dの等差数列の一般項a_nは，

$$\boldsymbol{a_n=a+(n-1)d}$$

初項から第n項までの和S_nは，

$$\boldsymbol{S_n=\frac{n\{2a+(n-1)d\}}{2}=\frac{n(a+a_n)}{2}}$$

［例］等差数列　1，4，7，10，……の一般項a_nは，

$a_n=1+3(n-1)=3n-2$

初項から第n項までの和S_nは，

$$S_n=\frac{n\{2\times1+(n-1)\times3\}}{2}=\frac{n(3n-1)}{2}$$

重要ポイント 3 等比数列

等比数列：初項に一定の数を次々に掛けてできる数列。その一定の数を**公比**という。

初項a，公比rの等比数列の一般項a_nは，

$$\boldsymbol{a_n=ar^{n-1}}$$

初項から第n項までの和S_nは，

$$\boldsymbol{S_n=\frac{a(1-r^n)}{1-r}=\frac{a(r^n-1)}{r-1}}\quad\textbf{（}r\textbf{キ１のとき）}$$

$S_n = na$　（r＝1のとき）

［例］等比数列3，6，12，24，……の一般項a_nは，

$a_n = 3 \times 2^{n-1}$

初項から第n項までの和S_nは，

$$S_n = \frac{3(2^n - 1)}{2 - 1} = 3(2^n - 1)$$

重要ポイント4　三角数

数列の変型の一つに**三角数**がある。戸惑うことのないように押さえておこう。

碁石を三角形の形に置き，並べると下の図のようになる。

この碁石の個数を順に並べた数の列を考えると，

1，3，6，10，……　　　となり，これらの数を三角数という。

三角数は　1

$1+2=3$

$1+2+3=6$

$1+2+3+4=10$

⋮

というように，自然数の和として順次求められる。

それでは，20番目の三角数は，いくつか考えてみると，

$1+2+3+\cdots\cdots+20$

は，右図のように考えると，

20

20＋1

$$1+2+3+\cdots\cdots+20 = \frac{20 \times (20+1)}{2} = 210$$

として求められる。したがって，一般的には，次の等式が成り立つ。

$$\mathbf{1+2+3+\cdots\cdots+n = \frac{n(n+1)}{2}}$$

実戦問題❶ 基本レベル

No.1 ＊ 下図は，１～81の数字を一定の規則に従ってマス目に埋めていく途中の状態を表したものである。この規則に従って残りのマス目に数字を埋めていくとき，図中のAのマス目を埋める数字として，妥当なのはどれか。

【地方上級（東京都）・平成23年度】

				28				
				35			44	
	13	14	3	4	5	48	49	
	10	15	2	1	6	47	46	
	17	16	9	8	7	54	53	
							58	
			A					
					70			

1 65
2 68
3 71
4 74
5 77

No.2 ＊＊ 次の図のように，同じ長さの線で作った小さな正三角形を組み合わせて，大きな正三角形を作っていくとき，12段組み合わせるのに必要な線の合計の本数はどれか。

【地方上級・平成21年度】

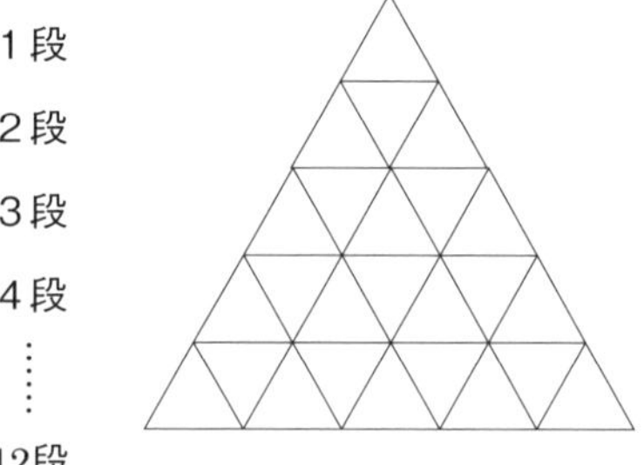

1 198本
2 216本
3 228本
4 234本
5 252本

No.3 ＊＊ **3ケタの自然数のうち，「5で割ると3余り，かつ7で割ると5余る」という条件を満足するすべての自然数の和として，正しいのはどれか。**

【地方上級・平成22年度】

1　14,053
2　14,063
3　14,073
4　14,083
5　14,093

No.4 ＊＊ **今年の1月1日から毎日，m月n日に$m \times n$円の金額を貯金箱へ貯金していくものとする。このとき，貯金の合計額が，初めて1万円以上となるのは次のうちどの月か。**

ただし，貯金は0円の状態から始め，途中で貯金を引き出すことはないものとする。

また，各月の日数は実際には一定ではないが，30日であるとして計算するものとする。

【国家一般職・平成21年度】

1　今年の５月
2　今年の７月
3　今年の11月
4　来年の４月
5　来年の10月

No.5 ＊＊ **次のように，ある法則に従って自然数を並べたとき，847が並ぶ段数はどれか。**

【地方上級・平成20年度】

1段	4
2段	9，8
3段	16，18，12
4段	25，32，27，16
⋮	

1　12段
2　14段
3　16段
4　18段
5　20段

No.6 図の①，②の四角形は，１辺の長さが１cmの正方形である。この２枚を並べてできた長方形に，③→④→⑤→，というように，長方形の長辺と１辺の長さが等しい正方形を加えることを繰り返していく。何回目かに加える正方形の１辺は610cmとなるが，この610cmの正方形を加える１回前に加えた正方形の１辺の長さとして，正しいのはどれか。

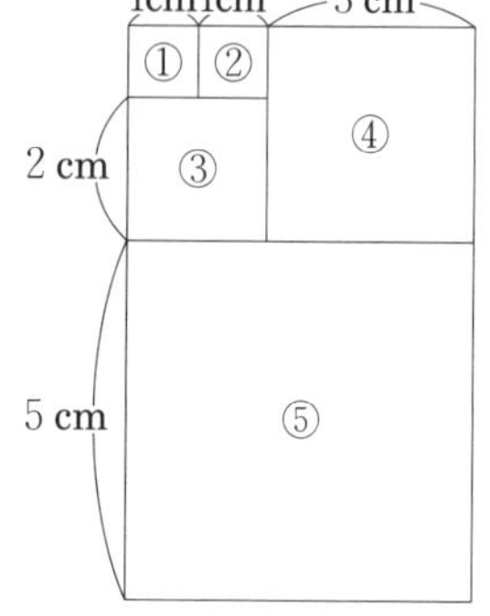

【市役所・平成27年度】

1 233cm
2 288cm
3 322cm
4 377cm
5 411cm

実戦問題1の解説

No.1の解説　Aのマス目に入る数

→問題はP.104　正答1

STEP❶　数の配列の規則性を考える

1～9の数字の配列と残りの表記されている数字の配列に着目すると，数の配列の規則性は図Ⅰのようになっている。

図Ⅰ

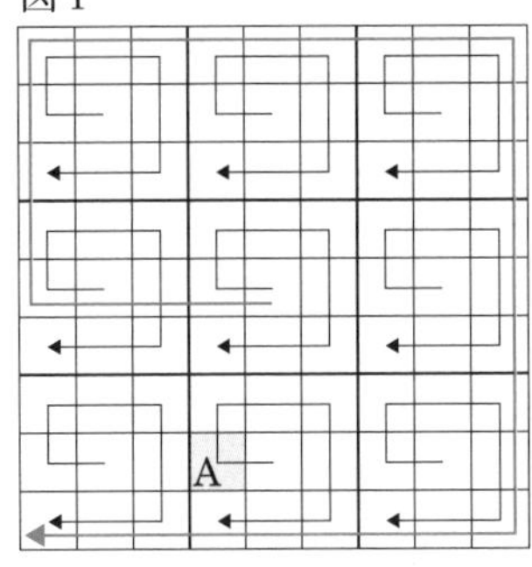

STEP❷　数を埋めていく

上の規則に従って1～81までの数字を埋めていくと図Ⅱのようになる。

図Ⅱ

21	22	23	30	31	32	39	40	41
20	19	24	29	28	33	38	37	42
27	26	25	36	35	34	45	44	43
12	13	14	3	4	5	48	49	50
11	10	15	2	1	6	47	46	51
18	17	16	9	8	7	54	53	52
75	76	77	66	67	68	57	58	59
74	73	78	65	64	69	56	55	60
81	80	79	72	71	70	63	62	61

したがって，Aのマス目に入る数は65であり，**1**が正しい。

No.2の解説　線の合計本数

→問題はP.104　正答4

STEP❶　図から読みとる

図からわかるとおり，小さな正三角形1個を作るのに必要な線の本数は3本である。1段目の線は3本，2段目は△の向きの正三角形2個を作ればよいから，線の本数は，(3×2)本，3段目は同様にして，(3×3)本である。

STEP❷　本数を求める

したがって，求める線の本数は，

$$3\times1+3\times2+3\times3+\cdots\cdots+3\times12=3(1+2+3+\cdots\cdots12)=3\times\frac{1}{2}\times12\times13$$

$=234$〔本〕

となり，**4**が正しい。

No.3の解説　自然数の和

→問題はP.105　**正答1**

STEP❶　商と余り

この自然数をNとすると，

5で割ると3余ることから，$N=5a+3$

7で割ると5余ることから，$N=7b+5$

と表せる。

STEP❷　最小公倍数を求める

これより，$N+2=5(a+1)=7(b+1)$であるから，$N+2$は5と7の最小公倍数35の倍数である。

よって，$N+2=35k$となるから，$N=35k-2$

Nは3ケタの自然数であるから，最小値は$k=3$のときで，$35\times3-2=103$

また，最大値は$k=28$のときで，$35\times28-2=978$

STEP❸　和を求める

求める自然数の和は，初項が103，末項が978，項数が$28-3+1=26$の等差数列の和であることから，

$$\frac{(103+978)\times26}{2}=14053$$

となり，**1**が正しい。

No.4の解説　貯金の合計額

→問題はP.105　**正答2**

STEP❶　1月の貯金

毎月を30日として計算すると，1月は，

$$1\times1+1\times2+1\times3+\cdots\cdots+1\times30=1+2+3+\cdots\cdots+30=\frac{30\times(30+1)}{2}=465$$

より，465円の貯金となる。

STEP❷　2月の貯金

2月は，

$$2\times1+2\times2+2\times3+\cdots\cdots+2\times30=2\times(1+2+3+\cdots\cdots+30)=2\times465=930$$

より，930円となる。

STEP❸ 6月までの貯金

したがって，今年の1月から6月までの貯金の合計額は，

$465+465\times2+465\times3+465\times4+465\times5+465\times6$

$=465(1+2+3+4+5+6)$

$=465\times21=9765$となり，9,765円。

7月には，$465\times7=3255$〔円〕の貯金をするので，今年の7月には1万円を超すのは確実であり，**2**が正しい。

No.5 の解説 847が並ぶ段数

→問題はP.105 **正答3**

STEP❶ 素因数分解する

並べられている自然数を次のように素因数分解する。

1段 2^2

2段 3^2 2×2^2

3段 4^2 2×3^2 3×2^2

4段 5^2 2×4^2 3×3^2 4×2^2

STEP❷ 847を考える

$847=7\times11^2$より，11^2が初めて現れるのが10段だから，2×11^2は11段，3×11^2は12段，4×11^2は13段，……，で，$847=7\times11^2$は16段に並ぶことになるから，**3**が正しい。

No.6 の解説 正方形の1辺の長さ

→問題はP.106 **正答4**

STEP❶ 正方形の1辺の長さを順次考える

①→②→③→④→⑤の順に，正方形の1辺の長さを考えると，

1 cm→1 cm→2 cm→3 cm→5 cmというように変化している。

STEP❷ 数列に直し，規則性を考える

数列にすると，1，1，2，3，5………となり，この数列は，前の2つの数の和が次の数になっていることがわかる（$1+1=2$，$1+2=3$，$2+3=5$というもので，このような数列は，一般に**フィボナッチ数列**と呼ばれている）。

したがって，このような数列は，5の次は，$3+5=8$となることから，以下同様にして，1，1，2，3，5，8，13，21，34，55，89，144，233，377，610，………と続くことが考えられるから，1辺が610cmの正方形を加える1回前に加えた正方形の1辺の長さは，377cmとなり，**4**が正しい。

実戦問題❷ 応用レベル

＊＊
No.7 $\frac{1}{1\cdot 3}+\frac{1}{2\cdot 4}+\cdots+\frac{1}{n\cdot(n+2)}+\cdots+\frac{1}{20\cdot 22}$ **の値はいくらか。**

【国家総合職・平成26年度】

1 $\frac{325}{462}$

2 $\frac{331}{462}$

3 $\frac{335}{462}$

4 $\frac{337}{462}$

5 $\frac{347}{462}$

＊＊
No.8 **次のア～エは，それぞれ一定の規則により並んだ数列であるが，空欄A～Dにあてはまる4つの数の和として，正しいのはどれか。**

【地方上級・平成24年度】

ア　1，5，13，［A］，61……

イ　2，8，44，260，［B］，……

ウ　3，11，43，［C］，683

エ　4，14，42，88，［D］，……

1 1908

2 1918

3 1928

4 1938

5 1948

実戦問題2の解説

No.7の解説　部分分数に分ける →問題はP.110　正答1

STEP❶　一般項を求める

この数列の一般項をa_nとすると，$a_n=\dfrac{1}{n(n+2)}$

$\dfrac{1}{n(n+2)}=\dfrac{1}{2}\left(\dfrac{1}{n}-\dfrac{1}{n+2}\right)$より，求める数列の和を$S$とすると，

STEP❷　和を求める

$$S=\frac{1}{1\cdot3}+\frac{1}{2\cdot4}+\frac{1}{3\cdot5}+\frac{1}{4\cdot6}+\frac{1}{5\cdot7}+\cdots+\frac{1}{20\cdot22}$$

$$=\frac{1}{2}\left\{\left(\frac{1}{1}-\frac{1}{3}\right)+\left(\frac{1}{2}-\frac{1}{4}\right)+\left(\frac{1}{3}-\frac{1}{5}\right)+\left(\frac{1}{4}-\frac{1}{6}\right)+\cdots\right.$$

$$\left.\cdots+\left(\frac{1}{19}-\frac{1}{21}\right)+\left(\frac{1}{20}-\frac{1}{22}\right)\right\}$$

となり，**1つおきの項どうしの間で打ち消し合う分数が現れるので，**最終的に残るものを拾い出すと，

$$S=\frac{1}{2}\left(\frac{1}{1}+\frac{1}{2}-\frac{1}{21}-\frac{1}{22}\right)=\frac{1}{2}\times\frac{924+462-44-42}{924}=\frac{1300}{1848}=\frac{325}{462}$$

よって，**1**が正しい。

No.8 の解説　いろいろな数列

→問題はP.110　**正答 1**

この種の数列では，各項の差を取ってみるのが基本である。

STEP❶　Aを求める

1と5の差が4，5と13の差が8であり，

また，61－13＝48であることから，各項の差を，

$2^2=4$，$2^3=8$，$2^4=16$，$2^5=32$，……

と考えてみると，数列アは次のようになる。

1　5　13　A　61

2^2　2^3　2^4　2^5

したがって，A＝13＋16＝29となる。

STEP❷　Bを求める

2と8の差が6，8と44の差が36，44と260の差が216なので，各項の差を，

6，$6^2=36$，$6^3=216$，$6^4=1296$

とすれば，数列イは次のようになる。

2　8　44　260　B

6　6^2　6^3　6^4

したがって，B＝260＋6^4＝260＋1296＝1556となる。

STEP❸　Cを求める

3と11の差が8，11と43の差が32だから，各項の差を，

$2^3=8$，$2^5=32$，$2^7=128$，……

とすれば，数列ウは次のようになる。

3　11　43　C　683

2^3　2^5　2^7　2^9

したがって，C＝43＋128＝171となる。

STEP❹　Dを求める

4と14の差が10，14と42の差が28，42と88の差が46だから，これだけでは規則性は見つけにくい。

そこで，さらに，10，28，46の差を取ってみると，10と28の差は18，28と46の差も18となり，18ずつ大きくなっている。

したがって，数列エは次のようになる。

4　14　42　88　[D]

10　28　46　[64]

18　18　18

よって，D＝88＋64＝152となる。

以上から，A＋B＋C＋D＝29＋1556＋171＋152＝1908となり，**1**が正しい。

第２章

方程式と不等式

テーマ 9　１次方程式
テーマ 10　連立方程式
テーマ 11　方程式の整数解
テーマ 12　不等式
テーマ 13　時計算，年齢算，平均
テーマ 14　集合
テーマ 15　速さ・距離・時間
テーマ 16　旅人算，流水算
テーマ 17　ダイヤグラム
テーマ 18　比，割合
テーマ 19　濃度
テーマ 20　百分率，増加率
テーマ 21　仕事算
テーマ 22　ニュートン算

試験別出題傾向と対策

頻出度	試験名	国家総合職					国家一般職					国家専門職				
	年度	21-23	24-26	27-29	30-2	3-5	21-23	24-26	27-29	30-2	3-5	21-23	24-26	27-29	30-2	3-5
	テーマ　出題数	3	4	4	7	5	8	7	1	9	3	8	6	7	4	7
C	9 1次方程式									2			1	1	1	
A	10 連立方程式			1	1		1			2		2		2		1
A	11 方程式の整数解				1	1	1	2			1	3			2	2
A	12 不等式	1			2				1	1						2
B	13 時計算，年齢算，平均			1									1			1
C	14 集合									1	1	1	1	1		
A	15 速さ・距離・時間		2	1	1	1		1					2	1		
A	16 旅人算，流水算					1	1			1	1	1				
C	17 ダイヤグラム					1		1								
A	18 比，割合	1			1	1	2			2		1		2		
B	19 濃度						1	1								1
C	20 百分率，増加率						1								1	
B	21 仕事算		1					1								
B	22 ニュートン算	1	1	1	1		1	1					1			

一般に，文章題と呼ばれる問題が中心である。方程式を立てるというのは案外とできない人がいるもので，十分に慣れておく必要がある。対策としては，まず1次方程式と連立方程式は確実に使いこなせるようにしておくことが望ましい。

●国家総合職

問題文が長く難解な問題も含まれているので十分な対策が必要である。

最近では，速さ・距離・時間の分野からの出題が多く，流水算で２隻の船がすれ違う地点と港との距離を問うもので，ダイヤグラムを使うと比較的解きやすくなるものなどが出題されている。

●国家一般職

毎年１～２問出題されている。過去には，難易度がやや高い問題もあるので，数学的な見方や考え方を十分練習を積んでおく必要がある。しかし，多くは標準的な問題なので，過去問をしっかりやっておくことが重要である。最近の出題例は，切

地方上級（全国型）					地方上級（東京都）					地方上級（特別区）					市役所（C日程）					
21-23	24-26	27-29	30-2	3-5	21-23	24-26	27-29	30-2	3-5	21-23	24-26	27-29	30-2	3-5	21-23	24-26	27-29	30-2	3-4	
4	4	6	8	11	4	4	8	5	5	5	4	8	9	7	7	5	9	5	8	
	2																	1		テーマ 9
		1				1			1			2					1	1		テーマ 10
			1	1		2	3	1							1		1	1	2	テーマ 11
				1	1	1	3	1	1	1			2	1	2					テーマ 12
		1	2	1	1		1	1						1		1				テーマ 13
									1			1				1				テーマ 14
3	1		2	1				1		2		3		2		1	2			テーマ 15
		2	1	2				1			2		2	1	2	1	1		2	テーマ 16
					1					1			1							テーマ 17
1	1								1								2	1	2	テーマ 18
		1	1	2					1			1				1	2		1	テーマ 19
			1	1									2	1	1					テーマ 20
		1		1			1			1			2	1				1	1	テーマ 21
				1	1						2	1			1					テーマ 22

手の使用枚数を問うもので，方程式の整数解を利用する問題などであった。

● **国家専門職**

毎年２～３題出題されている頻出分野である。なかには，手ごわい問題もあるので十分な練習が必要である。最近では，方程式の整数解や不等式に関するものが多いので，さまざまな解法を身につけておくとよい。

● **地方上級**

全国型はあらゆる分野から出題されている頻出分野である。標準的なものが多いので，典型的な問題を解けるようにしておく必要がある。また，東京都や特別区でも毎年出題される頻出分野である。頻出テーマの分野からの標準的な出題が多い。

● **市役所**

やはり，頻出分野である。内容は標準レベルが多いので過去問で練習を積んでおくことが重要である。

1次方程式

必修問題

ある工場では，２種類の製品A，Bを製造しており，その製造に要する時間は，それぞれ１個当たり，常に次のとおりである。

製品A：$4+\dfrac{20}{\text{製品Aの製造を担当している作業員の人数}}$（分）
製品B：$6+\dfrac{30}{\text{製品Bの製造を担当している作業員の人数}}$（分）

ある日，この工場では，合計60人の作業員を製品A，Bのいずれか一方の製造の担当に振り分けて同時に製造を開始したところ，４時間後の時点で，この日に製品Bを製造した個数がちょうど35個となり，製造を一時停止した。製品Aの製造を担当する作業員を新たに何人か追加して製造を再開したところ，再開して２時間20分後に，この日に製品Aを製造した個数がちょうど80個となり製造を終了した。この日，製品Aの製造を担当する作業員を新たに追加した後，製品Aの製造を行っていた作業員の人数は何人か。

ただし，作業員は，担当となった種類の製品の製造のみを行うものとする。

【国家一般職・平成30年度】

1 28人
2 30人
3 32人
4 34人
5 36人

難易度 ＊＊

必修問題の解説

何を未知数にとるかを考える。求めるものを未知数にするのが基本であるが，この場合は，いきなり求める作業員の人数を未知数にとっても，うまく方程式を作ることはできない。まずは，順序立てて考えていくのが得策である。

STEP❶ 開始から４時間までを考える

製品Bを担当した作業員の人数をx人とすると，４時間＝240分で35個を製造したので，$\left(6+\dfrac{30}{x}\right)\times 35=240$

両辺をx倍して分母を払うと，

$$(6x+30)\times 35=240x$$
$$210x+1050=240x$$
$$30x=1050$$
$$x=35 〔人〕$$

よって，製品Bの製造を担当した作業員は35人であるから，当初の製品Aを担当した作業員は，60－35＝25〔人〕となる。

STEP❷　製品Aの個数を求める

この4時間に製造した製品Aの個数をy個とすると，

$$y\left(4+\frac{20}{25}\right)=240$$

$\frac{24}{5}y=240$より，$y=240\times\frac{5}{24}=50$〔個〕

STEP❸　求める作業員の人数を求める

製品Aの製造を担当する新たな作業員の人数をz人とすると，$z+25$人で2時間20分＝140分で，80－50＝30個製造したことになるので，

$$\left(4+\frac{20}{z+25}\right)\times 30=140$$

両辺を$z+25$倍して分母を払うと，

$$30(4z+4\times 25+20)=140(z+25)$$
$$30(4z+120)=140(z+25)$$
$$3(4z+120)=14(z+25)$$
$$12z+360=14z+350$$
$$2z=10 より \quad z=5$$

したがって，製品Aの製造を担当していた作業員の人数は，当初の25人を加えて25＋5＝30〔人〕となり，**2**が正しい。

正答 **2**

FOCUS

1次方程式の解法は，決して難しいものではない。要は，方程式を立てるまでのプロセスが肝心である。文章題から，式を立てるまでに，条件の見落としがないか，また，条件を正確に表した式になっているかなどに注意を払っていく必要がある。

POINT

重要ポイント 1　1次方程式の解き方

1次方程式は次のような手順で解く。

(1) 係数が分数や小数のときは，整数に直す。カッコがあれば，カッコをはずす

(2) xを含む項を一方の辺（普通は左辺）に，定数を他の辺（普通は右辺）に移項する

(3) 両辺を整理して，$ax=b$の形にする

(4) 両辺をxの係数aで割って，$x=\frac{b}{a}$とする

［例］ ① $0.5x+0.3=0.8$

$5x+3=8$

$5x=5$

$x=1$

② $3(x+12)=42$

$3x+36=42$

$3x=6$

$x=2$

重要ポイント 2　応用問題を解く手順

文章題を読み取って，1次方程式の形に表す作業の手順は以下のようになる。

(1) 題意をつかむ

何を求めなければいけないのか，どの条件を使って式を立てるのかを読み取る。その際に必要に応じて図や表を用いて整理すると，式を立てるときに間違いがない。

(2) 何をxで表すかを決める

求める数や量を普通xとおくが，求める数や量に関係の深い数や量をxとおいて解く場合もある。

(3) 数量の間の関係を方程式で表す

立てた式の数字に誤りがないよう，問題文を確かめながら，方程式を立てる。

(4) 方程式を解いて解を求め，答えとして適するかどうかをチェックする

確実に得点するためにも，チェックをきちんとする癖をつけておこう。

〔例題〕ある団体が１人当たり5,000円の費用で旅行を計画したが，参加できない人が３人出た。そこで，参加者から集める費用を１人当たり5,400円にすると，初めに計画した総額より1,000円多く集まることになる。初めに計画したときの団体の人数は何人か。

初めに計画したときの団体の人数をx人とすると，集める予定であった費用の総額は，

$5000x$〔円〕　……①

となる。

ところが，参加できない人が３人出たので，実際の参加人数は，

$x-3$〔人〕

となり，これらの参加者から5,400円集めたので，集めた総額は，

$5400(x-3)$〔円〕　……②

となる。

②は①より，1,000円多かったので，

$5400(x-3)-5000x=1000$　……③

という方程式ができる。

③を解くと，
$$5400x-16200-5000x=1000$$
$$5400x-5000x=16200+1000$$
$$400x=17200$$
$$x=43$$

したがって，初めに計画したときの団体の人数は43人である。

実戦問題

No.1 ＊ **２台の自動車A，Bがあり，１Lのガソリンで走ることのできる距離は，それぞれ常に一定である。Aは１Lのガソリンで12km走ることができる。今，同じ量のガソリンが入ったA，Bを同時に並走させ，Aのガソリンが空になった地点で２台とも停車させた。このとき，Bのガソリンの残りは10Lであり，このうち6LをAに移し，再び並走させたところ，２台とも同じ距離を進んだところでガソリンが空になった。最初にAに入っていたガソリンの量は何Lか。**

【市役所・平成30年度改題】

1 24L
2 30L
3 36L
4 42L
5 48L

No.2 ＊＊ **図Ⅰのように，隣り合った２つの数の和をすぐ上の数とする。この規則に従って数を積み上げげたところ，図Ⅱのようになった。図Ⅱにおいて一部の数がわかっているとき，アに当てはまる数はいくらか。** 【国家一般職・令和４年度】

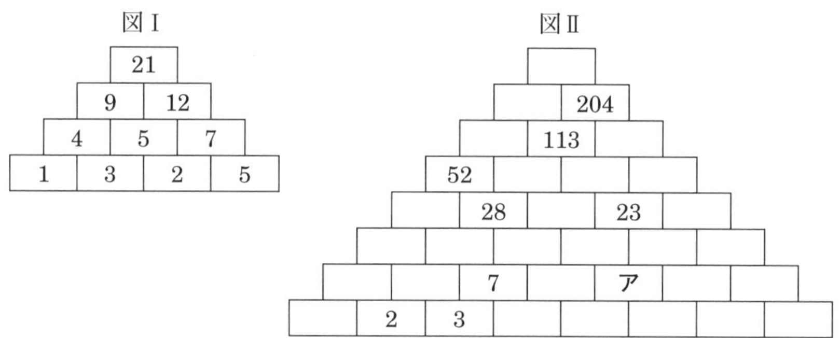

1 6
2 7
3 8
4 9
5 10

No.3 ＊＊ **A～Cの3人がクッキーを持っている。枚数はAが最も多く，2番目がB，3番目がCで，AとBの枚数の差と，BとCの枚数の差は等しい。この状態から，Aが自分の持っているクッキーのうちの4枚をBに渡したところ，AよりBの枚数のほうが多くなり，BとAの枚数の差と，AとCの枚数の差が等しくなった。さらに，Aが自分の持っているクッキーの半分を食べたところ，BとCの枚数の差と，CとAの枚数の差が等しくなった。Cが持っているクッキーの枚数として正しいものは，次のうちどれか。**　【市役所・平成21年度】

1　16枚
2　18枚
3　20枚
4　22枚
5　24枚

No.4 ＊＊ **ある店舗では，ある一定の期間における来客数の統計を取っており，この期間における1日当たりの来客数は180.0人であったが，快晴であった5日間を除く当該期間の1日当たりの来客数は167.5人であった。一方，雨であった5日間を除く当該期間の1日当たりの来客数は190.0人であった。**

快晴であった5日間の1日当たりの来客数が，雨であった5日間の1日当たりの来客数の2.8倍であったとき，当該期間の日数は何日か。

【国家一般職・平成30年度】

1　35日
2　40日
3　45日
4　50日
5　55日

第2章 方程式と不等式

実戦問題の解説

No.1 の解説　Aに入っていたガソリンの量　→問題はP.120　正答2

STEP❶　AとBの同じ距離を走るガソリンの比を考える

Bのガソリンの残りの10Lのうち，6LをAに移したということは，Bのガソリンの残りは4Lである。したがって，AとBは同じ距離を走るのに必要なガソリンの量の比は，6：4である。

STEP❷　方程式を作る

最初にAに入っていたガソリンの量をxLとすると，Bも同じ量だからxLである。Aのガソリンが空になった地点での，A，Bのガソリンの消費量は，それぞれxLと$(x-10)$Lである。

したがって，$x:(x-10)=6:4$

STEP❸　方程式を解く

$\boldsymbol{a:b=c:d \Leftrightarrow ad=bc}$より，$4x=6(x-10)$

これより，$2x=60$，$x=30$〔L〕となり，**2**が正しい。

No.2 の解説　アに当てはまる数　→問題はP.120　正答1

STEP❶　規則に従って数を当てはめる

図1のように，空欄をイ～コとする。規則に従って数を当てはめると，

イ……4，ウ……5，エ……12，オ……16，カ……9

これより，図2のようになる。

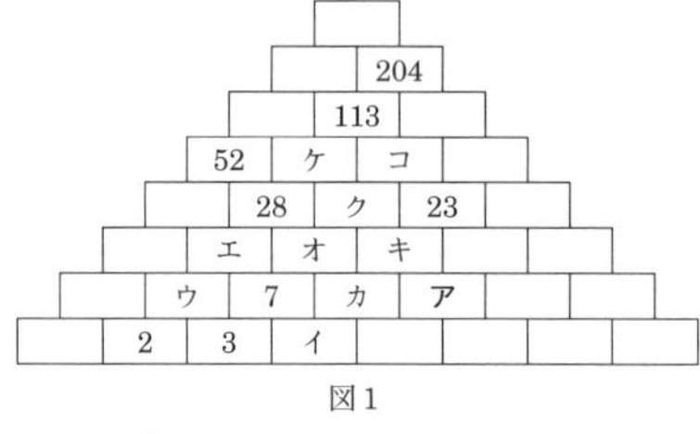

図1

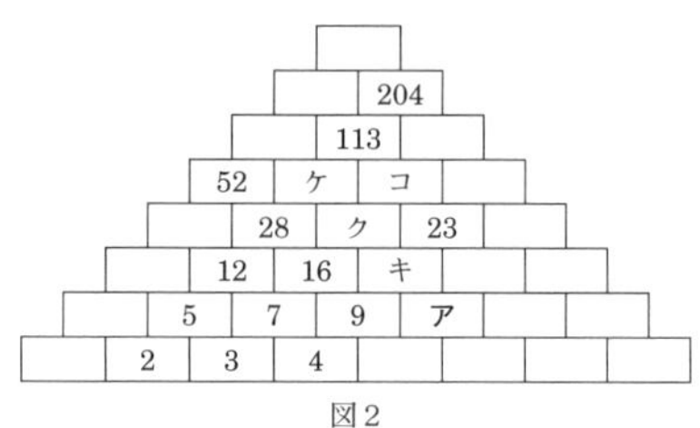

図2

STEP❷　アを求める

アに当てはまる数をxとすると，

キ……$x+9$，ク……$x+25$，ケ……$x+53$，コ……$x+48$

となる。ケとコの和が113であるから，

$$(x+53)+(x+48)=113$$
$$2x=12$$
$$x=6$$

したがって，アは6であり，**1**が正しい。

No.3の解説 クッキーの枚数

→問題はP.121 正答3

STEP❶ 何を未知数にとるか

最初にAが持っていたクッキーの枚数をa枚，AとBの枚数の差をx枚とすると，Bが持っていた枚数は$(a-x)$枚，Cの枚数は$(a-2x)$枚となる。AがBに4枚渡すと，Aの枚数は$(a-4)$枚，Bの枚数は$(a+4-x)$枚となる。この結果，BとAの枚数の差とAとCの枚数の差が等しくなったことから，

$$(a+4-x)-(a-4)=(a-4)-(a-2x)$$
$$8-x=2x-4$$
$$3x=12 \quad \text{より，} x=4$$

STEP❷ 条件より求める

したがって，最初のAとBの枚数の差は4枚である。つまり，AがBに4枚渡すことにより，AとBの持っているクッキーの枚数が入れ替わったことになる。この段階で，BとA，AとCの差は4枚，BとCの差は8枚あるが，Aが自分の持っているクッキーの半分を食べたところ，BとCの枚数の差とCとAの枚数の差が等しくなったというのだから，AはCより8枚少なくなった。

AはCより4枚多かったのが，8枚少なくなったのだから，Aが食べたクッキーの枚数は12枚であり，これが半分だから，食べる前は24枚持っていたことになる。Cの枚数は24枚より4枚少ないので20枚であり，**3**が正しい。

No.4の解説 当該日数を求める

→問題はP.121 正答3

STEP❶ 快晴の日の来客数を考える

求める当該期間の日数をx日とすると，快晴であった5日間の来客数は，当該期間の全体の来客数$180x$人から，快晴であった5日間を除く全体の来客数である$167.5(x-5)$人を引けばよいから，

$$180x-167.5(x-5)=12.5x+837.5\text{〔人〕} \quad \cdots\cdots①$$

STEP❷ 雨の日の来客数を考える

同様にして，雨であった5日間の来客数は，

$$180x-190(x-5)=-10x+950\text{〔人〕} \quad \cdots\cdots②$$

STEP❸ 方程式を作る

①が②の2.8倍であるから，

$$12.5x+837.5=2.8(-10x+950)$$
$$12.5x+837.5=-28x+2660$$
$$40.5x=1822.5 \quad \text{より，} x=45$$

したがって，当該日数は45日であり，**3**が正しい。

連立方程式

必修問題

A～Eの５人は，お金を出し合ってお祝い品を購入した。Aは代金の半分の金額を，Bは他の４人が払った金額の合計の$\frac{1}{4}$の金額を，CはB，D，Eの３人が払った金額の合計の$\frac{1}{3}$の金額を，DはC，Eの２人が払った金額の合計と同じ金額を，Eは500円を払った。このとき，Dが払った金額はいくらか。

【国家総合職・令和２年度】

1　2,000円
2　2,500円
3　3,000円
4　3,500円
5　4,000円

難易度　＊＊

必修問題の解説

A～Eの５人が払った金額をすべて未知数にとる。未知数が５つなので多い感じがするが，方程式も５つ作ればよい。方程式の数と未知数の数が一致していれば，連立方程式は必ず解ける。あとは，５つのうち１つの未知数で他の４つの未知数を表すことを考える。

STEP❶　方程式を作る

A～Eの５人が払った金額をそれぞれa～eとする。

Aは代金の半分の金額を払ったことから，B～Eの４人が払った金額と同額である。

$a=b+c+d+e$　……①

Bは他の４人が払った金額の合計の$\frac{1}{4}$の金額を払ったから，$b=\frac{1}{4}(a+c+d+e)$より，

$4b=a+c+d+e$　……②

同様にして，方程式を作ると，

$3c=b+d+e$　……③

$d=c+e$　……④

$e=500$　……⑤

STEP❷　方程式を解く

Dが払った金額を求めることから，他の未知数をdで表すことを考える。

④，⑤より，$c=d-500$　……⑥

⑤，⑥を③に代入して，

$3(d-500)=b+d+500$

$b=2d-2000$　……⑦

⑤～⑦を②に代入して，

$4(2d-2000)=a+(d-500)+d+500$

$a=6d-8000$　……⑧

⑤～⑧を①に代入して，

$6d-8000=(2d-2000)+(d-500)+d+500$

$2d=6000$

$d=3000$

したがって，Dが払った金額は，3,000円となり，**3**が正しい。

正答 3

FOCUS

連立方程式が解ける条件は，方程式の数と未知数の数が一致していることである。すなわち，未知数を２つにしたならば方程式も２つ立てなければ解けないということであるから，２組の等しい量を見つけて，＝（等号）でドッキングする。これがポイントである。

POINT

重要ポイント 1 代入法による解き方

代入法： 1つの方程式を$y=$……，または$x=$……の形に直して，ほかの方程式に代入して解く方法

［例］ $\begin{cases} 3x-y=5 & \cdots\cdots① \\ y=x-1 & \cdots\cdots② \end{cases}$

②を①に代入して，$3x-(x-1)=5$

$3x-x+1=5$

$x=2$

$x=2$を②に代入すると，$y=2-1=1$

よって，$\begin{cases} x=2 \\ y=1 \end{cases}$

重要ポイント 2 加減法による解き方

加減法： 2つの方程式の辺々を加えたり，引いたりして，変数の1つを消去して解く方法

［例］ $\begin{cases} 3x-4y=11 & \cdots\cdots① \\ 2x-3y=9 & \cdots\cdots② \end{cases}$

①×2−②×3より，

$$\begin{array}{rr} & 6x-8y=22 \\ -) & 6x-9y=27 \\ \hline & y=-5 \end{array}$$

$y=-5$を②に代入すると，$2x-3\times(-5)=9$

$x=-3$

よって，$\begin{cases} x=-3 \\ y=-5 \end{cases}$

重要ポイント 3 応用問題を解く手順

文章題から連立方程式を立てて答えを導くには以下のような手順で進める。

(1) 題意をつかむ

(2) 未知数x，yを表すものを決める（x，yの変域に注意）

(3) 数量の等しい関係を見つけて，連立方程式を作る

(4) 連立方程式を解く

(5) 連立方程式の解が題意に合うかどうか確かめる

〔例題〕ある書店でのA，B，Cの３種類の書籍の売価は，それぞれ１冊1,000円，800円，1,200円で，１冊当たりの利益は，それぞれ200円，120円，300円である。ある日，A，B，C合わせて33冊売れ，売価の合計は32,000円で，利益の合計は6,400円であった。A，B，Cは，それぞれ何冊売れたか。

A，B，Cがそれぞれa冊，b冊，c冊売れたとする。

A，B，C合わせて33冊売れたことから，

$a+b+c=33$ ……①

売価の合計が32,000円であることから，

$1000a+800b+1200c=32000$

$10a+8b+12c=320$ ……②

利益の合計が6,400円であることから，

$200a+120b+300c=6400$

$20a+12b+30c=640$ ……③

①，②，③より，aを消去することを考える。

①×10－②より，

$2b-2c=10$

$b-c=5$ ……④

①×20－③より，

$8b-10c=20$

$4b-5c=10$ ……⑤

④×4－⑤より，$c=10$

$c=10$を④に代入すると，$b=15$

$b=15$，$c=10$を①に代入すると，$a=8$

したがって，A，B，Cはそれぞれ，８冊，15冊，10冊売れたことになる。

注）連立３元１次方程式の解き方……文字を１つ消去して，連立２元１次方程式を作る。

実戦問題

No.1 ＊ **ある酒屋で，赤ワイン４本，白ワイン５本のセットを10,000円，赤ワイン２本，白ワイン３本のセットを6,000円で販売している。ある日，両セットの赤ワインは合計で180本売れ，両セットの売上げは全部で50万円であった。この日，２つのセットは合計で何セット売れたか。**

【地方上級・平成28年度】

1 60　　**2** 65
3 70　　**4** 75
5 80

No.2 ＊ **あるイベントの入場チケットは，大人用が１枚1,200円で，子ども用は１枚900円と500円の２種類あり，900円のチケットには特製グッズが付属している。ある日のチケットの販売枚数は，３種類合計で700枚，その販売金額は570,000円であった。また，子ども用チケットの販売枚数のうち，４割が特製グッズ付きであった。この日の子ども用特製グッズ付きチケットの販売枚数として，正しいのはどれか。**

【市役所・平成28年度】

1 150枚　　**2** 200枚
3 250枚　　**4** 300枚
5 350枚

No.3 ＊ **箱の中に何本かの缶ジュースがあり，A～Eの5人で分けた。次のことがわかっているとき，DとEに分けられた缶ジュースの本数の合計は何本か。**

【国家一般職・平成30年度】

○AとBに分けられた缶ジュースの本数の合計は，分ける前の本数の$\frac{7}{18}$である。

○AとCに分けられた缶ジュースの本数の合計は，分ける前の本数の$\frac{4}{9}$である。

○BとCに分けられた缶ジュースの本数の合計は，分ける前の本数の$\frac{1}{3}$である。

○Aが自分に分けられた缶ジュースをBに４本渡したところ，AとBの缶ジュースの本数は等しくなった。

1 26本　　**2** 28本
3 30本　　**4** 32本
5 34本

No.4 * ある幼稚園では，クラス会の開催に向けてアメとチョコレートを購入した。アメとチョコレートは同じ個数を購入して，参加者全員に同じ個数ずつ配った。アメは，ある個数ずつ全員に配ったところ９個余った。次に，チョコレートを１人当たりの個数がアメより２個多くなるように配ろうとしたところ，13個不足した。このとき，参加者の人数として，正しいのは次のうちどれか。

【市役所・令和３年度】

1 10人　**2** 11人　**3** 12人
4 13人　**5** 14人

No.5 * AとBの２人が買い物をする。２人の最初の所持金の比は２：１である。BがAの２倍の金額を買い物すると，２人の所持金の差額は6,000円になった。この時点の２人の所持金の合計は最初の所持金の合計の３分の２になった。このとき，Aは買い物でいくら使用したか。

【市役所・令和元年度】

1 1,000円　**2** 1,500円　**3** 2,000円
4 2,500円　**5** 3,000円

No.6 ** ある会社のA部門とB部門には，合わせて220人の社員がおり，出勤時間には早出勤務と遅出勤務の２種類がある。今月は，A部門では６割，B部門では34人の社員が早出勤務をしており，早出勤務の社員には，出勤時に朝食として１日１人につきおにぎりが１個支給されている。

早出勤務を推奨するため，来月から，早出勤務の社員には１日１人につきおにぎりを２個支給することとしたところ，来月は，A部門では８割，B部門では９割の社員が早出勤務をすることとなった。その結果，来月A部門とB部門で早出勤務をする社員の合計人数は，今月の２倍になることがわかった。

このとき，B部門で１日に支給するおにぎりの数は今月に比べて何個増加するか。

ただし，A部門とB部門の人数は，今月と来月で変わらないものとする。

【国家総合職・平成28年度】

1 80個　**2** 126個　**3** 182個
4 214個　**5** 240個

実戦問題の解説

No.1 の解説　2つのセットの合計

→問題はP.128　**正答3**

STEP❶　未知数を何にするか

10,000円のセットがxセット，6,000円のセットがyセット売れたとする。

STEP❷　連立方程式を作る

赤ワインは合計で180本売れたことから，

$4x+2y=180$　……①

両セットの売上げは全部で50万円であるから，

$10000x+6000y=500000$

$5x+3y=250$　……②

STEP❸　解を求める

2つのセットの合計は，$x+y$であるから，②－①より，$x+y=70$

よって，合計で70セット売れたから，**3**が正しい。

No.2 の解説　チケットの販売枚数

→問題はP.128　**正答2**

STEP❶　特製グッズ付きとなしの枚数を考える

大人用のチケットの販売枚数をx枚，子ども用の特製グッズ付きチケットの枚数をy枚とする。4割が特製グッズ付きであるから，特製グッズなしの枚数は残りの6割ということになり，すなわち特製グッズ付きの$\frac{0.6}{0.4}=\frac{3}{2}$倍で，その販売枚数は$\frac{3}{2}y$と表せる。

STEP❷　連立方程式を作る

チケットの販売枚数は3種類合計で700枚であるから，

$x+y+\frac{3}{2}y=700$

$x+\frac{5}{2}y=700$

$2x+5y=1400$　……①

また，販売金額は570,000円であるから，

$1200x+900y+500\times\frac{3}{2}y=570000$

$1200x+1650y=570000$

$8x+11y=3800$　……②

①×4－②より，$9y=1800$

$y=200$

したがって，子ども用特製グッズ付きチケットの販売枚数は200枚となり，**2**が正しい。

No.3 の解説 缶ジュースの本数

→問題はP.128 正答3

STEP❶ 方程式を作る

缶ジュースの本数をx本とし，A，B，Cに分けられた缶ジュースの本数をそれぞれa，b，c本とする。

第1の条件を方程式に表すと，$a+b=\frac{7}{18}x$ ……①

第2の条件を方程式に表すと，$a+c=\frac{4}{9}x$ ……②

第3の条件を方程式に表すと，$b+c=\frac{1}{3}x$ ……③

第4の条件を方程式に表すと，AとBの缶ジュースの差が8本ということだから，

$a-b=8$ ……④

STEP❷ 方程式を解く

②－③より，$a-b=\frac{4}{9}x-\frac{1}{3}x=\frac{1}{9}x$

これと④より，$\frac{1}{9}x=8$，$x=72$

これを①～③に代入すると，

$a+b=28$

$a+c=32$

$b+c=24$

これらを辺々加えると，$2(a+b+c)=84$

よって，$a+b+c=42$

求める本数は，$x-(a+b+c)=72-42=30$〔本〕となり，**3**が正しい。

No.4 の解説　参加者の人数

→問題はP.129　正答 2

STEP❶　未知数を何にするか

参加者の人数をx人とし，１人に配るアメの個数をy個とする。

アメは，ある個数ずつ全員に配ったところ９個余ったことから，購入したアメの個数は，

$xy+9$〔個〕　……①

次に，チョコレートを１人当たりの個数がアメより２個多くなるように配ると，$y+2$個配ることになるが，13個不足したことから，購入したチョコレートの個数は，

$x(y+2)-13$〔個〕　……②

STEP❷　連立方程式を作る

アメとチョコレートは同じ個数を購入したことから，①と②は等しい。

$$xy+9=x(y+2)-13$$
$$xy+9=xy+2x-13$$
$$2x=22$$
$$x=11$$

よって，参加者の人数は11人であり，**2**が正しい。

No.5 の解説　Aが使った金額

→問題はP.129　正答 2

STEP❶　未知数を何にするか

Bの最初の所持金をx円とすると，２人の最初の所持金の比は2：1であるから，Aの最初の所持金は，$2x$円と表せる。また，Aが買い物をした金額をy円とすると，BがAの２倍の金額を買い物したから，$2y$円である。

STEP❷　連立方程式を作る

買い物をした後の所持金は，Aが$(2x-y)$円，Bが$(x-2y)$円で，２人の所持金の差が6,000円で，もともとAのほうがBよりも所持金が多く，買い物した金額はBよりも少ないから，

$$(2x-y)-(x-2y)=6000$$

これより　$x+y=6000$　……①

この時点で２人の所持金の合計は，$(2x-y)+(x-2y)=3(x-y)$で，これが最初の所持金の和である$3x$の３分の２であるから，

$$3(x-y)=\frac{2}{3}\times 3x$$
$$3(x-y)=2x$$
$$x=3y \quad ……②$$

STEP❸　解を求める

②を①に代入して，$3y+y=6000$より，$4y=6000$

よって，$y=1500$であるから，Aが買い物で使った金額は，1,500円であり，**2**が正しい。

No.6の解説　おにぎりの数　→問題はP.129　正答3

問われているのは，おにぎりの個数であるが，未知数は社員数をとる。

STEP❶　未知数を何にするか考える

問われているのは，おにぎりの個数であるが，A部門の社員数をa人，B部門の社員数をb人としたほうが連立方程式を立てやすい。

STEP❷　条件から，連立方程式を作る

A部門とB部門の社員の合計が220人であるから，

$a+b=220$　……①

次に，今月はA部門の６割，B部門の34人が早出勤務をしたことから，

$0.6a+34$〔人〕　……②

来月は，A部門は８割，B部門は９割が早出勤務をすることから，

$0.8a+0.9b$〔人〕　……③

②の２倍が③に等しいから，

$$2(0.6a+34)=0.8a+0.9b$$
$$1.2a+68=0.8a+0.9b$$
$$0.4a-0.9b=-68$$

両辺を10倍すると，$4a-9b=-680$　……④

STEP❸　連立方程式を解く

①より，$b=220-a$

これを④に代入すると，$4a-9(220-a)=-680$

$$4a-1980+9a=-680$$
$$13a=1300$$
$$a=100$$

これより，$b=220-100=120$

したがって，A部門の社員は100人，B部門の社員は120人である。

STEP❹　おにぎりの数を求める

来月，B部門で１日に支給するおにぎりの数は，

$120\times0.9\times2=216$〔個〕

であるから，今月に比べての増加分は，$216-34=182$〔個〕となり，**3**が正しい。

方程式の整数解

必修問題

ある3ケタの整数に7を掛けた後に50を加えたところ，一の位が3である1,500以上1,700以下の整数となった。このとき，元の3ケタの整数としてありえる数をすべて足し合わせた数はいくらか。

【国家総合職・令和5年度】

1 428
2 448
3 648
4 657
5 687

難易度 ＊＊

必修問題の解説

解が整数であるという条件で整数の性質をうまく利用して解く。さらに，不等式から解を拾い上げていく。

STEP❶　3ケタの整数を表す

3ケタの整数の百の位の数をa，十の位の数をb，一の位の数をcとすると，この3ケタの整数は，$100a+10b+c$と表すことができる。

この3ケタの整数に7を掛けた後に50を加えた数は，

$$7(100a+10b+c)+50=700a+70b+7c+50$$

である。

STEP❷　cを求める

この数の一の位が3であることから，$7c$の一の位が3であることがわかる。これを満たすcの値は，$c=9$のみである。

したがって，この3ケタの整数は，$700a+70b+63+50=700a+70b+113$である。

STEP③　不等式からa，bを求める

この整数が1,500以上1,700以下であることから，

$$1500 \leqq 700a+70b+113 \leqq 1700$$

これを満たすaの値は，$a=2$のみである。

したがって，$1500 \leqq 700 \times 2+70b+113 \leqq 1700$

$$-13 \leqq 70b \leqq 187$$

これを満たすbの値は，$b=0$，1，2である。

STEP④　3ケタの整数を求める

したがって，3ケタの整数は，209，219，229であるから，すべて足し合わせた数は，$209+219+229=657$となり，**4**が正しい。

正答 4

FOCUS

公務員試験では，未知数が整数になる方程式が登場する場面がけっこう多い。そこで，その解き方を身につけることが非常に重要である。一般に，未知数の数より方程式の数が少ないので，整数の性質である約数や倍数などの関係に着目して解くことになる。

POINT

重要ポイント1　方程式の整数解の求め方

未知数の数よりも，方程式の数が少ない場合に，未知数が整数であるという条件を利用して解を求めるタイプの方程式を**不定方程式**という。

方程式の整数解の求め方
①約数の拾い上げ
②不等式からの拾い上げ
③（整式）×（整式）＝（整数）の形を導く

方程式を見て，未知数の持つ条件を読み取ることが大切になる。未知数の数としてありうる数字がなるべく少なければそれだけ正答に近づけるわけだから，そこまで方程式を変形していくことが必要になる。

〔例題〕５を加えると７で割り切れ，２を加えると13で割り切れる最小の自然数を求めよ。

この自然数をnとすると，題意より，

$n+5=7a$　……①
$n+2=13b$　……②（a，bは自然数）

①，②より，

$n=7a-5=13b-2$

$$a=\frac{13b+3}{7}=b+\frac{3(2b+1)}{7}$$

aは自然数だから，$2b+1$は７の倍数でなくてはならない。
このようなbの最小値は，$b=3$
このとき，$n=13\times3-2=37$

［別解］

$7a-5=13b-2$より，$13b=7a-3$

両辺に13の倍数，13，26，39，52，……を加えて，右辺が７の倍数になるように組み立てると，

$13b+52=7a-3+52$

よって，$13(b+4)=7(a+7)$

これより，$b+4$は７の倍数でなくてはならない。
このようなbの最小値は，$b=3$
このとき，$n=13\times3-2=37$

重要ポイント2 確実に素早く求められる方法を使う

どの方法によって答えを導けばよいかは問題文を見たところで自分で判断するしかない。自分にとって，やりやすい方法，早く求められる方法を確実に身につけておこう。試験のときには，迷っている時間がそれだけ無駄になってしまうことを忘れずに。

〔例題〕$xy-2x-y-2=0$を満たす正の整数を求めよ。

①約数の拾い上げの方法を使った場合

与式をyについて解いてみる。

$y(x-1)=2x+2$より，

$$y=\frac{2x+2}{x-1}=\frac{2(x-1)+4}{x-1}=2+\frac{4}{x-1}$$

x，yは正の整数であるから，$\frac{4}{x-1}$の分母の$x-1$は，分子の4の約数でなければならない。

よって，$x-1=1$または2または4

したがって，$x=2$または3または5

$x=2$のとき，$y=2+4=6$

$x=3$のとき，$y=2+2=4$

$x=5$のとき，$y=2+1=3$

$(x,\ y)=(2,\ 6)$，$(3,\ 4)$，$(5,\ 3)$

② (整式)×(整式) ＝ (整数) の形を導く方法を使った場合

与式を変型すると，

$(x-1)(y-2)=4$

$x-1$，$y-2$はそれぞれ4の約数であるから，

$$\begin{cases} x-1=4 \\ y-2=1 \end{cases} \quad \begin{cases} x-1=1 \\ y-2=4 \end{cases} \quad \begin{cases} x-1=2 \\ y-2=2 \end{cases}$$

の3通りが考えられる。

これらを解いて，

$(x,\ y)=(5,\ 3)$，$(2,\ 6)$，$(3,\ 4)$

が得られる。

実戦問題❶　基本レベル

No.1 * 1ケタの正の整数mとnがある。mを中央値とした11個の整数（$m-5$, $m-4$, ……, m, $m+1$, ……, $m+4$, $m+5$）の和から18を引いた数と，nを中央値とした9個の整数（$n-4$, $n-3$, ……, n, $n+1$, ……, $n+3$, $n+4$）の和から11を引いた数は等しい。このとき$m+n$の値はいくつか。

【地方上級（全国型）・令和３年度】

1　13
2　14
3　15
4　16
5　17

No.2 * 正の整数a, bがあり，$a<b$であるとき、次の式におけるa, bの組合せの数として，正しいのはどれか。　【地方上級（東京都）・平成25年度】

$$\frac{1}{a}+\frac{1}{b}=\frac{1}{10}$$

1　２組
2　３組
3　４組
4　５組
5　６組

No.3 * $a^2+b^2=c^2$かつ$a+c=81$を満たす正の整数a，b，cの組合せは何通りか。

【国家専門職・令和元年度】

1　2通り
2　4通り
3　6通り
4　8通り
5　10通り

No.4 * $4(m^2+n^2-m-n)+2 \leqq 100$を満たす2つの正の整数$m$と$n$の組合せは何通りか。

ただし，$m<n$とする。

【国家専門職・平成30年度】

1　4通り
2　6通り
3　8通り
4　10通り
5　12通り

実戦問題❶の解説

No.1 の解説　$m+n$の値

→問題はP.138　正答5

STEP❶　方程式を作る

mを中央値とした11個の整数の和から18を引いた数は，$11m-18$

nを中央値とした9個の整数の和から11を引いた数は，$9n-11$

これらは等しいから，$11m-18=9n-11$　……①

STEP❷　m，nの値を求める

①より，$9n=11m-7$

$$n=\frac{11m-7}{9}=m+\frac{2m-7}{9}$$

これより，$2m-7$は9の倍数であり，mは1ケタの正の整数であるから，$m=8$

このとき，$n=9$

よって，$m+n=8+9=17$となり，**5**が正しい。

［別解］

①より，$11m=9n+7$

両辺に11の倍数，11，22，33，44，……を加えて，右辺が9の倍数になるように変形すると，

$11m+11=9n+7+11$

$11(m+1)=9(n+2)$

これより，$m+1$は9の倍数でなくてはならない，このような一ケタの正の整数mの値は，$m=8$，このとき，$n=9$

よって，$m+n=8+9=17$

No.2 の解説　a，bを求める

→問題はP.138　正答3

STEP❶　分母を払う

与式の両辺に，$10ab$を掛けて分母を払うと，

$10(a+b)=ab$

となる。

$ab-10a-10b=0$

$(a-10)(b-10)=100$

STEP❷　約数より求める

これより，$a-10$，$b-10$は100の約数であるから，

1と100，2と50，4と25，5と20，10と10の組合せのいずれかである。

ところが，a，bは自然数で$a<b$であるから，

$(a-10, b-10)=(1, 100)$，$(2, 50)$，$(4, 25)$，$(5, 20)$となり，$(a, b)=(11, 110)$，$(12, 60)$，$(14, 35)$，$(15, 30)$という4通りの組合せとなり，**3**が正しい。

No.3 の解説　a，b，cの組合せ

→問題はP.139　正答2

STEP❶　式変形をする

$a+c=81$より，$c=81-a$

これを$a^2+b^2=c^2$に代入すると，

$$a^2+b^2=(81-a)^2$$
$$a^2+b^2=81^2-162a+a^2$$
$$b^2=81(81-2a)$$
$$=9^2(81-2a)$$

STEP❷　$81-2a$は平方数

$81-2a$は平方数であるから，$81-2a=k^2$（kは正の整数）とおく。また，$81-2a$が（奇数）－（偶数）＝（奇数）であるから，k^2は奇数である。

aは正の整数であるから，$k^2=1^2$，3^2，5^2，7^2の４通りである。このとき，

$k=1$のとき，$a=40$，$b=9$，$c=41$

$k=3$のとき，$a=36$，$b=27$，$c=45$

$k=5$のとき，$a=28$，$b=45$，$c=53$

$k=7$のとき，$a=16$，$b=63$，$c=65$

となり，**2**が正しい。

No.4 の解説　mとnの組合せ

→問題はP.139　正答3

STEP❶　与えられた式を変形する

$4(m^2+n^2-m-n)+2\leqq 100$を変形する。

$$4(m^2+n^2-m-n)\leqq 98$$
$$m^2+n^2-m-n\leqq \frac{49}{2}$$
$$m(m-1)+n(n-1)\leqq 24.5 \quad \cdots\cdots①$$

STEP❷　不等式よりm，nを求める

①を満たす２つの正の整数は，$1\leqq m<n\leqq 5$である。

$n=5$のとき，$m(m-1)\leqq 4.5$より，$m=1$，2

$n=4$のとき，$m(m-1)\leqq 12.5$より，$m=1$，2，3

$n=3$のとき，$m(m-1)\leqq 18.5$より，$m=1$，2

$n=2$のとき，$m(m-1)\leqq 22.5$より，$m=1$

よって，８通りとなり，**3**が正しい。

実戦問題❷　応用レベル

＊＊
No.5 ある映画館の入場券には，1,300円の大人券，800円の子ども券および2,000円の親子ペア券の３種類がある。ある日の入場券の販売額の合計が272,900円であり，大人券の販売枚数が親子ペア券の販売枚数の半分より９枚少なく，販売枚数が最も多いのが親子ペア券，次が子ども券，最も少ないのが大人券であったとき，大人券の販売枚数として，正しいのはどれか。

【地方上級(東京都)・平成26年度】

1　36枚
2　37枚
3　38枚
4　39枚
5　40枚

＊＊
No.6 x，yは，$x<y$の大小関係にある自然数（１以上の整数）であり，$\frac{1}{x}+\frac{1}{y}=\frac{7}{10}$であるとき，$x$と$y$の値を次のような方法で求めることができる。

$x<y$の大小関係から$\frac{1}{x}>\frac{1}{y}$であるため，$\frac{2}{x}>\frac{7}{10}$であることがわかる。

よって，$x≦2$であることがわかり，これから$x=2$，$y=5$が導き出せる。

今，a，b，cは，$a<b<c$の大小関係にある自然数であり，$\frac{1}{a}+\frac{1}{b}+\frac{1}{c}=\frac{9}{10}$である。このとき，$c$の値はいくらか。　【国家専門職・令和３年度】

1　9
2　12
3　15
4　18
5　21

No.7 ＊＊ **図のようにA～Cの3つの領域に分かれたダーツを使用してゲームを行った。ダーツが各領域に命中したときの点数は，Aが30点，Bが12点，Cが5点であった。ゲームの結果について以下のことがわかっている。**

○ダーツは全部で20回投げ，総得点は150点だった。

○各領域に少なくとも1回は命中したが，的に当たらないときもあった。

○Cに命中した回数は，的に当たらなかった回数よりも少なかった。

このとき領域Bに命中した回数と領域Cに命中した回数の差を求めよ。

【市役所・平成30年度】

1 1
2 4
3 7
4 10
5 13

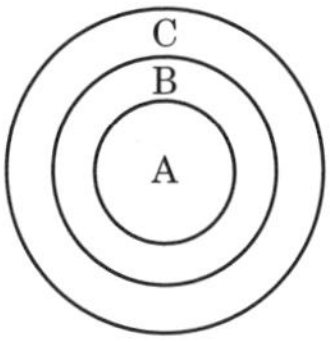

C
B
A

実戦問題❷の解説

No.5の解説　大人の販売枚数　→問題はP.142　正答2

未知数の数より，方程式の数が少ないタイプの方程式を不定方程式という。この場合，解が整数であるという条件で整数の性質をうまく利用すると解ける。

STEP❶　方程式を作る

大人券の販売枚数をx枚，子ども券の販売枚数をy枚とすると，大人券の販売枚数が親子ペア券の販売枚数の半分より9枚少ないことから，親子ペア券の販売枚数は$2(x+9)$枚と表せる。

販売額の合計が272,900円であるから，

$$1300x+800y+2000\times2(x+9)=272900$$
$$1300x+800y+4000x+36000=272900$$
$$5300x+800y=236900$$
$$53x+8y=2369$$

STEP❷　整数の性質を利用する

2369は奇数，$8y$は偶数で，和が奇数になるためには，(奇数)＋(偶数)＝(奇数)でなくてはならないので，$53x$は奇数でなければならない。

したがって，xは奇数であるが，選択肢から奇数は37または39である。

$x=37$のとき，$53\times37+8y=2369$

$$1961+8y=2369$$
$$8y=408$$
$$y=51$$

このとき，親子ペア券の販売枚数は$2(37+9)=92$〔枚〕であるが，これは，販売枚数が最も多いのが親子ペア券，次が子ども券，最も少ないのが大人券という条件も満たしている。

$x=39$のとき，$53\times39+8y=2369$

$$2067+8y=2369$$
$$8y=302$$
$$y=\frac{302}{8}=\frac{151}{4}$$

となり，yは自然数でなければならないから，条件を満たさない。

よって，大人券の販売枚数は，37枚となり，**2**が正しい。

No.6の解説　cの値　→問題はP.142　正答3

STEP❶　不等式を作る

$a<b<c$の大小関係から，$\frac{1}{a}>\frac{1}{b}>\frac{1}{c}$であるため，$\frac{3}{a}>\frac{9}{10}$である。

よって，$a\leqq3$であることがわかる。

STEP❷ a＝1，2，3のときを調べる

（ア）$a=1$のとき，$1+\frac{1}{b}+\frac{1}{c}=\frac{9}{10}$より，$\frac{1}{b}+\frac{1}{c}=-\frac{1}{10}$となり，適さない。

（イ）$a=2$のとき，$\frac{1}{2}+\frac{1}{b}+\frac{1}{c}=\frac{9}{10}$より，$\frac{1}{b}+\frac{1}{c}=\frac{2}{5}$となり，$\frac{1}{b}>\frac{1}{c}$であるから，$\frac{2}{b}>\frac{2}{5}$。これより，$b\leqq4$，$a<b$より，$b=3$または4

$b=3$のとき，$\frac{1}{3}+\frac{1}{c}=\frac{2}{5}$より，$\frac{1}{c}=\frac{1}{15}$となり，$c=15$

$b=4$のとき，$\frac{1}{4}+\frac{1}{c}=\frac{2}{5}$より，$\frac{1}{c}=\frac{3}{20}$となり，適さない。

（ウ）$a=3$のとき，$\frac{1}{3}+\frac{1}{b}+\frac{1}{c}=\frac{9}{10}$より，$\frac{1}{b}+\frac{1}{c}=\frac{17}{30}$となり，$\frac{2}{b}>\frac{17}{30}$であるから，$b\leqq3$。ところが，$a<b$であるから適さない。

したがって，$a=2$，$b=3$，$c=15$となり，**3**が正しい。

No.7 の解説　命中した回数の差

→問題はP.143　**正答 1**

STEP❶ 条件を式化する

総得点が150点だったことから，

$30a+12b+5c=150$　……①

Cに命中した回数は，的に当たらなかった回数よりも少なかったことから，

$20-(a+b+c)>c$より，$2c<20-(a+b)$

$c<10-\frac{1}{2}(a+b)$

a，bは正の整数だから，$c<9$

STEP❷ 倍数からbを絞り込む

①より，$12b=150-30a-5c=5(30-6a-c)$

これから，bは5の倍数でなければならない。よって，$b=5$，10，15

$b=5$のとき，$30a+5c=90$，$6a+c=18$

$c<9$より，これを満たす正の整数は，$a=2$，$c=6$

$b=10$のとき，$30a+5c=30$，$6a+c=6$　これを満たす正の整数a，cはない。

$b=15$のとき，$30a+5c=-30$で，これを満たす正の整数はない。

よって，$a=2$，$b=5$，$c=6$となり，$c-b=1$となり，**1**が正しい。

不等式

必修問題

ある催し物の出席者用に７人掛けの長椅子と５人掛けの長椅子を合わせて30脚用意した。７人掛けの長椅子だけを使って７人ずつ着席させると，85人以上の出席者が着席できなかった。７人掛けの長椅子に４人ずつ着席させ，５人掛けの長椅子に３人ずつ着席させると，67人以上の出席者が着席できなかった。また，７人掛けの長椅子に７人ずつ着席させ，５人掛けの長椅子に５人ずつ着席させると，出席者全員が着席でき，１人も着席していない５人掛けの長椅子が１脚余った。このとき，出席者の人数として，正しいのはどれか。

【地方上級(特別区)・令和４年度】

1　169人
2　171人
3　173人
4　175人
5　177人

難易度　＊＊

必修問題の解説

不等式の問題では，方程式と同様に未知数を決めて不等式，つまり，大小関係を式に表していけばよい。その際，本問の場合は出席者の人数を目安に不等式を作るとよい。

STEP❶　未知数を何にするか

７人掛けの長椅子の数をx脚とすると，５人掛けの長椅子の数は$30-x$脚と表せる。

STEP❷ 出席者の人数を目安に不等式を作る

7人掛けの長椅子だけを使って7人ずつ着席させると，85人以上の出席者が着席できなかったことから，出席者の人数をn人とすると，

$n \geqq 7x + 85$ ……①

次に，7人掛けの長椅子に4人ずつ着席させ，5人掛けの長椅子に3人ずつ着席させると，67人以上の出席者が着席できなかったことから，

$n \geqq 4x + 3(30 - x) + 67$

$n \geqq x + 157$ ……②

また，7人掛けの長椅子に7人ずつ着席させ，5人掛けの長椅子に5人ずつ着席させると，出席者全員が着席でき，1人も着席していない5人掛けの長椅子が1個余ったことから，

$n = 7x + 5(29 - x)$

$= 2x + 145$ ……③

STEP❸ 不等式を解く

③を①に代入すると，

$2x + 145 \geqq 7x + 85$

$5x \leqq 60$

$x \leqq 12$ ……④

③を②に代入すると，

$2x + 145 \geqq x + 157$

$x \geqq 12$ ……⑤

STEP❹ 解を求める

④，⑤を満たすのは，$x = 12$である。

よって，出席者の人数は，③に代入して，

$n = 2 \times 12 + 145 = 169$〔人〕

となり，**1**が正しい。

正答 1

FOCUS

不等式の解法で注意したいのは，不等号の向きである。負の数を掛けたり，割ったりするときは，不等号の向きが変わることを忘れないこと。また，不等式の問題では，未知数が整数であることから解が1つだけに定まったり，連立不等式の解から解が絞られる場合もあるので，いろいろな問題を解いて慣れておくとよい。

第2章 方程式と不等式

POINT

重要ポイント1 不等号の向きに注意

1次不等式の解き方は，1次方程式の場合と原則的には同じであるが，負の数を掛けたり，負の数で割ったりする場合，不等号の向きが変わることに注意する。

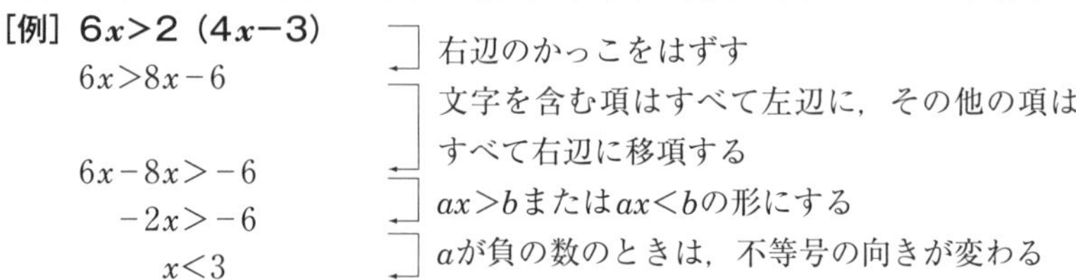

[例] $6x>2(4x-3)$

$6x>8x-6$　（右辺のかっこをはずす）

$6x-8x>-6$　（文字を含む項はすべて左辺に，その他の項はすべて右辺に移項する）

$-2x>-6$　（$ax>b$または$ax<b$の形にする）

$x<3$　（aが負の数のときは，不等号の向きが変わる）

重要ポイント2 連立1次不等式の解き方

連立1次不等式は2つの不等式の解の共通部分を求める。共通部分がない場合は「解なし」となる。

[例] $2x+3<9$ ……①

$4x+5>x-1$ ……②

①より，$2x<9-3$

$2x<6$

$x<3$

②より，$4x-x>-1-5$

$3x>-6$

$x>-2$

①，②より，$-2<x<3$

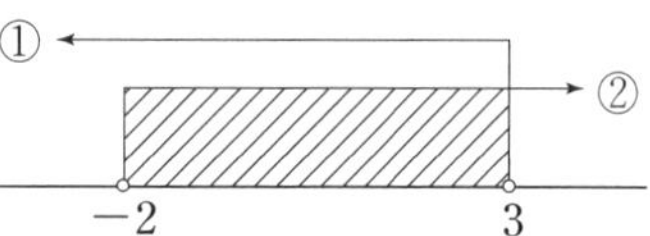

重要ポイント3 応用問題を解く手順

文章題から不等式を立てて答えを導くには以下のような手順で進める。

(1) 題意をつかむ

(2) 求める数や量をxとおく。または，求める数や量に関係のある数や量をxとおく

(3) xを用いて，不等式を作る

(4) 不等式を解いて，正しい答えを導き出す

重要ポイント4 領域における最大・最小（線型計画法）

1次不等式で表される領域内で，1次式の値を最大化(あるいは最小化)するような問題を線型計画問題といい，線型計画問題を解く方法を線型計画法という。

〔例題〕 4つの不等式$x \geqq 0$，$y \geqq 0$，$x+2y \leqq 6$，$3x+2y \leqq 10$を満たすとき，$x+y$の最大値を求めよ。

$x \geqq 0$，$y \geqq 0$，$y \leqq -\dfrac{1}{2}x+3$，$y \leqq -\dfrac{3}{2}x+5$より，与えられた不等式を満たす領域を図示すると，図の斜線部分の領域Dとなる。

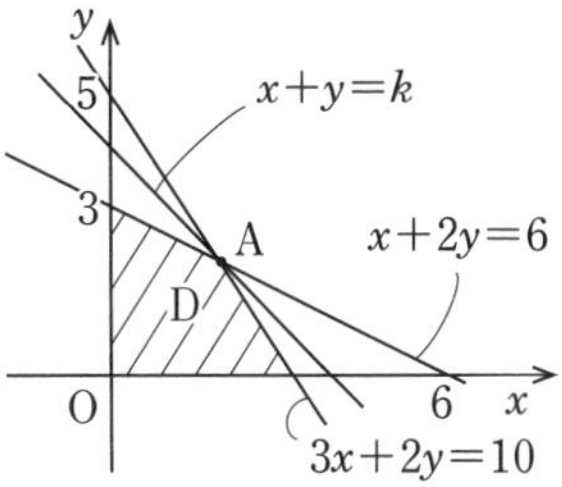

$x+y=k$とおくと，

$y=-x+k$ ……①

これは，傾き-1，y切片kの直線を表す。

kのとりうる値の範囲は，直線①が領域Dと共有点をもつようなkの値の範囲である。

図から，直線①が，直線$x+2y=6$と直線$3x+2y=10$の交点Aを通るとき，kの値は最大となるから，Aの座標を求めると，

$$\begin{cases} x+2y=6 & \cdots\cdots② \\ 3x+2y=10 & \cdots\cdots③ \end{cases}$$

②，③の連立方程式を解いて，$x=2$，$y=2$より，A(2，2)

よって，$x+y$は，$x=2$，$y=2$のとき，最大値4をとる。

重要ポイント5 相加平均と相乗平均

一般に，2つの正の実数a，bに対し，

$\dfrac{a+b}{2}$を相加平均，$\sqrt{ab}$を相乗平均

という。相加平均と相乗平均の間には，次の不等式が成り立つ。

$$\frac{a+b}{2} \geqq \sqrt{ab}$$

等号が成り立つのは，$a=b$のときである。

第2章 方程式と不等式

実戦問題❶ 基本レベル

＊
No.1 あるテニスサークルの夏合宿において，一次募集した参加人数をもとに部屋割りを検討したところ，次のア～ウのことがわかった。

ア：すべての部屋を８人部屋に設定すると，23人の参加者を二次募集できる。

イ：すべての部屋を６人部屋に設定すると，８人分以上の部屋が不足する。

ウ：８部屋を８人部屋に設定し，残りの部屋を６人部屋に設定すると，６人以上の参加者を二次募集できる。

以上から判断して，一次募集した参加人数として，正しいのはどれか。

【地方上級（東京都）・平成27年度】

1 73人
2 97人
3 105人
4 119人
5 121人

＊
No.2 AとBの２人が的当てゲームを行った。的は下図のようになっており，中心の黒い部分に当たると５点，白い部分に当たると１点加算される。ゲーム終了時点で以下のことがわかっているとき，Bが５点の部分に当てた本数として正しいのはどれか。 【市役所・平成25年度】

○Aは５点の部分と１点の部分に当てた本数が同じであった。

○AはBよりも３回多く的に当てた。

○AとBが的に当てた合計本数は10本以上15本以下であった。

○AとBの合計得点差は５点以下であり，Aが勝った。

1 １本
2 ２本
3 ３本
4 ４本
5 ５本

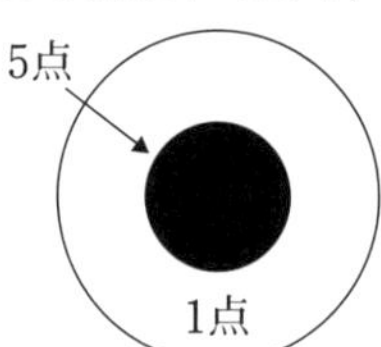

No.3 ＊ **公園内にあるすべてのプランターに，購入した球根を植える方法について検討したところ，次のア～ウのことがわかった。**

ア：1つのプランターに球根を60個ずつ植えると，球根は150個不足する。

イ：1つのプランターに球根を40個ずつ植えると，球根は430個より多く余る。

ウ：半数のプランターに球根を60個ずつ植え，残りのプランターに球根を40個ずつ植えると球根は余り，その数は160個未満である。

以上から判断して，購入した球根の個数として，正しいのはどれか。

【地方上級（東京都）・平成24年度】

1 1,590個
2 1,650個
3 1,710個
4 1,770個
5 1,830個

No.4 ＊＊ **ある催し物の出席者用に６人掛けの長椅子と４人掛けの長椅子とを合わせて21脚用意した。６人掛けの長椅子だけを使って６人ずつ着席させると，36人以上の出席者が着席できなかった。６人掛けの長椅子に５人ずつ着席させ，４人掛けの長椅子に４人ずつ着席させると，12人以上の出席者が着席できなかった。また，６人掛けの長椅子に６人ずつ着席させ，４人掛けの長椅子に４人ずつ着席させると，出席者全員が着席でき，席の余りもなかった。このとき，出席者の人数として，正しいのはどれか。**

【地方上級（東京都）・平成29年度】

1 106人
2 108人
3 110人
4 112人
5 114人

実戦問題❶の解説

No.1 の解説　一次募集した参加人数

→問題はP.150　正答3

STEP❶　未知数を何にするか

一次募集した参加人数をx，部屋数をyとすると，条件アより，すべての部屋を８人部屋に設定すると，23人の参加者を二次募集できるのだから，

$x=8y-23$〔人〕　……①

と表せる。

STEP❷　条件イ，ウより不等式を作る

条件イより，$6y+8 \leqq x$

①より，$6y+8 \leqq 8y-23$　……②

条件ウより，$x \leqq 8\times 8+6(y-8)-6$

同様に①より，$8y-23 \leqq 64+6y-48-6$　……③

STEP❸　不等式を解く

②より，$2y \geqq 31$，$y \geqq \frac{31}{2}=15.5$

③より，$8y-23 \leqq 6y+10$

$2y \leqq 33$

$y \leqq \frac{33}{2}=16.5$

②，③より，$15.5 \leqq y \leqq 16.5$

STEP❹　解を求める

yは自然数であるから，$y=16$

したがって，①より$x=8\times 16-23=105$〔人〕となり，**3**が正しい。

No.2 の解説　的に当てた本数

→問題はP.150　正答4

STEP❶　条件から候補を絞り込む

「AはBよりも３回多く的に当てた」と「AとBが的に当てた合計本数は10本以上15本以下」であることから，AとBが的に当てた本数の組合せとして考えられるのは，

(A，B)＝(9，6)，(8，5)，(7，4)

のいずれかである。

ところが「Aは５点の部分と１点の部分に当てた本数が同じであった」ことから，Aが的に当てた本数は偶数なので，Aは８本，Bは５本と確定する。

STEP❷　不等式に持ち込む

Aの合計得点は，５点×４本＋１点×４本＝24点である。「AとBの合計得点差は５点以下であり，Aが勝った」ことから，Bの得点は19点以上23点以下である。

Bが的に当てたのは５本なので，Bが５点の部分に当てた本数をx本とす

ると，Bの合計得点は，

$19 \leqq 5x + (5 - x) \leqq 23$

$19 \leqq 4x + 5 \leqq 23$

$14 \leqq 4x \leqq 18$

$3.5 \leqq x \leqq 4.5$

これを満たすxは4だけであるから，**4**が正しい。

No.3の解説　購入した球根の個数

→問題はP.151　**正答2**

STEP❶　不等式をつくる

プランターの数をxとすると，条件アから，球根の個数は，

$60x - 150$〔個〕

また，条件イから，球根の個数は，$40x + 430$〔個〕より多いことになり，

$40x + 430 < 60x - 150$　……①

が成り立つ。

さらに，条件ウは1つのプランターに平均50個ずつ球根を植えることになり，球根の個数は，$50x + 160$〔個〕より少ないことになる。

$60x - 150 < 50x + 160$　……②

STEP❷　不等式を解く

①より，$20x > 580$

$x > 29$

②より，$10x < 310$

$x < 31$

よって，$29 < x < 31$となり，xは自然数だから，$x = 30$

STEP❸　球根の個数を求める

したがって，球根の個数は，$60 \times 30 - 150 = 1650$〔個〕となり，**2**が正しい。

No.4 の解説　出席者の人数

→問題はP.151　**正答2**

STEP❶　未知数を何にするか

6人掛けの長椅子の数をx脚とすると，4人掛けの長椅子の数は$21-x$脚と表せる。

STEP❷　出席者の人数を目安に不等式を作る

6人掛けの長椅子だけを使って6人ずつ着席させると，36人以上の出席者が着席できなかったことから，出席者の人数をn人とすると，

$n \geqq 6x+36$　……①

次に，6人掛けの長椅子に5人ずつ着席させ，4人掛けの長椅子に4人ずつ着席させると，12人以上の出席者が着席できなかったことから，

$n \geqq 5x+4(21-x)+12$

$n \geqq x+96$　……②

また，6人掛けの長椅子に6人ずつ着席させ，4人掛けの長椅子に4人ずつ着席させると，出席者全員が着席でき，席の余りもなかったことから，

$n = 6x+4(21-x)$

$= 2x+84$　……③

STEP❸　不等式を解く

③を①に代入すると，

$2x+84 \geqq 6x+36$

$4x \leqq 48$

$x \leqq 12$　……④

③を②に代入すると，

$2x+84 \geqq x+96$

$x \geqq 12$　……⑤

STEP❹　解を求める

④，⑤を満たすのは，$x=12$である。

よって，出席者の人数は，③に代入して，

$n=2\times 12+84=108$〔人〕

となり，**2**が正しい。

実戦問題2 応用レベル

＊＊
No.5 ある会社の社員は，本社からある工場へ鉄道を使って出張している。往復乗車券の料金は，インターネットの予約サイトで購入すると，駅の窓口で購入する場合と比べて，１割引きとなるが，別途，社員１人ごとに月会費がかかる。ある人がある月に往復乗車券をまったく購入しなかった場合には，その月の月会費は無料となるが，ある人がある月に往復乗車券を１枚以上購入した場合には，購入枚数にかかわらずその月の月会費は定額の料金となる。

社員３人が出張し，その回数の合計が８回であった月において，各社員が自身の分のすべての往復乗車券を予約サイトで購入したところ，料金の合計は駅の窓口で購入した場合より180円高くなった。また，社員５人が出張し，その回数の合計が20回の月において，同様に各社員が自身の分の往復乗車券を予約サイトで購入したところ，料金の合計は駅の窓口で購入した場合より300円安くなった。

社員４人が出張する月において，各社員が自身の分のすべての往復乗車券を予約サイトで購入するとき，料金の合計が駅の窓口で購入した場合より安くなるのに最低限必要な４人合計の出張回数は何回か。

ただし，出張はすべて日帰りで，駅の窓口，予約サイトにかかわらず，往復乗車券は出張者が自身の分を出張当日に購入するものとする。【国家専門職・令和４年度】

1 13回
2 14回
3 15回
4 16回
5 17回

＊＊
No.6 ある食堂のメニューは，A定食600円，B定食500円の２つの定食とサラダ150円の３種類である。ある日，この食堂を利用した人数は300人で，全員がどちらかの定食を一食選び，A定食の売れた数は，B定食の売れた数の$\frac{3}{7}$より少なく，$\frac{2}{5}$より多かった。この日のこの食堂の売上金額の合計が165,000円であるとき，サラダの売れた数として，正しいのはどれか。

【地方上級（東京都）・平成28年度】

1 41
2 42
3 43
4 44
5 45

第2章 方程式と不等式

No.7 ＊＊ **ある会社が，新入社員の歓迎会を企画し，円卓の数が一定である会場において，出席者を円卓の周りに座らせる方法について検討したところ，次のA～Cのことがわかった。**

A：1脚の円卓に8席ずつ用意すると，席が42人分余る。

B：1脚の円卓に6席ずつ用意すると，席が足りず，不足する席は25人分より多い。

C：半数の円卓にそれぞれ8席ずつ用意し，残った円卓にそれぞれ6席ずつ用意すると，席は余り，余る席は7人分より多い。

以上から判断して，出席者の数として，正しいのはどれか。

【地方上級・平成21年度】

1 214人
2 222人
3 230人
4 238人
5 246人

No.8 ＊＊ **下の表は，2種類の製品AおよびBを製造する工場において，A，Bをそれぞれ1個製造するときの電気使用量，ガス使用量および利益を示している。この工場の1日の電気使用量の上限が210kWh，1日のガス使用量の上限が120㎥のとき，製品AおよびBの製造個数をそれぞれ調整することによって，1日に得られる最大の利益として，正しいのはどれか。** 【地方上級（東京都）・令和元年度】

製品	電気使用量（kWh/個）	ガス使用量（㎥/個）	利益（千円/個）
A	14	6	14
B	6	4	8

1 252千円
2 254千円
3 256千円
4 258千円
5 260千円

実戦問題❷の解説

No.5の解説　出張回数を求める　→問題はP.155　正答2

STEP❶　未知数を何にするか

駅の窓口で購入する往復乗車券の料金をx円とすると，予約サイトの料金は$0.9x$円となり，また，1人の月会費をy円とすると，社員3人が出張し，その回数の合計が8回であった月において，予約サイトで購入した場合は，

$$0.9x \times 8 + 3y = 7.2x + 3y$$

駅の窓口で購入した場合より180円高いから，

$$7.2x + 3y = 8x + 180 \quad \cdots\cdots①$$

同様にして，社員5人が出張し，その回数の合計が20回の月において，駅の窓口で購入した場合より300円安いから，

$$0.9x \times 20 + 5y = 20x - 300 \quad \cdots\cdots②$$

STEP❷　連立方程式を解く

①より，$-0.8x + 3y = 180$　……③

②より，$-2x + 5y = -300$　……④

③×5－④×3より，$2x = 1800$

$$x = 900$$

これより，予約サイトの料金は，$0.9x = 810$〔円〕。

$x = 900$を③に代入して，$-720 + 3y = 180$より，$y = 300$

したがって，予約サイトの1人の月会費は300円である。

STEP❸　出張回数を求める

社員4人が出張する場合の出張回数をz回とする。

予約サイトで購入するとき，$810z + 300 \times 4 = 810z + 1200$

駅の窓口で購入した場合は，$900z$

予約サイトのほうが安くなるのは，$810z + 1200 < 900z$より，$90z > 1200$

$z > \frac{40}{3} = 13\frac{1}{3}$であるから，最低限必要な出張回数は14回であり，**2**が正しい。

No.6 の解説　サラダの売れた数

→問題はP.155　正答2

STEP❶　未知数を何にするか

ある日のB定食の売れた数をx，サラダの売れた数をyとすると，A定食の売れた数は，$300-x$と表せる。

STEP❷　不等式を作る

A定食の売れた数は，B定食の売れた数の$\frac{3}{7}$より少なく，$\frac{2}{5}$より多かったことから，

$$\frac{2}{5}x<300-x<\frac{3}{7}x$$

$\frac{2}{5}x<300-x$より，$\frac{7}{5}x<300$

$$7x<1500$$

$$x<\frac{1500}{7}=214\frac{2}{7}$$

$300-x<\frac{3}{7}x$より，$300<\frac{10}{7}x$

$$10x>2100$$

$$x>210$$

よって，$210<x<214\frac{2}{7}$より，$x=211,\ 212,\ 213,\ 214$　……①

STEP❸　方程式を作る

この日の売上金額の合計が165,000円であることから，

$$600(300-x)+500x+150y=165000$$

$$180000-600x+500x+150y=165000$$

$$100x-150y=15000$$

$$2x-3y=300 \quad ……②$$

STEP❹　yを求める

②が成り立つためには，yは偶数でなければならない。選択肢から，$y=42$または44について調べてみる。

$y=42$のとき，$2x-126=300$，$2x=426$，$x=213$となり，これは①を満たす。

$y=44$のとき，$2x-132=300$，$2x=432$，$x=216$となり，これは①を満たさないから，**2**が正しい。

No.7の解説　出席者の数

→問題はP.156　正答3

STEP❶　未知数を何にするか

円卓の数をxとすると，1脚の円卓に8席ずつ用意すると席が42人分余るのだから，出席者は$(8x-42)$と表せる。

STEP❷　条件B，Cより不等式を作る

1脚の円卓に6席ずつ用意すると，席が足りず，その場合に不足する席は25人分より多く，半数の円卓にそれぞれ8席ずつ用意し，残った円卓にそれぞれ6席ずつ用意すると席は余り，余る席は7人分より多いことから，

$$6x+25<8x-42<8\times\frac{1}{2}x+6\times\frac{1}{2}x-7$$

より，$6x+25<8x-42<7x-7$　……①

STEP❸　不等式を解く

①式より，$6x+25<8x-42$を解くと，

$$8x-6x>25+42$$
$$2x>67$$
$$x>\frac{67}{2}=33.5\quad\cdots\cdots②$$

同様に①式より，$8x-42<7x-7$を解くと，

$$8x-7x<-7+42$$
$$x<35\quad\cdots\cdots③$$

②，③式より，$33.5<x<35$

STEP❹　解を求める

xは席数なので自然数であるから，$x=34$

したがって，出席者の数は，$8\times34-42=230$〔人〕となり，**3**が正しい。

No.8 の解説　線型計画法

→問題はP.156　正答 1

STEP❶　不等式を作る

製品Aをx個，製品Bをy個製造するとすると，この工場の１日の電気使用量の上限が210kWhであるから，

$14x+6y \leqq 210$　……①

また，１日のガス使用量の上限が$120m^3$であるから，

$6x+4y \leqq 120$　……②

が成り立つ。

STEP❷　領域を表す

①，②を満たす不等式の領域は，

①より，$y \leqq -\frac{7}{3}x+35$

②より，$y \leqq -\frac{3}{2}x+30$

で，かつ，$x \geqq 0$，$y \geqq 0$であるから，図の斜線部分の領域Dである。

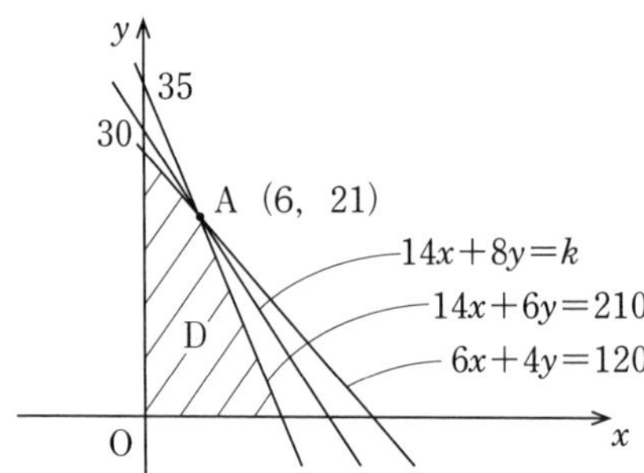

STEP❸　領域より求める

ここで，製品A，Bの１日に得られる利益をkとすると，

$14x+8y=k$

となるが，

$y=-\frac{7}{4}x+\frac{k}{8}$　……③

kのとりうる値の範囲は，直線③が領域Dと共有点をもつようなkの値の範囲である。

次に，２直線の交点Aの座標を求めると，

$$\begin{cases} 14x+6y=210 \\ 6x+4y=120 \end{cases} より，\begin{cases} 7x+3y=105 & ……④ \\ 3x+2y=60 & ……⑤ \end{cases}$$

$$④\times 2-⑤\times 3 \qquad \begin{array}{rl} 14x+6y&=210 \\ -)\quad 9x+6y&=180 \\ \hline 5x\qquad &=30 \\ x&=6 \end{array}$$

これを⑤に代入して，$3\times 6+2y=60$

$$2y=42$$

$$y=21$$

よって，A（6，21）

x，yはともに整数なので，これを$14x+8y=k$に代入すると，

$k=14\times 6+8\times 21=84+168=252$

となり，１日に得られる最大の利益は，252千円となり，**1**が正しい。

時計算，年齢算，平均

必修問題

３人の兄弟がおり，現在の長男の年齢は三男の年齢の２倍である。数年後，次男が20歳になると，三男の年齢は長男の年齢の$\frac{8}{11}$倍になるという。このとき，次男の現在の年齢は何歳か。【市役所・令和２年度】

1　8歳
2　9歳
3　10歳
4　12歳
5　15歳

難易度　＊＊

必修問題の解説

次男の現在の年齢を問われているが，これを未知数にとっても方程式は立てにくい。方程式を立てやすいように，未知数を出し惜しみしないこともポイントである。

STEP❶ 未知数を決め，方程式を作る

現在の三男の年齢をx歳とすると，長男の年齢は$2x$歳で表せる。現在からa年後に次男の年齢が20歳になったとする。

このとき，三男の年齢は$x+a$歳，長男の年齢は$2x+a$歳である。三男の年齢が長男の年齢の$\frac{8}{11}$倍であることから，

$$x+a=\frac{8}{11}(2x+a)$$

$$11(x+a)=8(2x+a)$$

$$11x+11a=16x+8a$$

$$5x=3a \quad \cdots\cdots ①$$

STEP❷ 条件を満たすx，aを求める

未知数がxとaの２つあるのに対して，方程式は①の１つであるが，xもaも正の整数であるという条件があり，かつ，a年後，次男の年齢が20歳になるわけだから，$a<20$

①より，aは５の倍数であるから，$a=5$，10，15が考えられる。

$a=5$のとき，現在の三男の年齢は$x=3$歳，長男の年齢は$2x=6$歳で，５年後に次男の年齢20歳を超えないので適さない。

$a=10$のとき，現在の三男の年齢は$x=6$歳，長男の年齢は$2x=12$歳で，10年後の三男の年齢は16歳，長男の年齢は22歳で適する。

$a=15$のとき，現在の三男の年齢は$x=9$歳，長男の年齢は$2x=18$歳で，15年後の三男の年齢は24歳となり，次男の年齢20歳を超えてしまい適さない。

したがって，次男の現在の年齢は，20－10＝10〔歳〕となり，**3**が正しい。

正答 3

FOCUS

時計算では，１分間に回転する長針と短針の角度を熟知しておくことが大切である。年齢算では，年齢差は年とともに変わることはないが比が変わっていくことが問題となる場合が多い。また，平均では，平均点×人数＝合計点になることを利用するとスピーディに処理できる。

重要ポイント 1　時計算の解き方

時計算は，時計の長針と短針が特別な位置関係になる時刻を問う問題である。

12時の位置を基準にして，そこから時計回りに長針と短針がそれぞれ何度回転したかを考えるとよい。

長針：１分間に6°回転する（１時間に360°回転するから）

短針：１分間に$\frac{1}{2}$°回転する（１時間に$\frac{360°}{12}$＝30°回転するから）

〔例題〕８時と９時の間で，長針と短針が初めて直角になるのは８時何分何秒か。

８時x分に，長針と短針が初めて直角になるとする。

長針は12時をさす位置から$6x$°回転した位置にある。また，短針は８時をさす位置から$\frac{1}{2}x$°回転した位置にあるから，12時をさす位置から測定した角は，

$240° + \frac{1}{2}x°$である。

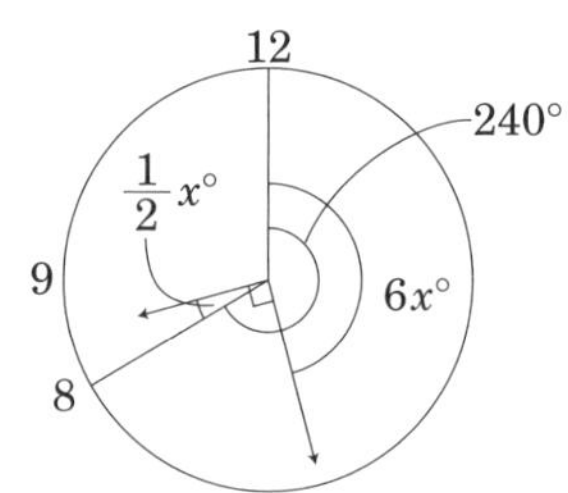

$$\left(240+\frac{1}{2}x\right)-6x=90$$
$$480+x-12x=180$$
$$11x=300$$
$$x=\frac{300}{11}=27\frac{3}{11}\text{〔分〕}$$

$\frac{3}{11}$〔分〕は，$\frac{180}{11}$〔秒〕$=16\frac{4}{11}$〔秒〕だから，求める時刻は約８時27分16秒となる。

重要ポイント 2　年齢算の解き方

年齢算は，親と子の関係のように，その差はいつまでも変わらないが，比が変わっていくいくつかの量に関する問題である。

○年後，というような条件はそれぞれの年齢に等しく○という数字が加算されるという意味になる。問題文を読み解く場合には，問題文中の条件を方程式に直す際に共通の文字（x，yなど）として表すことができるのは何か，等号，不等号でつなぐことができるのはどの条件か，という点に注意する。

〔例題〕３人の娘を持つ母親がいる。母親が36歳のとき娘の年齢は２歳，４歳，10歳であった。３人の娘の年齢の合計が母親の年齢と等しくなった年に，長女が男の子を産んだ。この男の子の年齢が長女の年齢の半分に達するとき，長女の母親は何歳になっているか。

母親が36歳の年からx年後に３人の娘の年齢の合計が母親の年齢と等しくなった

とすると，$(2+x)+(4+x)+(10+x)=36+x$より，$x=10$〔年後〕。

よって，母親が46歳のとき，長女は20歳で男の子を産んだことになる。この男の子がy歳のとき，長女は（$20+y$）歳だから，

$$y=\frac{20+y}{2} \quad \text{より，} \quad y=20$$

したがって，男の子が20歳になったとき，長女の母親は，$46+20=66$〔歳〕になる。

重要ポイント 3 平均の求め方

n個の数x_1，x_2，x_3，……，x_nがあるとき，これらの数の平均（相加平均）は，

$$\frac{1}{n}(x_1+x_2+x_3+\cdots\cdots+x_n) \text{ となる。}$$

つまり，全体の合計を個数で割ったものが平均になるから，**平均×個数＝合計**を利用して式を立てることになる。

〔例題〕男子20名，女子25名のクラスで数学のテストをしたところ，男子の平均点は45点，クラス全体の平均点は50点であった。女子の平均点は何点か。

男子の総得点は，20×45〔点〕……①

女子の平均点をx点とすると，女子の総得点は，$25x$〔点〕……②

また，クラス全体の総得点は，$(20+25)\times50$〔点〕……③

①，②の和が③に等しいことから，

$$20\times45+25x=(20+25)\times50$$
$$900+25x=2250$$
$$25x=1350$$
$$x=54$$

よって，女子の平均点は54点である。

実戦問題❶　基本レベル

* **No.1** 図のような数字の書かれていない時計がある。長針はAの目盛りをさし，短針はBの目盛りから10°ずれたところをさしている。このとき，Bに当たる数字はいくつか。　【地方上級・平成28年度】

1　2
2　4
3　6
4　8
5　10

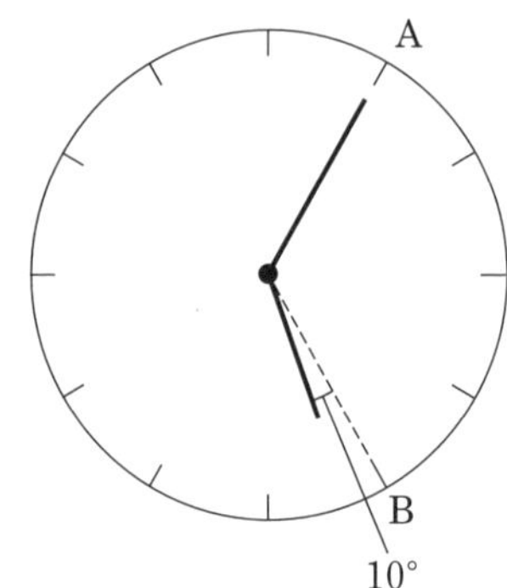

** **No.2** 午前０時と正午に短針と長針とが正確に重なり，かつ，針がなめらかに回転し，誤差なく動いている時計がある。この時計が５時ちょうどをさした後，最初に短針と長針とが重なるのは何分後か。　【地方上級・平成18年度】

1　$26\frac{10}{11}$分後
2　27分後
3　$27\frac{1}{11}$分後
4　$27\frac{2}{11}$分後
5　$27\frac{3}{11}$分後

No.3 **ある学生が8月の1か月間，数学の夏期講習を受講した。この学生が申し込んだプランでは，任意参加の数学の理解度チェックテストが1日1回実施され，学生は最大で31回受けることができる。**

この学生が受けた理解度チェックテストの点数はそれぞれ異なっており，最も点数の高かった回と最も点数の低かった回の点数差は，ちょうど56点であった。また，この学生が受けたすべての理解度チェックテストの点数について，最も点数の高かった回を除いた場合の平均点は54.7点，最も点数の低かった回を除いた場合の平均点は57.5点であった。このとき，この学生が受けた理解度チェックテストの回数は何回か。 【国家専門職・令和3年度】

1 15回
2 17回
3 19回
4 21回
5 23回

No.4 **ある4人家族の父，母，姉，弟の年齢について，今年の元日に調べたところ，次のA～Dのことがわかった。**

A：姉は弟より4歳年上であった。
B：父の年齢は姉の年齢の3倍であった。
C：5年前の元日には，母の年齢は弟の年齢の5倍であった。
D：2年後の元日には，父と母の年齢の和は，姉と弟の年齢の和の3倍になる。

以上から判断して，今年の元日における4人の年齢の合計として，正しいのはどれか。 【地方上級（東京都）・平成29年度】

1 116歳
2 121歳
3 126歳
4 131歳
5 136歳

実戦問題❶の解説

No.1 の解説　Bに当たる数字を求める　→問題はP.166　正答4

STEP❶　1分間の回転角度

時計の短針は60分間に30°，すなわち，1分間に$\frac{1}{2}^{\circ}$回転するので，短針が10°動くには20分かかる。

STEP❷　Bを求める

現在の時間は20分なので，長針のさすAの数字は4である。BはAよりも4目盛先であるから，8となり，**4**が正しい。

No.2 の解説　短針と長針が重なる時間　→問題はP.166　正答5

STEP❶　長針と短針が1分間にそれぞれ何度回転するか

長針は1時間に1回転つまり360°回転するから，1分間では，

$360 \div 60 = 6^{\circ}$

同様に，短針は1時間に$360 \div 12 = 30^{\circ}$回転するから，1分間では，

$30 \div 60 = \frac{1}{2}^{\circ}$

回転する。

STEP❷　12時の位置からの角度を考える

5時x分に短針と長針とが重なるとすると，長針は12時をさす位置から$6x^{\circ}$回転した位置にある。また，短針は5時をさす位置から$\frac{1}{2}x^{\circ}$回転した位置にあるから，12時をさす位置から測定した角は，$150^{\circ} + \frac{1}{2}x^{\circ}$である。

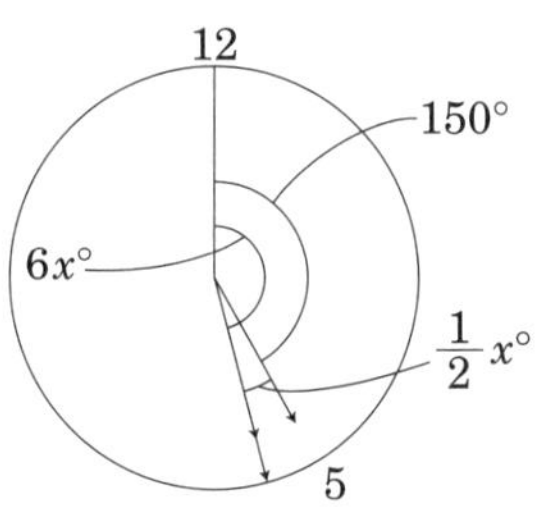

STEP❸　方程式を作る

12時の位置からの長針と短針の角度は等しいから，

$6x = 150 + \frac{1}{2}x$

$\frac{11}{2}x = 150$

$x = 150 \times \frac{2}{11} = \frac{300}{11} = 27\frac{3}{11}$

よって，$27\frac{3}{11}$分後の**5**が正しい。

$$\begin{array}{r} 27 \\ 11\overline{)300} \\ \underline{22} \\ 80 \\ \underline{77} \\ 3 \end{array}$$

商が27，余りが3

No.3 の解説　理解度チェックの回数

→問題はP.167　正答4

STEP❶　未知数を何にとるか

この学生の最も点数の高かった点数をx点，最も低かった点数をy点とすると，その点数差は，ちょうど56点であるから，$x-y=56$

この学生が受けた理解度チェックテストの回数をa回とすると，最も点数の高かった回を除いた場合の平均点は54.7点だから，$a-1$回の合計点$54.7(a-1)$，これに最も高かった点数x点を加えたものが，この学生の合計点であるから，$54.7(a-1)+x$　……①

同様にして，最も点数の低かった回を除いた場合も考えると，

$57.5(a-1)+y$　……②

STEP❷　方程式を解く

①と②は等しいから，

$$54.7(a-1)+x=57.5(a-1)+y$$

$$57.5(a-1)-54.7(a-1)=x-y$$

$x-y=56$より，$57.5(a-1)-54.7(a-1)=56$

$$2.8a=58.8$$

$$a=21$$

したがって，21回で**4**が正しい。

No.4 の解説　年齢算

→問題はP.167　正答5

STEP❶　表を作る

現在の弟の年齢をx歳とすると次のような表を作ることができる。

	5年前	現在	2年後
父		$3(x+4)$	$3(x+4)+2$
母	$5(x-5)$		$5(x-5)+7$
姉		$x+4$	$x+6$
弟	$x-5$	x	$x+2$

STEP❷　方程式を作る

条件Dより，$3(x+4)+2+5(x-5)+7=3(x+6+x+2)$

$$3x+12+2+5x-25+7=6x+24$$

$$2x=28$$

$$x=14$$

STEP❸　4人の年齢の合計

現在の年齢は，父が54歳，母が50歳，姉が18歳，弟が14歳となり，4人の年齢の合計は，$54+50+18+14=136$〔歳〕となり，**5**が正しい。

実戦問題❷ 応用レベル

No.5 ＊＊ あるグループの全員がある銀行に預金をしており，その平均残高は600万円である。このグループのうちの何人かがそれぞれ40万円入金し，残りのすべての人がそれぞれ60万円出金したところ，平均残高が615万円となった。このとき，このグループの人数として考えられるのは次のうちではどれか。

なお，利子および手数料は考えないものとする。　【国家専門職・平成24年度】

1　5人

2　6人

3　7人

4　8人

5　9人

No.6 ＊＊ ある２人の現在の年齢の積と１年後の年齢の積を比べると，その差は90であった。また，何年か前のこの２人の年齢の積は1000であった。この２人の現在の年齢の積はいくらか。　【国家専門職・平成26年度】

1　1922

2　1924

3　1926

4　1928

5　1930

No.7 ＊＊ **ある学校でマラソン大会を実施した。今，生徒の完走時間について次のア～オのことがわかっているとき，完走時間が１時間以上の生徒は何人か。**

【地方上級（特別区）・令和３年度】

ア：全生徒の完走時間の平均は，71分であった。

イ：完走時間が45分未満の生徒は20人おり，その完走時間の平均は43分であった。

ウ：完走時間が45分以上１時間未満の生徒は全体の40％であり，その完走時間の平均は54分であった。

エ：完走時間が１時間以上１時間30分未満の生徒の完走時間の平均は，75分であった。

オ：完走時間が１時間30分以上の生徒は全体の20％であり，その完走時間の平均は105分であった。

1　100人
2　160人
3　220人
4　280人
5　340人

実戦問題❷の解説

No.5の解説 グループの人数

→問題はP.170 正答4

STEP❶ 条件を式に表す

40万円を入金した人がx人，60万円を出金した人がy人いたとする。
入金，出金が行われる前のこのグループの合計残高は，$600(x+y)$〔万円〕，ここから，$40x$〔万円〕が入金され，$60y$〔万円〕が出金され，平均残高が615〔万円〕となったことから，これを式で表すと，

$$600(x+y)+40x-60y=615(x+y)$$
$$25x=75y$$
$$x=3y$$

STEP❷ グループの人数を求める

このグループの合計は，$x+y=3y+y=4y$〔人〕であるから，4の倍数となる。選択肢のうち，4の倍数は8人だけなので，**4**が正しい。

No.6の解説 現在の年齢の積

→問題はP.170 正答2

STEP❶ 未知数を決め，方程式を作る

2人の現在の年齢をx歳，y歳とすると，1年後の年齢は$x+1$歳と$y+1$歳である。2人の現在の年齢の積と1年後の年齢の積の差が90であるから，

$$(x+1)(y+1)-xy=90$$
$$xy+x+y+1-xy=90$$
$$x+y=89 \quad \cdots\cdots ①$$

STEP❷ 何年か前の方程式を作るために，もう1つ未知数をとる

a年前のこの2人の年齢の積が1000であったことから，

$$(x-a)(y-a)=1000 \quad \cdots\cdots ②$$

①より，この2人の年齢は89歳以下であるから，②を満たす$x-a$と$y-a$の組合せは，

$$x-a=20,\ y-a=50 \quad \cdots\cdots ③$$
$$x-a=25,\ y-a=40 \quad \cdots\cdots ④$$

の2通りしかない。

STEP❸ 条件を満たすx，yを求める

③より，$x=20+a$，$y=50+a$

これを①に代入すると，$(20+a)+(50+a)=89$

$$70+2a=89$$
$$2a=19$$
$$a=\frac{19}{2}$$

aは自然数でなければならないので，条件を満たさない。

④より，$x=25+a$，$y=40+a$

これを①に代入すると，$(25+a)+(40+a)=89$

$$65+2a=89$$
$$2a=24$$
$$a=12$$

これは条件を満たすから，このとき，$x=37$，$y=52$となり，２人の現在の年齢の積は，$37\times52=1924$となり，**2**が正しい。

No.7 の解説　平均

→問題はP.171　正答3

STEP❶　未知数を何にとるか

全生徒数を$10x$人とすると，完走時間が45分以上１時間未満の生徒は全体の40％であるから$4x$人，１時間30分以上の生徒は全体の20％であるから$2x$人である。45分未満の生徒が20人いるから，１時間以上１時間30分未満の生徒数は，

$$10x-4x-2x-20=4x-20 \text{〔人〕}$$

である。

STEP❷　方程式を解く

したがって，生徒数と平均時間から総時間をみると，

$$71\times10x=43\times20+54\times4x+75(4x-20)+105\times2x$$
$$710x=860+216x+300x-1500+210x$$
$$16x=640$$
$$x=40$$

求める人数は，完走時間が１時間以上の生徒の数であるから，

$$(4x-20)+2x=6x-20 \text{〔人〕}$$

$x=40$を代入して，$6\times40-20=220$〔人〕となり，**3**が正しい。

集　合

必修問題

1～200までの番号が付いた200個のボールが袋の中に入っている。次のア～ウの順番でボールを袋から取り出したとき，袋の中に残ったボールの個数はどれか。　【地方上級(特別区)・令和3年度】

ア：7の倍数の番号が付いたボール
イ：5の倍数の番号が付いたボール
ウ：2の倍数の番号が付いたボール

1　63個
2　65個
3　67個
4　69個
5　71個

難易度　＊＊

必修問題の解説

集合の問題として考える。ベン図をかいて，集合の要素の個数を求めることで解法する。

STEP❶　ベン図をかく

7の倍数，5の倍数，2の倍数をベン図に表すと次のようになる。

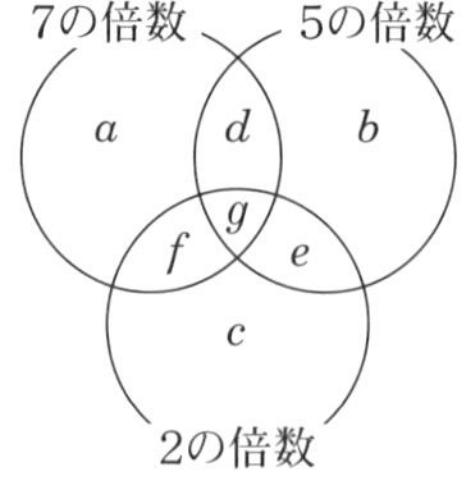

図において，a～gは各部分に含まれるボールの個数を表す。

STEP❷　方程式を作る

1～200までに7の倍数は，200÷7＝28…4であるから，28個，5の倍数は200÷5＝40個，2の倍数は，200÷2＝100〔個〕

よって，$a+d+f+g=28$ ……①

$b+d+e+g=40$ ……②

$c+e+f+g=100$ ……③

次に，7と5の最小公倍数である35の倍数は，200÷35＝5…25であるから，5個，5と2の最小公倍数である10の倍数は，200÷10＝20〔個〕，2と7の最小公倍数である14の倍数は，200÷14＝14…4であるから14個である。そして，7と5と2の最小公倍数の70の倍数は，200÷70＝2…60であるから，2個。

よって，$d+g=5$ ……④

$e+g=20$ ……⑤

$f+g=14$ ……⑥

$g=2$ ……⑦

⑦を④，⑤，⑥に代入して，$d=3$，$e=18$，$f=12$

これらを①，②，③に代入して，$a=11$，$b=17$，$c=68$

したがって，$a+b+c+d+e+f+g=11+17+68+3+18+12+2=131$であるから，袋の中に残ったボールの個数は，200個のボールから131個を引いて，

200－131＝69〔個〕

であり，**4**が正しい。

正答 4

FOCUS

集合の要素の個数を求めるには，ベン図をかいて考える。これがズバリ，ポイントである。ベン図の包含関係をかけるように訓練しておくとよい。そして，未知数は出し惜しみせずに，ベン図の各部分に1つ使うと方程式が立てやすくなる。特に，公務員試験では3つの集合の包含関係が問題となるものが多く出題されているので，必ずこのタイプは解けるようにしておいてほしい。

POINT

重要ポイント 1 $A \cup B$, $A \cap B$, $\overline{A}$

ある条件に適するものの集まりを**集合**といい，集合を作っているおのおののものを，その集合の**要素**という。

2つの集合A，Bのどちらかに属する要素からなる集合をAとBの**和集合**といい，$A \cup B$で表す。また，A，Bのどちらにも属する要素からなる集合をAとBの**共通部分**といい，$\boldsymbol{A \cap B}$で表す。

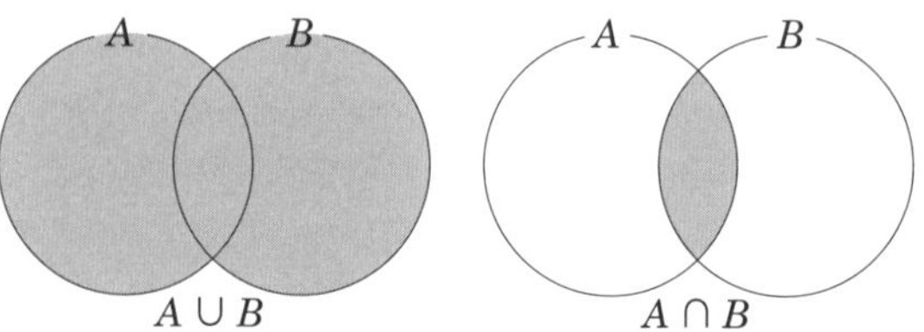

全体集合Uの要素で，Aに属さない要素からなる集合をAの**補集合**といい，$\overline{A}$で表す。

重要ポイント 2 集合の要素の個数

集合Aの要素の個数が有限であるとき，Aの要素の個数を$n(A)$で表すと，

$n(A \cup B) = n(A) + n(B) - n(A \cap B)$

〔例題〕20以下の自然数で，2または3の倍数の集合の要素の個数を求めよ。

20以下の2の倍数の集合をA，3の倍数の集合をBとすると，

$n(A)=10$，$n(B)=6$

また，$A \cap B$は6の倍数の集合であるから，

$n(A \cap B)=3$

したがって，

$$\begin{aligned} n(A \cup B) &= n(A)+n(B)-n(A \cap B) \\ &= 10+6-3=13 \end{aligned}$$

よって，2または3の倍数の要素の個数は13個である。

重要ポイント 3 集合の問題の解き方

集合の問題は以下のような手順で答えを導く。

(1) ベン図をかいて考える

それぞれの集合の要素は何になるのか，交わる部分の要素（条件）は何になるのかが重要になる。数字とともに要素の内容もわかるようにメモするとよい。

(2) ベン図の各部分ごとに１つの未知数を使う

アルファベットで部分ごとの要素を仲間分けしていく。次に方程式を立てるときに使用することになる。

(3) 連立方程式を作る

条件から立てられるだけ方程式を立てる。連立方程式を解くことにより，順に求めたい要素の数字にアプローチできることが多い。

〔例題〕 あるクラスの生徒60人について，クラブの所属状況を調査したところ，運動部に所属している者は50人，文化部に所属している者は30人，運動部にも文化部にも所属していない者は８人であった。このクラスで運動部と文化部の両方に所属している者は何人か。

生徒全体の集合をUとし，その部分集合の運動部に所属している生徒の集合をA，文化部に所属している生徒の集合をBとする。

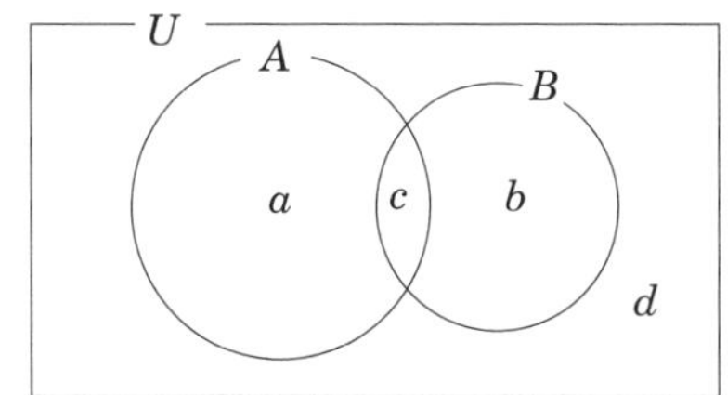

図中a，b，c，dは各部分に所属している生徒の数を表すものとする。

条件から，

$$\begin{cases} a+b+c+d=60 & \cdots\cdots① \\ a+c=50 & \cdots\cdots② \\ b+c=30 & \cdots\cdots③ \\ d=8 & \cdots\cdots④ \end{cases}$$

④を①に代入すると，

$$a+b+c=52 \quad \cdots\cdots⑤$$

⑤－②より，$b=2$。これを③に代入すると，$c=28$。

したがって，運動部にも文化部にも所属している生徒の数は28人である。

実戦問題

No.1 ＊ **ある市において，犬や猫を飼育している世帯数を調査したところ，次の結果が得られた。**

○犬か猫だけまたはその両方を飼育している世帯数は3,800世帯である。

○犬を飼育している世帯の$\frac{1}{7}$は猫も飼育している。

○猫を飼育している世帯の$\frac{9}{41}$は犬も飼育している。

このとき，猫だけを飼育している世帯数として正しいのはどれか。

【国家専門職・平成24年度】

1 1,260世帯
2 1,280世帯
3 1,300世帯
4 1,320世帯
5 1,340世帯

No.2 ＊ **150人の生徒がいる。サッカーと野球が好きか調査したところ，サッカーが好きな生徒の８割は野球が好きであり，野球が好きな生徒の６割はサッカーが好きであることがわかった。どちらも好きではない生徒が35人であるとき，サッカーが好きな生徒は何人いるか。** 【市役所・平成24年度】

1 60人
2 68人
3 75人
4 84人
5 90人

No.3 ＊ **1～100の異なる数字が一つずつ書かれた100枚のカードがあり，同じ数字がカードの表・裏両面に書かれている。今，すべてのカードが表面を上にして並んでいるところから，初めに６の倍数が書かれたカードをすべて反対の面に返した。次に，その状態から４の倍数が書かれたカードをすべて反対の面に返したとき，表面を上にしているカードは何枚か。** 【国家専門職・平成26年度】

1 41枚
2 59枚
3 63枚
4 67枚
5 75枚

＊＊
No.4 英語，水泳，ピアノのうち，少なくとも1つの習い事をしている子どもが15人いる。このうち，英語を習っている子どもが8人，水泳を習っている子どもが8人，ピアノを習っている子どもが12人いる。15人の中で，英語だけを習っている子ども，水泳だけを習っている子どもはどちらもおらず，英語，水泳，ピアノの3つすべてを習っている子どもは3人いる。また，英語と水泳の2つだけを習っている子どもは，英語とピアノの2つだけを習っている子どもより1人多い。このとき，英語，水泳，ピアノのうち2つだけを習っている子どもの人数として正しいものはどれか。　　【市役所・平成25年度】

1　5人
2　6人
3　7人
4　8人
5　9人

＊＊
No.5 300人が100メートル走，ソフトボール投げ，1500メートル走の3種目のスポーツテストに参加した。

ソフトボール投げで合格した者は27人，1500メートル走で合格した者は51人，ソフトボール投げと1500メートル走の2種目にのみ合格した者は6人であった。また，ソフトボール投げで合格した人数，100メートル走にのみ合格した人数，どの種目においても合格しなかった人数の比は，3：2：24であった。このとき，3種目すべてにおいて合格した者は何人か。なお，全員が3種目すべてを行ったものとする。　　【国家専門職・平成27年度】

1　5人
2　6人
3　7人
4　8人
5　9人

実戦問題の解説

No.1 の解説　猫だけ飼育している世帯数　→問題はP.178　正答2

STEP❶　ベン図をかく

犬，猫を飼育している世帯の集合をベン図に表すと次のようになる。

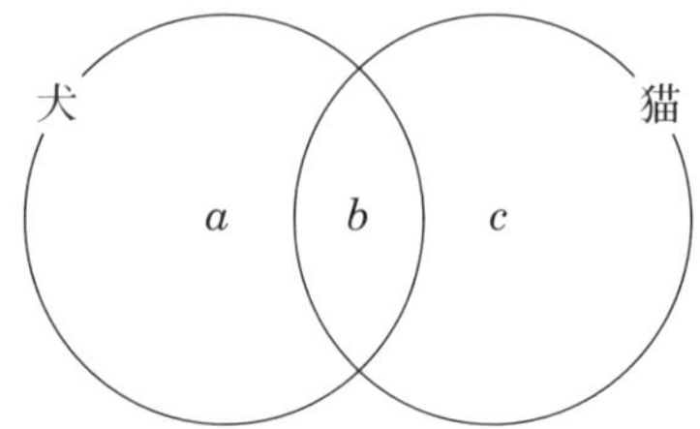

STEP❷　方程式を作る

図において，a，b，cは各部分に含まれる世帯の数を表すものとする。

条件から，

$$\begin{cases} a+b+c=3800 & \cdots\cdots ① \\ \dfrac{1}{7}(a+b)=b & \cdots\cdots ② \\ \dfrac{9}{41}(b+c)=b & \cdots\cdots ③ \end{cases}$$

STEP❸　方程式を解く

②より，$a=6b$　……④

③より，$9c=32b$

$$c=\frac{32}{9}b \quad \cdots\cdots ⑤$$

④，⑤を①に代入すると，

$$6b+b+\frac{32}{9}b=3800$$

両辺を９倍すると，

$$54b+9b+32b=34200$$
$$95b=34200$$
$$b=360$$

これを⑤に代入すると，$c=1280$

よって，猫だけ飼育している世帯数は1280世帯であり，**2**が正しい。

No.2 の解説　サッカーが好きな生徒数

→問題はP.178　**正答3**

STEP❶ ベン図をかく

サッカー，野球がそれぞれ好きな生徒の集合をそれぞれA，Bとし，生徒全体の集合をUとしてベン図をかくと，次のようになる。

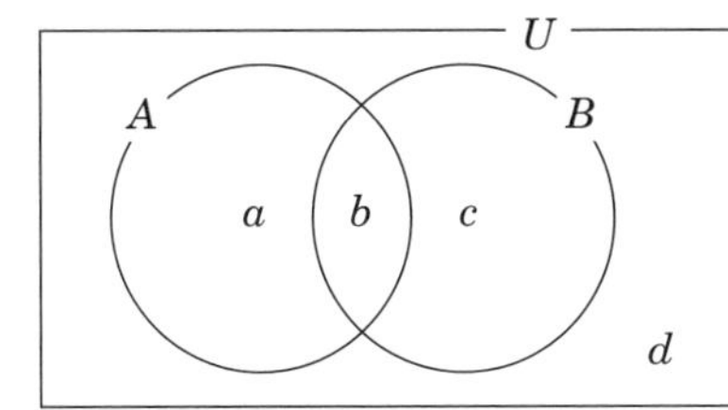

図において，a，b，c，dは各部分に含まれる生徒の人数を表すものとする。

STEP❷ 方程式を作る

サッカーが好きな生徒の８割が野球が好きであるから，

$0.8(a+b)=b$　……①

野球が好きな生徒の６割はサッカーが好きであるから，

$0.6(b+c)=b$　……②

生徒は全部で150人いるから，

$a+b+c+d=150$　……③

どちらも好きでない生徒が35人であるから，

$d=35$　……④

STEP❸ 方程式を解く

①より，$0.2b=0.8a$

$$a=\frac{1}{4}b \quad \cdots\cdots ⑤$$

②より，$0.6c=0.4b$

$$c=\frac{2}{3}b \quad \cdots\cdots ⑥$$

④，⑤，⑥を③に代入して，

$$\frac{1}{4}b+b+\frac{2}{3}b+35=150$$

両辺を12倍すると，

$$3b+12b+8b+420=1800$$
$$23b=1380$$
$$b=60$$

これを⑤に代入すると，

$a=15$

よって，サッカーが好きな生徒は，15＋60＝75〔人〕であり，**3**が正しい。

No.3 の解説　表面を上にしているカードの枚数

→問題はP.178　**正答5**

STEP❶　カードの状況を考える

1～100の100枚のカードで，6の倍数が書かれたカードは，100÷6＝16…4だから，16枚あり，これが初めに裏になる。次に，4の倍数が書かれたカードは，100÷4＝25〔枚〕あるが，これを反対の面に返したとき，6の倍数であり，4の倍数でもあるカード，つまり，12の倍数のカードは，再び表面になることに注意する。このカードは，100÷12＝8…4だから，8枚ある。

STEP❷　ベン図をかく

以上のことを，ベン図に表すと次のようになる。

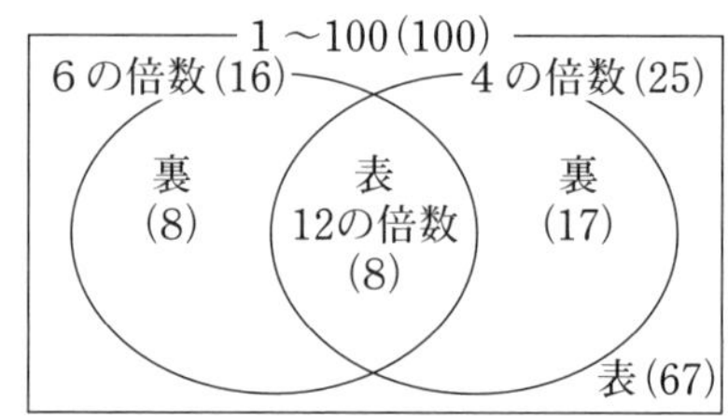

6の倍数でも4の倍数でもないカードは，100－(16＋25－8)＝67〔枚〕ある。

したがって，表面を上にしているカードは，67＋8＝75〔枚〕となり，**5**が正しい。

No.4の解説　2つだけを習っている子供の人数

→問題はP.179　正答3

STEP❶　ベン図をかく

英語，水泳，ピアノをそれぞれ習っている子どもの集合をベン図に表すと次のようになる。

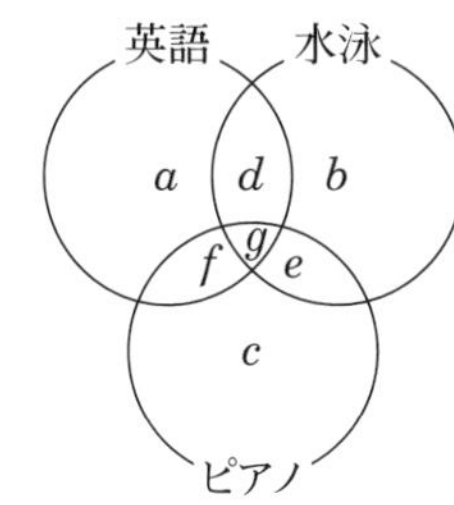

図において，a～gは各部分に含まれる子どもの人数を表す。

STEP❷　方程式を作る

条件から，

$$\begin{cases} a+b+c+d+e+f+g=15 & \cdots\cdots① \\ a+d+f+g=8 & \cdots\cdots② \\ b+d+e+g=8 & \cdots\cdots③ \\ c+e+f+g=12 & \cdots\cdots④ \\ a=b=0 & \cdots\cdots⑤ \\ g=3 & \cdots\cdots⑥ \\ d=f+1 & \cdots\cdots⑦ \end{cases}$$

⑤，⑥，⑦を②に代入すると，

$(f+1)+f+3=8$

$2f=4$

$f=2$　……⑧

これを⑦に代入すると，$d=3$　……⑨

⑤，⑥，⑧，⑨を③に代入すると，

$3+e+3=8$

$e=2$

したがって，英語，水泳，ピアノのうち2つだけ習っている子どもの人数は，

$d+e+f=3+2+2=7$〔人〕

となり，**3**が正しい。

第2章　方程式と不等式

No.5 の解説　3種目すべてにおいて合格した者の人数

→問題はP.179　正答2

STEP❶　ベン図をかく

全体集合の人数は300人，ソフトボール投げで合格した者は27人，1500メートル走で合格した者は51人，ソフトボール投げと1500メートル走の２種目にのみ合格した者は６人であることから，ベン図をかくと次のようになる。

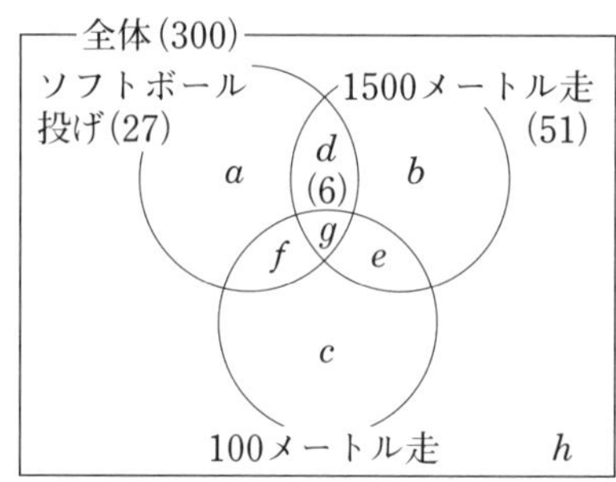

STEP❷　方程式を作る

図において，a～hは各部分に含まれる人数を表すものとする。

条件から，

$a+b+c+d+e+f+g+h=300$　……①

$a+d+f+g=27$　……②

$b+d+e+g=51$　……③

$d=6$　……④

また，ソフトボール投げで合格した人数，100メートル走にのみ合格した人数，どの種目においても合格しなかった人数の比が，３：２：24であるから，それぞれの人数を求めると，100メートル走のみ合格した人数cは，$27\times\frac{2}{3}=18$〔人〕，どの種目においても合格しなかった人数hは，$27\times\frac{24}{3}=216$〔人〕となる。

よって，

$c=18$　……⑤

$h=216$　……⑥

④～⑥を①～③に代入すると，

$a+b+e+f+g=60$　……⑦

$a+f+g=21$　……⑧

$b+e+g=45$　……⑨

⑧より，$a+f=21-g$

⑨より，$b+e=45-g$

これらを⑦に代入すると，

$(21-g)+(45-g)+g=60$

$-g=-6$

$g=6$

したがって，３種目すべてに合格した者は６人であり，**2**が正しい。

テーマ 15 第2章　方程式と不等式

速さ・距離・時間

必修問題

X町とY町を結ぶ道路がある。この道路を，AはX町からY町へ，BとCはY町からX町へ向かって3人同時に徒歩で出発した。Bの歩く速さはAの$\frac{4}{5}$，Cの歩く速さはAの$\frac{3}{4}$で，AはBと出会ってから10秒後にCと出会った。AがX町を出発してY町に到着するまでにかかった時間はどれか。ただし，3人の進む速さは，それぞれ一定とする。

【地方上級(特別区)・令和元年度】

1　10分10秒
2　10分20秒
3　10分30秒
4　10分40秒
5　10分50秒

難易度　＊＊

必修問題の解説

速さ，距離，時間の関係で，この3つのうちどれに基準をおいて考えるか。本問の場合は，歩く速さの比を利用して距離を考える。

STEP❶　歩く速さの比を考える

A～Cの歩く速さをそれぞれa～cとすると，

Bの歩く速さはAの$\frac{4}{5}$であるから，$a:b=1:\frac{4}{5}=5:4$

同様にして，Cの歩く速さはAの$\frac{3}{4}$であるから，$a:c=1:\frac{3}{4}=4:3$

STEP❷ 速さと距離の比は等しい

AがX町を，BがY町を同時に出発して，AとBが出会った地点をPとすると，速さと距離の比は等しいから，XP：PY＝5：4である。

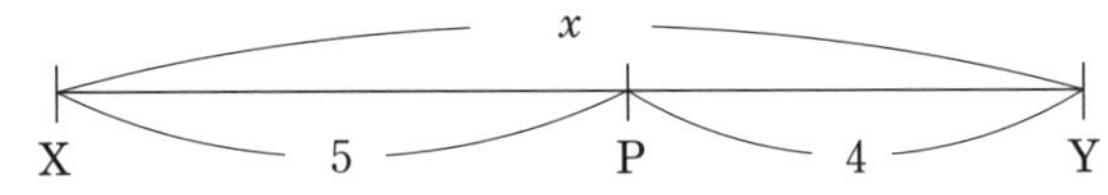

よって，XY間の距離をxとすると，$XP=\frac{5}{9}x$

次に，AとCが出会った地点をQとすると，同様にして，XQ：QY＝4：3

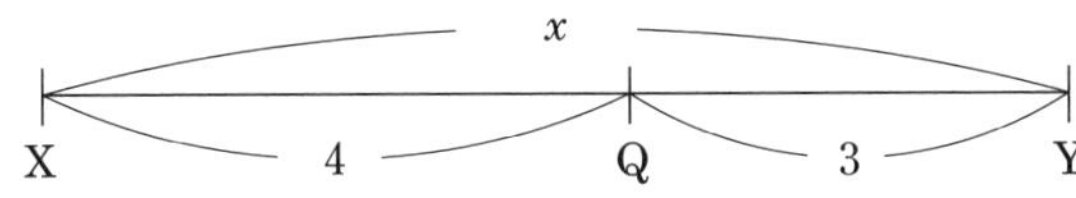

よって，$XQ=\frac{4}{7}x$

STEP❸ xを求める

AはPQ間を10秒で進んでいるから，

$$PQ=XQ-XP=\frac{4}{7}x-\frac{5}{9}x=\frac{36}{63}x-\frac{35}{63}x=\frac{1}{63}x$$

AがXY間を進むのにかかる時間は，このPQ間の63倍かかるから，

$63\times10=630$〔秒〕＝10分30秒

となり，**3**が正しい。

正答 3

FOCUS

文章題の中では，頻出分野である。基本は，速さ×時間＝距離　となる速さと時間と距離の間の関係式をうまく使いこなせるようにしておくことである。つまり，この3つの量のうち何を基準にして式を作るのかを考えることである。この点を見誤るとけっこう手こずることが多いので注意したい。また，単位をそろえて計算することも忘れてはならない。

POINT

重要ポイント1 単位をそろえる

速さ・距離・時間の間には次の関係がある。

$$速さ=\frac{距離}{時間} \qquad 距離=速さ\times時間 \qquad 時間=\frac{距離}{速さ}$$

これらの公式を用いるときには，単位をそろえる必要がある。

かかった時間が分単位で，速さが時速だったら，速さを分速に直す，速さの単位がmだったら距離もkmでなくm単位に直す，といった作業である。

重要ポイント2 $時間=\frac{距離}{速さ}$の公式の使い方

公式は覚えていても，文章題をきちんと整理できなければ，素早く正答を導くことはできない。図や表を使って条件を整理することを心掛けよう。

また，問題文で「距離はどれだけか」とあった場合に，「距離を求めるんだから，距離＝速さ×時間の公式だ」という早合点はいけない。求めたいもの（この場合は距離）をxとおいて表を作り，どの公式に当てはめるのがよいのかを見極めることが大切になる。

〔例題〕A，B２地点の間を往復するのに３時間かかった。行きは毎時10kmの速さで，帰りは毎時15kmの速さであった。A，B２地点の間の距離は何kmか。

A，B間の距離を$x$kmとすると，

行きにかかった時間は，$\frac{x}{10}$時間

帰りにかかった時間は，$\frac{x}{15}$時間

往復するのに３時間かかったことから，$\frac{x}{10}+\frac{x}{15}=3$

これを解いて，$x=18$〔km〕

	距離〔km〕	速さ〔km/時〕	時間〔時間〕
行き	x	10	$\frac{x}{10}$
帰り	x	15	$\frac{x}{15}$
往復			3

重要ポイント3 $速さ=\frac{距離}{時間}$の公式の使い方

次のような問題でこの公式を使うとよい。

〔例題〕２地点A，B間を往復するのに，行きは20秒かかり，帰りは速さを行きの速さより毎秒２m遅くしたので30秒かかった。行きの速さ，帰りの速さはそれぞれ一定であるとして，２地点A，B間の距離は何mか。

A，B間の距離をxmとすると，

行きの速さは，$\frac{x}{20}$m/秒

帰りの速さは，$\frac{x}{30}$m/秒

この差が2m/秒であるから，

$\frac{x}{20}-\frac{x}{30}=2$

これを解いて，$x=120$〔m〕

	距離〔m〕	時間〔秒〕	速さ〔m/秒〕
行き	x	20	$\frac{x}{20}$
帰り	x	30	$\frac{x}{30}$
差			2

重要ポイント4 距離＝速さ×時間の公式の使い方

次のような問題でこの公式を使うとよい。

〔例題〕毎朝，定刻に家を出て学校へ行くのに，毎分90mの速さで歩くと，8時25分に学校に着くが，自転車に乗って毎分300mの速さで行くと，8時11分に学校に着くという。毎朝家を出る時刻は何時何分か。

毎分90mの速さで歩いてx分かかるとすると，学校までの距離は，

歩いて行く場合は，$90x$m

自転車で行く場合は，$300(x-14)$m

	速さ〔m/分〕	時間〔分〕	距離〔m〕
歩き	90	x	$90x$
自転車	300	$x-14$	$300(x-14)$

したがって，$90x=300(x-14)$

$x=20$

よって，8時25分－20分＝8時5分

実戦問題❶　基本レベル

＊
No.1 地点Ａから地点Ｂまでが上り坂，地点Ｂから地点Ｃまでが下り坂の一本道がある。地点Ａを自転車で出発し，地点Ｃで15分間の休憩後，折り返し，復路の地点Ｂで８分間の休憩後，地点Ａに戻ったところ１時間15分かかった。地点Ａから地点Ｃまでの距離はどれか。ただし，上り坂は時速６km，下り坂は時速20kmで走行する。　【地方上級（特別区）・平成29年度】

1　3,250m

2　3,500m

3　3,750m

4　4,000m

5　4,250m

＊
No.2 Ａは，いつも決まった時刻に家を出発し，家から駅まで12分かけて歩いて向かっている。ところがある日，家から駅までの道のりの３分の１の地点で忘れ物に気づいたので，すぐに走って家に戻り，忘れ物を取ってから再び走って駅へ向かったところ，駅に到着した時刻はいつもと同じだった。家に到着してから再び出発するまでにかかった時間はどれか。ただし，Ａが走る速さは歩く速さの３倍で，それぞれの速さは一定とする。　【地方上級（特別区）・令和３年度】

1　２分20秒

2　２分30秒

3　２分40秒

4　２分50秒

5　３分

No.3 [*] **4,800km離れたA，B２駅間に高速鉄道が運行されている。列車は往復とも同じ速さであるが，A，B間には時差があるため，出発時は出発地の時刻，到着時は到着地の時刻で計算すると，A駅からB駅へ向かったときは時速300km，B駅からA駅へ向かったときは時速200kmになる。A，B間の時差として正しいのはどれか。** 【地方上級・平成24年度】

1　１時間
2　２時間
3　３時間
4　４時間
5　５時間

No.4 [*] **A～Eの５つの地点がある。地点Aと地点Bおよび地点Cと地点Dはそれぞれ一般道路で結ばれており，それぞれの一般道路は地点Eで直交している。地点Aと地点Cは高速道路で結ばれており，地点Aから地点Eまでは12km，地点Cから地点Eまでは５kmである。自動車で地点Aを出発してから地点Eに到着するまでの最短時間はどれか。ただし，一般道路および高速道路はいずれも直線であり，自動車は高速道路を時速78km，一般道路を時速30kmで走行するものとする。** 【地方上級（特別区）・平成28年度】

1　20分
2　24分
3　28分
4　32分
5　36分

第2章 方程式と不等式

実戦問題1の解説

No.1 の解説　AC間の距離

→問題はP.190　**正答4**

STEP❶　往復にかかった時間で方程式を作る

地点Aから地点Bまでの距離を$x$km，地点Bから地点Cまでの距離を$y$kmとすると，AC間を往復するのにかかった時間は，休憩時間を除くと，75－(15＋8)＝52〔分〕であるから，

$$\left(\frac{x}{6}+\frac{y}{20}\right)+\left(\frac{y}{6}+\frac{x}{20}\right)=\frac{52}{60}$$

両辺を60倍して，

$$10x+3y+10y+3x=52$$
$$13(x+y)=52$$

よって，

$$x+y=4$$

STEP❷　AC間の距離を求める

AC間の距離は，$x+y$であるから，4km＝4000mとなり，**4**が正しい。

No.2 の解説　かかった時間

→問題はP.190　**正答3**

STEP❶　速さと時間の比を考える

速さと時間は反比例するから，Aが走る速さが歩く速さの3倍ということは，同じ距離をAが走る時間は歩く時間の$\frac{1}{3}$である。したがって，Aが家から駅までの道のりの3分の1の地点まで歩いた時間は4分であるから，走って家に戻った時間は$\frac{4}{3}$分である。

STEP❷　方程式を作る

その後，家に到着してから再び出発するまでにかかった時間をt分とし，忘れ物を取ってから再び走って駅まで行くのにかかった時間は，歩いてかかる時間の12分の$\frac{1}{3}$であるから，4分である。結局，到着した時刻はいつもと同じということは全部で12分かかったことになる。

したがって，$4+\frac{4}{3}+t+4=12$より，$t=2\frac{2}{3}$＝2分40秒で，**3**が正しい。

No.3 の解説 時差を求める →問題はP.191 正答4

STEP❶ 往復にかかった時間を求める

4800kmを時速300kmで走ると,

4800÷300=16〔時間〕

時速200kmで走ると,

4800÷200=24〔時間〕

かかる。よって,往復で16+24=40〔時間〕かかったことになる。

STEP❷ 時差を求める

実際は,往復とも同じ速さで列車は走っているから,片道20時間かかったことになるから,AとBの時差は4時間であり,**4**が正しい。

No.4 の解説 最短時間を求める →問題はP.191 正答1

STEP❶ 位置関係を図示する

与えられた条件から位置関係を図示すると次のようになる。

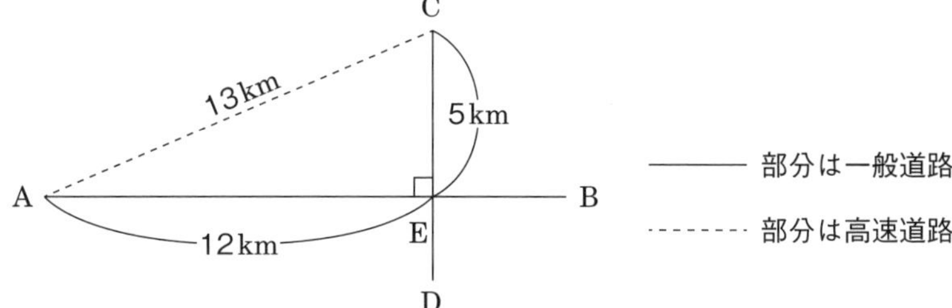

三平方の定理より,$AC^2=AE^2+EC^2=12^2+5^2=144+25=169$

よって,$AC=\sqrt{169}=13$〔km〕

STEP❷ A→Eを一般道路で行った場合

地点Aから地点Eまで一般道路で行った場合に要する時間は,

$\frac{12}{30}=\frac{2}{5}$時間=24〔分〕

STEP❸ A→Eを高速道路と一般道路で行った場合

地点Aから地点Cまで高速道路で行き,地点Cから地点Eまで一般道路で行った場合に要する時間は,$\frac{13}{78}+\frac{5}{30}=\frac{1}{6}+\frac{1}{6}=\frac{2}{6}=\frac{1}{3}$〔時間〕=20〔分〕

STEP❹ 最短時間を求める

したがって,地点Aから地点Cまで高速道路で行き,地点Cから地点Eまで一般道路で行った場合のほうが4分短縮できるので,20分の**1**が正しい。

実戦問題❷　応用レベル

＊＊
No.5　**一定の速さで荷物を運ぶ直線状のベルトコンベアがある。AとBの２人がベルトコンベアに沿って，このベルトコンベアの進行方向とは逆方向に，それぞれ一定の速度で歩いている。Aの歩く速さは分速40m，Bの歩く速さは分速25mである。ある時刻に，Aの前方を歩いているBがベルトコンベアを流れる荷物とすれ違った。その２分後に，同じ荷物とAがすれ違った。さらに，その４分後にAがBに追いついた。このとき，ベルトコンベアの速度はいくらか。**

【地方上級（全国型）・令和４年度】

1　分速５m
2　分速10m
3　分速15m
4　分速20m
5　分速25m

＊＊
No.6　**母が2歩で歩くところを子どもは5歩で歩き，1秒間に母が2歩歩く間に，子どもは3歩歩く。この2人が同じ地点に立っており，子どもが歩き始めて6秒後に母が子どもを追いかけた。このとき母が子どもに追いつくのは母が歩き始めて何秒後になるか。**

【地方上級（全国型）・令和元年度】

1　３秒後
2　６秒後
3　９秒後
4　12秒後
5　15秒後

＊＊
No.7　**A～Cの3人が，X町からY町へ同じ道を通って行くことになった。まずAが徒歩で出発し，次に30分遅れてBがランニングで出発し，最後にCがBより1時間遅れて自転車で出発した。その結果，Cが，出発後30分でAを追い越し，さらにその30分後にBを追い越したとき，AとCとの距離が6kmであったとすると，Bの速さはどれか。ただし，3人の進む速さは，それぞれ一定とする。**

【地方上級・平成19年度】

1　時速７km
2　時速８km
3　時速９km
4　時速10km
5　時速11km

No.8 ＊＊＊ **1周150mのジョギングコースがある。図のようにAはこのコース上のp地点から反時計回りに，Bはp地点と60m離れたq地点から時計回りに，それぞれ一定の速度で走り続ける。AとBが同時に出発して，両者が最初に出会う地点をxとすると，Aはxからqまで4秒，Bはxからpまで9秒，それぞれかかった。**

Aが走り始めてから両者が2度目にx地点で出会うときまでにAの走る距離はいくらか。 【国家総合職・平成27年度】

1 336m
2 345m
3 486m
4 495m
5 645m

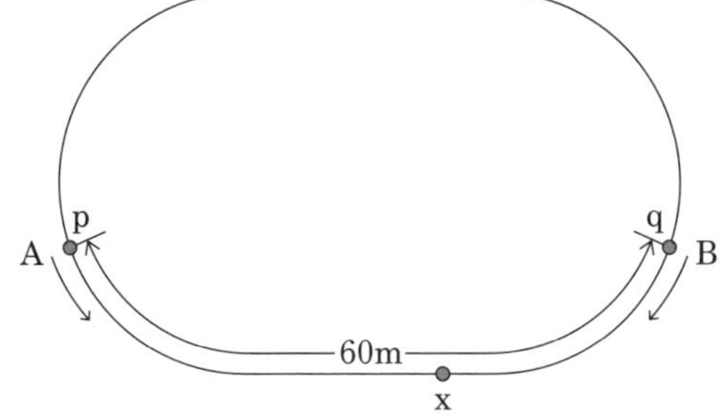

No.9 ＊＊＊ **上司Aと部下B，Cが会議で研究成果を発表するため，職場から会場まで移動することになった。A，Bは会議の冒頭から出席できるよう，時速30kmで移動する乗用車で出発し，Cは自分たちの発表時間に間に合うよう，発表用の資料と大型模型を載せた時速15kmで移動するトラックでA，Bと同時に出発した。途中，Cが運んでいる資料の内容を確認する必要が生じたため，AはBを降ろしてから乗用車で引き返し，Cから資料を受け取った後，再度，乗用車で会場へ向かった。また，Bは乗用車を降りると同時に，会議の開始時間に間に合うよう，時速10kmで会場へ走って向かった。A，Bが，職場を出発してから30分後に同時に会場に到着したことがわかっているとき，職場から会場までの道のりはいくらか。**

ただし，A，B，Cは同じ経路をそれぞれ移動手段ごとに一定の速さで移動することとし，Bを乗用車から降ろすのにかかる時間およびAがCから資料を受け取るのにかかる時間は無視できるものとする。 【国家総合職・令和2年度】

1 5km
2 10km
3 15km
4 20km
5 25km

実戦問題❷の解説

No.5 の解説　ベルトコンベアの速度

→問題はP.194　正答 1

STEP❶　図示する

Aの前方を歩いているBがベルトコンベアの荷物とすれ違った所を起点Oと考える。ベルトコンベアの速度を分速v〔m〕とすると，その２分後に，同じ荷物とAがすれ違った地点は，この起点Oから$2v$〔m〕離れた地点Pである。さらに，その４分後にAがBに追いついたことから，その地点QはPから，$4\times40=160$〔m〕離れた地点である。この間Bは６分間歩いているから，その距離は，$6\times25=150$〔m〕であり，これは，OQ間の距離である。これらの距離関係を図示すると，次のようになる。

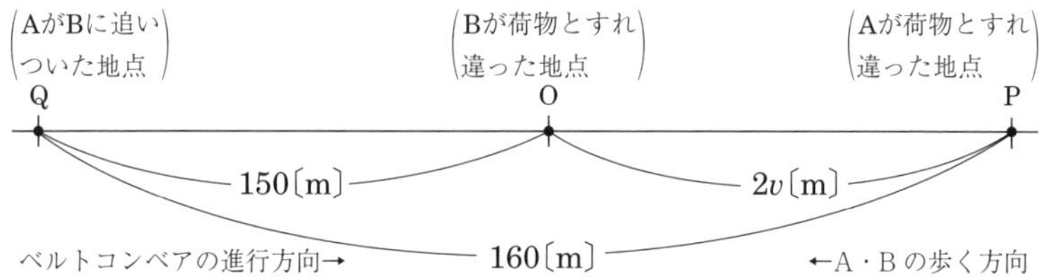

STEP❷　方程式を解く

したがって，この距離関係から，$150+2v=160$より，$v=5$であるから，ベルトコンベアの速度は，分速５mで，**1**が正しい。

No.6 の解説　母と子の歩き方

→問題はP.194　正答 3

STEP❶　何を未知数にとるか

母と子どもの歩幅をそれぞれx，y〔m〕とすると，母が２歩で歩くところを子どもは５歩で歩くことから，歩幅の比を考えると，

$x:y=5:2$

よって，$2x=5y$　……①

STEP❷　方程式を作る

１秒間に母が２歩歩く間に，子どもは３歩歩くことから，それぞれの速さは，$2x$〔m/秒〕，$3y$〔m/秒〕と表せる。

母が歩き始めてt秒後に，母が子どもに追いついたとすると，子どもが歩いた時間は$t+6$秒であり，この間に２人が歩いた距離は等しいから，

$2xt=3y(t+6)$　……②

STEP❸　方程式を解く

①を②に代入すると，

$5yt=3y(t+6)$
$5t=3(t+6)$
$2t=18$
$t=9$

よって，母が子どもに追いつくのは母が歩き始めてから９秒後であり，**3**が正しい。

No.7 の解説　Bの速さ　→問題はP.194　正答2

STEP❶　何を未知数にとるか

求めるものはBの速さであるが，同時にAやCの速さも未知数にとったほうが方程式が作りやすくなる。そこで，A，B，Cの速さをそれぞれ時速$a$km，時速$b$km，時速$c$kmとする。

STEP❷　方程式を作る

BはAより30分遅れて出発し，さらにCはBよりも１時間遅れて出発したことから，CはAよりも１時間30分後に出発し，Cが出発後30分でAを追い越したので，Cが30分間に移動した距離とAが２時間に移動した距離が等しいことになる。

よって，　$\frac{1}{2}c=2a$より　$c=4a$　……①

また，その30分後にBを追い越したので，Cが１時間に移動した距離とBが２時間に移動した距離が等しいことになる。

よって，　$c=2b$　……②

そのとき，AとCとの距離が６kmであったことから，Cが１時間に移動した距離とAが２時間30分に移動した距離の差が６kmである。

よって，　$c-\frac{5}{2}a=6$　……③

STEP❸　方程式を解く

①を③に代入して，$4a-\frac{5}{2}a=6$より，$\frac{3}{2}a=6$，$a=4$

$a=4$を①に代入して，$c=4\times4=16$

これを②に代入して，

$16=2b$
$b=8$

したがって，Bの速さは時速８kmとなり，**2**が正しい。

第2章 方程式と不等式

No.8 の解説　Aの走る距離

→問題はP.195　正答3

STEP❶　何を未知数にとるか

AとBが同時に出発して，両者が最初に出会うx地点までにかかった時間をt秒とすると，距離と時間の比は一致するから，

Aについては，px：xq＝t：4　……①

Bについては，px：xq＝9：t　……②

である。

STEP❷　tを求める

①，②より，t：4＝9：t

$a:b=c:d$のとき，$ad=bc$であるから，

$t^2=36$

よって，$t=6$　($\because t>0$)

AとBはx地点で出会うまでに6秒かかったことがわかる。

STEP❸　2人の速さの比を求める

したがって，pq間をAは，6＋4＝10〔秒〕，Bは，6＋9＝15〔秒〕かかっているから，AとBの速さの比は，かかった時間の比の逆である。

Aの速さ：Bの速さ＝15：10＝3：2

このことから，Aが3周する間にBは2周する。

STEP❹　Aの走る距離を求める

Aが3周，Bが2周した後，次にx地点を通過するときが2度目のx地点での出会いとなる。

Aはpx間を6秒，xq間を4秒かかっているので，px間の距離は，

$$60\times\frac{6}{10}=36\text{〔m〕}$$

したがって，Aが走り始めてから両者が2度目にx地点で出会うまでに走った距離は，36＋150×3＝36＋450＝486〔m〕となり，**3**が正しい。

No.9 の解説　職場から会場までの道のり

→問題はP.195　正答2

STEP❶　図示する

職場から会場までの道のりを$x$kmとし，Bが乗用車を降りた地点をPとし，Pから会場までの距離を$y$kmとする。また，AがCから資料を受け取った地点をQとし，図示すると次のようになる。

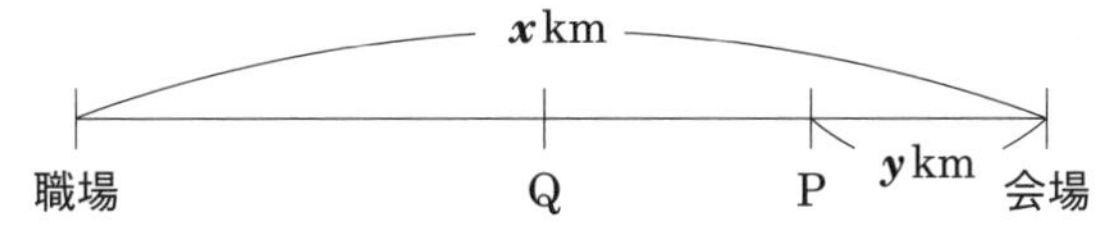

STEP❷　方程式を作る

Bは職場からP地点までの$x-y$kmを時速30kmで移動する乗用車で，Pから会場までの$y$kmを時速10kmで走って30分で到着したことから，

$$\frac{x-y}{30}+\frac{y}{10}=\frac{1}{2}$$

両辺を30倍して，$x-y+3y=15$

$$x+2y=15 \quad \cdots\cdots ①$$

また，AがPQ間を往復して，さらにPから会場までを移動した時間と，BがPから会場までを移動した時間は等しい。AとBの速さの比は3：1であるからAがこの間に移動した距離は$3y$kmであるから，PQ$=y$kmである。

したがって，AがPを経由して，Qまで移動した距離は，$x-y+y=x$km

この間，Cが移動した距離は，$x-2y$kmである。AとCの速さの比は2：1であるから，$x:(x-2y)=2:1$

$$2(x-2y)=x$$

$$x=4y \quad \cdots\cdots ②$$

STEP❸　方程式を解く

①，②より，$4y+2y=15$，$6y=15$，$y=\frac{5}{2}$

したがって，$x=10$kmとなり，**2**が正しい。

旅人算，流水算

必修問題

ある川の下流のP地点と上流のQ地点の間を航行する船A，Bがあり，AはPからQへ３時間，BはQからPへ１時間30分で到着する。今，AはPを，BはQを同時に出発したが，Aは出発の48分後にエンジンが停止し，川を流された。BがAに追いつくのは，Aのエンジンが停止してから何分後か。ただし，川の流れの速さは８km/時，静水時におけるAの速さはBの速さの1.5倍であり，川の流れおよび船の速さは一定とする。

【地方上級(特別区)・令和２年度】

1 24分
2 26分
3 28分
4 30分
5 32分

難易度 ＊＊＊

必修問題の解説

川の上流から下流に向けて，下流から上流に向けて行き来する問題が流水算である。本問は，さらに追いかける場合の旅人算が必要になる。

STEP❶ A，Bの速さを求める

静水時におけるBの速さをv〔km/時〕とすると，Aの速さは$1.5v$〔km/時〕である。したがって，Aが下流のP地点から上流のQ地点へと川を上るときの速さは，(静水時の船の速さ)－(流れの速さ)で，$1.5v-8$〔km/時〕となり，時間は３時間かかる。

また，Bが上流のQ地点から下流のP地点へと川を下るときの速さは，(静水時の船の速さ)＋(流れの速さ)で，$v+8$〔km/時〕となり，時間は１時間30分＝1.5時間かかる。

距離が一定のとき時間と速さは反比例するから，上りは３時間，下りは1.5時間かかったことから，速さの比は逆に，1.5：３＝１：２である。

したがって，

$$(1.5v-8):(v+8)=1:2$$
$$2(1.5v-8)=v+8$$
$$3v-16=v+8$$
$$2v=24$$
$$v=12 \text{〔km/時〕}$$

よって，Aの静水時の速さは，1.5×12＝18〔km/時〕，Bの静水時の速さは12〔km/時〕である。

STEP❷　距離間を把握する

次に，PQ間の距離を求めると，Bが川を下るときの速さが，12＋8＝20〔km/時〕で，1.5時間かかるから，PQ＝1.5×20＝30〔km〕

Aが出発後48分$=\frac{48}{60}=\frac{4}{5}$時間後にエンジンが停止した地点をRとすると，RはP地点から，$(18-8)\times\frac{4}{5}=8$〔km〕の地点，この間BはQ地点から，$(12+8)\times\frac{4}{5}=16$〔km〕進んでいるから，この地点をSとする。RS間の距離は，$30-(8+16)=6$〔km〕であり，図示すると次のようになる。

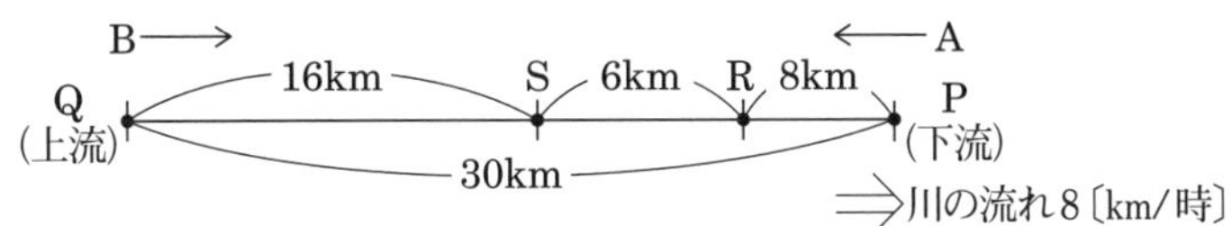

STEP❸　BがAに追いつく時間を求める

Bが６kmだけ下流にいるAを追いかける場合の追いつくまでの時間は，Aは８km/時で流され，Bは20km/時で追いかけることになるので，

追いつくまでの時間＝$\dfrac{\textbf{初めのAB間の距離}}{\textbf{Bの速さ－Aの速さ}}=\dfrac{6}{20-8}=\dfrac{6}{12}=\dfrac{1}{2}$〔時間〕＝30〔分〕

であるから，**4**が正しい。

正答　4

FOCUS

ここでは，相対速度という概念を身につけてほしい。経験からもわかると思うが，飛行機を使って旅行する場合，行きの時間と帰りの時間が異なる場合が多い。これも，飛行機の速度は変わらないが，ジェット気流に乗って飛行するか，向かい風のもとで飛行するかで速度が変わるからで，これが相対速度と呼ばれているものである。

POINT

重要ポイント 1 旅人算は場合分けで考える

旅人どうしが，離れていく場合，出会う場合，追いかける場合などを想定したことから，このような問題を昔から**旅人算**という。A，Bの進む方向・動き始める位置によって，以下のように場合分けして，公式に当てはめることができる。

① A，B２人の者が同じ所から同じ方向に進む場合

Aのほうが速いとして，

AB間の距離＝(Aの速さ－Bの速さ)×時間

② A，B２人の者が同じ所から反対方向に進む場合

AB間の距離＝(Aの速さ＋Bの速さ)×時間

③ A，B２人の者が違う所から向き合って進む場合

$$\text{両者が出会うまでの時間} = \frac{\text{初めのAB間の距離}}{\text{Aの速さ}+\text{Bの速さ}}$$

④ Aがある距離だけ前方にいるBを追いかける場合

$$\text{追いつくまでの時間} = \frac{\text{初めのAB間の距離}}{\text{Aの速さ}-\text{Bの速さ}}$$

〔例題〕 1周25kmの湖の周囲を，A，B２台の自動車が一定の速度で走っている。２台が反対方向に走ると15分ごとに出会い，同じ方向に走ると１時間15分ごとにAがBを追い越すという。Aの速度を求めよ。

A，Bの速度をそれぞれ$a$km/h，$b$km/hとすると，反対方向に走るときは15分＝$\frac{1}{4}$時間ごとに出会うことから，

$$(a+b)\times\frac{1}{4}=25$$

$$a+b=100 \quad \cdots\cdots①$$

一方，同じ方向に走るときは１時間15分＝$\frac{5}{4}$時間ごとにAがBを追い越すことから，

$$(a-b)\times\frac{5}{4}=25$$

$$a-b=20 \quad \cdots\cdots②$$

①＋②より，$2a=120$

よって，$a=60$〔km/h〕となる。

重要ポイント 2 流水算は上りと下りに注意

一定の速さで流れている川を，船で上ったり下ったりするときの時間や速さを求める問題を**流水算**という。

(1) 上りの速さ＝静水での速さ－流れの速さ

(2) 下りの速さ＝静水での速さ＋流れの速さ

〔例題〕流速が2km/時の川を，静水を毎時16kmで走る船が42km上流まで行くのに何時間かかるか。

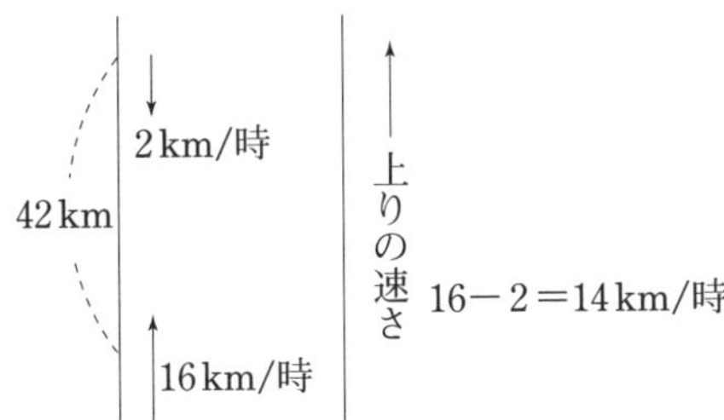

上りの速さ＝静水での速さ－流れの速さ

　　　　＝16－2＝14〔km/時〕

したがって，この船は14km/時の速さで42kmの上流まで行くことになるから，かかる時間は，

　42÷14＝3〔時間〕

重要ポイント 3 通過算

長さのある列車などが，鉄橋やトンネルなどを通過する問題を**通過算**という。

$$\textbf{通過時間}=\frac{\textbf{橋やトンネルと列車の長さの和}}{\textbf{列車の速さ}}$$

列車どうしの追い越しやすれ違いも通過算と考えられる。

①追い越す場合

$$\textbf{追い越す時間}=\frac{\textbf{列車どうしの長さの和}}{\textbf{列車の速さの差}}$$

②すれ違う場合

$$\textbf{すれ違う時間}=\frac{\textbf{列車どうしの長さの和}}{\textbf{列車の速さの和}}$$

実戦問題❶　基本レベル

No.1* **流れの速さが秒速0.5mで一定の川があり，この川の上流地点Aと下流地点Bを，船で一定の速さで往復すると，上りは20分，下りは12分かかった。今，船の静水時における速さを1.5倍にして，一定の速さで下流地点Bから上流地点Aまで川を上ると，時間はいくらかかるか。** 【国家一般職・令和４年度】

1　10分
2　12分
3　14分
4　16分
5　18分

No.2* **1周が600mの円形のジョギングコースがある。このコースをAとBが同時に出発する。AとBが反対方向で走り始めると2分ごとにすれ違い，同じ方向で走り始めると10分ごとにAがBを追い抜くことがわかっている。このときAの速度はいくつか。** 【市役所・平成30年度】

1　分速160m
2　分速170m
3　分速180m
4　分速190m
5　分速200m

No.3 ＊ 秒速0.5mで動く長さ150mの動く歩道が２つ平行に設置されており，１つは，甲地点から乙地点に向かって，もう１つは乙地点から甲地点に向かって動いている。Aが甲地点から動く歩道に乗り，その上を秒速1.0mで歩いていたところ，甲地点を出て40秒後に，反対方向から動く歩道に乗ってきたBとすれ違った。すれ違う瞬間にBに気付いたAは，Bに追い付くため，歩く速さを上げて乙地点まで行き，Bが乗っている動く歩道に乗り換え，その上を乗り換える直前と同じ速さで歩いたところ，終点の甲地点でちょうどBに追い付いた。

このとき，Bとすれ違った後のAが動く歩道の上を歩く速さはいくらか。ただし，Bは動く歩道の上で歩いていないものとする。また，AがBに追い付くための歩く速さは一定とし，さらに，Aが乙地点で動く歩道を乗り換えるために要した時間は無視するものとする。 【国家専門職・平成26年度】

1 秒速1.1m
2 秒速1.2m
3 秒速1.5m
4 秒速1.6m
5 秒速1.8m

No.4 ＊＊ ある川に沿って，20km離れた上流と下流の２地点間を往復する船がある。今，上流を出発した船が，川を下る途中でエンジンを停止し，そのまま24分間川を流された後，再びエンジンが動き出した。この船が川を往復するのに，下りに１時間，上りに１時間を要したとき，川の流れる速さはどれか。ただし，静水時における船の速さは一定とする。 【地方上級(特別区)・平成26年度】

1 5 km/時
2 6 km/時
3 7 km/時
4 8 km/時
5 9 km/時

実戦問題❶の解説

No.1 の解説　流水算

→問題はP.204　正答2

STEP❶　時間と速さは反比例する

船の静水時における速さをv〔m/分〕とすると，この川の上流地点Aから下流地点Bへ上るときの速さは，(静水時の船の速さ)－(流れの速さ)であるから，$v-0.5$〔m/分〕である。また，川を下るときの速さは，(静水時の船の速さ)＋(流れの速さ)であるから，$v+0.5$〔m/分〕である。

距離が一定のとき時間と速さは反比例するから，上りは20分，下りは12分掛かったことから，速さの比は逆に，12：20＝3：5である。

したがって，

$(v-0.5):(v+0.5)=3:5$ より，

$$3(v+0.5)=5(v-0.5)$$
$$3v+1.5=5v-2.5$$
$$2v=4$$
$$v=2 \text{〔m/分〕}$$

STEP❷　時間を求める

求める時間をt分とすると，AB間の距離を考えて，

$$(2-0.5)\times 20=(1.5\times 2-0.5)\times t$$
$$30=\frac{5}{2}t$$
$$t=12 \text{〔分〕}$$

よって，**2**が正しい。

No.2 の解説　Aの速度

→問題はP.204　正答3

STEP❶　方程式を作る

A，Bの速度をそれぞれa，b〔m/分〕とすると，AとBが反対方向で走り始めると2分ごとにすれ違うことから，

$2(a+b)=600$　……①

次に，同じ方向で走り始めると10分ごとにAがBを追い抜くことから，

$10(a-b)=600$　……②

STEP❷　方程式を解く

①より，$a+b=300$

②より，$a-b=60$

これらの辺々を加えると，$2a=360$より，$a=180$

よって，Aの速度は毎分180mとなり，**3**が正しい。

No.3 の解説　Aの動く歩道上を歩く速さ

→問題はP.205　正答3

STEP❶　AとBがすれ違うまでのAが動いた距離を求める

AはBとすれ違うまで，秒速0.5mの動く歩道の上を秒速1.0mで歩いていたから，Aの相対速度は秒速0.5＋1.0＝1.5〔m〕である。甲地点を出て40秒後にBとすれ違っているから，すれ違った地点は甲地点から，1.5×40＝60〔m〕離れた地点である。

STEP❷　Aの歩く速さを求める

したがって，Aは乙地点まで残りは，150－60＝90〔m〕で，さらに折り返して甲地点でちょうどBに追い着いたことから，90＋150＝240〔m〕をBとすれ違ってから動く歩道上を歩いたことになる。この間Bが移動した距離は60mで，動く歩道の速さは秒速0.5mであるから，かかった時間は60÷0.5＝120〔秒〕である。

Aは，240mを120秒で移動したから，この間のAの相対速度は，秒速240÷120＝2.0〔m〕であるが，動く歩道の速さが秒速0.5mなので，Aが動く歩道上を歩く速さは，秒速2.0－0.5＝1.5〔m〕となり，**3**が正しい。

No.4 の解説　川の流れの速さ

→問題はP.205　正答1

STEP❶　下りの場合を考える

静水中の船の速さを$v$km/時，川の流れの速さを$a$km/時とすると，下りの速さは$v+a$km/時となる。

下りに要した1時間のうち24分間，すなわち，$\frac{24}{60}=\frac{2}{5}$時間はエンジンが停止していたことから，川の流れの速さだけで下っていたことになる。残りの$\frac{3}{5}$時間はエンジンが動き出したので，

$$\frac{2}{5}a+\frac{3}{5}(v+a)=20,\ \frac{2}{5}a+\frac{3}{5}v+\frac{3}{5}a=20,\ a+\frac{3}{5}v=20\quad\cdots\cdots①$$

STEP❷　上りの場合を考える

上りの速さは$v-a$km/時で，1時間かかったことから，

$1\times(v-a)=20,\ a=v-20\quad\cdots\cdots②$

①，②を解いて，$v=25$km/時，$a=5$km/時となるので，**1**が正しい。

実戦問題❷　応用レベル

＊＊
No.5 ある長さのトンネルを全長150mの列車Aが秒速25mで通過し，同じトンネルを全長300mの列車Bが秒速20mで通過した。列車全体がトンネルに入っている時間，すなわち列車の最後尾がトンネルに入ってから，列車の先頭がトンネルから抜けるまでの時間は列車Aも列車Bも同じであった。このとき，このトンネルの長さはいくらか。　【市役所・令和４年度】

1　900m　　2　950m
3　1,000m　　4　1,050m
5　1,100m

＊＊
No.6 直線の道路を走行中の長さ18mのトラックを，トラックと同一方向に走行中の長さ2mのオートバイと長さ5mの自動車が，追い付いてから完全に追い抜くまでに，それぞれ$\frac{8}{3}$秒と$\frac{46}{5}$秒かかった。オートバイの速さが自動車の速さの1.4倍であるとき，オートバイの時速として，正しいのはどれか。ただし，トラック，オートバイ，自動車のそれぞれの速さは，走行中に変化しないものとする。
【地方上級（東京都）・令和２年度】

1　45km/時　　2　54km/時
3　63km/時　　4　72km/時
5　81km/時

＊＊
No.7 静水での速度が同じ２隻の船があり，川の上流にあるA町と下流にあるB町の間を往復している。船は一定の速度で運航するが，川が上流から下流に向けて一定の速度で流れているため，B町からA町へ行くのに要する時間は，A町からB町へ行くのに要する時間の1.5倍になる。

今，２隻の船が，それぞれA町，B町を同時に出発し，B町から12kmの地点ですれ違った。２隻の船はそれぞれA町，B町で同じ時間だけ停船してから，また出発した町に向けて復路運航を始めた。そして，A町を折り返した船は１時間，B町を折り返した船は２時間15分，それぞれ復路運航した後に，再び２隻はすれ違った。このとき，川の流れの速さはいくらであったか。【国家専門職・平成23年度】

1　2km/h　　2　3km/h
3　4km/h　　4　5km/h
5　6km/h

実戦問題2の解説

No.5の解説　通過算

→問題はP.208　正答1

STEP❶　列車Aがトンネルを通過する場合

列車全体がトンネルに入っている時間，すなわち列車の最後尾がトンネルに入ってから，列車の先頭がトンネルから抜けるまでの時間が列車Aも列車Bも同じであることを利用して問題を解く。

トンネルの長さをxmとし，列車Aがトンネルに入っている時間をt秒とすると，列車Aの速さが秒速25mであり，列車の長さが150mであるから，

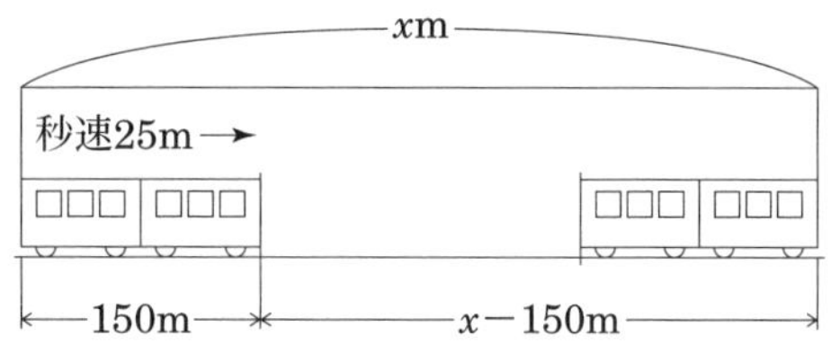

$x-150=25t$　……①

STEP❷　列車Bがトンネルを通過する場合

同様にして，別車Bの速さが秒速20mであり，列車の長さが300mであるから，

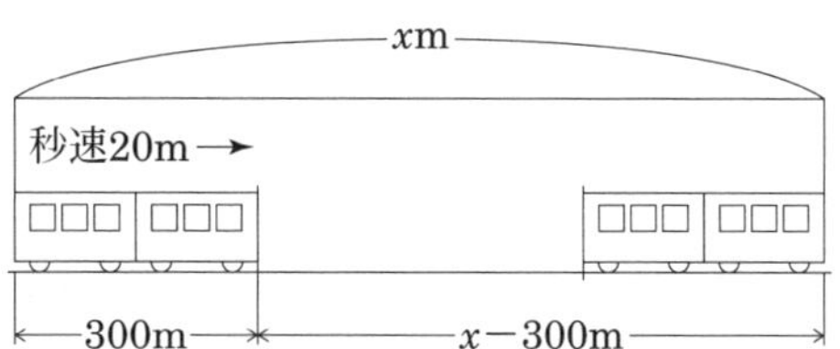

$x-300=20t$　……②

STEP❸　連立方程式を解く

①より，$x=25t+150$

②より，$x=20t+300$

よって，

$$25t+150=20t+300$$
$$5t=150$$
$$t=30$$

これを②に代入すると，

$$x-300=20\times30$$
$$x=600+300=900$$

したがって，トンネルの長さは900〔m〕となり，**1**が正しい。

第2章　方程式と不等式

No.6 の解説　通過算

→問題はP.208　正答3

STEP❶　追い越す時間

自動車の速さをx〔m/秒〕とすると，オートバイの速さは$1.4x$〔m/秒〕，また，トラックの速さをy〔m/秒〕とする。

長さ18mのトラックと同一方向に走行中の長さ2mのオートバイが，追い付いてから完全に追い抜くまでに$\frac{8}{3}$秒かかったことから，

追い越す時間＝$\dfrac{\text{トラックの長さ＋オートバイの長さ}}{\text{オートバイの速さ－トラックの速さ}}$より，

$$\frac{18+2}{1.4x-y}=\frac{8}{3}\cdots\cdots①$$

同様にして，長さ5mの自動車がトラックを追い越す時間は$\frac{46}{5}$秒までであるから，

$$\frac{18+5}{x-y}=\frac{46}{5}\quad\cdots\cdots②$$

STEP❷　連立方程式を解く

①より，$1.4x-y=\frac{60}{8}=\frac{15}{2}\quad\cdots\cdots③$

②より，$x-y=\frac{115}{46}\quad\cdots\cdots④$

③－④より，$0.4x=\frac{15}{2}-\frac{115}{46}=\frac{15\times23-115}{46}=\frac{230}{46}=5$

$$x=5\times\frac{5}{2}=\frac{25}{2}\text{〔m/秒〕}$$

これを時速に直すと，$\frac{25}{2}\times\frac{3600}{1000}=45$〔km/時〕

したがって，オートバイの時速は$1.4\times45=63$〔km/時〕となり，**3**が正しい。

No.7の解説　川の流れの速さ

→問題はP.208　正答 1

STEP❶　上りと下りの時間の比を利用する

静水中の船の速さをv〔km/h〕，川の流れの速さをx〔km/h〕とすると，この船が川を下るときの速さは，$v+x$〔km/h〕，川を上るときの速さは$v-x$〔km/h〕である。

川を上るのに要する時間は下りの1.5倍であるから，**距離が一定のとき時間と速さは反比例する**から，川を下るときの速さは上るときの速さの1.5倍である。

よって，$1.5(v-x)=v+x$

両辺を2倍して，$3(v-x)=2(v+x)$

$$v=5x$$

STEP❷　AB間の距離を求める

上りの船がB町から12km進む間に，下りの船は，$1.5\times12=18$〔km〕進むから，AB間の距離は，$12+18=30$〔km〕である。

STEP❸　川の流れの速さを求める

さらに，A町を折り返した船は1時間，B町を折り返した船は2時間15分$=\frac{9}{4}$〔時間〕進んだときにすれ違うので，合わせて30km進んだことになる。

$$(5x+x)\times1+(5x-x)\times\frac{9}{4}=30$$

$$15x=30$$

$$x=2$$

よって，川の流れの速さは，2〔km/h〕であり，**1**が正しい。

第2章　方程式と不等式

ダイヤグラム

必修問題

静水で速度の同じ２隻の船があり，川の上流にあるA港と下流にあるB港との間を往復している。船は一定速度で運航しているが，川は上流から下流に向けて時速１kmの一定の速度で流れているため，B港からA港に行くのに要する時間は，A港からB港に行くのに要する時間の1.2倍になる。

今，２隻の船がそれぞれA港とB港を同時に出発し，B港から30km上流の地点ですれ違い，それぞれB港とA港で折り返して，また出発した港に向けて運航を始めた。

このとき，次に，２隻の船がすれ違う地点とB港との間の距離はいくらか。

ただし，２隻の船が折り返すのに要した時間は，考えないものとする。

【国家総合職・令和５年度】

1 11km
2 12km
3 30km
4 36km
5 42km

難易度 ＊＊

必修問題の解説

ダイヤグラムは横軸に時間を，縦軸に距離をとったもので，列車などの運行状況を示したものである。この問題では，AB間のX，Yのそれぞれの動きを図示するとよい。

STEP❶ 船の速さを求める

静水中の船の速さを時速$x$kmとすると，川は上流から下流に向けて時速１kmの速度で流れているため，川の上流のA港から下流のB港へ行く速さは，毎時$x+1$ km，B港からA港に行く速さは，毎時$x-1$ km，要する時間は，A港からB港に行くのに要する時間の1.2倍になることから，

$$x+1=1.2(x-1)$$
$$x+1=1.2x-1.2$$
$$0.2x=2.2$$
$$x=11$$

したがって，静水中の船の速さは時速11kmであるから，A港からB港へは時速12km，B港からA港へは時速10kmで行くことになる。

STEP❷　ダイヤグラムを作る

速さと距離は比例するから，XとYが最初にすれ違う地点をTとすると，

AT：BT＝12：10＝6：5

である。BT＝30kmであるから，AT＝36kmで，AB間の距離は，30＋36＝66[km]となる。

この関係をダイヤグラムにしたのが次の図である。

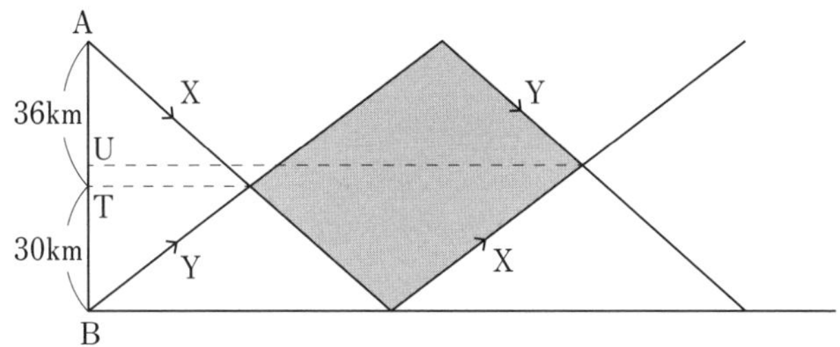

STEP❸　次にすれ違う地点を求める

次にすれ違う地点をUとすると，灰色の部分で示した四角形は平行四辺形である。したがって，BU＝ATであるから，BU＝36kmとなり，**4**が正しい。

正答 4

FOCUS

ダイヤグラムを利用すると，計算で解くと複雑になるような問題も図形的に処理できるので，素早く解決できることが多い。その際，三角形の相似を利用して相似比から解く場合が多いので，相似な三角形を見つけて，どこの比を用いるのかを見極めることも必要である。

POINT

重要ポイント 1 ダイヤグラムのかき方

列車などが，ある時刻にどの位置にいるのかを示す図に，ダイヤグラムと呼ばれるものがある。ダイヤグラムを利用すると，計算で解くと複雑になるような問題も図形的に処理できるので，素早く解決することができる。ダイヤグラムのかき方の手順は以下のとおり。

(1) 横軸に時間を，縦軸に距離をとる
(2) 直線の傾きが速さを表す
(3) 直線の交点は「出会い」を意味する

〔例題〕駅から2,000m離れた空港に向かって，10時からバスが５分おきに駅を出発している。下図は，バスの運行の様子をダイヤグラムに表したものである。

今，A君は駅を10時に出発して，一定の速さで走って空港に向かったところ，出発して８分20秒後に，A君はバスに追い抜かれた。A君の走る速さは，毎分何mか。

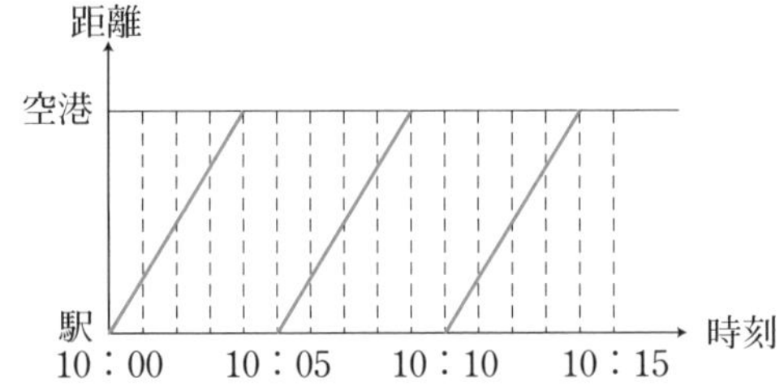

グラフを見ると，バスは2,000mを４分で走っているから，バスの速さは，

$2000 \div 4 = 500$〔m/分〕

一方，A君を追い抜いたバスは，10時８分20秒のときに走っているバスだから，バスがA君を追い抜くまでに走った時間は，

８分20秒－５分＝３分20秒

このとき，バスが走った距離は，

$$500 \times 3\frac{20}{60} = 500 \times \frac{10}{3} = \frac{5000}{3}\text{〔m〕}$$

この距離をA君は８分20秒で走っていることから，

$$\frac{5000}{3} \div 8\frac{20}{60} = \frac{5000}{3} \div \frac{25}{3} = \frac{5000}{3} \times \frac{3}{25} = 200$$

したがって，A君の走る速さは，200m/分である。

重要ポイント 2　三角形の相似比を利用する

A, B 2つのものが同時にそれぞれのスタート地点をゴールとして動く場合，ダイヤグラム上には交点（出会った地点）について対称な三角形が2つできあがる。その三角形は相似の関係にあるため，相似比を利用して簡単に答えを求めることができる。

〔例題〕A地とB地を結ぶ坂道があり，甲は坂下のA地から坂上のB地に向かって出発し，乙は甲が出発してから10分後に坂上のB地から坂下のA地に向かって出発した。2人が出会ってから甲は25分後にB地に，乙は3分後にA地に着いた。2人が出会ったのは甲が出発してから何分後か。

2人が出会ったのが，甲が出発してからt分後であるとして，ダイヤグラムを作る。

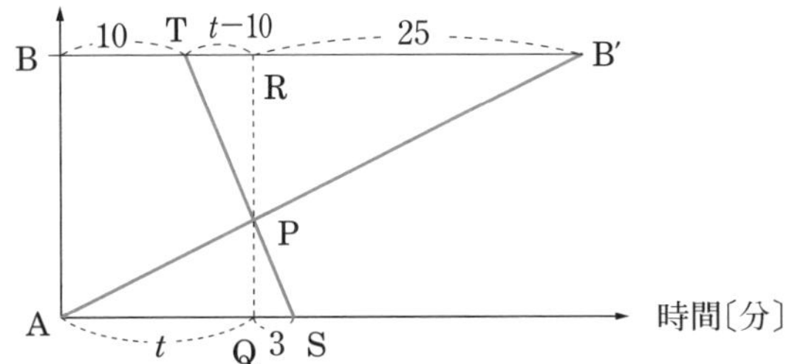

上図において，△PAS∽△PB′T，△PAQ∽△PB′R，△PSQ∽PTRで，相似比はすべて等しい。

したがって，

$$t : 25 = 3 : (t-10)$$
$$t(t-10) = 75$$
$$t^2 - 10t - 75 = 0$$
$$(t-15)(t+5) = 0$$

$t>0$であるから，$t=15$

したがって，2人が出会ったのは，甲が出発してから15分後である。

実戦問題

*
No.1 A，Bの２人は25mプールの同じ端から同時にスタートして泳ぎ始めた。Aは毎秒1.25m，Bは毎秒0.5mの速さで泳ぎ，２人が同時に同じ端に着くまで泳ぎ続ける。このとき，AとBがすれ違う回数と，AがBを追い越す回数の組合せとして妥当なのは次のうちどれか。 【市役所・平成13年度】

	すれ違い	追い越し
1	4回	2回
2	5回	2回
3	5回	3回
4	6回	2回
5	6回	3回

*
No.2 A君は，家から学校まで毎日10分かけて徒歩で通学している。ところがある日，学校まで残り400mのところで忘れ物に気づいたので，すぐに走って家に戻り，忘れ物を取ってから再び走って学校へ向かったところ，いつもと同じ時間に学校に着いた。A君が走る速さは歩く速さの2倍，忘れ物を探すのに2分かかったとすると，A君の家から学校までの距離として正しいものは，次のうちどれか。

【市役所・平成21年度】

1 500m
2 540m
3 580m
4 620m
5 660m

**
No.3 X区役所とY区役所を結ぶ道路がある。この道路を，Aは徒歩でX区役所からY区役所へ向かい，BはAの出発の10分後に自転車でY区役所を出発してX区役所へと向かった。２人が出会った時点から，Aは25分後にY区役所に到着し，Bは８分後にX区役所へ到着した。２人が出会ったのは，AがX区役所を出発した時点から何分後か。ただし，２人の速度は常に一定とする。

【地方上級（特別区）・平成23年度】

1 15分後
2 20分後
3 25分後
4 30分後
5 35分後

＊＊
No.4 **ある川の上流に地点A，下流に地点Bがある。今，Xが地点Aを，Yが地点Bをボートで同時に出発してから，それぞれ地点AB間を1往復後，元の地点に戻り，次のア～オのことがわかっているとき，川を下る速さはどれか。ただし，川を上る速さ，川を下る速さは，それぞれ一定とする。**

【地方上級(特別区)・平成30年度】

ア：XおよびYが川を上る速さは，同じであった。
イ：XおよびYが川を下る速さは，同じであった。
ウ：川を下る速さは，川を上る速さの2倍であった。
エ：XとYは，最初にすれ違ってから50分後に再びすれ違った。
オ：最初にすれ違った地点と，再びすれ違った地点の距離は，2kmであった。

1　10km/時
2　11km/時
3　12km/時
4　13km/時
5　14km/時

＊＊
No.5 **甲駅と乙駅を結ぶ道路を，Aは甲駅から乙駅に向かって，Bは乙駅から甲駅に向かって，それぞれ一定の速さで歩く。2人が同時に出発してから途中で出会うまでにかかる時間は，Aが甲駅を出発してから乙駅に到着するまでにかかる時間に比べると4分短く，Bが乙駅を出発してから甲駅に到着するまでにかかる時間に比べると9分短い。Bが乙駅を出発してから甲駅に到着するまでにかかる時間はいくらか。**

【国家一般職・平成25年度】

1　11分
2　12分
3　13分
4　14分
5　15分

実戦問題の解説

No.1 の解説　すれ違いと追い越しの回数

→問題はP.216　正答4

STEP❶　25mを泳ぐ時間を求める

Aは毎秒1.25m，Bは毎秒0.5mの速さで泳ぐから，25mプールを泳ぐのに，

Aは$\frac{25}{1.25}=20$〔秒〕

Bは$\frac{25}{0.5}=50$〔秒〕

かかる。

STEP❷　ダイヤグラムを作る

これをダイヤグラムにしてみると次のようになり，AはBと6回すれ違い，AはBを2回追い越すことがわかる。

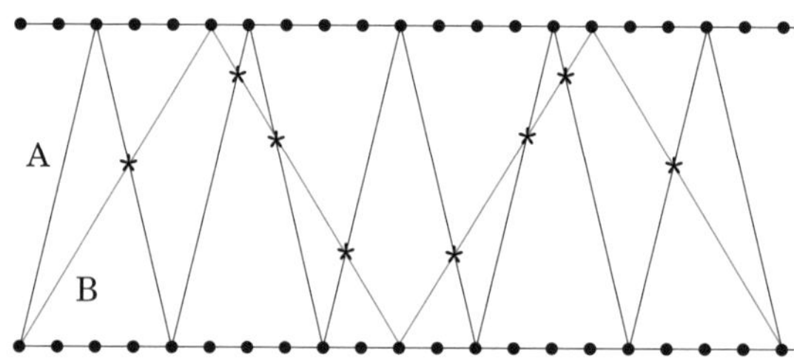

したがって，**4**が正しい。

No.2 の解説　家から学校までの距離

→問題はP.216　正答1

STEP❶　比の考えを使う

A君が走る速さは歩く速さの2倍なので，家から学校までその速さで走ると5分かかる。

家に戻って忘れ物を探すのに2分，それから学校まで走って5分の計7分かかっているから，最初に家を出てから忘れ物に気づいて家に戻ってくるまで3分である。

ここでも，家に戻るときは歩く速さの2倍で走っているので，家を出てから忘れ物に気づくまで歩いた時間と忘れ物に気づいて走って家に戻るのにかかる時間の比は2：1である。

STEP❷　ダイヤグラムを作る

すなわち，A君は家を出てから2分歩いたところで忘れ物に気づいたことになる。これが，学校までの400mの地点だから，A君は普段この400mを8分かけて歩いている。

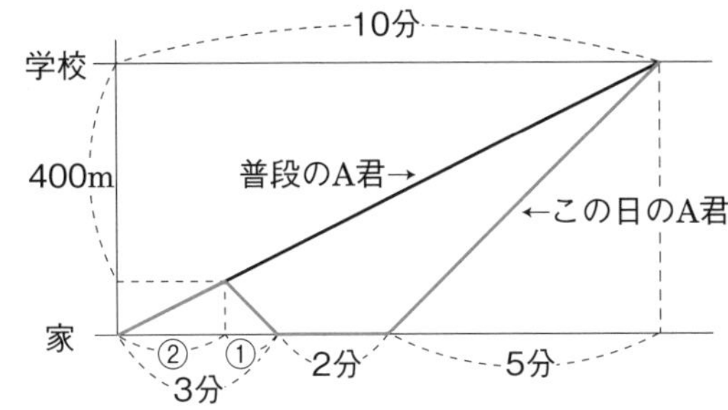

したがって，$400\times\dfrac{10}{8}=500$より，A君の家から学校までの距離は500mであるから，**1**が正しい。

No.3の解説　2人が出会うまでの時間　→問題はP.216　正答2

STEP❶　ダイヤグラムを作る

２人が出会ったのが，Aが出発してからt分後であるとすると，BはAの出発の10分後に出発していることから，ダイヤグラムは次のようになる。

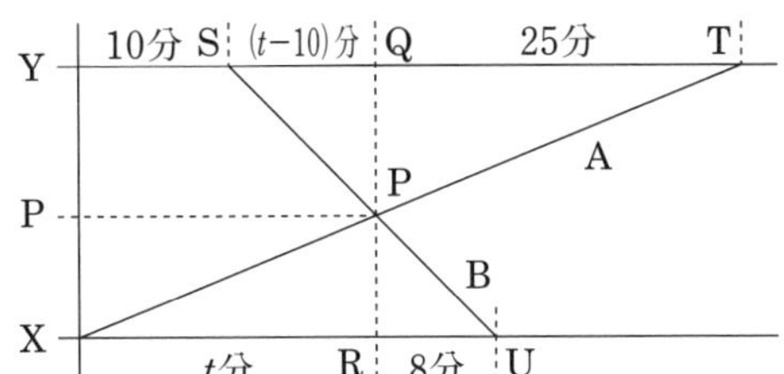

STEP❷　相似な三角形の利用

図Ⅰにおいて，△SPQ∽△UPR，△TPQ∽△XPRだから，

SQ：UR＝PQ：PR　……①

QT：XR＝PQ：PR　……②

①，②より，SQ：UR＝QT：XR

SQ×XR＝QT×UR　……③

STEP❸　tを求める

③より，$t(t-10)=25\times8$

$t^2-10t-200=0$

$(t-20)(t+10)=0$

よって，$t=20,\ -10$

$t>0$より，$t=20$

以上より，Aが出発してから20分後に出会ったことになり，**2**が正しい。

No.4 の解説　川を下る速さ

→問題はP.217　正答3

STEP❶　ダイヤグラムを作る

Xが川を下る速さとYが川を上る速さの比は2：1であるから，XとYが最初にすれ違う地点Pまでに進んだ距離の比は2：1である。

よって，AP：PB＝2：1

また，最初にすれ違うまでにかかった時間をt分とすると，Yがt分かかった残りの距離をXは$\frac{t}{2}$分かかることになる。同様に，Xがt分かかった距離をYは2倍かかるので$2t$〔分〕となる。

これをダイヤグラムにしたのが次の図である。

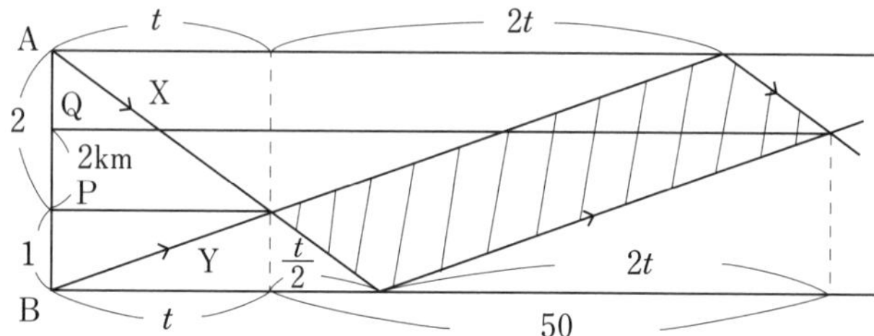

STEP❷　tを求める

このダイヤグラムにおいて，斜線部分で示した四角形は平行四辺形である。

XとYは，最初にすれ違ってから50分後に再びすれ違ったことから，図より，

$\frac{t}{2}+2t=50$より，$t=20$分$=\frac{1}{3}$時間

STEP❸　vを求める

川を上る速さをv〔km/時〕とすると，川を下る速さは$2v$〔km/時〕である。

Xの動きを考えると，PB間を$\frac{t}{2}$分間で下った距離と，Bで折り返してから再びYとすれ違った地点Qまでの距離の差が2kmであるから，

$$v\times 2t-2v\times\frac{t}{2}=2$$

$t=\frac{1}{3}$を代入して，$\frac{2}{3}v-\frac{1}{3}v=2$より，$v=6$〔km/時〕

したがって，川を下る速さは，$2v=12$〔km/時〕となり，**3**が正しい。

No.5の解説 Bのかかる時間

→問題はP.217 正答5

STEP❶ ダイヤグラムを作る

「2人が同時に出発してから途中で出会うまでにかかる時間は，Aが甲駅を出発してから乙駅に到着するまでにかかる時間に比べると4分短く，Bが乙駅を出発してから甲駅に到着するまでにかかる時間に比べると9分短い」ということは，AはBと出会ってから4分で乙駅に到着し，BはAと出会ってから9分で甲駅に到着したことになる。

そこで，2人が出発してから出会うまでにかかった時間をt分後であるとしてダイヤグラムを作る（図Ⅰ）。

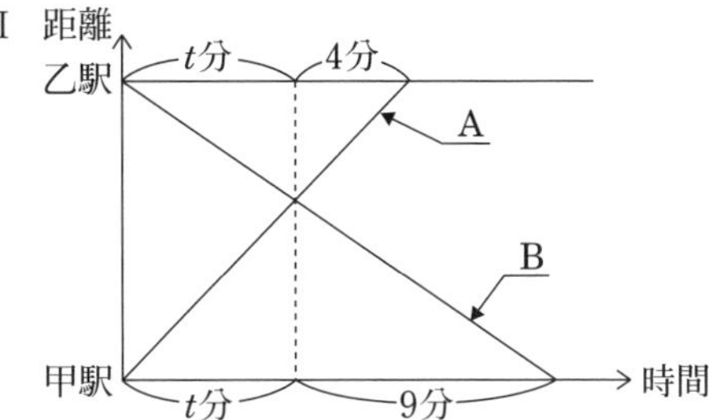

STEP❷ 相似な三角形の利用

図Ⅱにおいて，△PTQ∽△STR，△PTU∽△STV，△QTU∽△RTVで相似比はすべて等しい。

したがって，

$p:s=m:n$

$q:r=m:n$

$p:s=q:r$

よって，$pr=qs$

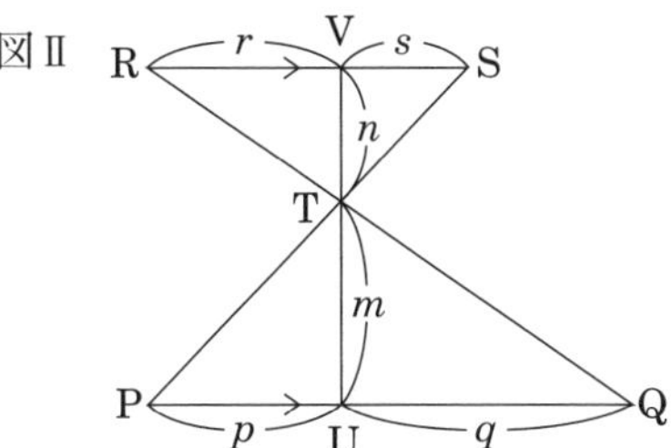

STEP❸ tを求める

これより，$t:4=9:t$

$t^2=36$

$t=6$

ゆえに，Bが乙駅を出発してから甲駅に到着するまでにかかる時間は，

$6+9=15$〔分〕

であり，**5**が正しい。

比，割合

必修問題

ある学校において，A，Bの２つの組が，それぞれジュースとお茶の２種類の飲み物を用意してパーティーを開催した。A組では，パーティー終了後，ジュースはすべてなくなり，お茶は用意した量の$\frac{4}{5}$が残っていた。B組では，ジュースについてはA組と同じ量を，お茶についてはA組の$\frac{2}{3}$の量を用意したところ，パーティー終了後，ジュースはすべてなくなり，お茶は用意した量の$\frac{1}{10}$が残っていた。B組において消費された飲み物の量はA組のそれの$\frac{9}{8}$であった。

このとき，A組において，用意した飲み物全体に占めるお茶の割合はいくらか。

【国家一般職・令和元年度】

1　15％
2　20％
3　25％
4　30％
5　35％

難易度　＊

必修問題の解説

比・割合の問題は，文字どおり比で表されるものや，分数・小数などを用いて表されるものもある。この場合は，分数で表された問題であるが，A，Bの２つの組が用意した飲み物の量と消費された飲み物の量をうまく分類して解けばよい。

STEP❶　未知数を何にとるか

A組が用意した飲み物のうち，ジュースの量をx，お茶の量をyとすると，B組では，ジュースについてはA組と同じ量なのでx，お茶はA組の$\frac{2}{3}$の量なので$\frac{2}{3}y$である。

また，消費されたお茶の量は，A組では$\left(1-\frac{4}{5}\right)=\frac{1}{5}y$，B組では，$\left(1-\frac{1}{10}\right)\times\frac{2}{3}y=\frac{9}{10}\times\frac{2}{3}y=\frac{3}{5}y$である。

STEP❷　方程式を作る

A組において消費された飲み物の量は，ジュースがx，お茶は$\frac{1}{5}y$であるから，

$$x+\frac{1}{5}y$$

また，B組において消費された飲み物の量は，ジュースがx，お茶は$\frac{3}{5}y$であるから，$x+\frac{3}{5}y$

B組において消費された飲み物の量は，A組のそれの$\frac{9}{8}$であるから，

$\frac{9}{8}(x+\frac{1}{5}y)=x+\frac{3}{5}y$より，$\frac{9}{8}x+\frac{9}{40}y=x+\frac{3}{5}y$

両辺を40倍すると，

$$45x+9y=40x+24y$$
$$5x=15y$$
$$x=3y$$

STEP❸　割合を求める

A組において，用意した飲み物全体に占めるお茶の割合は，

$$\frac{y}{x+y}=\frac{y}{3y+y}=\frac{y}{4y}=\frac{1}{4}=25〔\%〕$$

したがって，25%となり，**3**が正しい。

正答 3

FOCUS

比の問題では，うまく比例配分を使えるように練習しておくことが大切である。また，割合では，原価や定価や利益の問題がよく出題されるが，それらの意味をしっかりと理解して式を立てていくようにしなければならない。

POINT

重要ポイント 1 連比

2つの数a，bに対し，aのbに対する割合を$a:b$で表し，$\dfrac{a}{b}$を**比の値**という。

$\boldsymbol{a:b=c:d \Leftrightarrow ad=bc}$

$\boldsymbol{a:b=ka:kb}$

3つの数a，b，cに対して，お互いの比をまとめて表したものを**連比**といい，$a:b:c$で表す。

$a:b:c=ak:bk:ck$

〔例題〕 $\boldsymbol{A+B:B+C:C+A}$＝７：５：３であるとき，$\boldsymbol{A:B:C}$を求めよ。

$$\begin{cases} A+B=7k & \cdots\cdots① \\ B+C=5k & \cdots\cdots② \\ C+A=3k & \cdots\cdots③ \end{cases}$$

①＋②＋③より，$2(A+B+C)=15k$

よって，$A+B+C=\dfrac{15}{2}k$　……④

④－①，④－②，④－③より，$C=\dfrac{1}{2}k$，$A=\dfrac{5}{2}k$，$B=\dfrac{9}{2}k$

したがって，$A:B:C=5:9:1$

重要ポイント 2 比例配分

ある量を与えられた比，または連比に等しくなるように分けることを**比例配分**という。

(1) Aを$\boldsymbol{a:b}$に分けるとき

$\dfrac{aA}{a+b}$，$\dfrac{bA}{a+b}$

(2) Aを$\boldsymbol{a:b:c}$に分けるとき

$\dfrac{aA}{a+b+c}$，$\dfrac{bA}{a+b+c}$，$\dfrac{cA}{a+b+c}$

重要ポイント 3 原価と定価

原価，定価，利益，割引の関係をきちんと把握しておこう。

［例］原価a円の品物にx割の利益を見込んだときの定価は，

$a\left(1+\frac{x}{10}\right)$円

［例］定価b円の品物をy割引で売ったときの売価は，

$b\left(1-\frac{y}{10}\right)$円

〔例題〕A，B 2 種類の品物を仕入れ，Aは原価の 3 割の利益を，Bは 5 割の利益を見込んで定価を定め，合計2,800円の利益を得るつもりであった。しかし，Aの定価を 1 割引，Bを 2 割引で売ったため，合計1,260円の利益を得た。Aの原価はいくらか。

A，Bの原価をそれぞれa円，b円とする。
Aは 3 割の利益を見込んで定価を定めたので，

$(1+0.3)a=1.3a$〔円〕

Bは 5 割の利益を見込んで定価を定めたので，

$(1+0.5)b=1.5b$〔円〕

このときの利益は，定価から原価を引いた値であるから，

$1.3a+1.5b-(a+b)=0.3a+0.5b$

この値が2,800円に等しいことから，

$0.3a+0.5b=2800$

$3a+5b=28000$ ……①

ところが，Aは定価$1.3a$円の 1 割引で売ったので，

$1.3a\times(1-0.1)=1.3a\times0.9=1.17a$〔円〕

Bは定価$1.5b$円の 2 割引で売ったので，

$1.5b\times(1-0.2)=1.5b\times0.8=1.2b$〔円〕

このときの利益は，売価から原価を引いた値であるから，

$1.17a+1.2b-(a+b)=0.17a+0.2b$

この値が1,260円に等しいことから，

$0.17a+0.2b=1260$

$17a+20b=126000$ ……②

②－①×4より，$5a=14000$

$a=2800$

したがって，Aの原価は2,800円である。

実戦問題

＊
No.1 ある動物園の入園料は大人料金と子ども料金があり，大人料金は子ども料金の$\frac{5}{3}$倍である。ある日，この動物園に入園した大人の入園料の合計は子どもの入園料の合計の２倍であった。このとき，この日に入園した大人と子どもの人数の比として正しいのはどれか。　【地方上級（全国型）・令和４年度】

	大人		子ども
1	3	:	5
2	5	:	6
3	6	:	5
4	5	:	3
5	10	:	3

＊＊
No.2 ある学校にはA，B，Cの３組で合計100人の生徒が在籍しており，これらの生徒に対し，試験を２回実施した。１回目の試験において，100人全員が受験したところ，A組とB組では同じ人数の生徒が合格し，C組では生徒全員が不合格であった。その結果，１回目の試験で不合格であった生徒の人数比は，A組：B組：C組＝1：2：4であった。

2回目の試験において，1回目の試験で不合格であった生徒を対象とし，対象者全員が受験したところ，A組では受験した生徒の80%が，B組では受験した生徒の90%が，C組では生徒全員が合格した。その結果，2回目の試験で不合格であった生徒は，A組とB組合計4人であった。

このとき，A組で2回目の試験で合格した生徒は，A組の生徒全員の何%を占めているか。　【国家専門職・令和２年度】

1　32％
2　34％
3　36％
4　38％
5　40％

No.3 ＊＊ **ある学校の３年生は，生徒数が200人以下で，男女比は，男子：女子＝8：7，志望別に見ると，文系志望：理系志望＝6：5である。このとき，文系志望の男子と理系志望の女子との人数の差として，正しいのはどれか。**

【市役所・平成26年度】

1　7人
2　9人
3　11人
4　13人
5　15人

実戦問題の解説

No.1 の解説　大人と子どもの人数の比

→問題はP.226　**正答3**

STEP❶　未知数を何にとるか

子どもの入園料金をx円とすると，大人の入園料金は$\frac{5}{3}x$円である。ある日に入園した大人の人数をa人，子どもの人数をb人とすると，大人の入園料の合計は，$\frac{5}{3}ax$〔円〕，子どもの入園料の合計は，bx〔円〕である。

STEP❷　方程式を作る

大人の入園料の合計は子どもの入園料の合計の２倍であるから，

$$\frac{5}{3}ax = 2bx$$

$$5a = 6b$$

よって，$a : b = 6 : 5$であるから，**3**が正しい。

No.2 の解説　合格者と不合格者

→問題はP.226　**正答1**

STEP❶　何を未知数にとるか

１回目の試験で不合格であったA組の生徒の人数をx人とすると，不合格であった生徒の人数比が，A組：B組：C組＝１：２：４であるから，不合格であったB組の生徒の人数は$2x$人，C組の生徒の人数は$4x$人である。

２回目の試験において，１回目の試験で不合格であった生徒のうち，A組では受験した生徒の80%，B組では90%，C組では生徒全員が合格したから，それぞれの人数は，A組が$\frac{4}{5}x$人，B組が$\frac{9}{10}\times 2x = \frac{9}{5}x$人，C組が$4x$人である。

STEP❷　方程式を作る

１回目の試験の不合格者の人数の合計は，２回目の試験の合格者の合計に２回目の試験で不合格であった生徒４人を加えたものは等しいから，

$$x + 2x + 4x = \frac{4}{5}x + \frac{9}{5}x + 4x + 4$$

$$3x - \frac{13}{5}x = 4$$

$$\frac{2}{5}x = 4 \text{より，} x = 10 \text{〔人〕}$$

STEP❸　割合を求める

これより，A組の２回目の合格者は$\frac{4}{5}x = \frac{4}{5}\times 10 = 8$〔人〕である。

一方，１回目の試験で不合格であった生徒の合計は，$x + 2x + 4x = 7x = 7\times 10 = 70$人。よって，１回目の試験の合格者は，$100 - 70 = 30$人で，A組とB組

では同じ人数の生徒が合格し，C組では生徒全員が不合格であったことから，A組の合格者は15人である。

したがって，A組の生徒の人数は，15＋10＝25〔人〕であるから，２回目の試験で合格した生徒は，$\frac{8}{25}\times 100=32$〔%〕であり，**1**が正しい。

No.3 の解説　人数の差

→問題はP.227　**正答4**

STEP❶　比から生徒数を求める

男女比が８：７であるから，生徒数は15の倍数である。また，志望別の比が６：５であるから，11の倍数でもある。

したがって，生徒数は15の倍数かつ11の倍数であるから，15と11の最小公倍数165の倍数である。生徒数が200人以下であることから，165人である。

STEP❷　男女の人数，志望別の人数を求める

男子の人数は，$165\times\frac{8}{15}=88$〔人〕，女子の人数は，$165-88=77$〔人〕

文系志望者は，$165\times\frac{6}{11}=90$〔人〕，理系志望者は，$165-90=75$〔人〕

である。

STEP❸　男女別，志望別の人数を未知数にする

男子の文系志望者をx人，理系志望者をy人，女子の文系志望者をa人，理系志望者をb人とすると，

$x+y=88$　……①　　$a+b=77$　……②

$x+a=90$　……③　　$y+b=75$　……④

求める人数は，$x-b$であるから，①－④（③－②でもよい）より，

$(x+y)-(y+b)=88-75$

$x-b=13$〔人〕

となり，**4**が正しい。

濃度

必修問題

ある濃度の砂糖水を１：２に分けて，それぞれに水を100g加えると，濃度は10%と15%になった。もとの砂糖水の濃度は何%か。

【地方上級(全国型)・令和元年度】

1　20％
2　24％
3　25％
4　27％
5　30％

難易度　＊

必修問題の解説

砂糖の量，砂糖水の量，濃度を図に表すと考えやすい。

STEP❶　何を未知数にとるか

もとの砂糖水に溶けている砂糖の量を $3x$g，砂糖水の量を3Vgとし，1：2に分けると，砂糖の量も砂糖水の量も1：2に分けられるから，それぞれxgと2xg，Vgと2Vgとなり，水100gを加えると下図のようになる。

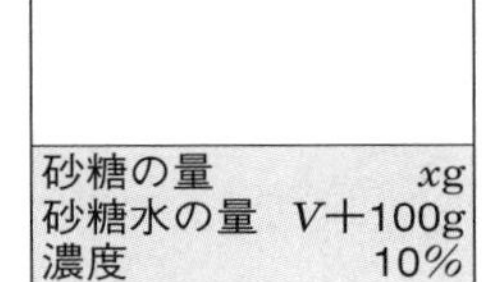

砂糖の量　2xg
砂糖水の量　2V＋100g
濃度　15%

STEP❷　方程式を作る

それぞれについて，濃度を目安に方程式を作ると，

$$\frac{x}{V+100}\times 100=10 \text{より，} 10x=\mathrm{V}+100 \quad \cdots\cdots ①$$

$$\frac{2x}{2V+100}\times 100=15 \text{より，} 20x=3\mathrm{V}+150 \quad \cdots\cdots ②$$

①，②より，　$2\mathrm{V}+200=3\mathrm{V}+150$

$$\mathrm{V}=50$$

これを①に代入して，$x=15$

STEP❸　もとの濃度の砂糖水の濃度を求める

もとの砂糖水の濃度は，$\frac{x}{V}\times 100=\frac{15}{50}\times 100=30$〔%〕となり，**5**が正しい。

正答 5

FOCUS

食塩水の濃度の問題では，食塩の量に着目することがポイントである。水を加えたり，蒸発させても食塩の量は変わらないし，2つの食塩水を混ぜれば食塩の量も合算されることになる。

POINT

重要ポイント 1 濃度は量に着目する

食塩水の濃度は，食塩水の重さに対する食塩水に含まれる食塩の重さの比のことで，百分率〔%〕で表される。

$$\text{食塩水の濃度} = \frac{\text{食塩}}{\text{食塩水}} \times 100\ 〔\%〕$$

食塩水の問題は，食塩の量に着目して考えるのがよい。

〔例題〕８%の食塩水が500gある。これに20%の食塩水を混ぜ合わせて10%の食塩水を作りたい。20%の食塩水を何g混ぜればよいか。

20%の食塩水をxg混ぜるとすると，

８%の食塩水500g中の食塩の量は，$0.08 \times 500 = 40$g

20%の食塩水xg中の食塩の量は，$0.2x$g

10%の食塩水$(500+x)$g中の食塩の量は，$0.1(500+x)$g

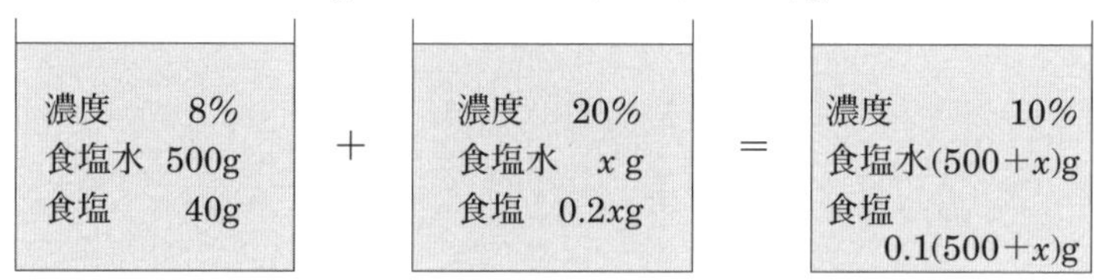

したがって，混ぜ合わせてできる食塩水の中の食塩の量に着目すると，

$40 + 0.2x = 0.1(500 + x)$より，　$0.1x = 10$　よって，$x = 100$

以上より，20%の食塩水を100g混ぜればよい。

実戦問題

No.1 ＊ 濃度７%の食塩水が入った容器Aと，濃度10%の食塩水が入った容器Bがある。今，容器A，Bからそれぞれ100gの食塩水を取り出して，相互に入れ替えをし，よくかき混ぜたところ，容器Aの濃度は9.4%になった。最初に容器Aに入っていた食塩水は何gか。 【地方上級(特別区)・平成29年度】

1 125g
2 150g
3 175g
4 200g
5 225g

No.2 ＊ 食塩水が100g入っている容器Aと，水が100g入っている容器Bがある。まず，容器Aから食塩水20gを取り出し，容器Bに入れてよくかき混ぜる。その後，容器Bから20g取り出して容器Aに入れ，よくかき混ぜたところ，容器Aおよび容器Bに入っている食塩水の濃度の差が４%となった。初めに容器Aに入っていた食塩水の濃度として，正しいのはどれか。 【市役所・平成28年度】

1 5.5%
2 6.0%
3 6.5%
4 7.0%
5 7.5%

No.3 ＊ 果汁20%のグレープジュースに水を加えて果汁12%のグレープジュースにした後，果汁4%のグレープジュースを500g加えて果汁8%のグレープジュースになったとき，水を加える前のグレープジュースの重さとして，正しいのはどれか。 【地方上級(東京都)・令和４年度】

1 200g
2 225g
3 250g
4 275g
5 300g

No.4 ＊＊ 濃度25％の食塩水が120gある。まず，ここから食塩水30gを抜いて60gの水を加えた。さらに，そこから60gの食塩水を抜いて60gの水を加えた。最後にできる食塩水の濃度は何％か。　【市役所・平成17年度】

1　6％
2　8％
3　9％
4　12％
5　14％

No.5 ＊＊ ある塩（えん）の水溶液A，Bは，濃度が互いに異なり，それぞれが1,200gずつある。両方を別々の瓶に入れて保管していたところ，水溶液Aが入った瓶の蓋が緩んでいたため，水溶液Aの水分の一部が蒸発した結果，100gの塩が沈殿した。

この沈殿物を取り除くと，水溶液の重量は800gとなったが，これに水溶液Bのうちの400gを加えたところ，この水溶液の濃度は水溶液Aの当初の濃度と同じになった。

次に，水溶液Aから取り出した沈殿物100gに，水溶液Bのうちの500gを加えて溶かしたところ，この水溶液の濃度も水溶液Aの当初の濃度と同じになった。

水溶液Aの当初の濃度はいくらか。

なお，沈殿物を取り除く際には，水分は取り除かれないものとする。

【国家一般職・平成25年度】

1　22.5％
2　27.5％
3　32.5％
4　37.5％
5　42.5％

実戦問題の解説

No.1 の解説　食塩水の量

→問題はP.233　正答1

STEP❶　食塩の量を考える

容器Aから取り出された100gの食塩水の中の食塩の量は7g，同様にして，容器Bから取り出された100gの食塩水の食塩の量は10gである。

したがって，相互に入れ替えた結果，容器Aの食塩の量は，10−7＝3〔g〕増加したことになる。

STEP❷　方程式を作る

最初にAに入っていた食塩水の量をxgとすると，

$$\frac{7}{100}x+3=\frac{9.4}{100}x$$

$$7x+300=9.4x$$

$$2.4x=300$$

よって，$x=125$〔g〕となり，**1**が正しい。

No.2 の解説　容器Aに入っていた食塩水の濃度

→問題はP.233　正答2

STEP❶　容器AからBへの移動

初めに容器Aの食塩水に含まれている食塩の量をxgとする。濃度は$\frac{x}{100}\times 100$より，x%である。容器Aから食塩水20gを取り出すと，そこに含まれる食塩の量は$\frac{20}{100}x=\frac{1}{5}x$〔g〕である。容器Bに入れてよくかき混ぜると，120gの中に$\frac{1}{5}x$gの食塩があるので，その濃度は，$\frac{1}{5}x\times\frac{1}{120}\times 100=\frac{1}{6}x$〔%〕である。

STEP❷　容器BからAへの移動

容器Bから20g取り出して容器Aに入れると，その中の食塩の量は$\frac{1}{5}x\times\frac{20}{120}=\frac{1}{30}x$〔g〕である。したがって，容器Aの食塩の量は，$\frac{4}{5}x+\frac{1}{30}x=\frac{24}{30}x+\frac{1}{30}x=\frac{25}{30}x=\frac{5}{6}x$〔g〕であるから，その濃度も$\frac{5}{6}x$%である。

STEP❸　濃度の差より求める

容器Aおよび容器Bに入っている食塩水の濃度の差が4%であるから，

$\frac{5}{6}x-\frac{1}{6}x=4$より，$\frac{4}{6}x=4$

よって，$x=6$となり，初めに容器Aに入っていた食塩水の濃度は6%となり，**2**が正しい。

No.3 の解説　グレープジュースの重さ

→問題はP.233　**正答5**

STEP❶　濃度の関係に着目する

果汁12%のグレープジュースに，果汁４%のグレープジュースを500g加えて果汁８%のグレープジュースになったということは，果汁12%のグレープジュースも果汁４%のグレープジュースと同量の500gである。

したがって，果汁12%のグレープジュース中の果汁の量は，$\frac{12}{100}\times 500=60$〔g〕である。

STEP❷　グレープジュースの重さを求める

果汁20%のグレープジュースの重さをx〔g〕とすると，水を加えて果汁12%のグレープジュースにした前後のグレープジュース中の果汁の量は変わらないから，$\frac{20}{100}x=60$より，$x=300$〔g〕となり，**5**が正しい。

No.4 の解説　食塩水の濃度

→問題はP.234　**正答3**

STEP❶　最初の食塩の量

最初の食塩の量をxgとすると，食塩水の濃度$=\frac{食塩の量}{食塩水の量}\times 100$であるから，

$\frac{x}{120}\times 100=25$より，$x=\frac{25\times 120}{100}=30$〔g〕

STEP❷　１回目の抜き取りで残る食塩の量

ここから食塩水30gを抜いたのだから，抜き取る食塩水に含まれる食塩の量は，

$$30\times\frac{30}{120}=30\times\frac{1}{4}=\frac{15}{2}\text{〔g〕}$$

よって，残った食塩の量は，$30-\frac{15}{2}=\frac{45}{2}$〔g〕

STEP❸　水を加えても食塩の量は変わらない

これに60gの水を加えた結果，90gの食塩水に60gを加えたのだから，全体で150gの食塩水になったが，**食塩の量は変わらない**。

STEP❹　２回目の抜き取りで残る食塩の量

150gの食塩水から60gを抜いたのだから，抜き取る食塩水に含まれる食塩の量は，

$$\frac{45}{2}\times\frac{60}{150}=\frac{45}{2}\times\frac{2}{5}=9\text{〔g〕}$$

よって，残った食塩の量は，$\frac{45}{2}-9=\frac{45}{2}-\frac{18}{2}=\frac{27}{2}=13.5$〔g〕

STEP❺　最後にできる食塩水の濃度

最後にできる食塩水の量は再び60gの水を加えたのだから150gで，食塩の量は13.5gであるから，求める食塩水の濃度は，

$$\frac{13.5}{150}\times 100=\frac{1350}{150}=9\ 〔\%〕$$

となり，**3**が正しい。

No.5の解説　水溶液の当初の濃度　→問題はP.234　正答4

食塩水の問題では，食塩の量に着目する。

STEP❶　最初の塩の濃度

最初のA，Bの塩の量をそれぞれa，b〔g〕とすると，

$$塩の濃度=\frac{塩の量}{水溶液の量}\times 100$$

であるから，それぞれの濃度は，$\frac{a}{1200}\times 100=\frac{a}{12}$，$\frac{b}{1200}\times 100=\frac{b}{12}$

STEP❷　水溶液Aについて考える

水溶液Aについては，沈殿した100〔g〕の塩を取り除き，そのときの水溶液の量は800〔g〕で，これに水溶液Bを400〔g〕加えたのだから，その中の塩の量は$\frac{b}{3}$〔g〕である。

これが，水溶液Aの当初の濃度と同じであることから，

$$\frac{a-100+\frac{b}{3}}{800+400}\times 100=\frac{a}{12}$$

これより，$a-100+\frac{b}{3}=a$

よって，$b=300$〔g〕

STEP❸　Aの濃度を求める

次に，水溶液Aから取り出した沈殿物100gに，水溶液Bのうちの500gを加えて溶かすと，この500gに含まれる塩の量は，

$$300\times\frac{500}{1200}=125\ 〔g〕$$

であるから，水溶液Aの当初の濃度は，

$$\frac{100+125}{100+500}\times 100=\frac{225}{6}=37.5\ 〔\%〕$$

となり，**4**が正しい。

テーマ **20**

第2章　方程式と不等式

百分率，増加率

必修問題

A駅，B駅およびC駅の３つの駅がある。15年前，この３駅の利用者数の合計は，175,500人であった。この15年間に，利用者数は，A駅で12%，B駅で18%，C駅で９%それぞれ増加した。増加した利用者数が各駅とも同じであるとき，現在のA駅の利用者数はどれか。

【地方上級（特別区）・令和５年度】

1　43,680人
2　46,020人
3　58,500人
4　65,520人
5　78,000人

難易度　＊＊

必修問題の解説

12%増加したということは，$\frac{112}{100}$倍になったことである。百分率を分数に直して計算することがポイントである。

STEP❶ 15年前の利用者数を未知数にとる

15年前のA駅，B駅およびC駅の３つの駅の利用者数をそれぞれa人，b人，c人とすると，$a+b+c=175500$ ……①

STEP❷ 増加した利用者数を考える

この15年間に，利用者数は，A駅で12%，B駅で18%，C駅で９%それぞれ増加したことから，増加した人数はそれぞれ，

$\frac{12}{100}a$，$\frac{18}{100}b$，$\frac{9}{100}c$

である。増加した利用者数が各駅とも同じであるから，

$\frac{12}{100}a=\frac{18}{100}b=\frac{9}{100}c$

100倍すると，$12a=18b=9c$　よって，$4a=6b=3c$

STEP❸ 方程式を作る

$4a=6b=3c=k$とすると，$a=\frac{k}{4}$，$b=\frac{k}{6}$，$c=\frac{k}{3}$

これを①に代入すると，$\frac{k}{4}+\frac{k}{6}+\frac{k}{3}=175500$　これより，$\frac{9}{12}k=\frac{3}{4}k=175500$

これより，$k=175500\times\frac{4}{3}=234000$

したがって，現在のA駅の利用者数は，

$\left(1+\frac{12}{100}\right)a=\frac{112}{100}\times\frac{k}{4}=\frac{28}{100}k=\frac{7}{25}k=\frac{7}{25}\times234000=65520$〔人〕となり，**4**が正しい。

正答 4

FOCUS

百分率では，%を換算するときの計算に慣れてほしい。また，年利率などの意味をしっかりと把握することも大切である。増加率では，基準となる量がポイントになる。

POINT

重要ポイント 1 割合では百分率〔%〕が使われる

割合を表すのによく使われるのは，百分率（パーセント）である。問題を解く場合には，割合から実際の数字を求めることが必要になる。

$$x \text{の} a\% \cdots\cdots x \times \frac{a}{100} = 0.01ax$$

［例］2,000人の１%は，

$$2000 \times \frac{1}{100} = 20 \text{〔人〕}$$

〔例題〕ある学校のテニス部員は，男女とも24人で，男子部員は全校男子の６%，女子部員は全校女子の４%であるという。この学校の生徒数は何人か。

全校男子の数をx人，全校女子の数をy人とすると，

$x \times \frac{6}{100} = 24$より，

$$x = \frac{2400}{6} = 400 \text{〔人〕}$$

$y \times \frac{4}{100} = 24$より，

$$y = \frac{2400}{4} = 600 \text{〔人〕}$$

したがって，この学校の生徒数は，$x + y = 1000$〔人〕である。

重要ポイント 2 増加率での増減後の数字の求め方

増加率（減少率）も％で表される。基準になっている数字は何かをきちんと整理することが大切になる。

a が x ％増加したときの数：$a\left(1+\dfrac{x}{100}\right)$

a が x ％減少したときの数：$a\left(1-\dfrac{x}{100}\right)$

〔例題〕ある学校の今年度の生徒数は，昨年度の数に比べて男子が７％減少し，女子が８％増加しているが，全体では，昨年度より２人少なく348人である。今年度の男子の生徒数を求めよ。

昨年度の男子の生徒数を x 人，女子の生徒数を y 人とすると，

$$\begin{cases} x+y=350 & \cdots\cdots① \\ 0.93x+1.08y=348 & \cdots\cdots② \end{cases}$$

①×108－②×100より，

$15x=3000$

$x=200$

したがって，今年度の男子の生徒数は，$0.93x=0.93\times200=186$〔人〕である。

実戦問題

No.1＊ **A社，B社およびC社の3つの会社がある。この3社の売上高の合計は，10年前は5,850百万円であった。この10年間に，売上高は，A社が9%，B社が18%，C社が12%それぞれ増加し，増加した金額は各社とも同じであったとすると，現在のC社の売上高はどれか。** 【地方上級（特別区）・令和元年度】

1 1,534百万円
2 1,950百万円
3 2,184百万円
4 2,600百万円
5 2,834百万円

No.2＊ **A，Bの2人はそれぞれ100万円の資産を持っており，Aはこれを円建て預金に，Bはドル建て預金にした。どちらも期間は1年で，円建て預金は金利1%，ドル建て預金は金利2%である。また，預け入れる際の為替レートは1ドル100円であったが，1年後の為替レートは1ドル99円であった。1年後にA，Bが受け取る金額の差として正しいものは，次のうちどれか。** 【市役所・平成21年度】

1 Aが受け取る金額よりBが受け取る金額のほうが200円多い。
2 Aが受け取る金額よりBが受け取る金額のほうが100円多い。
3 AとBが受け取る金額は等しい。
4 Bが受け取る金額よりAが受け取る金額のほうが100円多い。
5 Bが受け取る金額よりAが受け取る金額のほうが200円多い。

No.3＊ **ある試験では，受験者の55％が男性で45％が女性であった。試験全体の合格率は75％で，不合格者のうち男性は60％であった。男性の合格者数が，男性の不合格者数より250人多いとき，女性の合格者数は何人か。**

【地方上級（全国型）・令和３年度】

1　300人
2　350人
3　400人
4　450人
5　500人

No.4＊＊ **２本の新幹線A，BがT駅に到着したとき，新幹線A，Bの乗客数の合計は2,500人であり，到着後，新幹線Aから降りた乗客数は新幹線Bから降りた乗客数の２倍であった。出発までに新幹線Aには170人，新幹線Bには116人が乗ったため，T駅に到着したときに比べ出発したときの乗客数は，新幹線Aが５％，新幹線Bが６％増加した。T駅を出発したときの新幹線A，Bの乗客数の合計として，正しいのはどれか。**

【地方上級（東京都）・平成25年度】

1　2,628人
2　2,632人
3　2,636人
4　2,640人
5　2,644人

実戦問題の解説

No.1 の解説　現在のC社の売上高

→問題はP.242　正答3

STEP❶　方程式を作る

A～C社の10年前の売上高をそれぞれa百万，b百万，c百万円とすると，

$a+b+c=5850$　……①

$0.09a=0.18b=0.12c$　……②

STEP❷　方程式を解く

②より，$a=\frac{12}{9}c=\frac{4}{3}c$，$b=\frac{12}{18}c=\frac{2}{3}c$

これを①に代入して，$3c=5850$より，$c=1950$〔百万円〕

よって，現在のC社の売上高は，1950百万×1.12＝2184〔百万円〕となり，**3**が正しい。

No.2 の解説　受け取る金額の差

→問題はP.242　正答5

STEP❶　Aの場合を考える

Aの預金は円建てで，金利は年１％だから，１年後に受け取る金額は，100万×1.01＝101万〔円〕である。

STEP❷　Bの場合を考える

Bの場合は，預け入れる際の為替レートが１ドル100円なので，100万円＝１万ドルで，ドル建て預金の金利が年２％だから，１年後には，１万×1.02＝１万200〔ドル〕となる。しかし，１年後の為替レートは１ドル99円となっているので，

10200×99＝1009800より，100万9,800円

となるから，受け取る金額はAのほうが200円多いことになり，**5**が正しい。

No.3 の解説　女性の合格者数

→問題はP.243　正答2

STEP❶　未知数を何にするか

受験者数をx人とすると，男性の受験者数は$0.55x$人，女性の受験者数は$0.45x$人である。また，試験全体の合格者数は$0.75x$人であるから，不合格者数は$0.25x$人である。

不合格者のうち男性は60％であるから，男性の不合格者数は$0.25x\times0.6=0.15x$〔人〕。

次に，男性の合格者数は，男性の受験者数から不合格者数を引けばよいから，

$0.55x-0.15x=0.4x$〔人〕

したがって，男性の合格者数が，男性の不合格者数より250人多いから，$0.4x-0.15x=0.25x=250$より，$x=1000$〔人〕

STEP❷ 女性の合格者数を求める

女性の合格者数は，試験全体の合格者数から男性の合格者数を引いたものであるから，$0.75x-0.4x=0.35x$

よって，$0.35\times1000=350$〔人〕であり，**2**が正しい。

No.4の解説 新幹線の乗客数

→問題はP.243 正答3

5％増加したということは，1.05倍になったことである。百分率〔%〕を小数に直して計算することがポイントである。

STEP❶ 何を未知数にとるか

新幹線A，Bのそれぞれの乗客の人数と，新幹線Bから降りた乗客の人数を未知数にとるのが方程式を作りやすい。

T駅に到着したときに，Aにx人，Bにy人が乗っており，Bからz人が降りたとすると，AはBから降りた乗客数の2倍が降りていることから，$2z$人となる。

STEP❷ 連立方程式を作る

A，Bの乗客数の合計が2500人であるから，

$x+y=2500$ ……①

Aは$2z$人が降りて，170人が新たに乗り，乗客数は5％増加したことから，

$x-2z+170=1.05x$ ……②

同様にして，Bについても考えると，

$y-z+116=1.06y$ ……③

②より，$0.05x+2z=170$ ……④

③より，$0.06y+z=116$ ……⑤

STEP❸ 連立方程式を解く

④×100－⑤×200とすると，zが消去できて，

$5x-12y=-6200$ ……⑥

①×5－⑥より，xを消去すると，

$17y=18700$

$y=1100$

これを①に代入すると，$x=1400$

STEP❹ T駅を出発したときの乗客数を求める

T駅を出発したときのA，Bの乗客数の合計は，

$1400\times1.05+1100\times1.06=1470+1166=2636$〔人〕

であり，**3**が正しい。

仕事算

必修問題

A，Bの２人で倉庫整理を行うと，ある日数で終了することがわかっている。この整理をAだけで行うと，２人で行うときの日数より４日多くかかり，Bだけで行うと９日多くかかる。今，初めの４日間は２人で整理を行い，残りはBだけで整理を終えたとき，この倉庫整理にかかった日数はどれか。ただし，A，Bそれぞれの１日当たりの仕事量は一定とする。

【地方上級(特別区)・令和４年度】

1　7日
2　8日
3　9日
4　10日
5　11日

難易度　＊＊

必修問題の解説

仕事算では，全体の仕事量を１として考えることが基本である。

STEP❶　全体の仕事量を１とする

全体の仕事量を１とし，A，B２人で行うときの日数をx日とすると，１日当たりの仕事量は$\frac{1}{x}$である。この整理をAだけで行うと，２人で行うときの日数より４日多くかかるから，$x+4$日。Bだけで行うと９日多くかかるから，$x+9$日である。

したがって，それぞれの１日当たりの仕事量は$\frac{1}{x+4}$，$\frac{1}{x+9}$である。

STEP❷　方程式を作る

Aの１日当たりの仕事量とBの１日当たりの仕事量の合計が，A，B２人で行う１日当たりの仕事量になるから，

$$\frac{1}{x+4}+\frac{1}{x+9}=\frac{1}{x}$$

STEP❸　方程式を解く

両辺に，$x(x+4)(x+9)$を掛けると，

$$x(x+9)+x(x+4)=(x+4)(x+9)$$
$$x^2+9x+x^2+4x=x^2+13x+36$$
$$x^2=36$$

よって，$x=6$であるから，A，B２人で行うときの１日当たりの仕事量は$\frac{1}{6}$。

同様にして，Aだけで行う仕事量は$\frac{1}{10}$，Bだけで行う仕事量は$\frac{1}{15}$である。

初めの４日間は２人で整理を行い，残りはBだけで整理をした日数をy日とすると，$\frac{1}{6}\times 4+\frac{1}{15}\times y=1$より，$\frac{1}{15}y=\frac{1}{3}$

よって，$y=5$日であるから，かかった日数は，$4+5=9$〔日〕であり，**3**が正しい。

正答 3

FOCUS

仕事算では，仕事の全体量を１として，単位時間当たりの仕事量を求めることが基本になる。また，仕事をする人数や日数などを見落とさないように気をつけてほしい。

POINT

重要ポイント 1　全体の仕事量を１とする

ある仕事を仕上げるのに要する日数や，水槽に水を入れる問題などを**仕事算**という。

個々の仕事量を比べるときには全体の**仕事量を１**として考えるとわかりやすい。

〔例題〕A，B２人が一緒に働いて35時間かかる仕事がある。Aだけで働くと60時間かかるとすれば，Bだけでは何時間かかるか。

全体の仕事量を１とする。Bだけで働くとx時間かかるとすると，A，Bそれぞれの１時間当たりの仕事量は，$\frac{1}{60}$，$\frac{1}{x}$である。

A，B２人が一緒に働いて35時間かかることから，

$$\left(\frac{1}{60}+\frac{1}{x}\right)\times 35 = 1$$

$$\frac{35(x+60)}{60x} = 1 \text{ より，} 35(x+60) = 60x$$

$$25x = 2100$$

$$x = 84$$

したがって，Bだけで働くと84時間かかる。

重要ポイント 2　単位日数や単位時間当たりの仕事量を求める

次のテーマの給排水，窓口の処理能力のような問題でも同様であるが，比較するA，Bそれぞれの仕事量の比較を明確にするために，全体の仕事量が～時間なら１時間，～日なら１日，というような**単位時間当たりの仕事量**を求める。

上の例題の場合にはA，Bそれぞれの１時間当たりの仕事量を求めている。

実戦問題

No.1 ＊ 図のように蛇口のついた同じ大きさのタンクが２つある。それぞれの蛇口をひねると常に一定の量の水を排出することができる。タンクの水が満タンの状態から蛇口をひねって水を排出したとき，Aのタンクは30分で，Bのタンクは50分で空になった。では，２つのタンクの水が満タンの状態から開始して，タンクBから水を排出し，10分後にAを排出し始めると，Aを排出してから何分後にタンクの水の量は同じになるか。 【市役所・平成30年度】

1 12分後
2 15分後
3 18分後
4 21分後
5 24分後

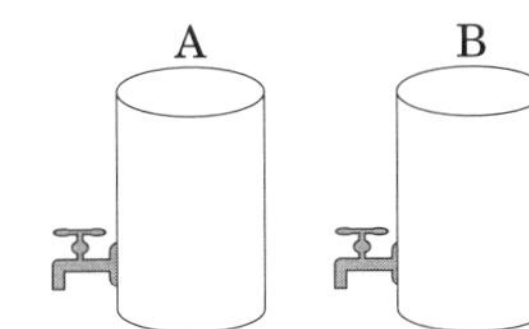

No.2 ＊＊ ある作業を，AとBとの２人で共同して行うと，Aだけで行うより４日早く終了し，Bだけで行うより９日早く終了する。この作業をAだけで行う場合の作業日数として，正しいのはどれか。ただし，A，Bの１日当たりの作業量はそれぞれ一定とする。 【地方上級（東京都）・平成29年度】

1 10
2 11
3 12
4 13
5 14

No.3 ＊＊ ある作業をA，B，Cの３名で行う。１日に行う仕事量の割合がA：B：C＝3：3：2であり，３名が休まず仕事をすると30日で終了することがわかっている。今，作業の終了までにAが５日，Bが３日，Cが４日休むとき，この作業に要する日数はどれか。 【地方上級（特別区）・平成23年度】

1 33日
2 34日
3 35日
4 36日
5 37日

No.4 ある壁にペンキを塗る作業をＡとＢが行う。２人で塗り終えるのに要する時間は，Ａが１人で塗り終えるのに要する時間よりも６時間15分短く，また，２人で１時間塗ると，壁全体の$\frac{4}{15}$の面積に塗ることができる。このとき，この壁をＢが１人で塗り終えるのに要する時間はいくらか。なお，ＡとＢの時間当たり作業量はそれぞれ常に一定である。　【国家専門職・平成27年度】

1　4時間
2　4時間30分
3　5時間
4　5時間30分
5　6時間

実戦問題の解説

No.1 の解説　タンクの水の量
→問題はP.249　正答2

STEP❶　A，Bの１分間当たりの排水量を考える

A，Bのタンクの大きさは同じであるから，満タンの状態の水の量を１とするとAのタンクは30分で，Bのタンクは50分で空になるので，１分間当たりの水の排水量は，A，B，それぞれ，$\frac{1}{30}$，$\frac{1}{50}$である。

STEP❷　方程式を作る

２つのタンクの水が満タンの状態から開始して，タンクBから水を排水し，10分後のタンクBの水の量は，$1-\frac{1}{50}\times 10=\frac{4}{5}$である。

この時点からAを排水し始めて，t分後にタンクのAの水の量は，

$1-\frac{1}{30}t$

また，Bの水の量は，$\frac{4}{5}-\frac{1}{50}t$

これらが等しくなるときのtの値を求めればよい。

$1-\frac{1}{30}t=\frac{4}{5}-\frac{1}{50}t$

両辺を150倍すると，$150-5t=120-3t$

$$2t=30$$

$$t=15$$

よって，15分後となり，**2**が正しい。

No.2 の解説　Aだけで行う場合の作業日数

→問題はP.249　正答 1

STEP❶　全体の仕事量を1とする

全体の仕事量を1とし，AとBとの2人で共同して行うときの日数をx日とすると，1日当たりの仕事量は$\frac{1}{x}$である。この作業をAだけで行うと，2人で行うときの日数より4日多くかかるから$x+4$日，Bだけで行うと9日多くかかるから，$x+9$日である。

したがって，それぞれの1日当たりの仕事量は$\frac{1}{x+4}$，$\frac{1}{x+9}$である。

STEP❷　方程式を作る

Aの1日当たりの仕事量とBの1日当たりの仕事量の合計が，AとBの2人で共同で行うときの1日の仕事量になるから，

$$\frac{1}{x+4}+\frac{1}{x+9}=\frac{1}{x}$$

STEP❸　方程式を解く

両辺に，$x(x+4)(x+9)$を掛けて，

$x(x+9)+x(x+4)=(x+4)(x+9)$より，$x^2=36$

よって，$x=6$であるから，Aだけで行う場合の作業日数は，$6+4=10$〔日〕であり，**1**が正しい。

No.3 の解説　作業に要する日数

→問題はP.249　正答 2

STEP❶　A～Cの1日の仕事量を求める

A，B，Cの3名が行う1日の仕事量を1とすると，

Aが1日に行う仕事量は，$\frac{3}{3+3+2}=\frac{3}{8}$

同様にして，B，Cの1日の仕事量は$\frac{3}{8}$，$\frac{1}{4}$となる。

STEP❷　休んだ分の仕事量を求める

Aが5日，Bが3日，Cが4日休むから，休んだ分の仕事量は，

$$\frac{3}{8}\times5+\frac{3}{8}\times3+\frac{1}{4}\times4=\frac{15+9+8}{8}=\frac{32}{8}=4$$

STEP❸　作業に要する日数を求める

したがって，30日より4日多く必要になるから，

$30+4=34$〔日〕

となり，**2**が正しい。

No.4 の解説 Bが1人で塗り終えるのに要する時間 →問題はP.250 正答5

STEP❶ A，Bの1時間当たりの仕事量を考える

全体の仕事量を1とし，A，Bの1時間当たりの仕事量をそれぞれa，bとする。2人で塗り終えるのに要する時間は，Aが1人で塗り終えるのに要する時間よりも6時間15分$=6\frac{1}{4}=\frac{25}{4}$時間短いから，

$$\frac{1}{a+b}=\frac{1}{a}-\frac{25}{4} \quad \cdots\cdots ①$$

また，2人で1時間塗ると，壁全体の$\frac{4}{15}$の面積を塗ることができるから，

$$a+b=\frac{4}{15} \quad \cdots\cdots ②$$

STEP❷ 方程式を解く

①，②より，$\frac{1}{a}-\frac{25}{4}=\frac{15}{4}$，$\frac{1}{a}=\frac{40}{4}=10$　よって，$a=\frac{1}{10}$

これを②に代入すると，$\frac{1}{10}+b=\frac{4}{15}$，$b=\frac{4}{15}-\frac{1}{10}=\frac{8}{30}-\frac{3}{30}=\frac{5}{30}=\frac{1}{6}$

よって，bは1時間当たり$\frac{1}{6}$であるから，Bが1人で塗り終えるのに要する時間は6時間であるから，**5**が正しい。

ニュートン算

必修問題

常に一定の量の湧水が流れ込んでいる貯水池がある。この貯水池は満水となると，湧水が流れ込んでいるまま，複数の同一性能の排水ポンプを使って貯水池の水の量が空になるまで排水することにしている。6台のポンプを使った場合は350分を要し，5台のポンプを使った場合は450分を要する。

ところが，貯水池の内壁にヒビが入ったため，貯水池の水の量が容量の5割を超えているときは，常に一定の量の水が漏水するようになった。この状態で5台のポンプを使って，満水から空になるまで排水したところ，435分を要した。このとき，内壁のヒビからの1分当たりの漏水量は，ポンプ1台の1分当たりの排水量の何倍か。

ただし，貯水池の漏水は，内壁のヒビのみで起こるものとする。

【国家総合職・令和元年度】

1 0.15倍
2 0.20倍
3 0.25倍
4 0.30倍
5 0.35倍

難易度 ＊＊＊

必修問題の解説

ポンプで水を排出する一方で，常に一定の量の湧水が流れ込んでいる状況のニュートン算である。1分間当たりの流水量や排水量を考えるのが，本問でも基本である。

STEP❶ 貯水池の満水量をVとする

貯水池の満水量をVとし，湧水の1分間当たりの量をx，1台のポンプを使った場合の1分間当たりの排出量をyとする。

6台のポンプを使った場合は，貯水池の水量が空になるまで350分を要するから，

$V+350x=6\times350y$ ……①

また，5台のポンプを使った場合は，450分を要するから，

$V+450x=5\times450y$ ……②

②－①より，

$100x=150y$

$x=\frac{3}{2}y$ ……③

これを①に代入すると，

$V = 2100y - 525y = 1575y$ ……④

STEP❷ 内壁にヒビが入ったときを考える

貯水池の水の量が５割以下のときは，内壁のヒビに影響されないため，残りの５割を排出する時間は，５台のポンプを使った場合，

$450 \div 2 = 225$〔分〕

したがって，満水時から５割になるまでに要した時間は，

$435 - 225 = 210$〔分〕

内壁のヒビからの1分間当たりの漏水量をzとすると，

貯水池の水の量が５割になるまでは，

$\frac{1}{2}V + 210x = 5 \times 210y + 210z$ ……⑤

STEP❸ 漏水量とポンプの排水量の比を求める

求める値は$\frac{z}{y}$であるから，③，④を⑤に代入して，

$$\frac{1575}{2}y + 210 \times \frac{3}{2}y = 1050y + 210z$$

両辺を２倍して，

$$1575y + 630y = 2100y + 420z$$

$$105y = 420z$$

$$\frac{z}{y} = \frac{105}{420} = \frac{1}{4} = 0.25$$

となり，**3**が正しい。

正答 **3**

FOCUS

基本的な考え方は，仕事算と同様である。満水時の水量を１として考えると考えやすい。特に，給水と排水の両方を考えなくてはいけない問題は注意して式を作らなければならない。

POINT

◆ニュートン算

一方は増加し，他方は減少するという２種類の要素によって起こる数量の変化を求めたり，それに要する時間を求めたりする計算をニュートン算という。

重要ポイント１ 給排水問題

基本的には仕事算と同じ。給排水問題を解くときのポイントは以下の２点。

(1) 満水時の水の量を１とする

(2) それぞれの給排水能力を求める

〔例題〕常に一定の割合で水が流れ込んでくるタンクに水がたまっている。同じ性能の８台のポンプでこの水を汲み出すと７分で空にでき，３台では21分かかる。では，この水を５分で空にするには，何台のポンプが必要か。

タンクに流れ込んでくる水の量を毎分x，ポンプ１台の汲み出す水の量を毎分y，初めから存在する水の量を１として考える。

８台のポンプでこの水を汲み出すと７分で空にできることから，

$1+7x=8\times7y$　……①

３台のポンプで21分かかることから，

$1+21x=3\times21y$　……②

①×3－②より，　$2=105y$

$$y=\frac{2}{105}\quad\cdots\cdots③$$

これを①に代入すると，

$$1+7x=\frac{16}{15}$$

$$x=\frac{1}{105}\quad\cdots\cdots④$$

この水を５分で空にするのに必要なポンプの台数をn台とすると，

$1+5x=n\times5y$

これに③，④に代入すると，

$$1+5\times\frac{1}{105}=n\times5\times\frac{2}{105}$$

両辺を21倍すると，$2n=22$

$n=11$

したがって，この水を５分で空にするには，11台のポンプが必要である。

重要ポイント2 窓口の処理能力

給排水の問題と同様に考えればよい。

「発売前に到着した人数」＋「一定時間に新たに到着する人数」

＝「一定時間に処理できる人数」

〔例題〕ある窓口でチケットを売るのに，発売開始前に80人が行列を作り，発売開始後も毎分４人ずつ新たに行列に加わる。１つの窓口では，行列がなくなるまでに40分かかる。では，２つの窓口では何分で行列がなくなるか。

１つの窓口で処理できる人数を毎分x人とすると，

$$80+4\times 40=40x$$

$$x=6$$

２つの窓口でt分かかるとすると，

$$80+4t=2tx$$

$x=6$を代入すると，

$$80+4t=6\times 2t$$

$$t=10$$

したがって，10分で行列はなくなる。

実戦問題

No.1 ＊ 300Lで満水になる水槽がある。この水槽に，空の状態から１本のホースを用いて注水したところ，水槽の底には穴が空いていて，常に一定量の水が漏れ出していたため，満水になるまでに30分かかった。また，同じ性能のホースをもう１本追加し，２本のホースで同様に注水を行ったところ，満水になるのに12分かかった。このとき，水槽からは毎分何Lの水が漏れ出ているか。ただし，各々のホースで注水する量は，常に一定であるものとする。【市役所・令和３年度】

1 4L　**2** 5L
3 6L　**4** 7L
5 8L

No.2 ＊ 160Lの水が入る水槽を満水にするために，Aの蛇口だけで給水すると40分かかり，AとBの２つの蛇口で同時に給水すると16分かかる。今，AとBの２つの蛇口で同時に給水しているとき，水槽の栓が外れたため毎分８Lの水が流出し，満水になるのが30分遅れた。水槽の栓が外れたのは給水を始めてから何分後か。【地方上級(特別区)・平成28年度】

1 8.0分後　**2** 8.5分後
3 9.0分後　**4** 9.5分後
5 10.0分後

No.3 ＊＊ 映画館で切符を売り始めたとき，すでに行列ができており，毎分20人の割合で人が行列に加わるものとする。窓口が１つのときは１時間で行列がなくなり，窓口を５つにすると６分で行列がなくなる。切符を売り始めたときに並んでいた人数はどれか。ただし，どの窓口も１分間に同じ枚数を売るものとする。【地方上級・平成16年度】

1 920人　**2** 960人
3 1,000人　**4** 1,040人
5 1,080人

No.4 ＊＊ 常に一定の割合で水の流れ込んでいる水槽がある。あるポンプ１台を使って満水の水槽を空にするのに10分かかり，同じ性能のポンプ２台を使って満水の水槽を空にするのに４分かかる。ポンプを使用せず，この水槽を空の状態から流れ込んでいる水で満水にするには何分かかるか。【地方上級(全国型)・令和４年度】

1 12分　**2** 14分
3 16分　**4** 18分
5 20分

***
No.5 耕作放棄地の有効利用のため，家畜の放牧をすることとした。今，面積30アールの耕作放棄地に２頭の牛を放牧すると，30日で生えている草がすべてなくなった。また，面積60アールの耕作放棄地に２頭の牛を放牧すると，180日で草がすべてなくなった。

この場合，４頭の牛を面積100アールの耕作放棄地に放牧した場合，何日で草はなくなるか。

ただし，１頭の牛が１日に食べる草の量や１日に伸びる草の量は，それぞれ常に一定量であるとし，放牧する前の耕作放棄地には十分に草が生えており，その単位面積当たりの草の量は，広さに関係なく同じであるものとする。

【国家総合職・平成24年度】

1 90日
2 120日
3 150日
4 160日
5 180日

***
No.6 ある牧場では，牛500頭を放牧すると，ちょうど５日間で牧草は食べ尽くされ，また，牛600頭を放牧すると，ちょうど４日間で牧草は食べ尽くされる。

今，この牧場で，ある頭数の牛の放牧を開始し，その翌日から１日10頭ずつ牛を増やしていったところ，ちょうど10日間で牧草は食べ尽くされた。このとき，放牧開始日の牛の頭数はいくらか。

ただし，１頭の牛が１日に食べる牧草の量はすべて等しく，また，牧草は毎日一定量生えるものとする。

【国家総合職・平成27年度】

1 180頭
2 205頭
3 230頭
4 255頭
5 280頭

実戦問題の解説

No.1 の解説　水槽から漏れている水の量　→問題はP.258　正答2

STEP❶　方程式を作る

1本のホースが注水する水の量を1分当たりxL，水槽から漏れ出している水の量を1分当たりyLとする。

1本のホースを用いて注水したところ，満水の300Lになるまでに30分かかったから，

$$30(x-y)=300$$
$$x-y=10 \quad \cdots\cdots ①$$

また，2本のホースで同様に注水したところ，満水になるのに12分かかったから，

$$12(2x-y)=300$$
$$2x-y=25 \quad \cdots\cdots ②$$

STEP❷　方程式を解く

②－①より，$x=15$

これを①に代入して，$y=5$

したがって，水槽から毎分5Lの水が漏れ出しているから，**2**が正しい。

No.2 の解説　水槽の栓が外れたのは何分後か　→問題はP.258　正答2

STEP❶　AとBの1分間当たりの給水量を求める

AとBの2つの蛇口で同時に給水すると16分かかることから，AとBの1分間当たりの給水量は，160÷16＝10〔L（リットル）〕

STEP❷　何分後かを求める

水槽の栓が外れたのが給水を始めてからt分後であるとする。また，満水になるのにかかった時間は30分遅れたので，16＋30＝46〔分〕

水槽の栓が外れた状態での給水量は，毎分10－8＝2〔L〕であるから，

$$10t+2(46-t)=160$$
$$8t=68$$
$$t=\frac{68}{8}=\frac{17}{2}=8.5\text{〔分〕}$$

したがって，8.5分後であり，**2**が正しい。

No.3 の解説　並んでいた人数

→問題はP.258　正答2

STEP❶　方程式を作る

切符を売り始めたときに並んでいた人数をx人，１つの窓口で１分間に処理できる人数をy人とすると，窓口が１つのときは１時間で行列がなくなることから，

$x+20\times60=60y$　……①

また，窓口を５つにすると６分で行列がなくなることから，

$x+6\times20=5\times6y$　……②

STEP❷　方程式を解く

①，②より，$x+1200=60y$　……③

$x+120=30y$　……④

④×2−③より，$x-960=0$

$x=960$

よって，切符を売り始めたときに並んでいた人数は960人であり，**2**が正しい。

No.4 の解説　満水にかかる時間

→問題はP.258　正答5

STEP❶　方程式を作る

水槽の満水量を１とする。この水槽に１分間に流れ込んでいる水の量をx，ポンプ１台で１分間に排出する水の量をyとすると，

ポンプ１台を使って満水の水槽を空にするのに10分かかるから，

$1+10x=10y$　……①

ポンプ２台を使うと，同様にして４分かかるから，

$1+4x=4\times2y$　……②

STEP❷　方程式を解く

①×4−②×5より，$-1+20x=0$

$$x=\frac{1}{20}$$

求める時間をt分とすると，$\frac{1}{20}t=1$より，$t=20$分であるから，**5**が正しい。

第2章　方程式と不等式

No.5 の解説　草がなくなる日数

→問題はP.259　正答 1

STEP❶　何を基準量の1とするか

仕事算の場合は，全仕事量を1とし，給排水算の場合は，満水時の水の量を1とするなどが原則である。一般には，この手の問題は，十分に草が生えている牧草地の草の量を1とすればよいが，本問の場合は，条件ごとに牧草地の面積が異なるので，面積10アール当たりの耕作放棄地に生えている草の量を1と考える。

STEP❷　面積30アールの耕作放棄地の場合を考える

面積30アールの耕作放棄地に2頭の牛を放牧すると，30日で生えている草がすべてなくなったことから，面積10アール当たりの1日に伸びる草の量をx，1頭の牛が1日に食べる草の量をyとすると，

$$\underbrace{3+3x\times30}_{\text{生えている草の量}}=\underbrace{2\times30\times y}_{\text{食べられる草の量}}\quad\cdots\cdots①$$

STEP❸　面積60アールの耕作放棄地の場合を考える

面積60アールの耕作放棄地に2頭の牛を放牧すると，180日で草がすべてなくなったことから，

$$\underbrace{6+6x\times180}_{\text{生えている草の量}}=\underbrace{2\times180\times y}_{\text{食べられる草の量}}\quad\cdots\cdots②$$

STEP❹　xとyを求める

②－①×2より，

$$900x=240y$$

$$y=\frac{90}{24}x=\frac{15}{4}x\quad\cdots\cdots③$$

③を①に代入すると，

$$3+90x=60\times\frac{15}{4}x$$

$$3+90x=225x$$

$$135x=3$$

$$x=\frac{1}{45}$$

これを③に代入すると，$y=\frac{15}{4}\times\frac{1}{45}=\frac{1}{12}$

STEP❺　日数を求める

4頭の牛が面積100アールの耕作放棄地に放牧した場合，t日で草がなくなるとすると，

$$10+10\times\frac{1}{45}\times t=4\times t\times\frac{1}{12}$$

$$10+\frac{2}{9}t=\frac{1}{3}t$$

これよりtを求めると，$t=90$となり，90日で草がなくなるので，**1**が正しい。

No.6 の解説　放牧開始日の牛の頭数

→問題はP.259　**正答4**

STEP❶　未知数を何にとるか

今，牧場に生えている草の量を1とし，1日に生える草の量をa，1頭の牛が1日に食べる草の量をbとすると，

牛500頭を放牧すると，ちょうど5日間で牧草は食べ尽くされることから，

$1+5a=500b\times5$　……①

また，牛600頭を放牧すると，ちょうど4日間で牧草は食べ尽くされることから，

$1+4a=600b\times4$　……②

①－②より，$a=100b$

これを①に代入すると，$1+5\times100b=2500b$

$$2000b=1$$

$$b=\frac{1}{2000}$$

$$a=100\times\frac{1}{2000}=\frac{1}{20}$$

STEP❷　放牧開始日の牛の頭数を求める

放牧開始日の牛の頭数をx頭とすると，その翌日から10頭ずつ牛を増やしていったところ，ちょうど10日間で牧草を食べ尽くされたことから，

$$1+10a=\{x+(x+10)+(x+20)+\cdots\cdots+(x+90)\}\times b$$

$a=\frac{1}{20}$，$b=\frac{1}{2000}$を代入すると，$1+\frac{1}{2}=(10x+450)\times\frac{1}{2000}$

$$\frac{3}{2}=\frac{x+45}{200}$$

$$300=x+45$$

$$x=255$$

$$10+20+\cdots\cdots+90=\frac{(10+90)\times9}{2}=450$$

よって，放牧開始日の牛の頭数は，255頭であり，**4**が正しい。

第3章

図形

テーマ 23 平面図形
テーマ 24 平面図形の面積
テーマ 25 円
テーマ 26 円の面積
テーマ 27 立体図形

第3章 図形

試験別出題傾向と対策

頻出度	試験名	国家総合職					国家一般職					国家専門職				
	年度	21-23	24-26	27-29	30-2	3-5	21-23	24-26	27-29	30-2	3-5	21-23	24-26	27-29	30-2	3-5
	テーマ ＼ 出題数	6	7	4	2	3	4	5	2	1	3	2	0	2	3	2
B	23 平面図形	1	1	2	1				1		1					1
A	24 平面図形の面積	3	3		1	1	1	1		1	2			1	1	
C	25 円						1									
A	26 円の面積		2			2		1	1			1			1	
A	27 立体図形	2	1	2			2	3				1		1	1	1

図形に関する問題で問われるのは，角度，長さ，面積，体積等を求める計量問題がほとんどであり，いずれも初等幾何の基本的な性質を知っていれば解ける問題である。

平面図形の問題では，相似や三平方の定理といった三角形の基本性質や定理を利用して解く問題が中心となるが，定理とか公式を知っているだけでは問題解決の役には立たない。図形を見ながら，また，与えられた条件を考えながら，いろいろな定理や性質が頭に浮かんでくるように演習を繰り返しながら自分のものにしてほしい。

円と扇形に関しては，円周角と中心角の関係，接線の性質などを用いる問題が多い。また，円に限らず，図形の問題ではなるべく丁寧に図をかくことによって，解法の糸口がつかめたり，ときには図の中に与えられた数値を記入していくだけで答えが見えてきたりするものもある。基本的な図形をマスターするためにも図をかくことを億劫がってはいけない。

図形の問題では，面積に関する問題が非常に多い。これに対処するためには，基本的な面積の公式を覚えておくことはもちろんであるが，公式をいかに用いるか，つまり，公式が当てはまるように図形を分割したり統合したりすることを考える必要がある。

立体図形は見取図をかくことにより，具体的なイメージをつかむことが大切である。具体的に求める部分が明らかになったところで，適当な平面で切断した切断面で考えたり，展開図や投影図を描いたりすることによって問題を分析し，簡易化していくことが大切である。

●国家総合職

ここ数年は毎年出題されていて頻出分野になっている。レベル的には標準的なものが多いが，なかには特殊なものもあるので，標準的なものを必ず解けるようにし

	地方上級（全国型）					地方上級（東京都）					地方上級（特別区）					市役所（C日程）					
	21-23	24-26	27-29	30-2	3-5	21-23	24-26	27-29	30-2	3-5	21-23	24-26	27-29	30-2	3-5	21-23	24-26	27-29	30-2	3-4	
	4	2	1	5	2	4	3	3	6	6	3	3	3	3	3	2	2	1	1	1	
						1		1	2	2				1							テーマ23
				1	1		2	1	2	2	1	3	2	1	2			1			テーマ24
		1							1		1				1	1				1	テーマ25
	1			1		2	1	1	1	2	1		1	1			1				テーマ26
	3	1	1	3	1	1										1	1		1		テーマ27

ておきたい。

最近の出題例は，長方形の２辺を対角線に重なるように折り返した図形を題材にしたものや４つの円が重なった部分の面積を求める問題で，これは過去にも同様の問題が出題された頻出テーマである。

●国家一般職

国家総合職と同様に，毎年１～２題出題されている。標準的なレベルだが，なかには難しいものもあるので十分慣れておくことが必要である。

最近の出題例は，正方形の２辺を折り返す図形を題材にしたものの三角形の面積を求める問題がある。折り返す前と後の関係をうまく使えばよい。

●国家専門職

やはり，毎年１問程度出題されている。しかし，内容はそれほど難しいものはないので過去問を十分こなしていれば解答できるレベルである。

●地方上級

毎年出題されている頻出分野である。特に，東京都は毎年２問ずつ出題されており，特別区でも毎年のように出題されている。出題範囲は三角形や円などの平面図形が多く立体図形は少ない。レベル的には標準的なものが多いので，典型的な問題を解きこなすようにしておきたい。

●市役所

基本的な図形の性質や定理，面積の公式で解けるものが多いので，過去問を通して練習しておくことが必要である。

平面図形

必修問題

下の図のように，AB＝12cm，BC＝16cmの長方形ABCDを，対角線BDで折り，点Cの移った点を点C′とし，辺ADと辺BC′の交点を点Pとしたとき，線分APの長さとして，正しいのはどれか。

【地方上級（東京都）・令和5年度】

1 3cm
2 3.5cm
3 4cm
4 $3\sqrt{3}$ cm
5 5cm

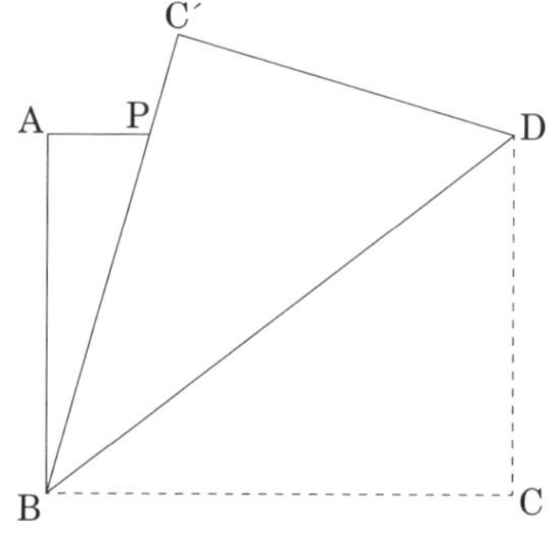

難易度 ＊＊

必修問題の解説

折り返し問題では，折り返す前と後の辺の長さや角度が等しいことに着目して考える。

STEP❶ 折り返す前後に着目する

図Ⅰにおいて，∠PDB=∠DBC（平行線の錯角）
∠PBD=∠DBC（折り返す前後の角は等しい）
よって，∠PDB=∠PBD
これより，△PBDは二等辺三角形である。

図Ⅰ

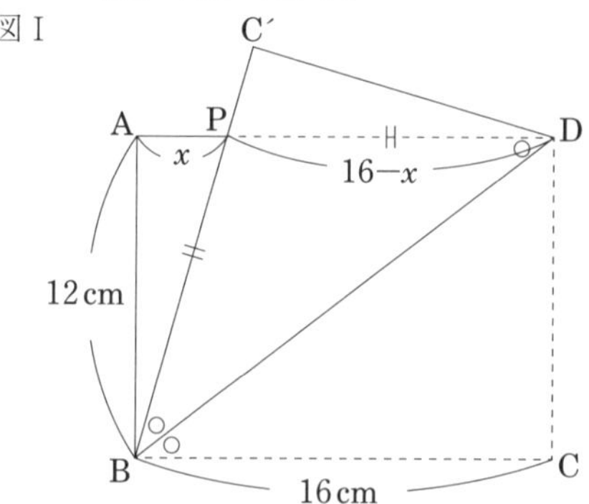

STEP❷ 三平方の定理を利用する

AP＝$x$cmとすると，PD＝16－x〔cm〕

△PBDは二等辺三角形であるから，PB＝PD＝16－x〔cm〕

△ABPにおいて，三平方の定理を利用すると，

$$AP^2+AB^2=BP^2$$
$$x^2+12^2=(16-x)^2$$
$$x^2+144=256-32x+x^2$$
$$32x=112$$
$$x=\frac{112}{32}=\frac{7}{2}=3.5〔cm〕$$

よって，AP＝3.5cmとなり，**2**が正しい。

正答 2

FOCUS

基本的な性質や定理は，いずれも中学校で学んだ平面幾何の知識の範囲である。三角形に関する問題で問われるのは，次のテーマで扱う面積を除くと，角度や長さを求める計量問題が多く，これらを求めるには三角形の相似比を利用したり，三平方の定理を用いるものが多いので，これらの定理を知識として知っているだけでなく，問題解法の道具として使いこなせるように問題慣れしておきたい。

POINT

重要ポイント１ 三角形の合同条件

次のうちのいずれかが成り立つとき，それらの三角形は合同である。

(1) ３組の辺がそれぞれ等しいとき
(2) ２組の辺とその間の角がそれぞれ等しいとき
(3) １組の辺とその両端の角がそれぞれ等しいとき

直角三角形の合同条件は，次の２つである。

(1) 斜辺と１つの鋭角がそれぞれ等しいとき
(2) 斜辺と他の１辺がそれぞれ等しいとき

重要ポイント２ 多角形の内角の和

・三角形の内角の和：180°
・四角形の内角の和：360°
・五角形の内角の和：540°
・六角形の内角の和：720°

………

・n角形の内角の和：180°×（n－２）

また，多角形の外角の和は360°である。

重要ポイント３ 三角形の相似条件

次の３つのうちのいずれかが成り立つとき，それらの三角形は相似の関係にある。

(1) ３組の辺の比が等しいとき
(2) ２組の辺の比とその間の角が等しいとき
(3) ２組の角がそれぞれ等しいとき

重要ポイント４ 平行線と線分の比

どの線分の比が同じになるのかをきちんと整理しておこう。平行線でできる２つの相似な三角形には下の図のように２つのパターンが考えられる。それぞれどの辺がセットになっているかを確認しよう。

△ABCにおいて，２点D，Eがそれぞれ直線AB，AC上にあるとき，

①DE//BC⇒AD：AB＝AE：AC＝DE：BC
②DE//BC⇒AD：DB＝AE：EC

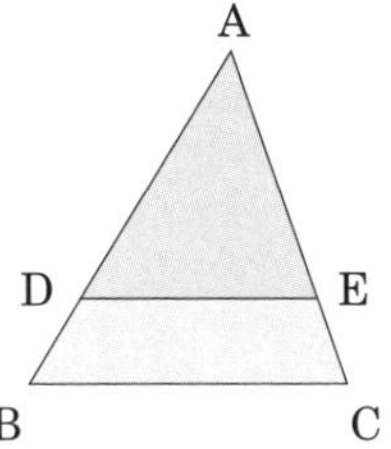

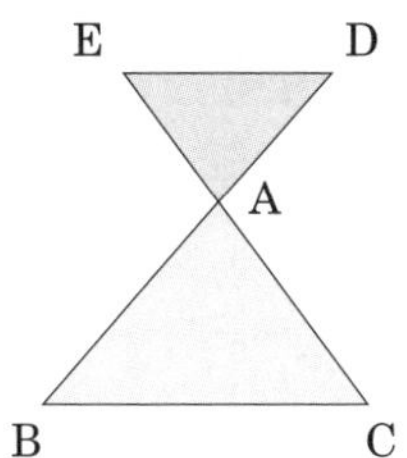

重要ポイント5 中点連結の定理

△ABCでM，Nが２辺AB，ACの中点であるとき，次の２つが成り立つ。

①**MN//BC**

②**MN=$\frac{1}{2}$BC**

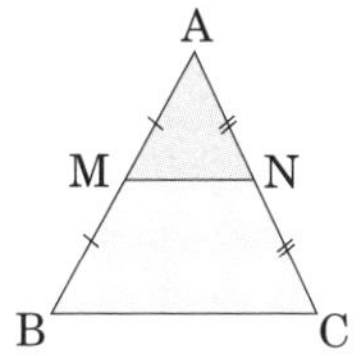

重要ポイント6 三平方の定理

直角三角形の直角を挟む２辺の長さをa，b，斜辺をcとすると，$\boldsymbol{a^2+b^2=c^2}$

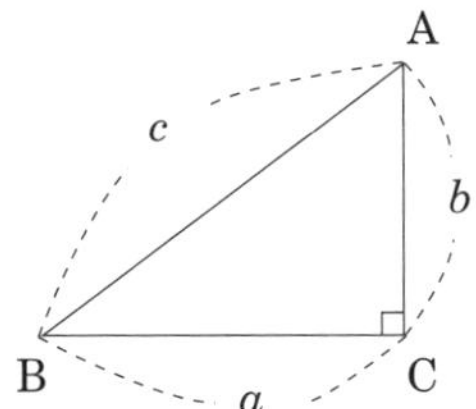

▶特殊な三角形の３辺の比

①直角二等辺三角形

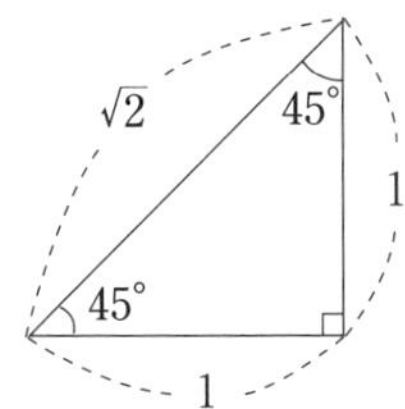

②３つの角が90°，30°，60°の直角三角形

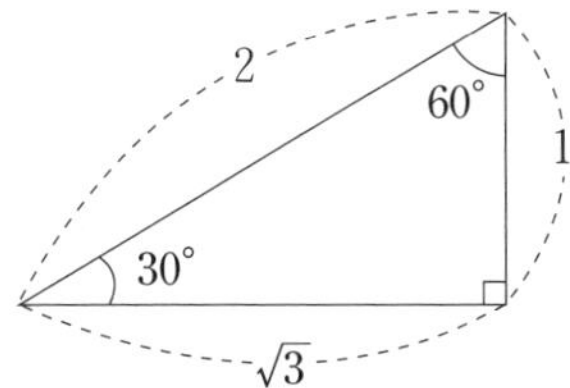

重要ポイント7 頂角の２等分線

△ABCにおいて，∠Aの２等分線が辺BCと交わる点をDとするとき，
AB：AC＝BD：DC

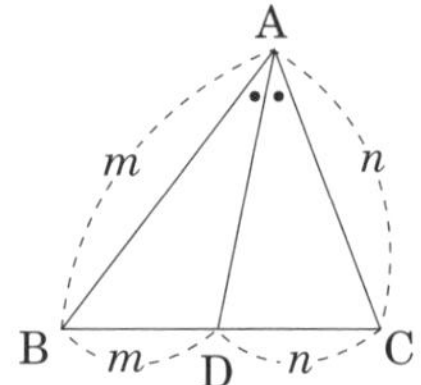

重要ポイント8 三角形の内心，外心，重心

三角形の３つの内角の２等分線は１点で交わり，その点を三角形の**内心**という。内心Iは，内接円の中心である。

三角形の３辺の垂直２等分線は１点で交わり，その点を三角形の**外心**という。外心Oは外接円の中心である。

三角形の３つの中線は１点で交わり，その点を三角形の**重心**という。重心Gは中線を２：１の比に内分する。

実戦問題

No.1 ＊ 2枚の鏡A，Bを図のように置く。X点から鏡Aに50度の角度で光を当てると，光はAから反射してBに当たり，Bから反射してAと平行になるように進んだ。このときθは何度か。

【地方上級・平成26年度】

1 15°
2 20°
3 25°
4 30°
5 35°

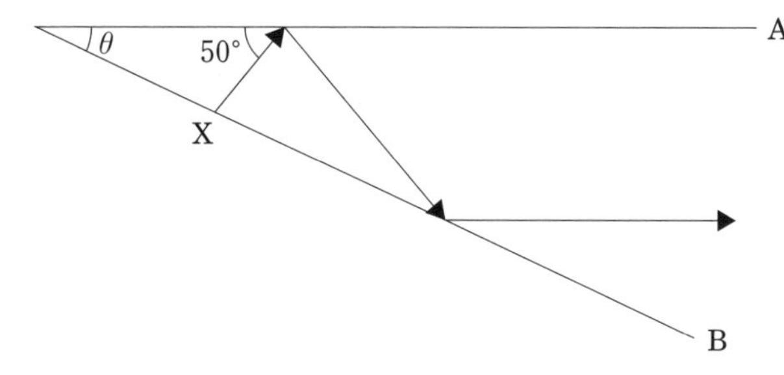

No.2 ＊＊ 図のような一辺の長さが１の正五角形ABCDEがある。このとき，各対角線の交点を頂点とする正五角形FGHIJの一辺の長さはいくらか。

【国家総合職・平成28年度】

1 $\frac{1}{3}$
2 $\frac{\sqrt{3}}{5}$
3 $\frac{3-\sqrt{5}}{2}$
4 $\sqrt{2}-1$
5 $\frac{4-\sqrt{7}}{3}$

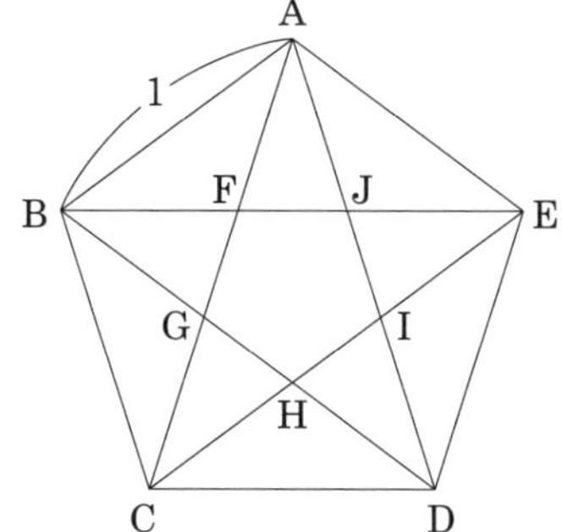

No.3 ＊＊ 下図のように，三角形ABCはAC＝BCの二等辺三角形であり，三角形ABDおよび三角形ACEは正三角形であるとき，∠BFCの角度として，正しいのはどれか。

【地方上級（東京都）・平成27年度】

1 115°
2 120°
3 125°
4 130°
5 135°

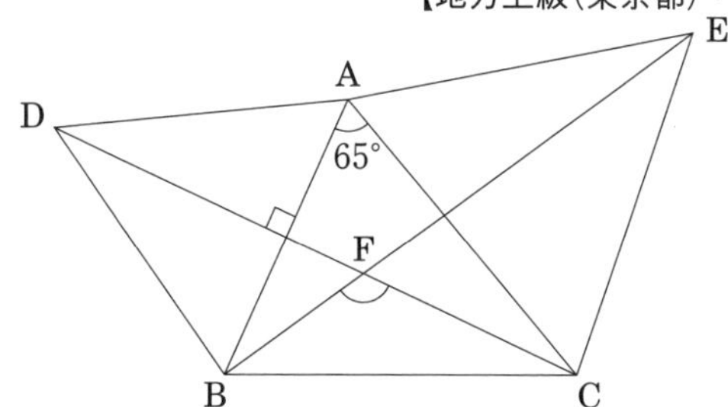

No.4 ＊＊ 下の図のように，直線 a 上の点Xを始点として，動点Pが直線 a と45度の角度をなして直線 b に向けて出発した。動点Pは直線 b に到達したところで直角に曲り，直線 c に到達すると再び直角に曲り，直線 b に向かって進んだ。これを点Pが点Yに限りなく近づくまで繰り返したとすると，動点Pが進む距離として，最も近い数値はどれか。ただし，XY間の距離は８cmとする。

【地方上級（東京都）・令和２年度】

1 $4\sqrt{3}$ cm
2 $8\sqrt{2}$ cm
3 $8\sqrt{3}$ cm
4 $16\sqrt{2}$ cm
5 $16\sqrt{3}$ cm

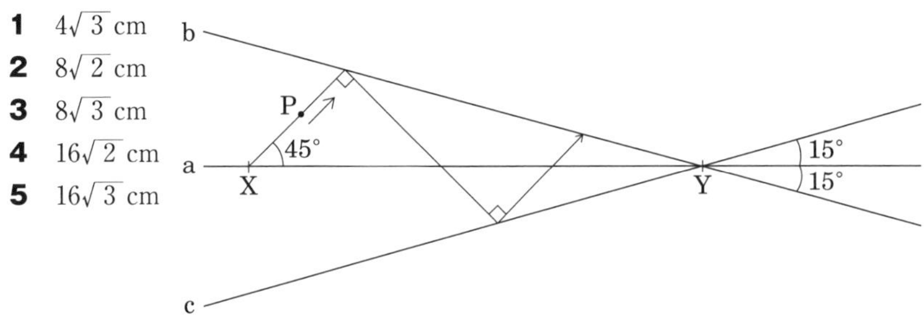

No.5 ＊＊ 下の図のような二等辺三角形ABCがある。頂点Bから∠ABCの二等分線を引き，辺ACとの交点をDとする。点Dから辺BCと平行な直線を引き辺ABとの交点をEとするとき，線分DEの長さとして正しいものは，次のうちどれか。

【市役所・平成20年度】

1 $\dfrac{\sqrt{5}-1}{2}$
2 1
3 $\dfrac{\sqrt{5}}{2}$
4 $\sqrt{5}-1$
5 $\dfrac{\sqrt{5}+1}{2}$

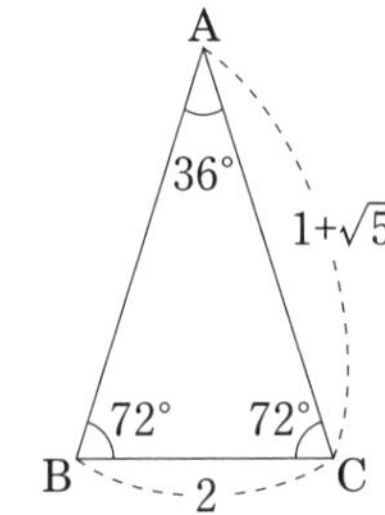

No.6 ＊＊ 下の図のように，同じ大きさの15個の正方形のマス目を描いて点A～Eを置き，点Aから点Bおよび点Eをそれぞれ直線で結んだとき，∠ABCと∠DAEの角度の和として，正しいのはどれか。　【地方上級(東京都)・令和３年度】

1　35°
2　40°
3　45°
4　50°
5　55°

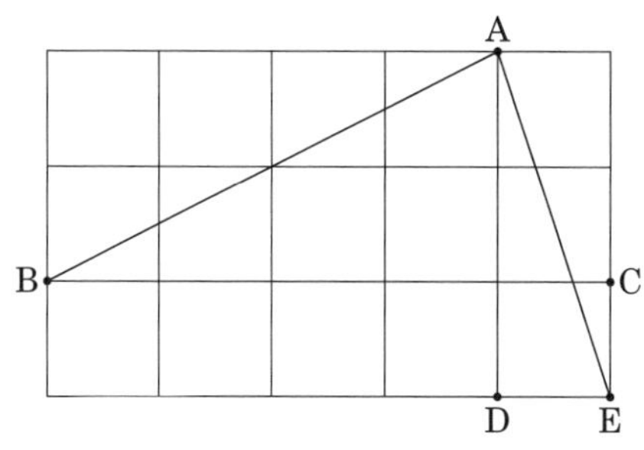

No.7 ＊＊ 下の図のような台形の高さhとして，正しいのはどれか。
【地方上級（東京都）・平成30年度】

1　$\frac{7\sqrt{3}}{2}$
2　$\frac{7\sqrt{15}}{4}$
3　$\frac{3\sqrt{21}}{2}$
4　$\frac{5\sqrt{39}}{4}$
5　$\frac{3\sqrt{30}}{2}$

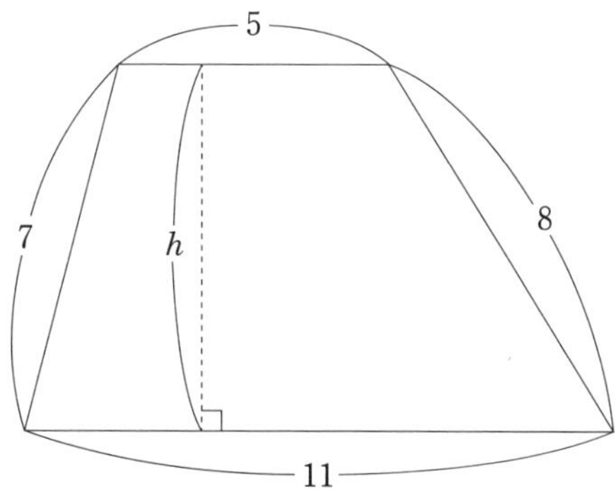

実戦問題の解説

No.1 の解説　θを求める

→問題はP.273　正答3

STEP❶　入射角と反射角は等しい

下図のように，C，P，Q，Rとすると，入射角と反射角は等しいから，

∠PQX＝∠AQR＝50°

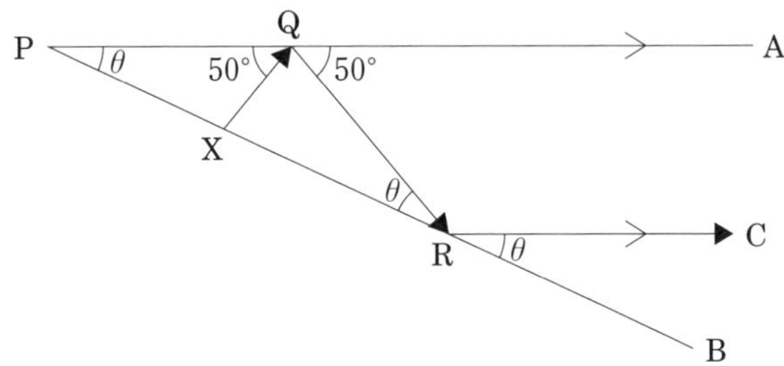

STEP❷　平行線の同位角は等しい

AP//CRより，平行線による同位角は等しいから，

∠APX＝∠CRB＝θ

また，入射角と反射角の関係より，∠QRX＝∠CRB＝θ

STEP❸　三角形の内角の和よりθを求める

∠XQR＝180°－50°×2＝80°

△QPRの内角の和が180°であるから，

130°＋2θ＝180°

2θ＝50°

θ＝25°

よって，**3**が正しい。

No.2 の解説　正五角形の一辺の長さ

→問題はP.273　正答3

STEP❶　等しい角度をみつける

正五角形の内角の和は，180°×3＝540°であるから，1つの内角は540°÷5＝108°である。したがって，△ABEは頂角が108°，底角が36°の二等辺三角形であり，同様に，△BCAも頂角が108°，底角36°の二等辺三角形である。このことから，∠BAC＝∠CAD＝∠DAE＝36°

図Ⅰ

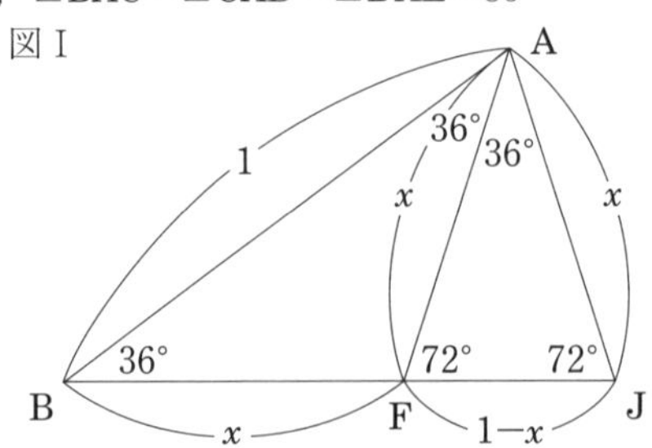

STEP❷　二等辺三角形の相似を利用する

このことから，二等辺三角形BJAと二等辺三角形AFJは図Ⅰのようになり，相似である。AJ＝xとすると，AJ＝AF＝BF＝xであるから，FJ＝$1-x$である。△BJA∽△AFJより，

$$BA : AJ = AF : FJ$$
$$1 : x = x : (1-x)$$
$$x^2 = 1-x$$
$$x^2 + x - 1 = 0$$
$$x = \frac{-1 \pm \sqrt{5}}{2}$$

$a : b = c : d$のとき
$bc = ad$

2次方程式　$ax^2 + bx + c = 0$の
解の公式　$x = \frac{-b \pm \sqrt{b^2 - 4ac}}{2a}$より

ところが$x > 0$であるから，$x = \frac{-1+\sqrt{5}}{2}$

STEP❸　正五角形FGHIJの一辺の長さを求める

$$FJ = 1 - x = 1 - \frac{-1+\sqrt{5}}{2} = \frac{3-\sqrt{5}}{2}$$

となり，**3**が正しい。

No.3 の解説　∠BFCの角度

→問題はP.273　**正答2**

STEP❶　二等辺三角形の底角は等しい

△ABCはAC＝BCの二等辺三角形であるから，その底角は等しく，

∠CAB＝∠CBA＝65°

また，△ABCの内角の和は180°であるから，

∠ACB＝180°－65°×2＝50°

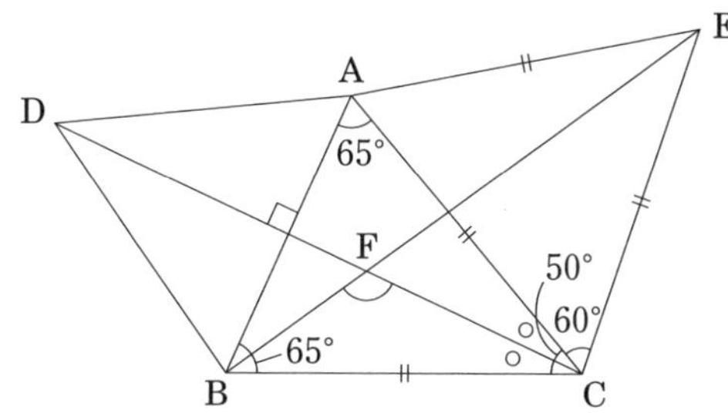

STEP❷　DCは線分ABの垂直二等分線

DCは線分ABの垂直二等分線だから，∠ACD＝∠BCD＝25°

また，△BCEはCB＝CEの二等辺三角形であるから，∠CBE＝∠CEB

ところが，∠BCE＝50°＋60°＝110°であるから，

∠CBE＝∠CEB＝(180°－110°)÷2＝35°

△FBCにおいて，∠FBC＝35°，∠FCB＝25°より，

∠BFC＝180°－(35°＋25°)＝120°

となり，**2**が正しい。

No.4 の解説　動点Pが進む距離

→問題はP.274　正答2

STEP❶　直角二等辺三角形を利用する

図のように，動点Pが直線bで直角に曲がる点をX_1，直線aとの交点をX_2，直線cで直角に曲がる点をX_3……とする。$\triangle XX_1X_2$は直角二等辺三角形であるから，$XX_1 : X_1X_2 : XX_2 = 1 : 1 : \sqrt{2}$である。

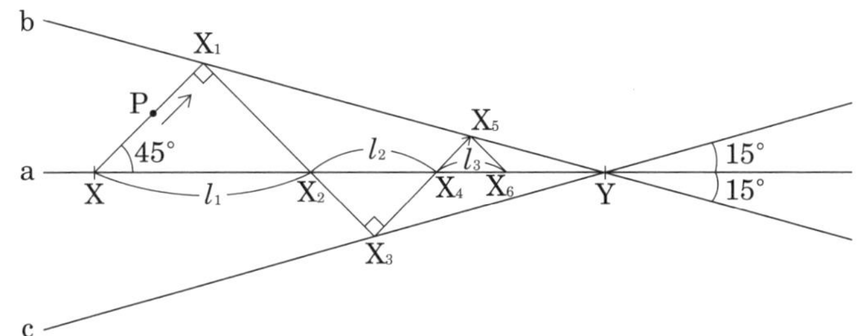

$XX_2 = l_1$とすると，$XX_1 = X_1X_2 = \dfrac{1}{\sqrt{2}}l_1$

同様にして，$X_2X_4 = l_2$とすると，$X_2X_3 = X_3X_4 = \dfrac{1}{\sqrt{2}}l_2$

さらに，$X_4X_6 = l_3$とすると，$X_4X_5 = X_5X_6 = \dfrac{1}{\sqrt{2}}l_3$

STEP❷　動点Pが進む距離を求める

動点Pが点Yに限りなく近づくと，

$$XX_1 + X_1X_2 + X_2X_3 + X_3X_4 + X_4X_5 + X_5X_6 + \cdots\cdots$$

$$= 2\times\frac{1}{\sqrt{2}}l_1 + 2\times\frac{1}{\sqrt{2}}l_2 + 2\times\frac{1}{\sqrt{2}}l_3\cdots\cdots = \sqrt{2}\,(l_1 + l_2 + l_3\cdots\cdots)$$

ここで，$l_1 + l_2 + l_3 + \cdots\cdots$は，限りなく$XY = 8$に近づくから，動点Pが進む距離は$8\sqrt{2}$に限りなく近づくことになり，**2**が正しい。

No.5 の解説　線分DEの長さ

→問題はP.274　正答4

STEP❶　相似を見つける

図のように，$\angle ABD = \angle CBD = 36°$となる。この結果，$\angle BDC = 180 - (36 + 72) = 72°$となり，$\triangle BCD \backsim \triangle ABC$，$BD = BC = 2$となる。

STEP❷　合同を見つける

また，$\triangle DAB$は$\angle DAB = \angle DBA = 36°$の二等辺三角形だから，$DA = 2$である。これより，$\triangle AED \equiv \triangle BDC$であるから，$DE = DC = (1 + \sqrt{5}) - 2 = \sqrt{5} - 1$となり，**4**が正しい。

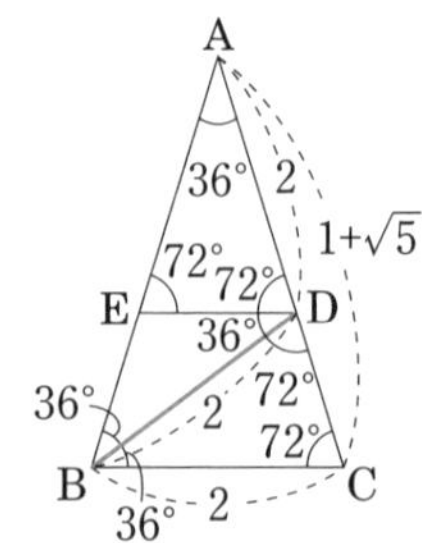

No.6 の解説　角度の和

→問題はP.275　**正答3**

STEP❶　2つの角を結合する

問題の図では，2つの角が離れているので考えにくい。そこで，∠DAEを∠ABCに図のように頂点Bに結合して考える。つまり，∠DAE=∠FBGであるから，∠ABCと∠DAEの和は∠ABGを求めればよい。

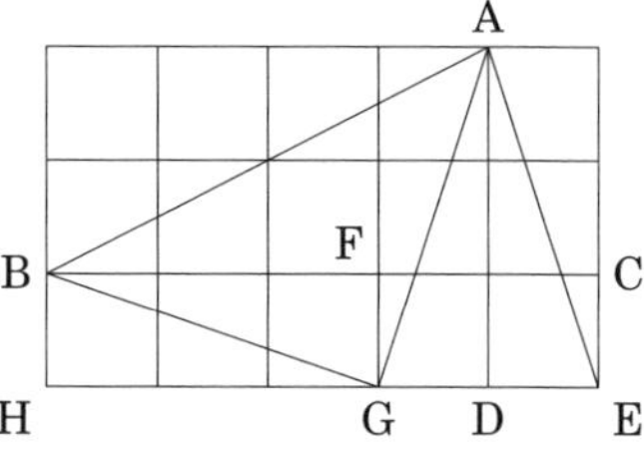

STEP❷　△ABGを利用する

△ABGは，△AGD≡△GBHであるから，∠BGA=90°。AG=BGの直角二等辺三角形である。よって，∠ABG=45°であるから，**3**が正しい。

No.7 の解説　台形の高さ

→問題はP.275　**正答2**

STEP❶　補助線をひく

図のように，台形ABCDとし，A，DからBCにそれぞれ垂線AH，DIをひく。

BH＝xとすると，

CI＝11－5－x＝6－x，

また，AH＝DI＝hである。

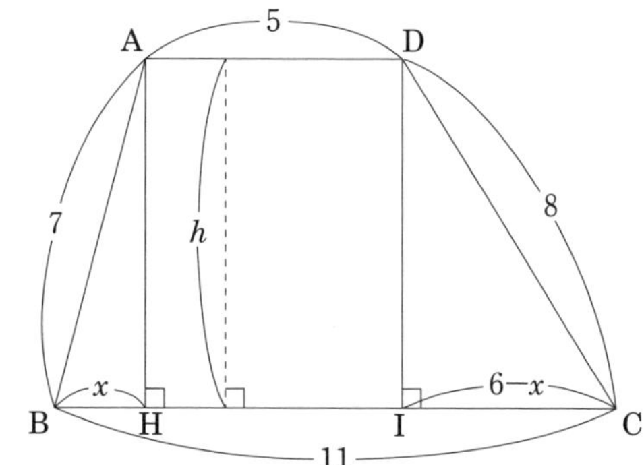

STEP❷　三平方の定理を利用する

△ABHにおいて，$AB^2=BH^2+AH^2$より，$7^2=x^2+h^2$　……①

△CDIにおいて，$CD^2=CI^2+DI^2$より，$8^2=(6-x)^2+h^2$　……②

①，②より，$h^2=7^2-x^2=8^2-(6-x)^2$

$$49-x^2=64-(36-12x+x^2)$$

$$12x=21$$

$$x=\frac{21}{12}=\frac{7}{4}$$

STEP❸　台形の高さhを求める

$$h^2=7^2-\left(\frac{7}{4}\right)^2=49-\frac{49}{16}=\frac{49(16-1)}{16}=\frac{49\times15}{16}$$

よって，$h=\sqrt{\dfrac{49\times15}{16}}=\dfrac{7\sqrt{15}}{4}$となり，**2**が正しい。

平面図形の面積

必修問題

図のような三角形ABDと三角形BCDを合わせた四角形ABCDがある。

AB＝$2\sqrt{3}$，BC＝$\sqrt{10}$，CD＝$\sqrt{2}$，DA＝2，∠BDA＝60°のとき，四角形ABCDの面積はいくらか。 【国家専門職・平成30年度】

1 4

2 $2\sqrt{5}$

3 $3\sqrt{3}$

4 $2+2\sqrt{3}$

5 $3+2\sqrt{3}$

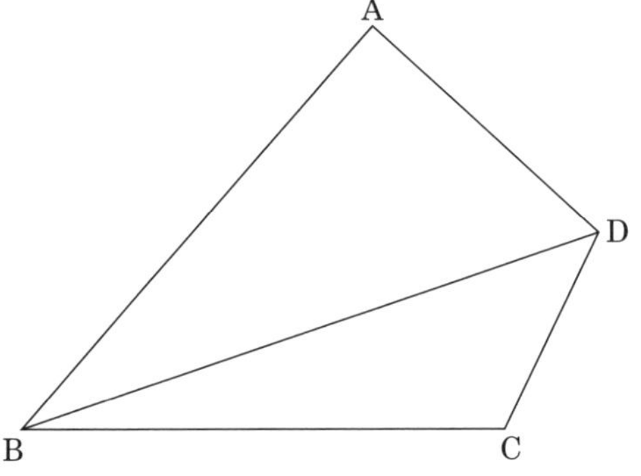

難易度 ＊＊

必修問題の解説

四角形ABCDの面積は，△ABDと△BCDのそれぞれの面積の和として求める。

STEP❶ △ABDの面積を求める

△ABDにおいて，AB＝$2\sqrt{3}$，DA＝2，∠BDA＝60°である。

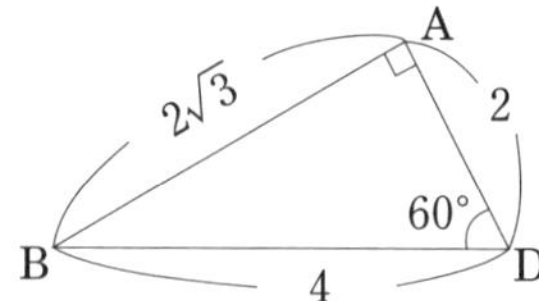

AD：AB＝1：$\sqrt{3}$より，△ABDは3つの角が30°，60°，90°の直角三角形であるから，∠BAD＝90°，BD＝4である。

よって，△ABDの面積S_1とすると，

$$S_1=\frac{1}{2}\times 2\times 2\sqrt{3}=2\sqrt{3}$$

STEP❷　△BCDの面積を求める

△BCDにおいて，CからBDに垂線CHをひき，CH＝hとする。

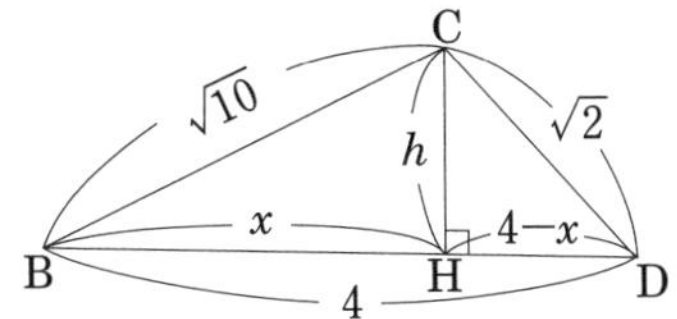

また，BH＝xとすると，DH＝4－xとなり，

△BHCで，三平方の定理より，$h^2=(\sqrt{10})^2-x^2=10-x^2$ ……①

△CHDで，三平方の定理より，$h^2=(\sqrt{2})^2-(4-x)^2=-14+8x-x^2$ ……②

①，②より，$10-x^2=-14+8x-x^2$

$8x=24$

$x=3$

これを①に代入して，$h^2=10-9=1$

よって，$h=1$

△BCDの面積をS_2とすると，

$$S_2=\frac{1}{2}\times 4\times 1=2$$

STEP❸　四角形ABCDの面積を求める

求める面積をSとすると，$S=S_1+S_2=2\sqrt{3}+2$となり，**4**が正しい。

正答 4

FOCUS

三角形の面積といわれて，とっさに頭に浮かぶのは，底辺×高さ÷2の面積を求めるための公式であろう。もちろん，これはこれで最重要事項であるが，相似比と面積比の関係であるとか，底辺や高さが等しいときの面積比についても併せて確認してほしい。

POINT

重要ポイント 1 三角形の面積の求め方

三角形の面積の求め方には以下のような方法がある。問題文に提示されている条件に合わせて式を立てよう。

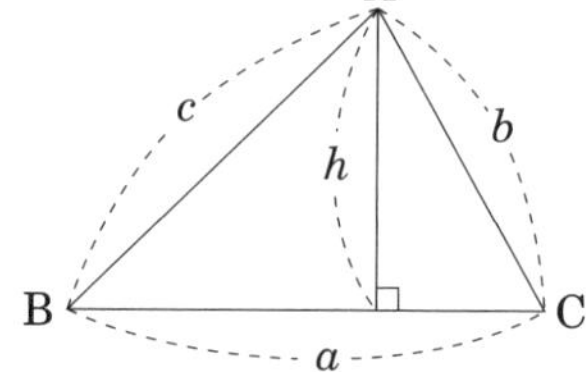

(1) $S=\frac{1}{2}ah$ （a：底辺，h：高さ）

(2) $S=\frac{1}{2}bc\sin A=\frac{1}{2}ca\sin B=\frac{1}{2}ab\sin C$

(3) $S=\frac{1}{2}r(a+b+c)$ （r：内接円の半径）

(4) $S=\sqrt{s(s-a)(s-b)(s-c)}$ $\left(s=\frac{a+b+c}{2}\right)$

〔例題〕図のようなBC＝12，AC＝５の直角三角形の内接円Ｉの半径rを求めよ。

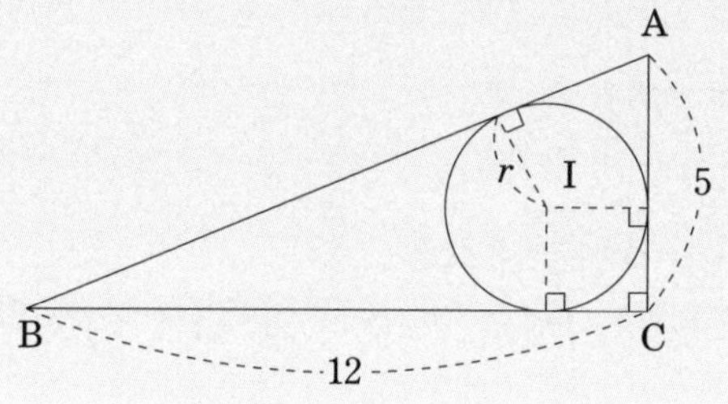

三平方の定理より，$AB=\sqrt{12^2+5^2}=13$

内接円Iの中心点をIとすると，△ABC＝△IAB＋△IBC＋△ICAであるから，

$$\frac{1}{2}\times12\times5=\frac{1}{2}r(13+12+5)$$

$$30r=60$$

$$r=2$$

よって，直角三角形の内接円の半径は２である。

重要ポイント2 高さが等しい三角形の面積比

高さが等しい三角形は辺の比がわかれば面積の比を求めることができる。

BD：DC＝m：nならば，△ABD：△ADC＝m：n

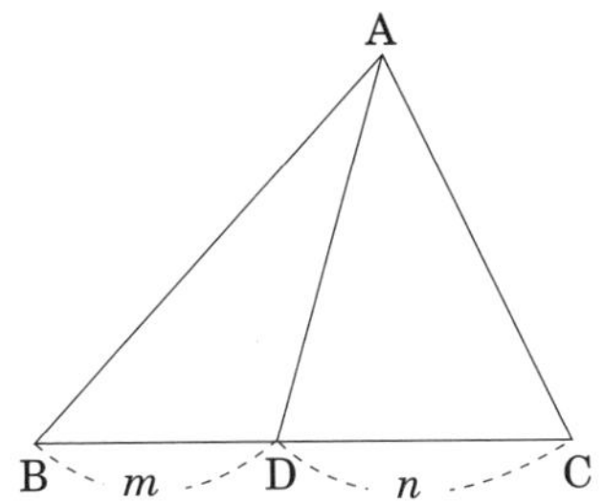

重要ポイント3 相似な三角形の面積比

相似比がm：nならば面積比はm^2：n^2

〔例題〕図の△**PBQ**と四角形**APQC**の面積の比を求めよ。

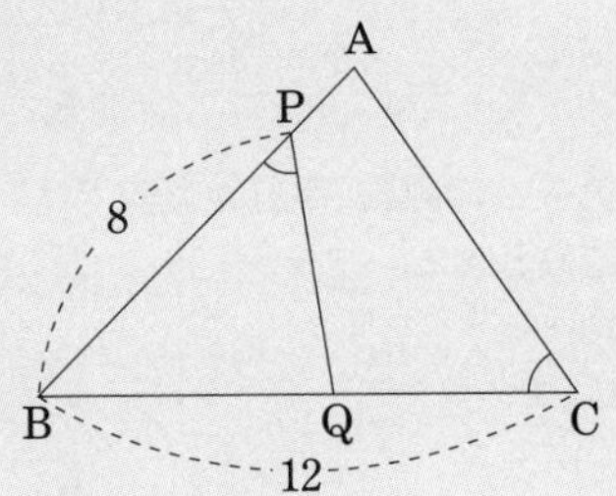

△PBQ∽△CBAより，相似比はPB：CB＝8：12＝2：3

したがって，△PBQと△CBAの面積比は2^2：3^2＝4：9

よって，△PBQと四角形APQCの面積の比は，

4：(9－4)＝4：5

重要ポイント 4 頂角が等しい三角形の面積比

△ADE：△ABC＝AD×AE：AB×AC

［証明］

$$\triangle\mathrm{ADE}=\frac{1}{2}\times\mathrm{AD}\times\mathrm{AE}\sin A$$

$\triangle\mathrm{ABC}=\dfrac{1}{2}\times\mathrm{AB}\times\mathrm{AC}\sin A$ より，

$$\triangle\mathrm{ADE}:\triangle\mathrm{ABC}=\mathrm{AD}\times\mathrm{AE}:\mathrm{AB}\times\mathrm{AC}$$

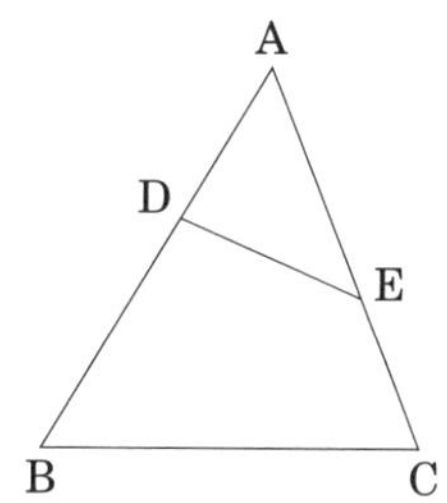

重要ポイント 5 メネラウスの定理

中学までの平面図形では，登場しない定理であるが，知っていると何かと便利な定理である。証明も中学校程度の知識でできるので合わせて記しておく。

メネラウスの定理

△ABCの辺BC，CA，ABまたはその延長が三角形の頂点を通らない直線lと，それぞれ点P，Q，Rで交わるとき，

$$\frac{\mathrm{BP}}{\mathrm{PC}}\cdot\frac{\mathrm{CQ}}{\mathrm{QA}}\cdot\frac{\mathrm{AR}}{\mathrm{RB}}=1$$

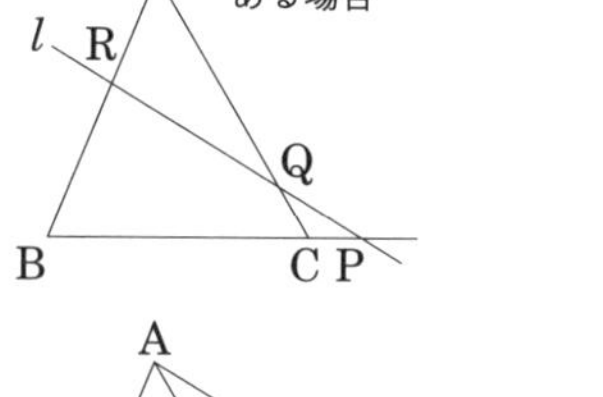

［証明］△ABCの頂点Aを通り，直線lに平行な直線を引き，直線BCとの交点をDとする。

平行線と線分の比の関係から，

$$\frac{\mathrm{CQ}}{\mathrm{QA}}=\frac{\mathrm{CP}}{\mathrm{PD}},\quad\frac{\mathrm{AR}}{\mathrm{RB}}=\frac{\mathrm{DP}}{\mathrm{PB}}$$

よって，$\dfrac{\mathrm{BP}}{\mathrm{PC}}\cdot\dfrac{\mathrm{CQ}}{\mathrm{QA}}\cdot\dfrac{\mathrm{AR}}{\mathrm{RB}}=\dfrac{\mathrm{BP}}{\mathrm{PC}}\cdot\dfrac{\mathrm{CP}}{\mathrm{PD}}\cdot\dfrac{\mathrm{DP}}{\mathrm{PB}}=1$

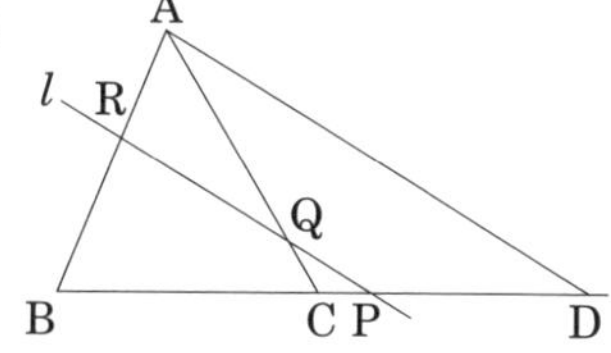

実戦問題❶ 基本レベル

No.1[*] **下の図のように，一辺の長さ4aの正方形ABCDの頂点Aに，一辺の長さ3aの正方形EFGHの対角線の交点を合わせて２つの正方形を重ねたとき，太線で囲まれた部分の面積として，正しいのはどれか。**

【地方上級（東京都）・令和３年度】

1 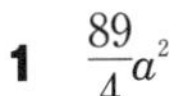 $\frac{89}{4}a^2$

2 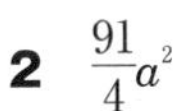 $\frac{91}{4}a^2$

3 $\frac{93}{4}a^2$

4 $\frac{95}{4}a^2$

5 $\frac{97}{4}a^2$

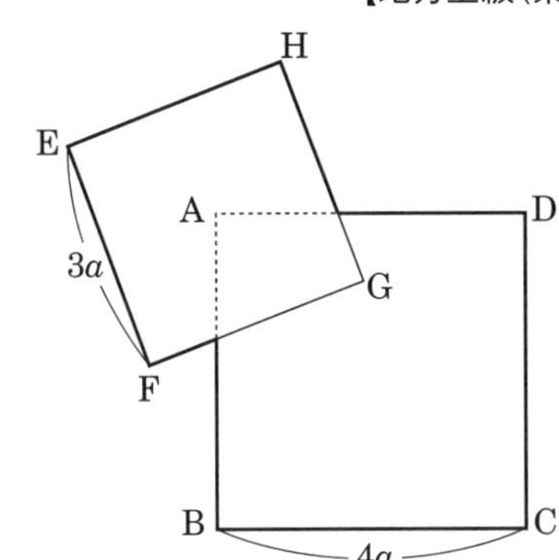

No.2[*] **次の図のように，短辺の長さが６cm，長辺の長さが８cmの長方形ABCDの内部に点Eがある。三角形BCEと三角形ADEとの面積比が１対２，三角形CDEと三角形ABEとの面積比が１対３であるとき，三角形BDEの面積はどれか。**

【地方上級（特別区）・平成29年度】

1 7 cm^2

2 8 cm^2

3 9 cm^2

4 10 cm^2

5 11 cm^2

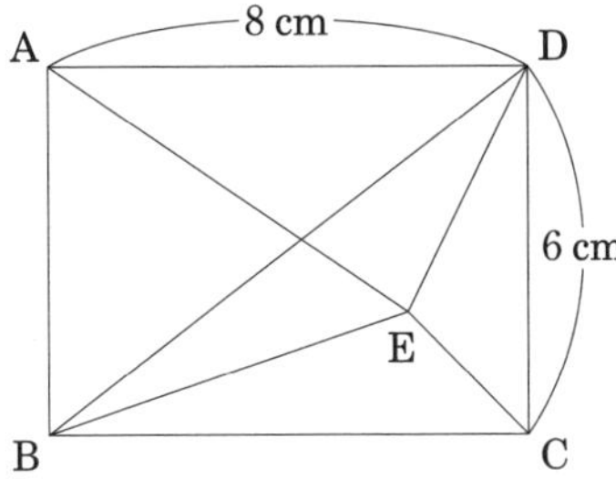

No.3 ＊ 図のような，面積が36の正六角形A，Bについて，それぞれの網掛け部分の面積の組合せとして最も妥当なのはどれか。【国家専門職・平成28年度】

	A	B
1	4	10
2	4	12
3	4	15
4	6	10
5	6	12

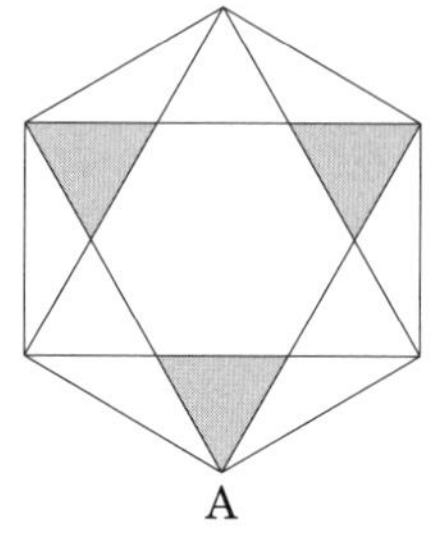

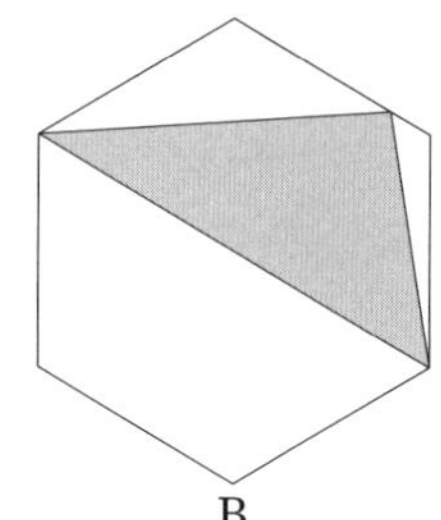

No.4 ＊＊ 一辺の長さが1の正方形の各辺を4等分し，4等分した点の1つと頂点を，図のように線分で結んだとき，網掛け部分の図形の面積はいくらか。

【国家一般職・平成30年度】

1 $\frac{9}{17}$　　**2** $\frac{7}{13}$

3 $\frac{10}{17}$　　**4** $\frac{8}{13}$

5 $\frac{11}{17}$

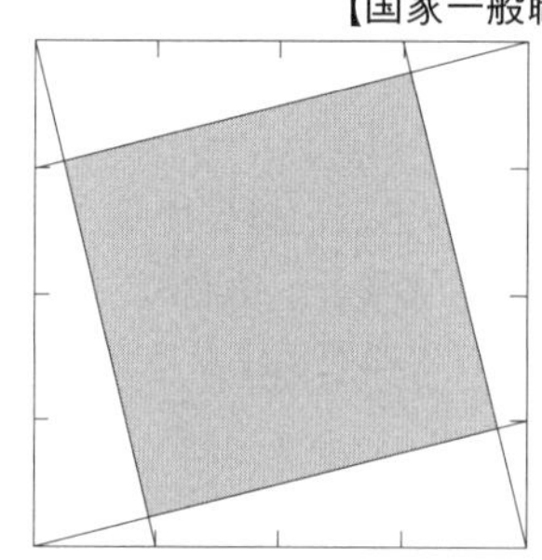

No.5 ＊＊ 図のように，一辺の長さが6cmの正方形の頂点A，B，Cから動点P，Q，Rがそれぞれ同時に出発し，点Pは毎秒１cm，点Qと点Rは毎秒２cmの速さで矢印の向きに辺上を進む。

点P，Q，Rが出発してから3秒後までの間で点A，P，Q，Rによって囲まれる斜線部分の面積の最小値はいくらか。【国家一般職・令和４年度】

1 14cm²
2 15cm²
3 16cm²
4 17cm²
5 18cm²

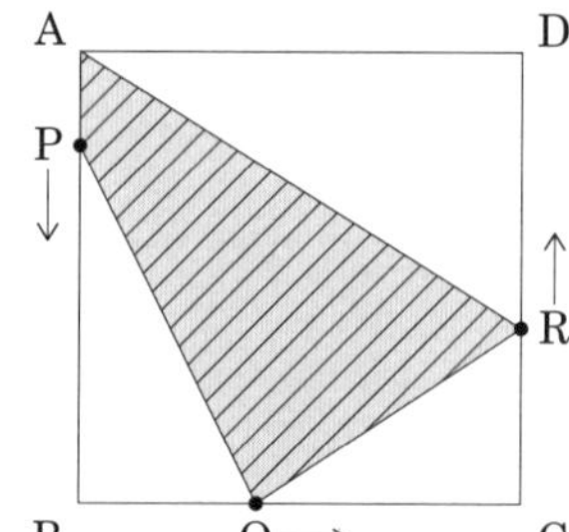

実戦問題1の解説

No.1の解説　2つの正方形の重なった部分の面積　→問題はP.285　正答2

STEP❶　2つの正方形の重なりに着目する

図Ⅰのように，頂点Aから辺FG，GHに，それぞれ垂線AI，AJを引く。また，ABとFGの交点をK，ADとGHの交点をLとする。

△AKIと△ALJにおいて，AI＝AJ，∠IAK＝∠JAL（＝90°－∠IAL），∠AIK＝∠AJL＝90°であるから，△AKI≡△ALJ

図Ⅰ

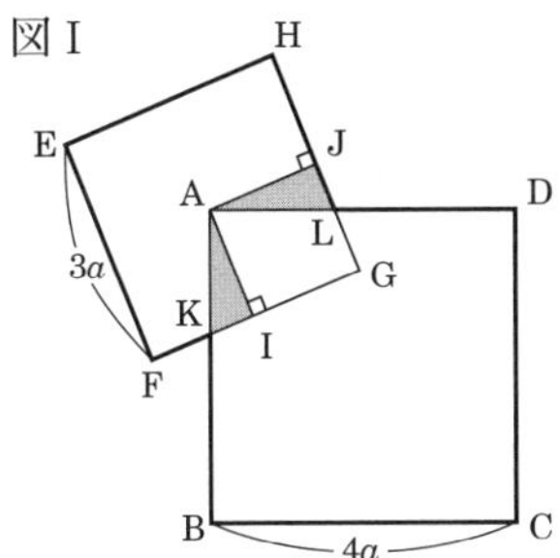

図Ⅱ

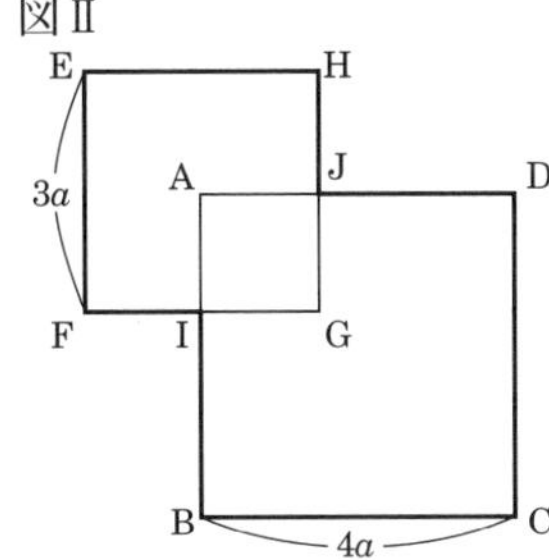

STEP❷　太線で囲まれた部分の面積

したがって，図Ⅱのように，2つの正方形の重なった部分の面積は，正方形AIGJの面積に等しい。求める太線で囲まれた部分の面積は，正方形ABCDの面積と正方形にEFGHの面積を加えて，正方形AIGJの面積＝正方形EFGHの面積×$\frac{1}{4}$を引けばよい。よって，$(4a)^2+(3a)^2-\frac{1}{4}\times(3a)^2=(16a^2+9a^2-\frac{9}{4}a^2=25a^2-\frac{9}{4}a^2=\frac{91}{4}a^2$となり，**2**が正しい。

No.2 の解説　△BDEの面積

→問題はP.285　正答 4

STEP❶　底辺が共通な三角形の面積比を利用する

△BCEと△ADEは，底辺をそれぞれBC，ADと考えれば，底辺は共通で面積比1：2はそのまま高さの比6 cmを1：2（2 cmと4 cm）に分けることになる。

同様にして，△CDEと△ABEについても8 cmを1：3（2 cmと6 cm）に分けることになるから，$\triangle BCE = \frac{1}{2} \times 8 \times 2 = 8$〔$cm^2$〕，$\triangle CDE = \frac{1}{2} \times 6 \times 2 = 6$〔$cm^2$〕である。

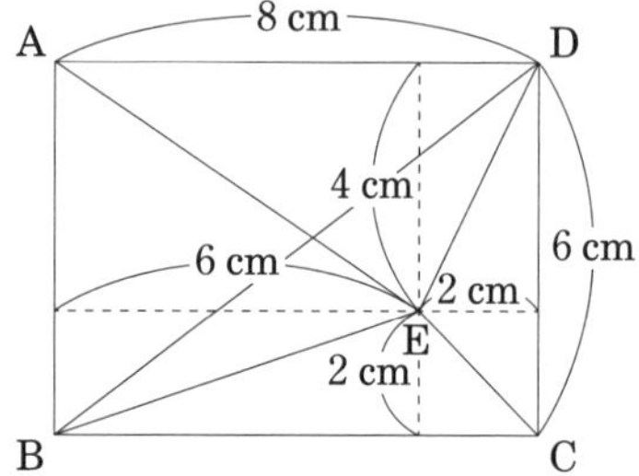

STEP❷　△BDEの面積を求める

$\triangle BCD = \frac{1}{2} \times 8 \times 6 = 24$〔$cm^2$〕であるから，

$\triangle BDE = \triangle BCD - (\triangle BCE + \triangle CDE) = 24 - (8 + 6) = 10$〔$cm^2$〕となり，**4**が正しい。

No.3 の解説　網掛けの部分の面積の組合せ

→問題はP.286　正答 5

STEP❶　Aの網掛けの面積を求める

正六角形に補助線を引いて，図Ⅰのように分割する。

このとき，正三角形の面積S_1と三角形の面積S_2は，底辺が共通で高さが等しい三角形の面積であるから等しくなり，$S_1 = S_2$である。

正六角形の面積が36であるから，$S_1 = S_2 = 2$である。

したがって，Aの網掛けの面積は，$2 \times 3 = 6$である。

図Ⅰ

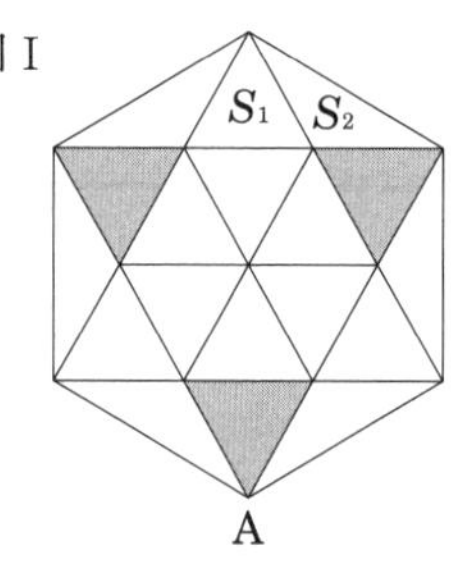

STEP❷　Bの網掛けの面積を求める

図ⅡのBの網掛けの三角形の面積は，底辺と高さを変えずに頂点を平行移動した図Ⅲの網掛けの三角形の面積に等しい。

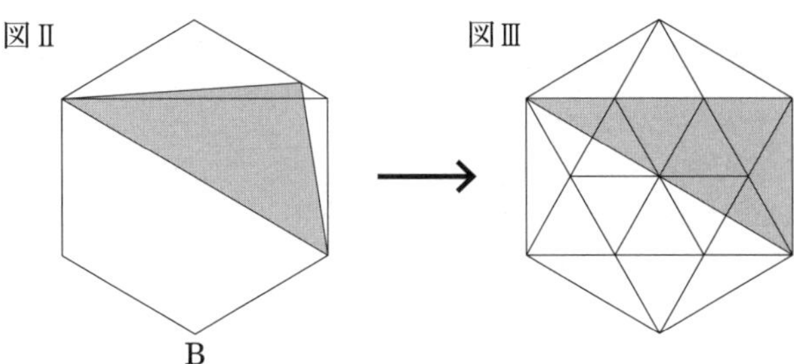

図Ⅲの網掛けの三角形の面積は，正三角形の６個分であり，$2\times6=12$であるから，**5**が正しい。

No.4 の解説　網掛け部分の図形の面積　→問題はP.286　正答１

STEP❶　相似比と面積比の関係を利用する

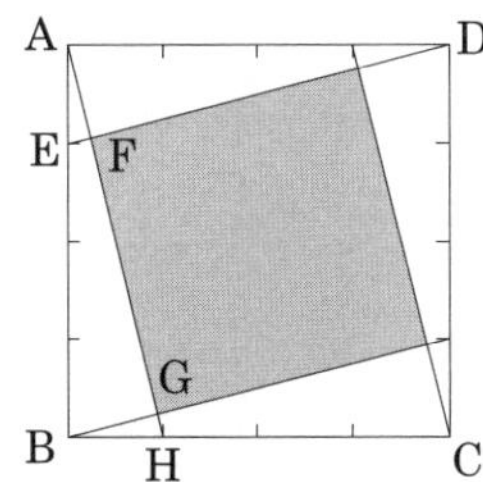

上の図の△AEFと△ABGにおいて，

　∠EAF＝∠BAG（共通な角）

　∠AEF＝∠ABG（平行線の同位角）

よって，△AEF∽△ABG

△AEFと△ABHの面積比は相似比の２乗に等しくなる。

AE：AB＝１：４であるから，△AEF：△ABG＝１：16

したがって，△AEFの面積をSとすると，△ABG＝16S

STEP❷　Sを求める

また，△ABHに着目すると，△BHG＝△AEFより，

　△ABH＝△ABG＋△BHG＝16S＋S＝17S

ここで，△ABH＝$\frac{1}{2}\times\frac{1}{4}\times1=\frac{1}{8}$であるから，$17S=\frac{1}{8}$

よって，$S=\frac{1}{136}$

STEP❸　網掛け部分の面積を求める

網掛け部分の面積Tは，正方形ABCDから△ABGの面積を４つ分ひけばよいから，$T=1-4\times16S=1-\frac{64}{136}=1-\frac{8}{17}=\frac{9}{17}$となり，**1**が正しい。

No.5の解説　面積の最小値

→問題はP.286　正答2

STEP❶　3つの三角形に着目する

動点P，Q，Rがそれぞれ同時に出発し，t秒後の△PBQ，△QCR，△RDAの面積をそれぞれS_1，S_2，S_3とする。

AP＝$t$cmより，PB＝$6-t$〔cm〕

BQ＝$2t$cmより，QC＝$6-2t$〔cm〕

CR＝$2t$cmより，RD＝$6-2t$〔cm〕

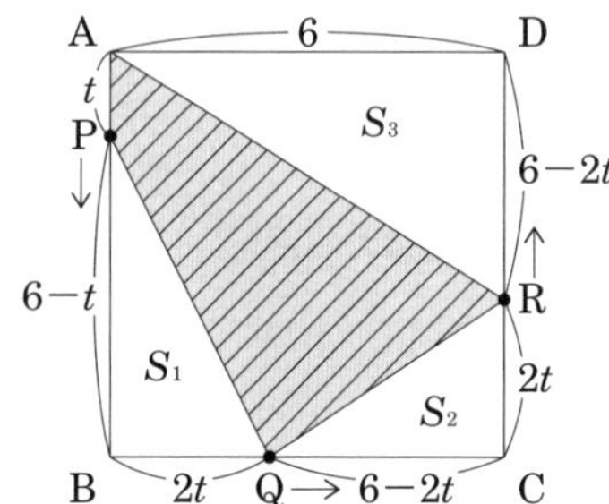

したがって，$S_1=\frac{1}{2}\times 2t(6-t)$，$S_2=\frac{1}{2}\times 2t(6-2t)$，$S_3=\frac{1}{2}\times 6(6-2t)$

より，$S_1+S_2+S_3=t(6-t)+t(6-2t)+3(6-2t)=-3t^2+6t+18$

STEP❷　2次関数の最大値

斜線部分の面積が最小になるときは，$S_1+S_2+S_3$が最大となるときである。

$$-3t^2+6t+18=-3(t-1)^2+21$$

よって，$t=1$のとき最大となり，21cm^{2}であるから，斜線部分の面積の最小値は，

$$6^2-21=15〔\text{cm}^2〕$$

であり，**2**が正しい。

実戦問題2　応用レベル

No.6 ＊＊ **下の図のように，三角形ABCは，AB＝ACの二等辺三角形であり，辺AB上に点D，Fが，辺AC上に点E，Gが置かれ，線分DE，EF，FG，GBによって5つの三角形に分割されている。この5つの三角形のそれぞれの面積がすべて等しいとき，ADの長さとAEの長さの比として，正しいのはどれか。**

【地方上級（東京都）・令和元年度】

	AD	:	AE
1	5	:	7
2	9	:	13
3	15	:	22
4	45	:	62
5	45	:	64

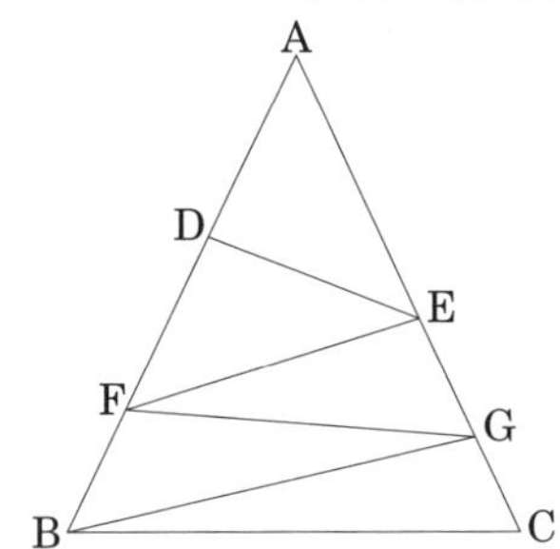

No.7 ＊＊ **図のように，同じ大きさの正方形５個を並べ，両端の正方形の一辺を延長した直線と各正方形の頂点を通る直線を結んで台形ABCDを作ったところ，辺ABの長さが12cm，辺CDの長さが4cmとなった。このとき，台形ABCDの面積は正方形1個の面積の何倍となるか。**

【国家一般職・平成25年度】

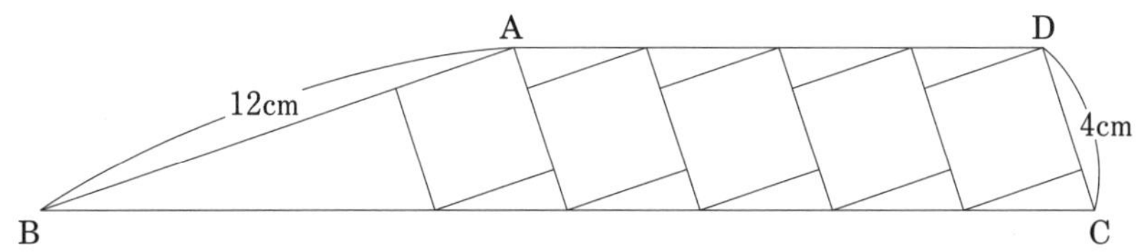

1　7倍
2　7.5倍
3　8倍
4　8.5倍
5　9倍

No.8 ＊＊ 次の図のような，辺AB＝13cm，辺BC＝16cmとする長方形ABCDと，辺AB，辺BC，辺CD，辺AD上の点E，点F，点G，点Hで囲まれた四角形EFGHがある。今，点E，点F，点G，点Hから辺CD，辺AD，辺AB，辺BCに垂線を引き，それぞれの交点をQ，R，O，Pとすると，EO＝5cm，FP＝6cmとなった。このとき，四角形EFGHの面積はどれか。

【地方上級（特別区）・平成26年度】

1　104cm^2
2　119cm^2
3　124cm^2
4　134cm^2
5　149cm^2

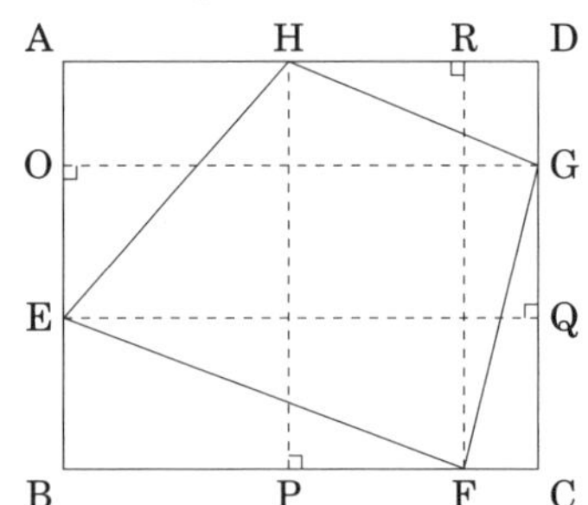

No.9 ＊＊ 正方形ABCDにおいて，点E，Gは辺ABおよび辺CDをそれぞれ1：2に内分する点で，点F，Hは辺BCおよび辺DAの中点である。図のように各点を結ぶとき，平行四辺形BPDOの面積は正方形ABCDの面積の何倍となるか。

【国家総合職・平成24年度】

1　$\frac{1}{3}$倍
2　$\frac{2}{5}$倍
3　$\frac{3}{7}$倍
4　$\frac{3}{8}$倍
5　$\frac{4}{9}$倍

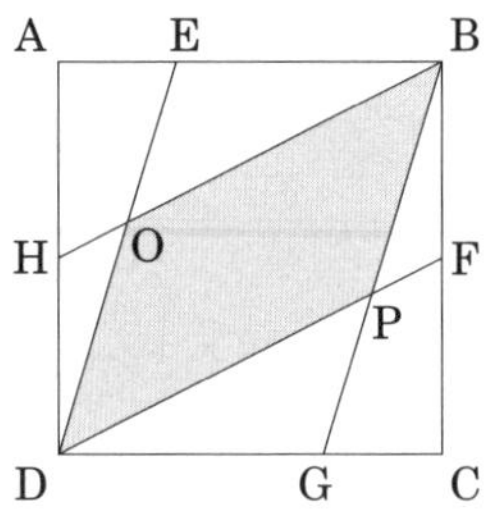

＊＊
No.10 **次の図のように，点O，P，Qを中心とする半径aの３つの円が隙間なく互いに接している。今，この３つの円の外に正三角形ABCが外接しているとき，正三角形ABCの面積は，この点O，P，Qを結んでできる正三角形OPQの面積の何倍か。**

【地方上級（特別区）・平成27年度】

1 $2\sqrt{3}$倍

2 $2\sqrt{3}+1$倍

3 $2\sqrt{3}+2$倍

4 $2\sqrt{3}+3$倍

5 $2\sqrt{3}+4$倍

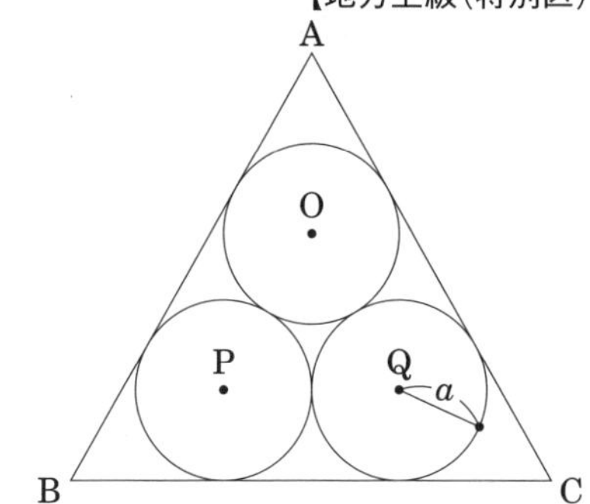

実戦問題2の解説

No.6 の解説　ADの長さとAEの長さの比

→問題はP.291　正答5

STEP❶　高さが等しい三角形の面積比を利用する

5つの三角形のそれぞれの面積がすべて等しいことから，
△ADE＝△DEF＝△EFG＝△BFG＝△BCG＝Sとする。

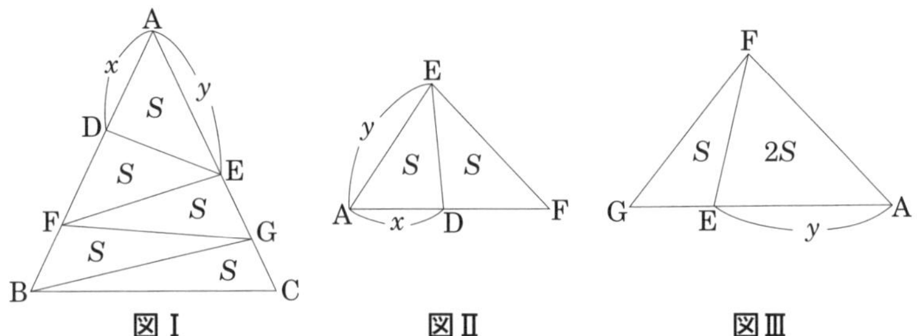

図Ⅰ　図Ⅱ　図Ⅲ

図Ⅱにおいて，△EADと△EDFは高さが等しい三角形であるから，面積比は底辺の比に等しくなり，AD＝DF＝xである。

同様にして，図Ⅲにおいて，GE：EA＝S：$2S$より，GE＝$\frac{1}{2}y$

また，AF：FB＝$3S$：Sより，FB＝$\frac{2}{3}x$

AG：GC＝$4S$：Sより，GC＝$\frac{1}{4}\times\left(y+\frac{1}{2}y\right)=\frac{3}{8}y$

STEP❷　ADの長さとAEの長さの比を求める

$$AB=AD+DF+FB=x+x+\frac{2}{3}x=\frac{8}{3}x$$

$$AC=AE+EG+GC=y+\frac{1}{2}y+\frac{3}{8}y=\frac{15}{8}y$$

AB＝ACより，$\frac{8}{3}x=\frac{15}{8}y$　よって，$\frac{x}{y}=\frac{45}{64}$

したがって，AD：AE＝x：y＝45：64となり，**5**が正しい。

No.7 の解説　台形ABCDの面積

→問題はP.291　正答3

STEP❶　相似な三角形を利用する

図において，AH＝DC＝4cmである。

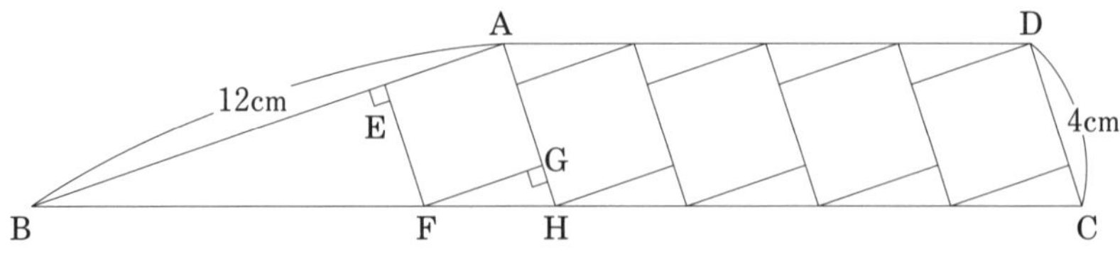

△ABH∽△GFHであるから，

AB：AH＝GF：GH＝12：4＝3：1

AG＝GFより，AG＋GH＝GF＋GH＝4cmだから，

GF＝3cm，GH＝1cm

したがって，正方形の一辺の長さは3cmである。

STEP❷　△GFHと△EBFの面積を求める

$△GFH=\frac{1}{2}\times GH\times GF=\frac{1}{2}\times 1\times 3=\frac{3}{2}$〔cm²〕

また，$△EBF=\frac{1}{2}\times EF\times EB=\frac{1}{2}\times 3\times(12-3)=\frac{27}{2}$〔cm²〕

STEP❸　台形ABCDの面積を求める

正方形の1個の面積は，$3^2=9$〔cm²〕

台形ABCDの面積は，△GFH 9個分と正方形5個分と△EBFの合計だから，

$\frac{3}{2}\times 9+9\times 5+\frac{27}{2}=72$〔cm²〕

したがって，72÷9＝8より，8倍となり，**3**が正しい。

No.8 の解説　四角形EFGHの面積

→問題はP.292　正答2

STEP❶　四角形EFGHを分割する

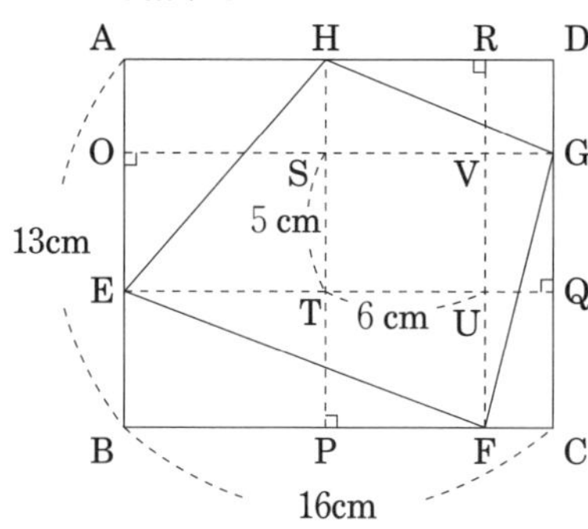

図のように，長方形ABCDの内部にある長方形をSTUVとする。

求める四角形EFGHの面積をSとすると，

S＝△HET＋△EFU＋△FGV＋△GHS＋長方形STUV

STEP❷　三角形を長方形に置きかえる

ところが，$△HET=\frac{1}{2}$HAET，$△EFU=\frac{1}{2}$EBFU

$$\triangle FGV=\frac{1}{2}FCGV,\quad \triangle GHS=\frac{1}{2}GDHS$$

であるから，

$$S=\frac{1}{2}(HAET+EBFU+FCGV+GDHS)+STUV$$

STEP❸　図形の面積を求める

一方，**4つの長方形HAET，EBFU，FCGV，GDHSの面積の和は，長方形ABCDの面積から長方形STUVを引いたもの**だから，

$$S=\frac{1}{2}(ABCD-STUV)+STUV$$

$$=\frac{1}{2}(13\times16-5\times6)+5\times6=\frac{1}{2}(208-30)+30$$

$$=\frac{1}{2}\times178+30=89+30=119〔cm^2〕$$

となり，**2**が正しい。

No.9 の解説　台形の面積

→問題はP.292　**正答2**

メネラウスの定理を使う問題である(p.284参照)。

STEP❶　図Ⅰでメネラウスの定理を使う

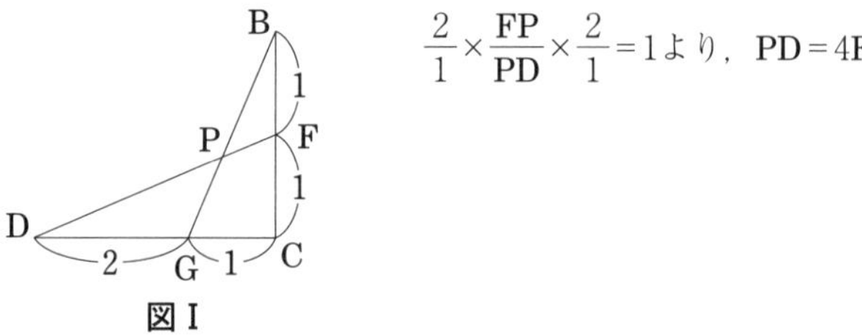

図Ⅰ

$$\frac{2}{1}\times\frac{FP}{PD}\times\frac{2}{1}=1$$より，PD＝4FP

STEP❷　図Ⅱでメネラウスの定理を使う

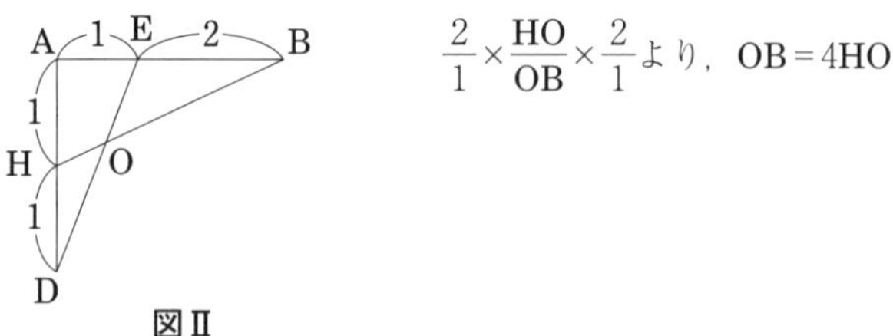

図Ⅱ

$$\frac{2}{1}\times\frac{HO}{OB}\times\frac{2}{1}$$より，OB＝4HO

STEP❸ 平行四辺形BPDOの面積Sと平行四辺形BFDHの面積S_1を比べる

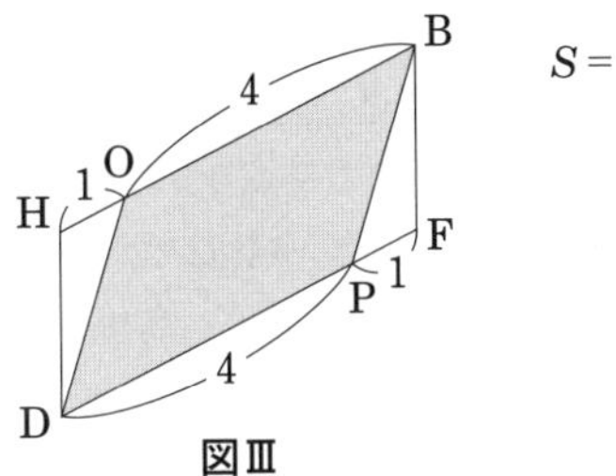

図Ⅲ

$$S=\frac{4}{5}S_1$$

STEP❹ 平行四辺形BPDOの面積Sと平行四辺形ABCDの面積Tを比べる

$$S=\frac{4}{5}S_1$$
$$=\frac{4}{5}\times\frac{1}{2}T$$
$$=\frac{2}{5}T$$

であるから，**2**が正しい。

No.10 の解説 正三角形の面積比

→問題はP.293 **正答5**

STEP❶ 正三角形OPQの１辺の長さを求める

正三角形OPQの１辺の長さは，図Ⅰのように$2a$である。

STEP❷ 正三角形ABCの１辺の長さを求める

図Ⅰにおいて，△BDPは，∠PBD＝30°，∠BPD＝60°，∠BDP＝90°であるから，３辺の長さの比は，PD：BP：BD＝1：2：$\sqrt{3}$である。

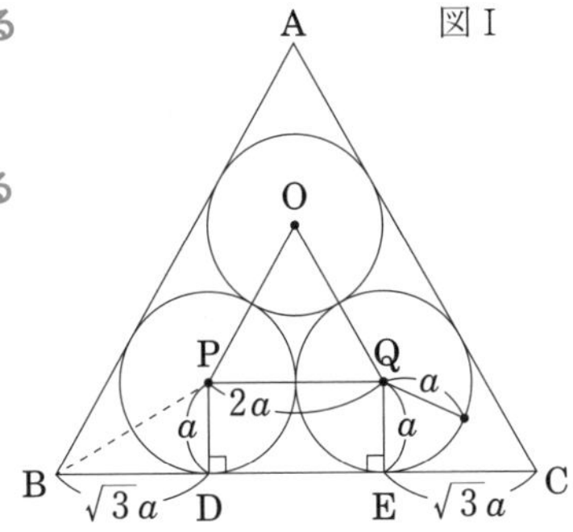

よって，PD＝aより，BD＝$\sqrt{3}a$

したがって，正三角形ABCの１辺の長さBC＝$\sqrt{3}a+2a+\sqrt{3}a=2(1+\sqrt{3})a$

STEP❸ 面積比を求める

正三角形OPQと正三角形ABCは相似で，相似比は１辺の長さの比だから，

$2a:2(1+\sqrt{3})a=1:(1+\sqrt{3})$

面積比は相似比の２乗になるから，$1:(1+\sqrt{3})^2=1:(4+2\sqrt{3})$

ゆえに，正三角形ABCの面積は正三角形OPQの面積の$2\sqrt{3}+4$倍となるから，**5**が正しい。

円

必修問題

次の図のように，直線STに点Aで接する円Oがある。線分BDは円Oの直径，弦CDは接線STに平行である。弦ACと直径BDの交点をEとし，線分ABの長さが4cm，∠BASが30°のとき，三角形CDEの面積はどれか。

【地方上級（特別区）・令和４年度】

1　$6\,\text{cm}^2$
2　$6\sqrt{3}\,\text{cm}^2$
3　$8\sqrt{3}\,\text{cm}^2$
4　$9\sqrt{3}\,\text{cm}^2$
5　$12\sqrt{3}\,\text{cm}^2$

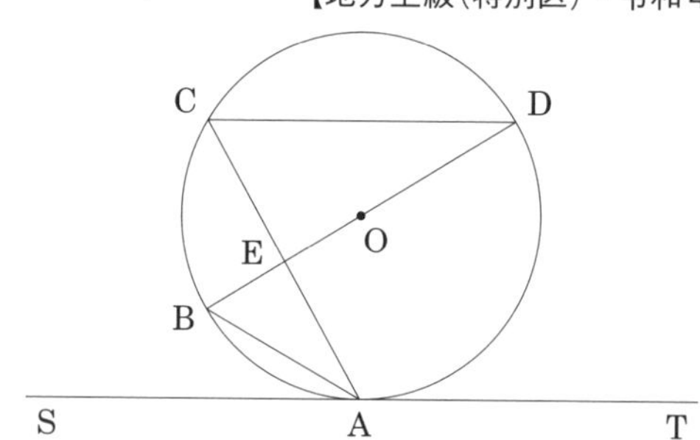

難易度　＊＊

必修問題の解説

接弦定理や円周角の定理をうまく利用することがポイントである。

STEP❶　補助線ADを引く

２点AとDを結ぶと，接弦定理より，∠BDA＝∠BAS＝30°である。直径BDに対する円周角は90°であるから，∠BAD＝90°。よって，∠DBA＝60°である。

∠DBAと∠DCAは，ともに弧ADに対する円周角であるから等しい。

　∠DCA＝∠DBA＝60°

ここで，CD∥STより，∠CAS＝∠DCA＝60°

したがって，∠CAB＝∠CAS－∠BAS＝60°－30°＝30°

さらに，∠CABと∠CDBは，ともに弧BCに対する円周角であるから，

　∠CDB＝∠CAB＝30°

よって，三角形CDEは，30°，60°，90°の直角三角形である。

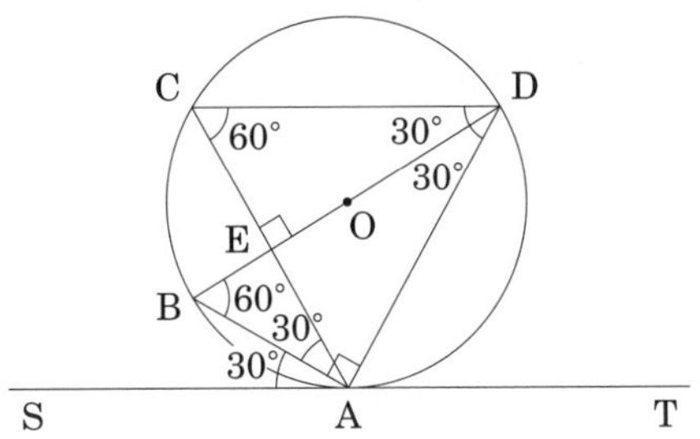

STEP❷ 三角形CDEの面積を求める

30°，60°，90°の直角三角形では，3辺の比が1：2：$\sqrt{3}$であるから，AB＝4 cmより，BE＝2 cm，AE＝$2\sqrt{3}$ cm

また，DE＝$\sqrt{3}$AE＝$\sqrt{3}\times2\sqrt{3}=6$〔cm〕

△CDE≡△ADEであるから，CE＝AE＝$2\sqrt{3}$〔cm〕

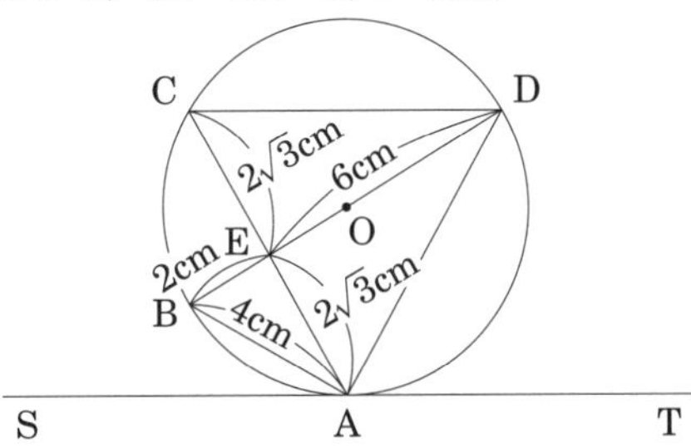

したがって，△CDEの面積は，

△CDE＝$\frac{1}{2}\times$DE$\times$CE＝$\frac{1}{2}\times6\times2\sqrt{3}=6\sqrt{3}$〔$cm^2$〕となり，**2**が正しい。

正答 2

FOCUS

円で重要なことは，とにかく「中心と半径をマークせよ」。これが合言葉である。円は円らしく扱うという精神を忘れてはならない。そのうえで，円周角の定理や円と接線との関係などの頻出事項を頭の引き出しに整理しておくことである。特に，接弦定理や方べきの定理など，忘れてしまっている定理もあると思うので，この点も再確認してほしい。

POINT

重要ポイント 1 円と接線

以下のような性質を覚えておこう。

(1) 円の接線は接点を通る半径に垂直である。

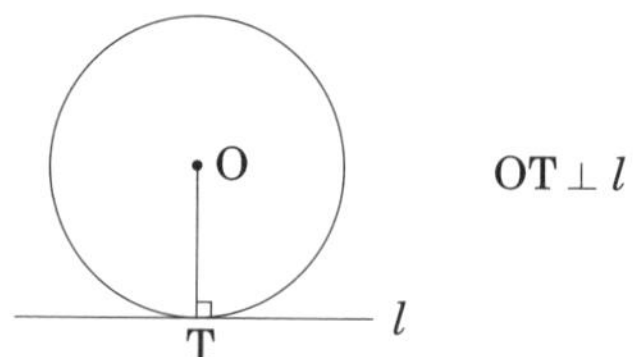

(2) 円外の１点からその円に引いた２つの接線の長さは等しい。

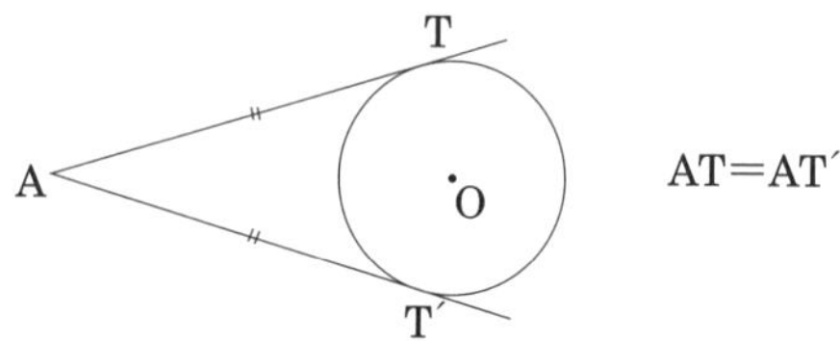

〔例題〕次の図で，円Oは△ABCの内接円であるとき，xとyの長さを求めよ。

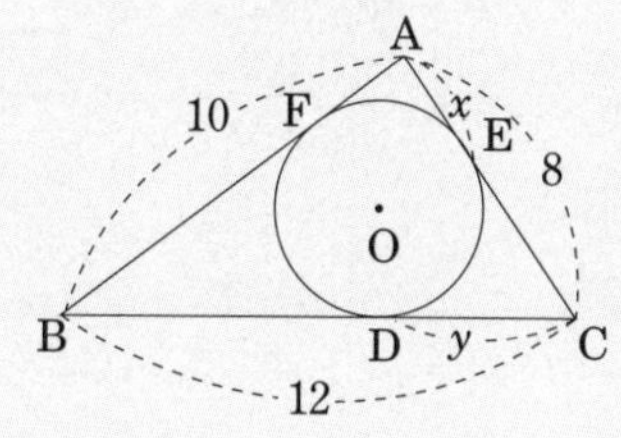

BF＝zとすると，AF＝x，CE＝y，BD＝z

$x+y=8$ ……①　　$y+z=12$ ……②　　$z+x=10$ ……③

①＋②＋③より，$2(x+y+z)=30$

よって，$x+y+z=15$ ……④

④－②より，$x=3$　　④－③より，$y=5$

重要ポイント 2 円周角の定理

同じ弧または等しい長さの弧に対する円周角はすべて等しく，その弧に対する中心角の半分に等しい。

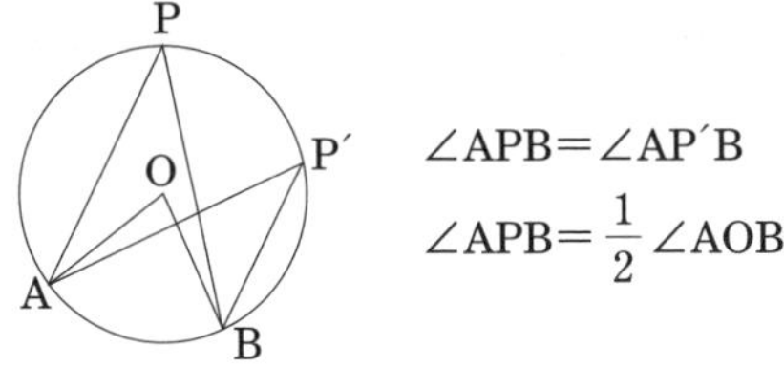

直径と円周角：線分ABを直径とすると円の周上にA，Bと異なる点Pをとれば，∠APB＝90°である。

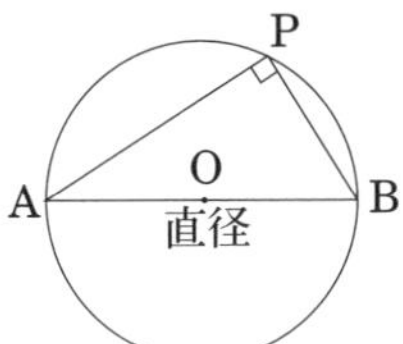

重要ポイント3 円に内接する四角形の性質

円に内接する四角形には次の２点の性質がある。

(1) 円に内接する四角形の対角の和は180°である

(2) １つの内角は，その対角の外角に等しい

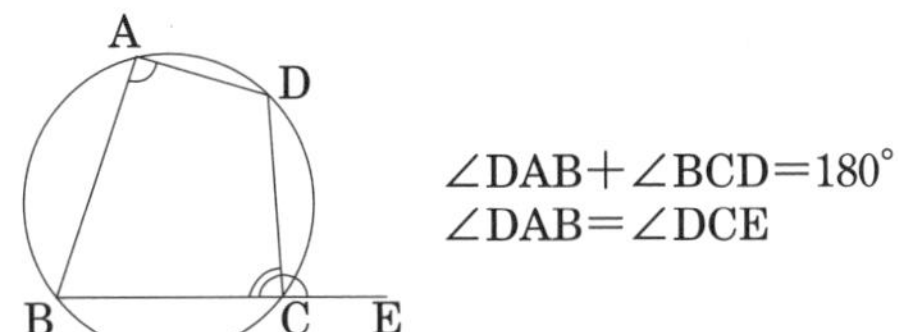

重要ポイント4 接弦定理

円の弦とその一端から引いた接線との作る角は，その角内にある弧に対する円周角に等しい。

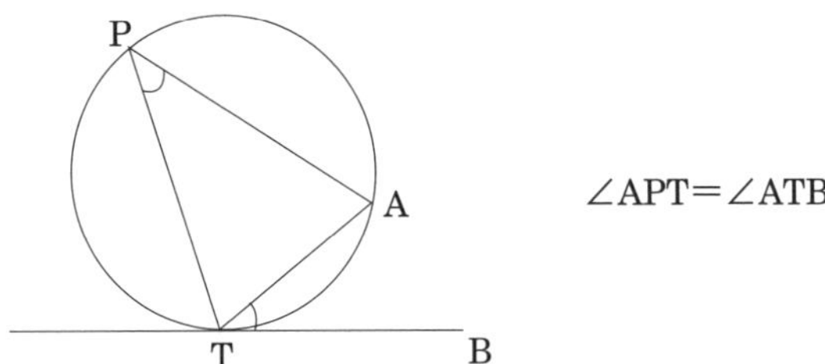

〔例題〕次の図で，ATは円Oの接線である。$\angle x$の大きさを求めよ。

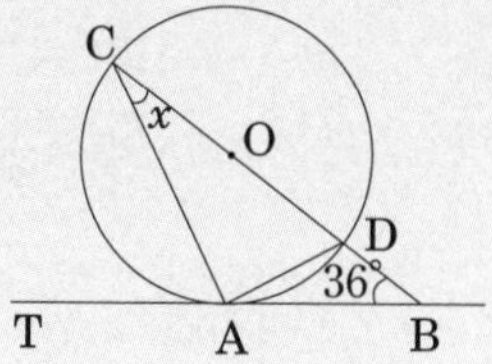

$\angle CAT = y$とすると，接弦定理より，$\angle CDA = y$

$\angle CAD = 90°$であるから，$x + y = 90°$　……①

また，$\angle CAT$は$\triangle ABC$の外角であるから，

　$y = x + 36°$　……②

①，②より，$x = 27°$

重要ポイント5　方べきの定理

円の２つの弦AB，CDまたはそれらの延長の交点をPとすると，

　PA×PB＝PC×PD（一方が接線の場合は，**PA×PB＝$\mathbf{PT^2}$**）

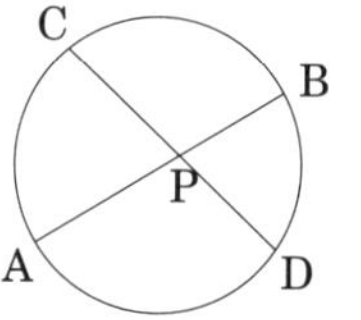

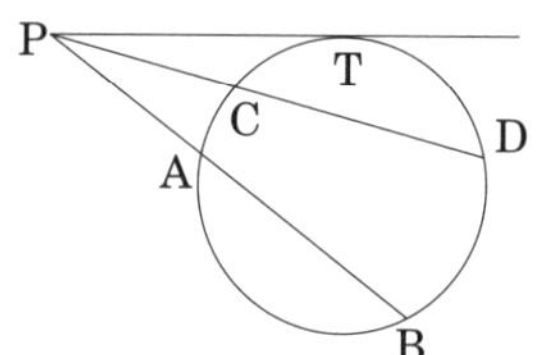

〔例題〕図において，ABは円Oの直径で，OA＝５cm，OC＝13cm，CTは円Oの接線であるとき，CTの長さを求めよ。

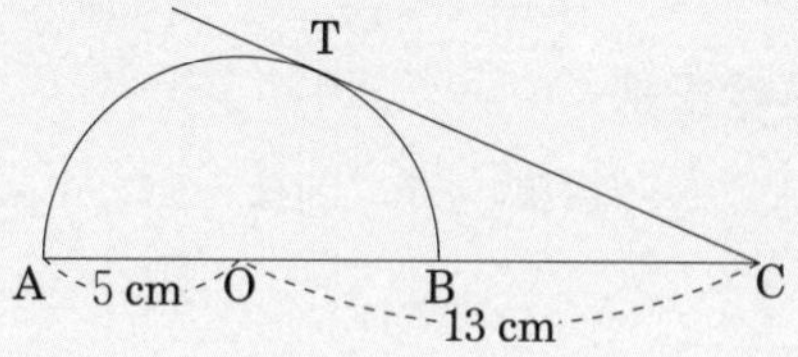

$BC = OC - OB = 13 - 5 = 8$，$CA = OC + OA = 13 + 5 = 18$

方べきの定理より，$CT^2 = CB \times CA = 8 \times 18 = 144 = 12^2$

$CT > 0$より，$CT = 12$cm。

実戦問題1　基本レベル

No.1 下の図のような，一辺20cmの正五角形の内側に，各頂点を中心として各辺を半径とする円弧を描いたとき，図の斜線部分の周りの長さとして，正しいのはどれか。ただし，円周率はπとする。【地方上級（東京都）・平成30年度】

1　$\frac{4}{3}\pi$ cm
2　$\frac{10}{3}\pi$ cm
3　$\frac{5}{2}\sqrt{3}\pi$ cm
4　$\frac{20}{3}\pi$ cm
5　$\frac{25}{2}\sqrt{3}\pi$ cm

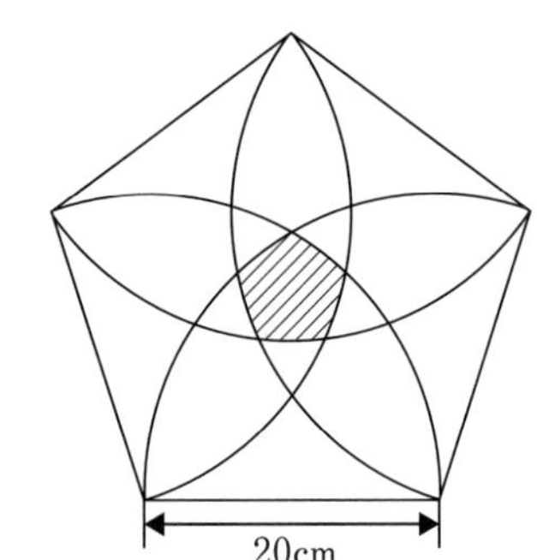

No.2 図のように，半径2の円に内接する正方形の対角線上に，互いに接するように等しい大きさの小円を3つ並べ，かつ，両端の円が正方形の2辺に接するように描くとき，この小円の半径として正しいのはどれか。

【国家一般職・平成23年度】

1　$2\sqrt{2}-2$
2　$\frac{2}{3}$
3　$\frac{4-\sqrt{2}}{4}$
4　$2-\sqrt{2}$
5　$\frac{2-\sqrt{2}}{2}$

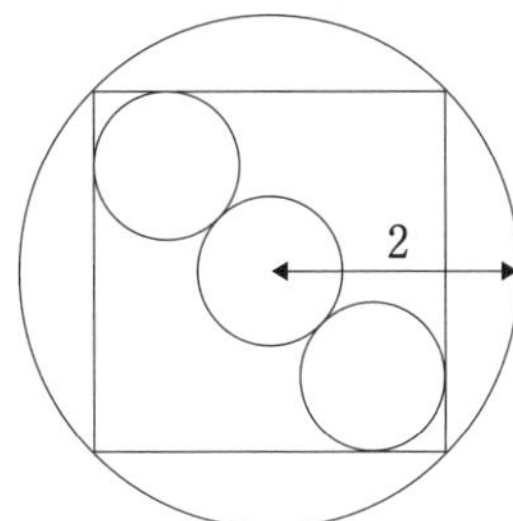

第3章 図形

No.3 ＊＊ 次の図のような，O_1を中心とする半径４cmの小円とO_2を中心とする半径５cmの大円がある。小円，大円に共通接線l_1，l_2を引き，それぞれの接線と２円の接点をA，BおよびC，Dとし，線分ABの長さを12cmとしたとき，三角形CDO_1の面積はどれか。

【地方上級・平成17年度】

1 $2\sqrt{14}\,\text{cm}^2$
2 $4\sqrt{7}\,\text{cm}^2$
3 $4\sqrt{14}\,\text{cm}^2$
4 $8\sqrt{7}\,\text{cm}^2$
5 $8\sqrt{14}\,\text{cm}^2$

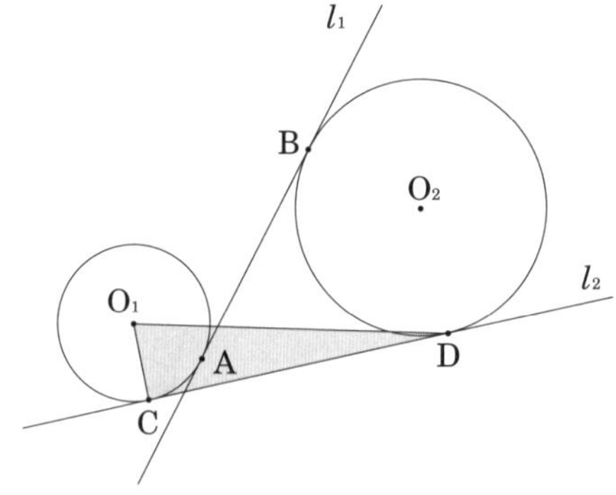

No.4 ＊＊ 次の図のように，半径３cmの円と半径６cmの円が点Cで接している。２つの円に接する３本の接線の交点をO，A，Bとするとき，ABの長さはどれか。

【地方上級・平成22年度】

1 $3\sqrt{6}$ cm
2 $6\sqrt{2}$ cm
3 9 cm
4 $4\sqrt{6}$ cm
5 $6\sqrt{3}$ cm

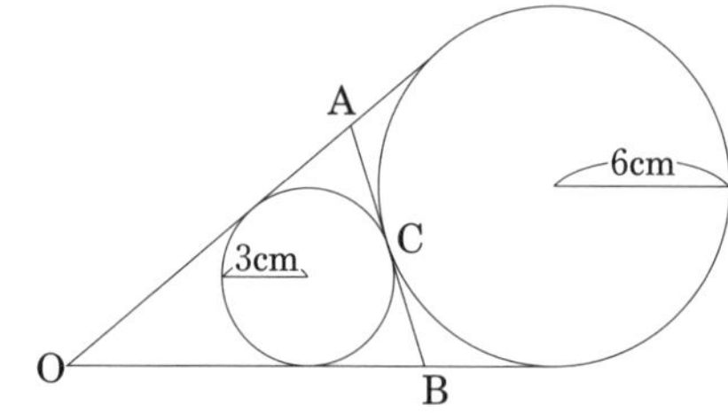

実戦問題1の解説

No.1 の解説　斜線部分の周りの長さ　→問題はP.303　正答4

STEP❶　補助線をひく

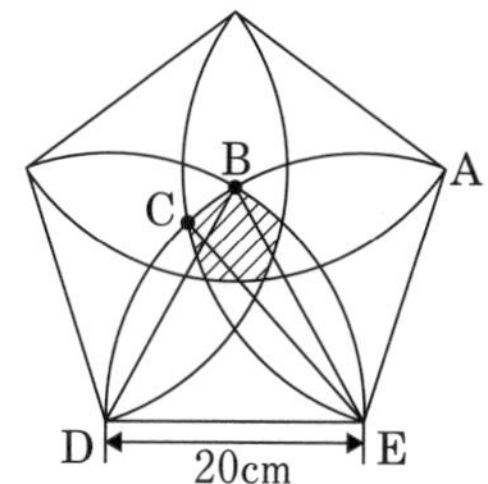

図のようにA～Eとし，BとE，CとE，BとDを結ぶと，斜線部分の周りの長さは，弧BCの長さの５倍である。弧BCの長さは，扇型BCEの半径が20cmであるから，中心角∠BECがわかれば求められる。

STEP❷　中心角を求める

正五角形の内角の和は，$180° \times 3 = 540°$であるから，１つの内角は$540° \div 5 = 108°$である。△BDEは正三角形なので，$\angle BED = 60°$より，$\angle AEB = \angle AED - \angle BED = 108° - 60° = 48°$

よって，$\angle BEC = 108° - 48° \times 2 = 12°$

したがって，弧BCの長さは，$2\pi \times 20 \times \frac{12}{360} = \frac{4}{3}\pi$であるから，斜線部分の周りの長さは，$5 \times \frac{4}{3}\pi = \frac{20}{3}\pi$〔cm〕となり，**4**が正しい。

No.2 の解説　小円の半径　→問題はP.303　正答4

STEP❶　正方形の対角線の長さを利用する

図のように，半径２の円に内接する正方形の対角線をABとし，３点O_1，O_2，O_3を中心とする３つの円をそれぞれ円O_1，円O_2，円O_3，その半径をrとする。

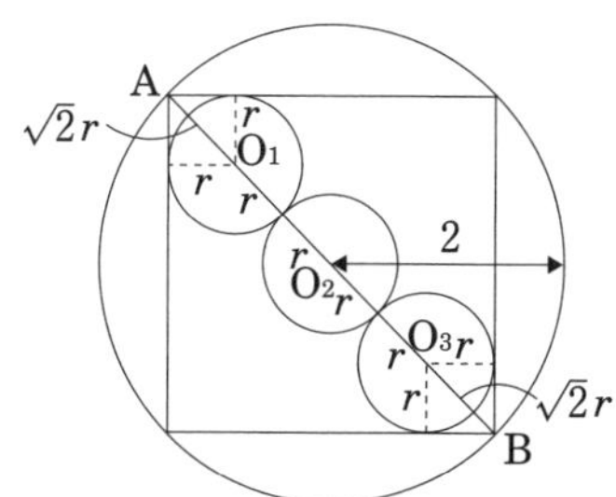

すると，$O_1O_3 = 4r$，$AO_1 = BO_3 = \sqrt{2}r$であるから，

$AB = 4r + 2\sqrt{2}r = (4 + 2\sqrt{2})r$

第3章　図形

STEP❷ 小円の半径rを求める

一方，AB＝4であるから，

$$(4+2\sqrt{2})r=4$$

$$r=\frac{4}{4+2\sqrt{2}}$$

次にこの分母を有理化すると，

$$r=\frac{2}{2+\sqrt{2}}=\frac{2(2-\sqrt{2})}{(2+\sqrt{2})(2-\sqrt{2})}=\frac{2(2-\sqrt{2})}{4-2}=2-\sqrt{2}$$

となり，**4**が正しい。

No.3の解説　三角形CDO_1の面積

→問題はP.304　正答5

STEP❶ 補助線を引く

図のように，一方の円の中心O_1を通り，共通接線l_1に平行な直線とO_2Bの交点をHとする。

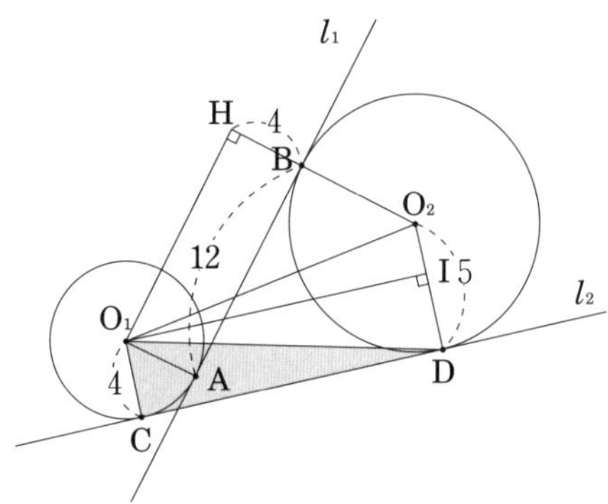

$\triangle O_1O_2H$において，$O_1H=AB=12$，$O_2H=O_2B+BH=5+4=9$であるから，三平方の定理により　$O_1O_2=\sqrt{O_1H^2+O_2H^2}=\sqrt{12^2+9^2}=\sqrt{225}=15$

また，O_2DにO_1より垂線O_1Iを引くと，$O_2I=O_2D-ID=5-4=1$

$\triangle O_1O_2I$において，三平方の定理により，

$$O_1I=\sqrt{O_1O_2^2-O_2I^2}=\sqrt{15^2-1^2}=\sqrt{225-1}=\sqrt{224}=4\sqrt{14}$$

STEP❷ 三角形の面積を求める

$CD=O_1I$より，求める$\triangle CDO_1$の面積Sは，

$$S=\frac{1}{2}\times CD\times O_1C=\frac{1}{2}\times 4\sqrt{14}\times 4=8\sqrt{14}\ \text{〔cm}^2\text{〕}$$

となり，**5**が正しい。

No.4 の解説 2つの円に外接する直線

→問題はP.304 正答2

STEP❶ 接線の長さを利用する

円O′とO″と接線との接点を図のように，P，Q，R，Sとすると，円外の点から引いた接線の長さは等しいことから，

AP＝AC＝AR ……①

BQ＝BC＝BS ……②

また，OR＝OS，OP＝OQより，

PR＝OR－OP

QS＝OS－OQ

となり，PR＝QSであることがわかる。

PR＝AP＋AR＝2AC，QS＝BQ＋BS＝2BCより，AC＝BC

STEP❷ ABを求める

よって，AB＝AC＋BC＝2AC＝PR＝QSとなり，ABの長さはPRの長さと等しいから，PRの長さを求めればよい。

O′から，O″Rに垂線O′Hを引くと△O′O″Hは直角三角形で，

O′O″＝O′C＋CO″＝3＋6＝9〔cm〕

O″H＝O″R－RH＝O″R－O′P＝6－3＝3〔cm〕

よって，O′Hの長さは，三平方の定理より，

$O'H=\sqrt{9^2-3^2}=\sqrt{81-9}=\sqrt{72}=6\sqrt{2}$〔cm〕

PR＝O′Hであるから，

$PR=6\sqrt{2}$〔cm〕

したがって，ABの長さも$6\sqrt{2}$cmとなり，**2**が正しい。

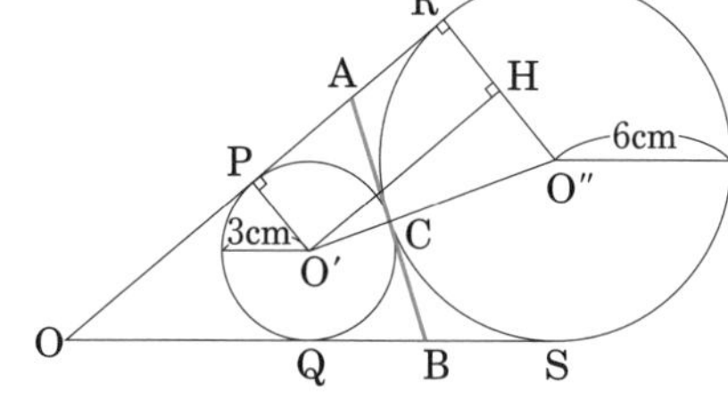

実戦問題❷　応用レベル

＊＊
No.5　次の図のように，正方形ABCDの内部に正方形の異なる２辺と接する２つの円があり，またこの２円は互いに外接している。２つの円の中心間の距離が５cmのとき，この正方形ABCDの１辺の長さとして正しいものはどれか。

【市役所・平成18年度】

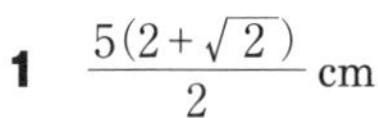

1　$\dfrac{5(2+\sqrt{2})}{2}$ cm

2　$3(2+\sqrt{2})$ cm

3　$\dfrac{5(3+\sqrt{2})}{2}$ cm

4　$4(2+\sqrt{2})$ cm

5　$\dfrac{5(2+3\sqrt{2})}{2}$ cm

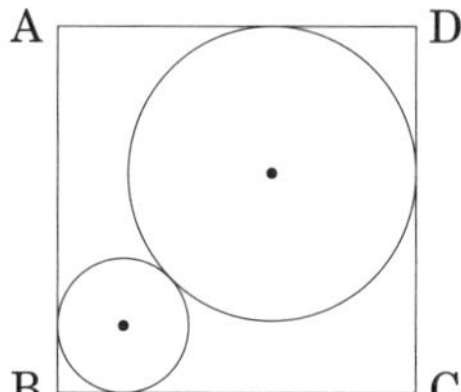

＊＊
No.6　次の図のように，辺ABが20cmの直角三角形ABCに半径４cmの円Oが内接しているとき，直角三角形ABCの面積はどれか。【地方上級・平成15年度】

1　95cm^2

2　96cm^2

3　97cm^2

4　98cm^2

5　99cm^2

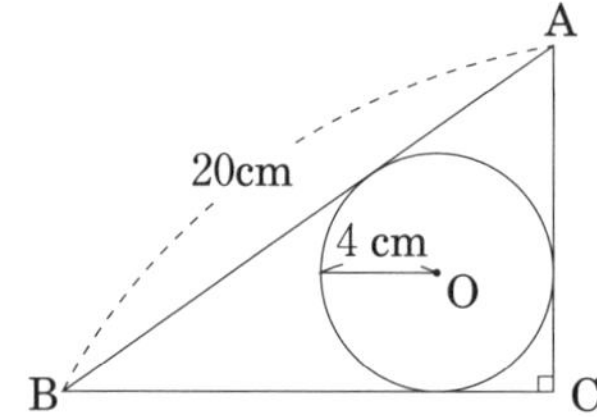

＊＊
No.7　次の図のように，半径５の円Oがあり，BCはその直径である。円周上に点Aをとり，△ABCの辺AB，ACの中点をそれぞれP，Qとする。点Aを円周上で一周させるとき，△POQの外接円の中心Tの軌跡の長さはいくらになるか。

【地方上級・平成12年度】

1　$\dfrac{7}{2}\pi$　　**2**　4π

3　$\dfrac{9}{2}\pi$　　**4**　5π

5　$\dfrac{11}{2}\pi$

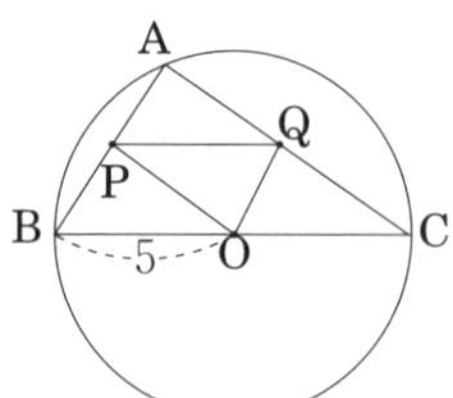

＊＊ No.8 図のように，点Oを中心とする半径１の円と点Pを中心とする円が外接しており，２つの円に共通する接線lとmが60°で交差している。２つの円と接線lとの接点をそれぞれA，Bとすると，四角形ABPOの面積はいくらか。

【国家総合職・平成25年度】

1 $3\sqrt{3}$
2 $4\sqrt{2}$
3 6
4 $4\sqrt{3}$
5 7

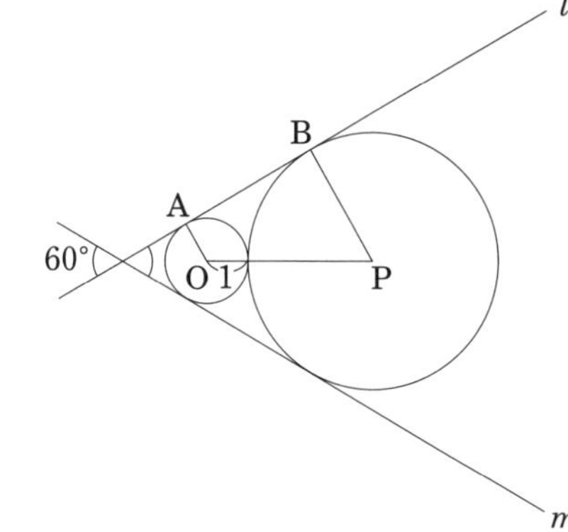

＊＊ No.9 点Oを中心とする半径60cmの弧PQがある。点Oから20cmのところに点Aをとり，∠OAB＝90°となるように弧PQ上に点Bをとった。線分AB上を点Cが，弧PQ上を点DがCD＝20cmとなるように動くものとすると，ACの長さが最も短くなるとき，その長さとして正しいものはどれか。

【地方上級・平成18年度】

1 $(40\sqrt{2}-20)$ cm
2 $20\sqrt{3}$ cm
3 $(40\sqrt{3}-20)$ cm
4 $20\sqrt{2}$ cm
5 $(20\sqrt{5}-20)$ cm

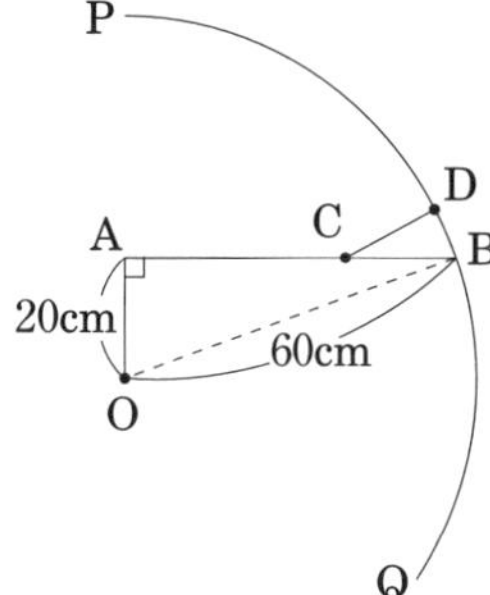

実戦問題2の解説

No.5の解説　正方形の1辺の長さ

→問題はP.308　正答1

STEP❶　BDを求める

正方形の2辺に接する円の中心は必ず正方形の対角線上にある。

2つの円O，Pの半径をそれぞれ$x$cm，$y$cmとすると，2つの円の中心間の距離が5cmであるから，OP＝$x+y=5$

また，BO＝$\sqrt{2}x$，DP＝$\sqrt{2}y$

であることから，

$$
\begin{aligned}
BD &= BO + OP + DP \\
&= \sqrt{2}x + x + y + \sqrt{2}y \\
&= (\sqrt{2}+1)x + (\sqrt{2}+1)y \\
&= (\sqrt{2}+1)(x+y) \\
&= 5(\sqrt{2}+1)
\end{aligned}
$$

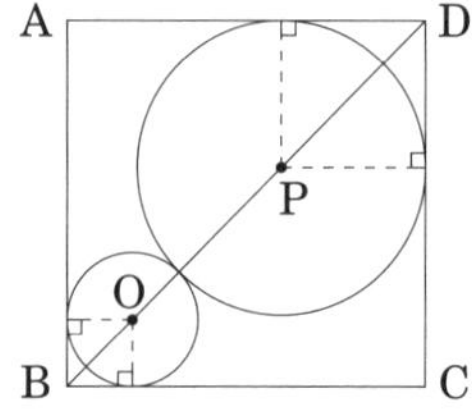

STEP❷　正方形の1辺の長さを求める

よって，正方形ABCDの1辺の長さABはBDの$\frac{1}{\sqrt{2}}$だから，

$$AB = \frac{1}{\sqrt{2}} \times 5(\sqrt{2}+1) = \frac{5\sqrt{2}(\sqrt{2}+1)}{2} = \frac{5(2+\sqrt{2})}{2} \text{〔cm〕}$$

となり，**1**が正しい。

No.6の解説　直角三角形の面積

→問題はP.308　正答2

STEP❶　内接円の半径を利用した三角形の面積を利用する

三角形の3辺の長さをそれぞれa，b，c，内接円の半径をrとすると三角形の面積Sは，$\boldsymbol{S=\frac{1}{2}r(a+b+c)}$で求めることができる。

STEP❷　面積を求める

図のように，△ABCの内接円Oとの接点をP，Q，Rとすると，円外の1点から円に引いた2本の接線の長さは等しいから，

AP＝AR，BP＝BQ，CQ＝CR

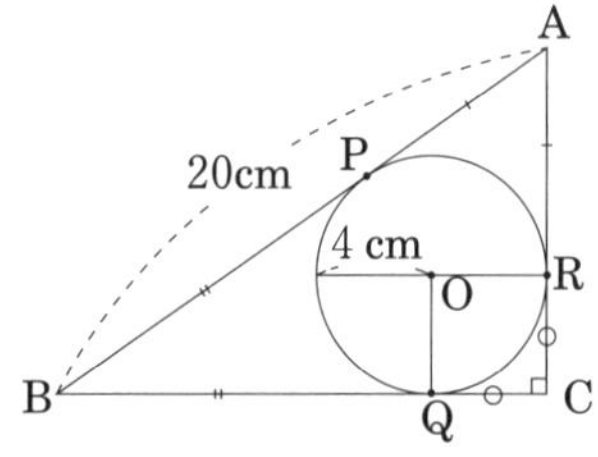

また，四角形OQCRは正方形であるから，CQ＝CR＝4

AC＋BC＝AR＋CR＋BQ＋CQ＝AR＋BQ＋4×2

$= AP + BP + 8 = AB + 8 = 20 + 8 = 28$〔cm〕

したがって，△ABCの３辺の長さの和は，

$AC + BC + AB = 28 + 20 = 48$〔cm〕

よって，△ABCの面積は，$\frac{1}{2} \times 4 \times 48 = 96$〔$cm^2$〕となり，**2**が正しい。

No.7 の解説　軌跡の長さ

→問題はP.308　正答４

STEP❶　中点連結の定理を利用する

BCは円Oの直径であるから，△ABCは∠A＝90°の直角三角形である。また，P，Q，Oはいずれも△ABCの辺の中点であるから，**中点連結の定理**により，

$$PQ /\!/ BC,\ PQ = \frac{1}{2}BC$$

$$PO /\!/ AC,\ PO = \frac{1}{2}AC$$

$$QO /\!/ AB,\ QO = \frac{1}{2}AB$$

STEP❷　軌跡の長さを求める

したがって，△POQは∠POQ＝90°の直角三角形となり，△POQの外接円の中心Tは斜辺PQの中点となる。

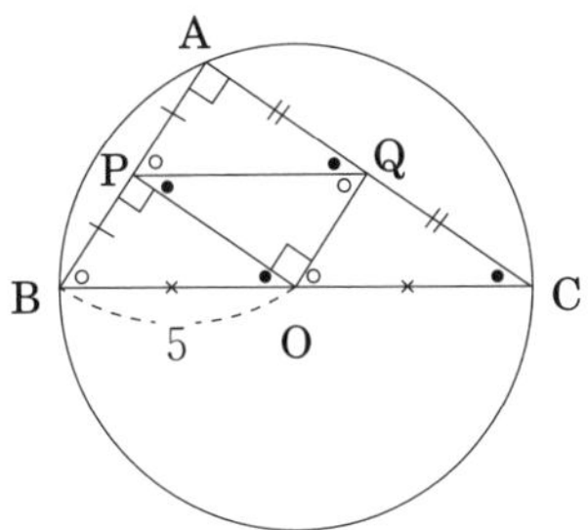

一方，四角形APOQは長方形であるから，Tは長方形APOQの対角線の交点でもある。

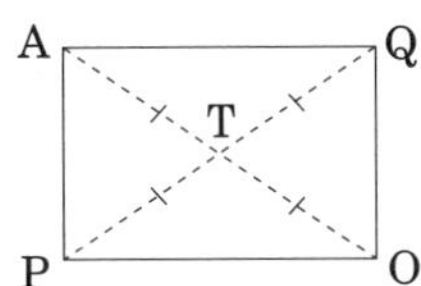

よって，$OT = \frac{1}{2}OA = \frac{5}{2}$が常に成り立つ。TはOを中心とする半径$\frac{5}{2}$の円

を描くから，Tの描く軌跡の長さは，

$$2\times\pi\times\frac{5}{2}=5\pi$$

となり，**4**が正しい。

No.8 の解説　円と接線

→問題はP.309　**正答4**

STEP❶　30°，60°，90°の直角三角形を利用する

接線l，mの交点をQ，2つの円の接点をRとする。

線分PQは60°の角を2等分し，∠QAO＝∠QBP＝90°であるから，△QAO，△QBPは30°，60°，90°の直角三角形である。

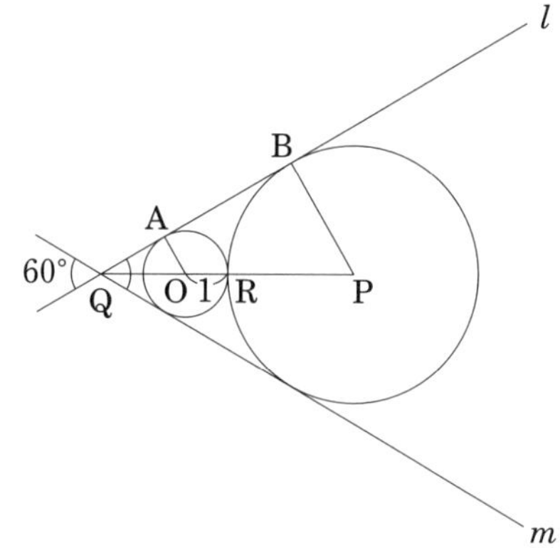

OA：OQ＝1：2で，OA＝1より，OQ＝2

よって，RQ＝RO＋OQ＝1＋2＝3

STEP❷　△QBPの面積を求める

円Pの半径をrとすると，

PQ＝PR＋RQ＝$r+3$である。

PB：PQ＝r：$(r+3)$＝1：2より，

$$r+3=2r$$

$$r=3$$

また，PB：QB＝1：$\sqrt{3}$より，QB＝$3\sqrt{3}$

$$\triangle \mathrm{QBP}=\frac{1}{2}\times \mathrm{PB}\times \mathrm{QB}=\frac{1}{2}\times 3\times 3\sqrt{3}=\frac{9\sqrt{3}}{2}$$

STEP❸　四角形ABPOの面積を求める

同様にして，$\triangle \mathrm{QAO}=\frac{1}{2}\times \mathrm{OA}\times \mathrm{QA}=\frac{1}{2}\times 1\times\sqrt{3}=\frac{\sqrt{3}}{2}$

したがって，四角形ABPOの面積Sは，

$$S=\triangle QBP-\triangle QAO=\frac{9\sqrt{3}}{2}-\frac{\sqrt{3}}{2}=\frac{8\sqrt{3}}{2}=4\sqrt{3}$$

となり，**4**が正しい。

No.9 の解説　ACの長さが最も短くなるとき

→問題はP.309　**正答2**

STEP❶　ACを求める

点Dが点Bと一致するときにACが最も短くなると錯覚しがちであるが，そうでないことに注意する必要がある。

$AB^2=OB^2-OA^2$より，$AB=\sqrt{60^2-20^2}=\sqrt{3200}=40\sqrt{2}$〔cm〕である。点Dと点Bが一致するとき，$AC=40\sqrt{2}-20$〔cm〕となる。

ところが，ODとABの交点が点Cと一致するとき，OD＝60cm，CD＝20cmより，OC＝40cmとなる。このとき，△OACは直角三角形で，$OA:OC:AC=1:2:\sqrt{3}$より，$AC=20\sqrt{3}$cmとなる。

$40\sqrt{2}-20 \fallingdotseq 40\times1.41-20=36.4$，$20\sqrt{3}=20\times1.73=34.6$であるから

$40\sqrt{2}-20>20\sqrt{3}$

STEP❷　ACの最短の長さを求める

したがって，点Dが点Bの位置から，P方向へ動くとき，点Cは点Aから$40\sqrt{2}-20$cmの位置から$20\sqrt{3}$cmの位置まで動き，その後はCD＝20cmの条件が満たせなくなるまで再び点Bの方向へ動く。一方，点Dが点BからQ方向へ動くときは，BC＝20cmより長くなることはないので，ACの長さが最も短くなるのは$20\sqrt{3}$cmのときで，**2**が正しい。

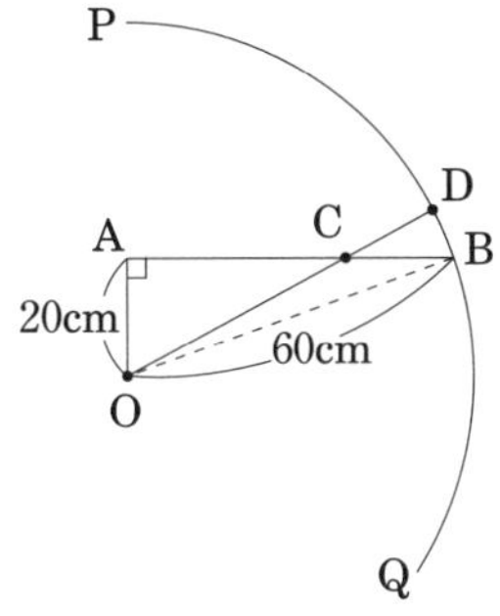

26 円の面積

必修問題

図のように，扇形OABに一辺の長さが6の正方形PQRSが内接している。辺PSの中点を点Tとし，∠TOP＝30°，∠OTP＝90°のとき，扇形OABの面積はいくらか。

【国家専門職・令和元年度】

1 $(12+6\sqrt{2})\pi$
2 $(24-\sqrt{3})\pi$
3 $(12+6\sqrt{3})\pi$
4 $(24-\sqrt{2})\pi$
5 $(12+8\sqrt{2})\pi$

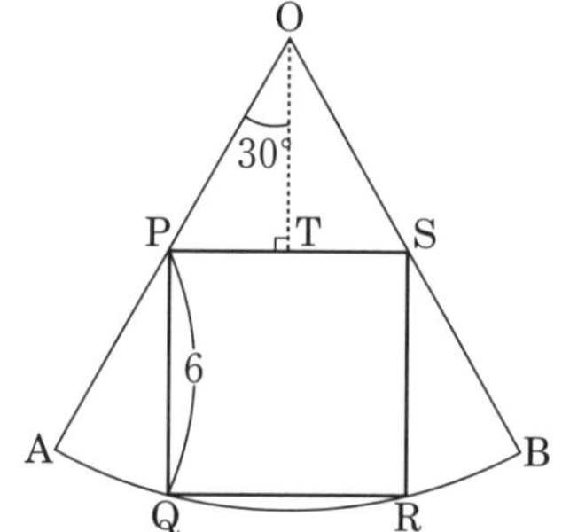

難易度 ＊＊

必修問題の解説

扇形の面積は，中心角と半径がわかれば求められる。本問では，半径を求めることがカギになる。

STEP❶ 補助線をひく

図のように，OとQを結び，さらに，OTを延長してQRとの交点をUとする。

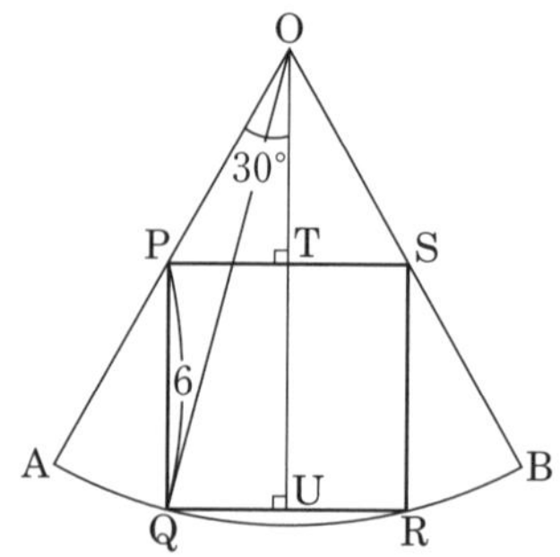

STEP❷ 三角形OQUに着目する

直角三角形OQUに着目すると，OQはこの扇形の半径であるからOQ＝rとする。また，QU＝３である。

次に，OUの長さを求めることを考える。OU＝OT＋TUであり，OTは△OPTに着目すると，△OPTは３つの角が30°，60°，90°の直角三角形であるから，PT：OP：OT＝１：２：$\sqrt{3}$である。また，△OPSは∠POS＝60°より，正三角形であるから，OP＝PS＝６。よって，OT＝$3\sqrt{3}$

したがって，OU＝OT＋TU＝$3\sqrt{3}+6$

△OQUにおいて，$OQ^2=QU^2+OU^2$

$$
\begin{aligned}
r^2 &= 3^2+(3\sqrt{3}+6)^2\\
&= 9+\{(3\sqrt{3})^2+2\times3\sqrt{3}\times6+6^2\}\\
&= 9+(27+36\sqrt{3}+36)\\
&= 72+36\sqrt{3}
\end{aligned}
$$

STEP❸ 扇形のOABの面積を求める

扇形OABの面積をSとすると，∠OAB＝60°であるから，

$$S=\frac{60}{360}\pi r^2=\frac{1}{6}\pi r^2=\frac{1}{6}(72+36\sqrt{3})\pi=(12+6\sqrt{3})\pi$$

となり，**3**が正しい。

正答 3

第3章 図形

FOCUS

円の面積の求め方の公式も，三角形の面積と同様，知らない人はいないはずである。ところが，こうした円や扇形の面積の公式をいきなり当てはめて解けるようなものは少ない。補助線を引いて，面積をあえて分割したりすることによって，解法の糸口をつかめたりする。そのためにも，図をかくことを億劫（おっくう）がってはならない。

POINT

重要ポイント 1 円と扇形の面積

半径rの円の円周と面積は次のように求められる。

円周：$l=2\pi r$　　面積：$S=\pi r^2$

半径rの扇形の弧の長さと面積は次のように求められる。

弧：$l=2\pi r\times\dfrac{a}{360}$　面積：$S=\pi r^2\times\dfrac{a}{360}=\dfrac{1}{2}lr$

〔例題〕図のような直角三角形ABCにおいて，AB，BC，CAを直径とする半円をそれぞれ同じ側にかくとき，斜線部分の面積を求めよ。

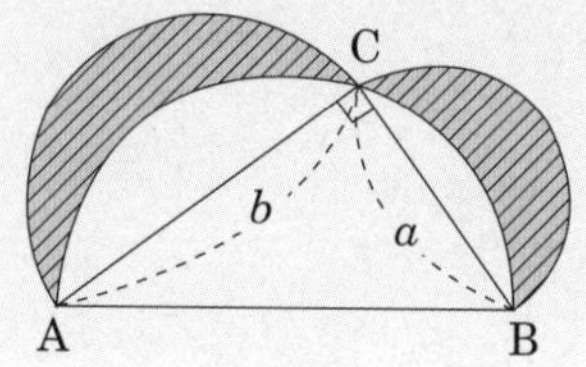

三平方の定理より，$AB=\sqrt{a^2+b^2}$

(斜線部分の面積)＝△ABC＋(BCを直径とする半円)＋(ACを直径とする半円)－(ABを直径とする半円)

$$=\frac{ab}{2}+\frac{1}{2}\times\pi\left(\frac{a}{2}\right)^2+\frac{1}{2}\times\pi\left(\frac{b}{2}\right)^2-\frac{1}{2}\times\pi\left(\frac{\sqrt{a^2+b^2}}{2}\right)^2$$

$$=\frac{ab}{2}+\frac{\pi a^2}{8}+\frac{\pi b^2}{8}-\frac{\pi}{8}(a^2+b^2)=\frac{ab}{2}$$

注）結果的に，斜線部分の面積は直角三角形ABCの面積に等しい。

重要ポイント 2 2つの円と接線

2つの円の共通接線に関する問題は，一方の円の中心を通り，共通接線に平行な直線を引いて，長方形と直角三角形を作って考える。

〔例題〕円Aの半径は1 cm，円Bの半径は4 cm，中心A，B間の距離は6 cmである。円A，Bの共通外接線を引いたとき，図の斜線部分の面積を求めよ。

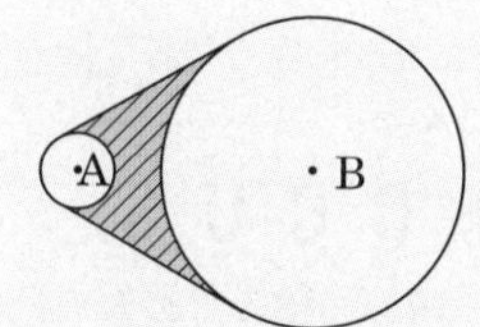

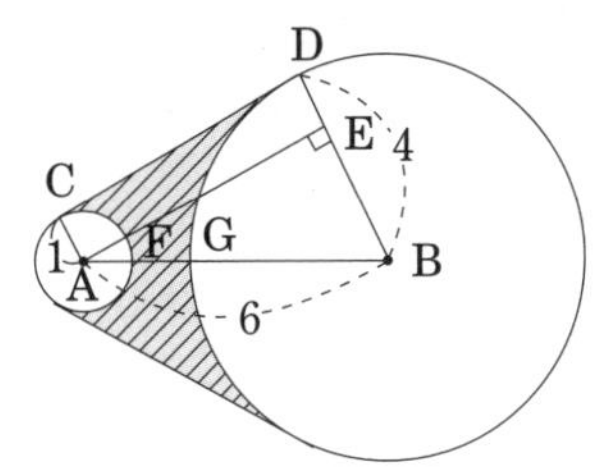

次図のように接点をC，Dとし，AからBDに引いた垂線の足をEとする。

四角形AEDCは長方形で，AC＝1cmであるから，ED＝1cm

よって，BE＝4－1＝3〔cm〕

△ABEにおいて，∠BEA＝90°，AB＝6cm，BE＝3cmであるから，AB：BE＝2：1

したがって，∠ABE＝60°，AE＝$\sqrt{3}$BE＝$3\sqrt{3}$〔cm〕

また，∠BAE＝30°であるから，∠BAC＝120°

求める面積Sは，上下対称な図形であることから，

$$S=2\{(\text{台形ABDC})-(\text{扇形AFC})-(\text{扇形BDG})\}$$

$$=2\left\{\frac{1}{2}(4+1)\times3\sqrt{3}-\pi\times\frac{120}{360}-16\pi\times\frac{60}{360}\right\}$$

$$=2\left(\frac{15\sqrt{3}}{2}-\frac{\pi}{3}-\frac{8}{3}\pi\right)=15\sqrt{3}-6\pi\ 〔\text{cm}^2〕$$

重要ポイント3　2つの円が重なる部分の面積

2つの円が重なった部分の面積を求める問題は頻出分野である。扇形の面積をうまく活用することがポイントである。

〔例題〕右の図の斜線部分の面積を求めよ。

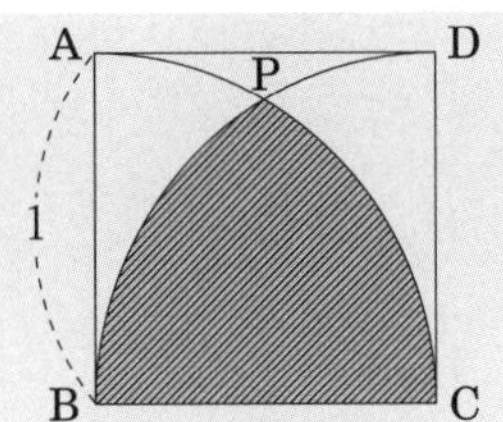

右下の図のように，求める面積SをS_1とS_2に分けると，S_1は，扇形PBCから正三角形PBCを引けばよい。

$$S=S_1+S_2=\frac{1}{6}\pi-\frac{1}{2}\times1\times\frac{\sqrt{3}}{2}+\frac{1}{6}\pi$$

$$=\frac{1}{3}\pi-\frac{\sqrt{3}}{4}$$

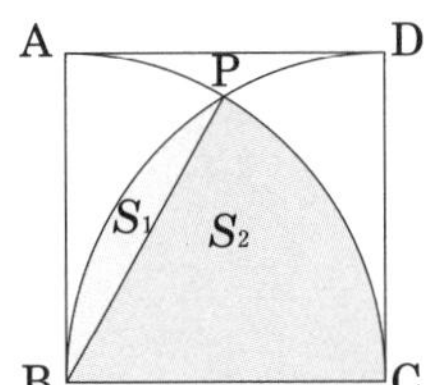

実戦問題❶　基本レベル

No.1 * 次の図のような，半径1mの半円がある。今，円弧を六等分する点をC，D，E，F，Gとするとき，斜線部の面積はどれか。ただし，円周率はπとする。

【地方上級（特別区）・平成30年度】

1 $\dfrac{\pi}{2}-\dfrac{\sqrt{3}}{4}\mathrm{m}^2$

2 $\dfrac{\pi}{3}-\dfrac{\sqrt{3}}{4}\mathrm{m}^2$

3 $\dfrac{\pi}{3}\mathrm{m}^2$

4 $\dfrac{\pi}{6}-\dfrac{\sqrt{3}}{4}\mathrm{m}^2$

5 $\dfrac{\pi}{6}\mathrm{m}^2$

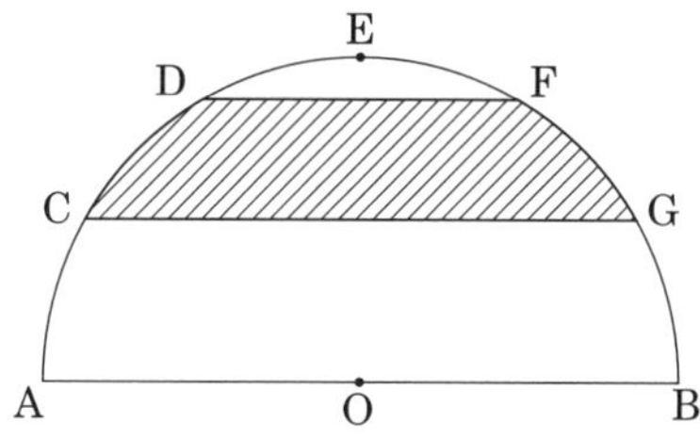

No.2 * 次の図のような，一辺の長さが4aの正三角形とその内接する円で構成された斜線部の面積はどれか。ただし，円周率はπとする。

【地方上級(特別区)・平成28年度】

1 $\left(4\sqrt{3}-\dfrac{1}{3}\pi\right)a^2$

2 $\left(4\sqrt{3}-\dfrac{2}{3}\pi\right)a^2$

3 $(4\sqrt{3}-\pi)a^2$

4 $\left(4\sqrt{3}-\dfrac{4}{3}\pi\right)a^2$

5 $\left(4\sqrt{3}-\dfrac{5}{3}\pi\right)a^2$

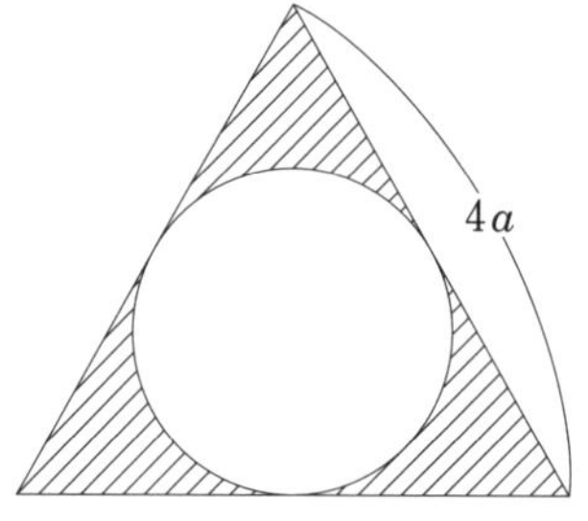

No.3 下の図のように，半径$3a$の円があり，長辺の長さ$3a$，短辺の長さaの長方形が，一方の長辺の両端で円の内側に接しながら円の内側を１周するとき，長方形が通過する部分の面積として，正しいのはどれか。ただし，円周率はπとする。

【地方上級（東京都）・令和４年度】

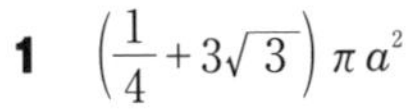

1 $\left(\frac{1}{4}+3\sqrt{3}\right)\pi a^2$

2 $\left(\frac{1}{2}+3\sqrt{3}\right)\pi a^2$

3 $\left(\frac{3}{4}+3\sqrt{3}\right)\pi a^2$

4 $(1+3\sqrt{3})\pi a^2$

5 $\left(\frac{5}{4}+3\sqrt{3}\right)\pi a^2$

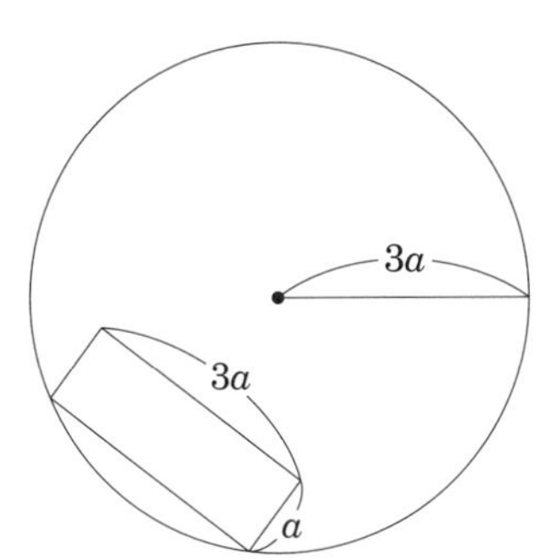

No.4 下図のような，一辺の長さがaの正方形と，正方形の各辺を半径とする円弧からなる図形の斜線部分の面積として，正しいのはどれか。ただし，円周率はπとする。

【地方上級・平成22年度】

1 $\left(1-\frac{\sqrt{3}}{4}-\frac{\pi}{6}\right)a^2$

2 $\left(1-\frac{\sqrt{3}}{4}-\frac{\pi}{12}\right)a^2$

3 $\left(4-\frac{\sqrt{3}}{4}-\frac{2\pi}{3}\right)a^2$

4 $\left(4-\sqrt{3}-\frac{2\pi}{3}\right)a^2$

5 $\left(4-\sqrt{3}-\frac{\pi}{6}\right)a^2$

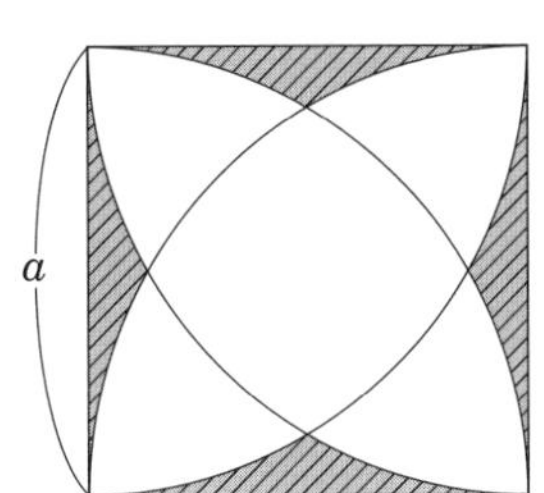

第３章 図形

No.5 下の図のように，直径の等しい円Aおよび円Bがあり，直径の等しい4個の円pがそれぞれ他の2個の円pに接しながら円Aに内接し，円Bには直径の等しい2個の円qが円Bの中心で互いに接しながら円Bに内接している。このとき，1個の円pの面積に対する1個の円qの面積の比率として，正しいのはどれか。

【地方上級（東京都）・令和4年度】

1 $\frac{1+4\sqrt{2}}{4}$

2 $\frac{2+3\sqrt{2}}{4}$

3 $\frac{3+2\sqrt{2}}{4}$

4 $\frac{4+\sqrt{2}}{4}$

5 $\frac{5}{4}$

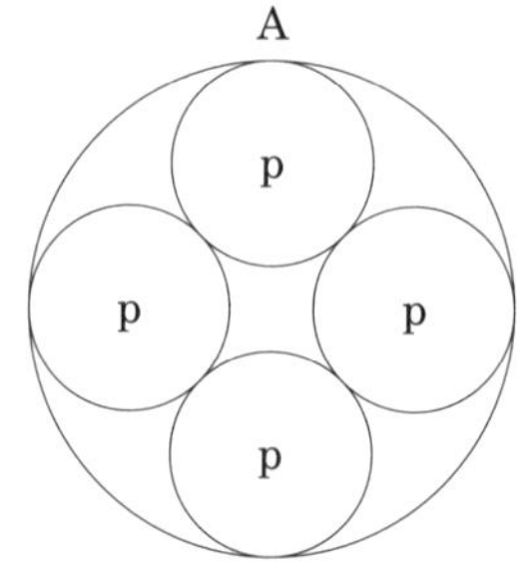

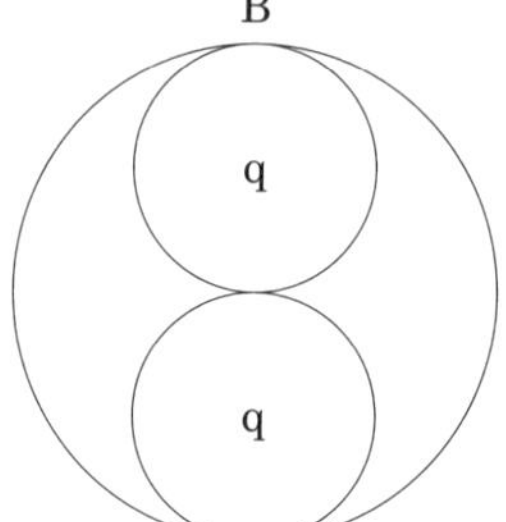

No.6 下の図のように，台形に半円が内接しているとき，半円の面積として，正しいのはどれか。ただし，円周率はπとする。

【地方上級（東京都）・平成29年度】

1 $2,400\pi\,\mathrm{cm}^2$

2 $2,600\pi\,\mathrm{cm}^2$

3 $2,800\pi\,\mathrm{cm}^2$

4 $3,000\pi\,\mathrm{cm}^2$

5 $3,200\pi\,\mathrm{cm}^2$

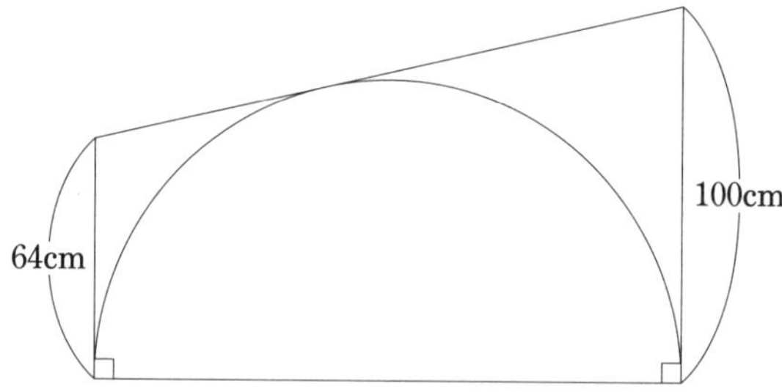

実戦問題1の解説

No.1 の解説　斜線部分の面積
→問題はP.318　正答5

STEP❶　補助線をひく

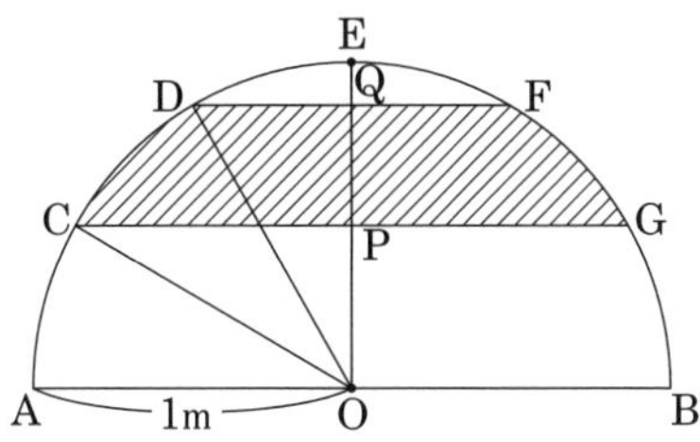

図のように，C，D，Eと円の中心Oとそれぞれ結び，OEとCG，DFの交点をそれぞれP，Qとする。

斜線部分のCPQDの面積Sは，扇形CODと△DOQの面積の和から，△COPの面積を引けばよい。ここで，△COP≡△ODQ(直角三角形の斜辺CO＝ODと１つの鋭角∠COP＝∠ODQ＝60°が等しい。)

よって，Sは半径１m，中心角30°の扇形CODの面積に等しい。

STEP❷　斜線部分の面積を求める

求める面積は２Sであるから，$2S = 2 \times \pi \times \frac{30}{360} = \frac{\pi}{6}$〔$m^2$〕となり，**5**が正しい。

No.2 の解説　斜線部分の面積
→問題はP.318　正答4

STEP❶　円の半径を求める

図Ⅰのように，正三角形をABCとし，円の中心をO，円と三角形の３辺の接点をP，Q，Rとする。

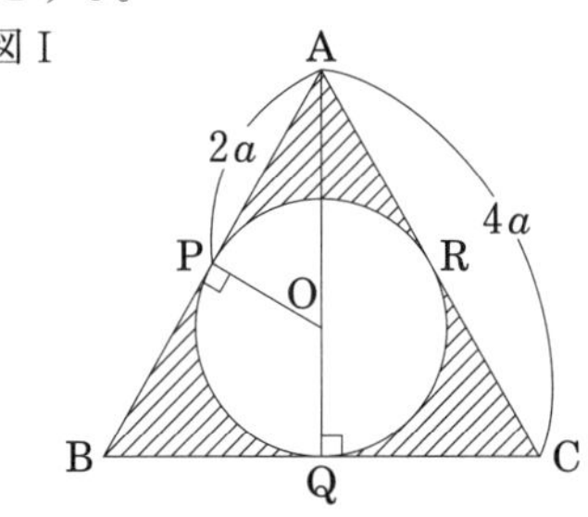

△APOは，∠OAP＝30°，∠AOP＝60°，∠APO＝90°であるから，３辺の長さの比は，OP：OA：AP＝1：2：$\sqrt{3}$である。

AP＝$2a$より，$OP = \frac{1}{\sqrt{3}}AP = \frac{1}{\sqrt{3}} \times 2a = \frac{2}{\sqrt{3}}a = \frac{2\sqrt{3}}{3}a$

STEP❷　斜線部分の面積を求める

正三角形ABCの面積S_1は，底辺BC＝$4a$に対する高さAQ＝$2a \times \sqrt{3}$ ＝

$2\sqrt{3}a$であるから，$S_1=\frac{1}{2}\times 4a\times 2\sqrt{3}a=4\sqrt{3}a^2$

また，円の面積S_2は，円の半径$\mathrm{OP}=\frac{2\sqrt{3}}{3}a$であるから，$S_2=\pi\left(\frac{2\sqrt{3}}{3}a\right)^2$

$=\frac{4}{3}\pi a^2$

したがって，求める面積Sは，$S=S_1-S_2$

$$=4\sqrt{3}a^2-\frac{4}{3}\pi a^2=\left(4\sqrt{3}-\frac{4}{3}\pi\right)a^2$$

となり，**4**が正しい。

No.3 の解説　長方形が通過する面積

→問題はP.319　正答5

STEP❶　求める図形の面積を考える

長方形が通過する部分は，円の中心Oから長方形の一番外側の点AまたはBが通る部分，すなわち，この円Oの円周と，一番内側の点Cが通る部分，これはOCを半径とする円であるから，求める図形の面積は，図の２つの同心円に囲まれた青い部分である。

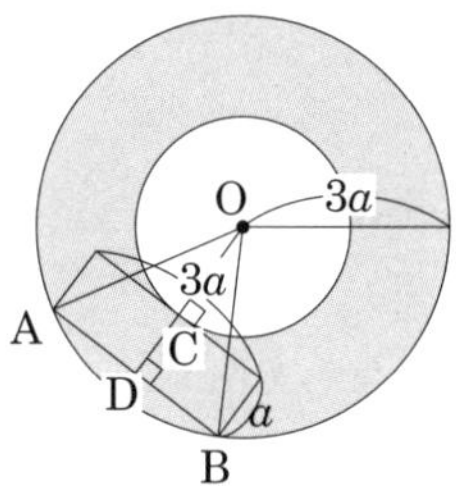

STEP❷　内側の円の半径を求める

△OABは，$\mathrm{OA}=\mathrm{OB}=\mathrm{AB}=3a$の正三角形であるから，ABの中点をDとすると，△OAD≡△OBDより，∠AOD＝30°である。また，AD：OA：OD＝1：2：$\sqrt{3}$である。

$\mathrm{AD}=\frac{3}{2}a$より，$\mathrm{OD}=\frac{3}{2}\sqrt{3}a$となり，$\mathrm{OC}=\mathrm{OD}-\mathrm{CD}=\frac{3}{2}\sqrt{3}a-a$

OCが内側の円の半径であるから，求める面積は，外側の円の面積から内側の円の面積を引いて，

$$\left\{(3a)^2-\left(\frac{3}{2}\sqrt{3}a-a\right)^2\right\}\pi=\left(9-\frac{27}{4}+3\sqrt{3}-1\right)\pi a^2=\left(\frac{5}{4}+3\sqrt{3}\right)\pi a^2$$

よって，**5**が正しい。

No.4 の解説　円弧で囲まれた面積

→問題はP.319　**正答4**

STEP❶　扇形を利用する

斜線部分の面積は，右図のPの部分の面積を４倍したものである。Pは正方形の面積から，中心角が30°の扇形２つ分と１辺の長さがaの正三角形を引いたものであるから，

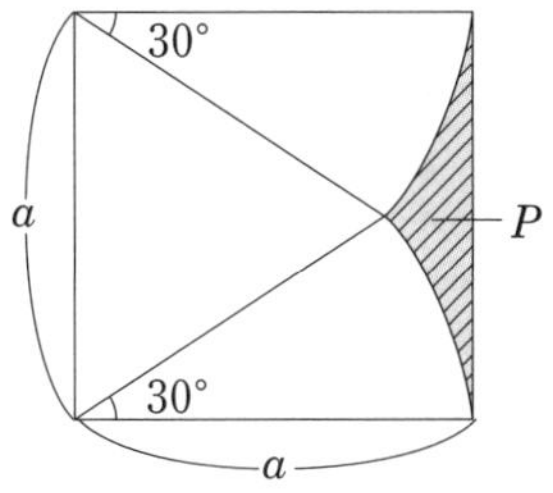

$$P=a^2-\left(\frac{1}{12}\pi a^2\times 2+a\times\frac{\sqrt{3}}{2}a\times\frac{1}{2}\right)$$

$$=\left(1-\frac{\pi}{6}-\frac{\sqrt{3}}{4}\right)a^2$$

STEP❷　面積を求める

したがって，求める面積Sは，

$S=4P=\left(4-\sqrt{3}-\dfrac{2\pi}{3}\right)a^2$となり，**4**が正しい。

No.5 の解説　円の面積比

→問題はP.320　**正答3**

STEP❶　円pと円qの半径の比を考える

円Aに内接している円pの半径を１とする。図のように円pの中心を結ぶ△CDEを考えると，△CDEは，CD＝CE＝2の直角二等辺三角形であるから，DE＝$2\sqrt{2}$である。したがって，円Aの直径は，$1+2\sqrt{2}+1=2+2\sqrt{2}$となるから，円qの直径は$1+\sqrt{2}$となり，半径はその半分で$\dfrac{1+\sqrt{2}}{2}$である。

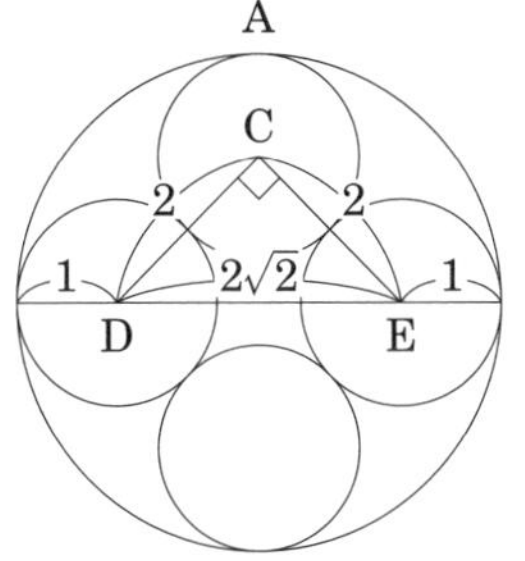

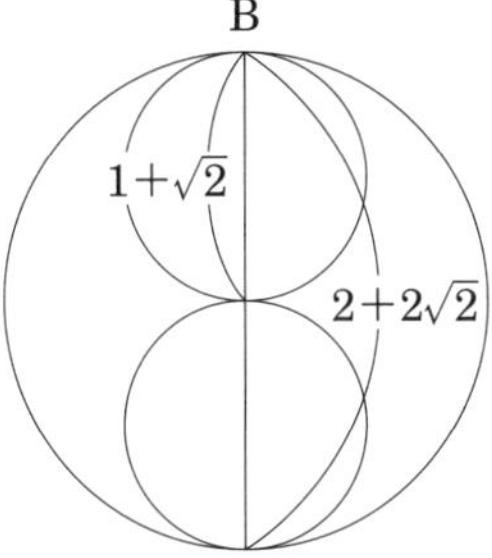

STEP❷　面積比を求める

円の面積比は，半径の２乗の比に等しくなるから，円pの面積に対する円qの面積の比率は，$1^2:\left(\dfrac{1+\sqrt{2}}{2}\right)^2=1:\dfrac{3+2\sqrt{2}}{4}$であり，**3**が正しい。

No.6 の解説　半円の面積

→問題はP.320　正答5

STEP❶　補助線を引く

図のように，台形をABCDとし，AよりCDに垂線AHを引く。また，円と辺ADとの接点をTとすると，円外の1点からその円に引いた2つの接線の長さは等しいから，AB = AT = 64cm，DT = DC = 100cm

よって，AD = AT + DT = 64 + 100 = 164〔cm〕である。

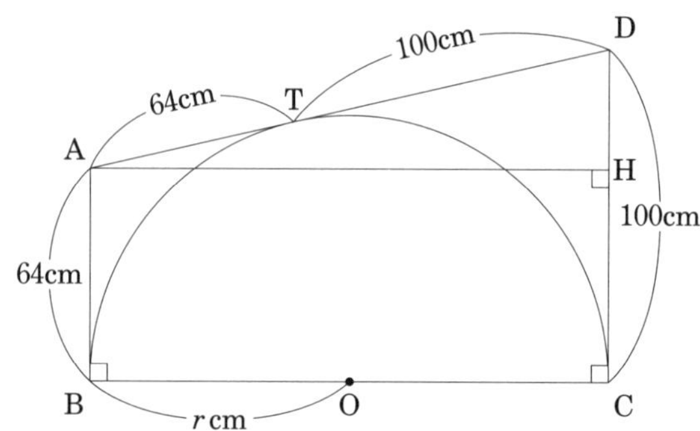

STEP❷　円の半径を求める

円の半径を$r$cmとすると，AH = 2$r$cm，DH = 100 − 64 = 36〔cm〕であるから，△AHDで三平方の定理を用いると，$AD^2 = AH^2 + DH^2$

よって，$164^2 = (2r)^2 + 36^2$

両辺を$2^2 = 4$で割ると，

$a^2 - b^2 = (a + b)(a - b)$

$82^2 = r^2 + 18^2$

$r^2 = 82^2 - 18^2 = (82 + 18)(82 - 18) = 100 \times 64 = 10^2 \times 8^2$

したがって，$r = 10 \times 8 = 80$〔cm〕となり，半円の面積Sは，

$S = \frac{1}{2}\pi r^2 = \frac{1}{2}\pi \times 80^2 = 3200\pi$〔cm²〕となり，**5**が正しい。

実戦問題❷　応用レベル

No.7 ＊＊ 図のように，半径２の円が４つあり，点A，B，C，Dは各円の中心である。このとき，４つの円が重なり合っている部分の面積はいくらか。

【国家総合職・令和４年度】

1 $\frac{16}{3}-\frac{4}{3}\pi$

2 $-\frac{\sqrt{3}}{2}+\frac{2}{3}\pi$

3 $4-4\sqrt{3}+\frac{4}{3}\pi$

4 $-\frac{8}{3}+\frac{4}{3}\pi$

5 $2+\sqrt{3}-\frac{2}{3}\pi$

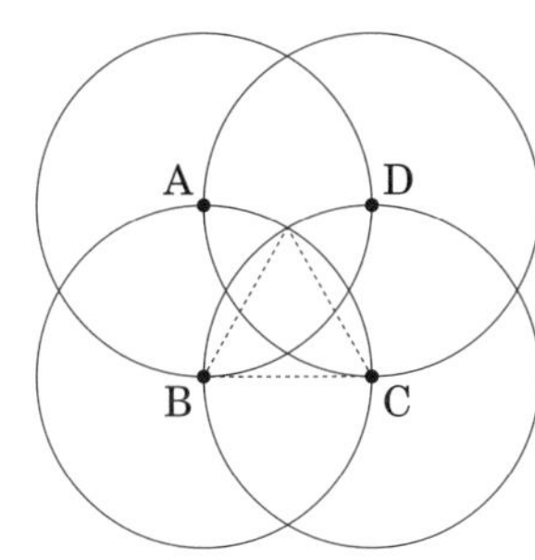

No.8 ＊＊ 図のように，点Bを中心に半径$\sqrt{2}$の扇形を反時計回りに30°回転させたとき，弧ABの通過する斜線部の領域の面積はいくらか。

【国家一般職・平成27年度】

1 $\frac{1}{6}\pi$

2 $\frac{1}{4}\pi$

3 $\frac{1}{3}\pi$

4 $\frac{\sqrt{2}}{3}\pi$

5 $\frac{1}{2}\pi$

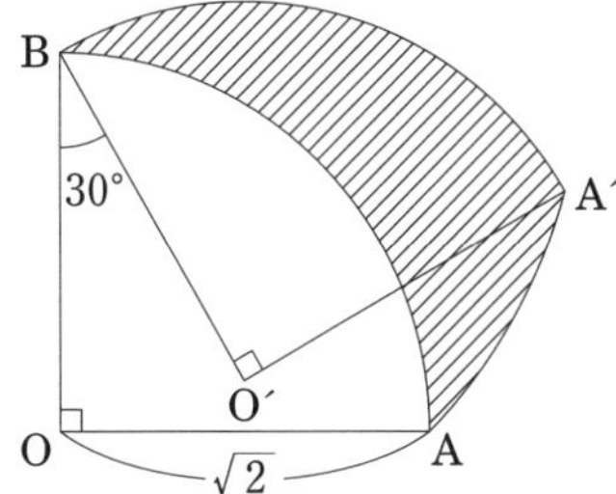

第3章 図形

No.9 ＊＊ **下図のように，大きい円が一辺の長さ$2a$の正三角形に内接し，小さい円が正三角形の二辺と大きい円とに接しているとき，大きい円と小さい円の面積の計として，正しいのはどれか。** 【地方上級（東京都）・平成23年度】

1 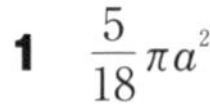 $\frac{5}{18}\pi a^2$

2 $\frac{5}{27}\pi a^2$

3 $\frac{10}{27}\pi a^2$

4 $\frac{5}{54}\pi a^2$

5 $\frac{25}{54}\pi a^2$

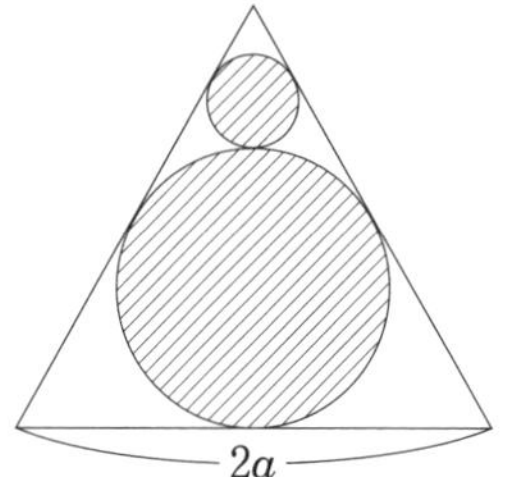

No.10 ＊＊ **次の図のように，半径6cmの２つの円がそれぞれの中心を通るように交わっているとき，斜線部分の面積はどれか。ただし，円周率はπとする。**

【地方上級・平成21年度】

1 12π

2 18π

3 $12\pi-9\sqrt{3}$

4 $24\pi-18\sqrt{3}$

5 $24\pi+18\sqrt{3}$

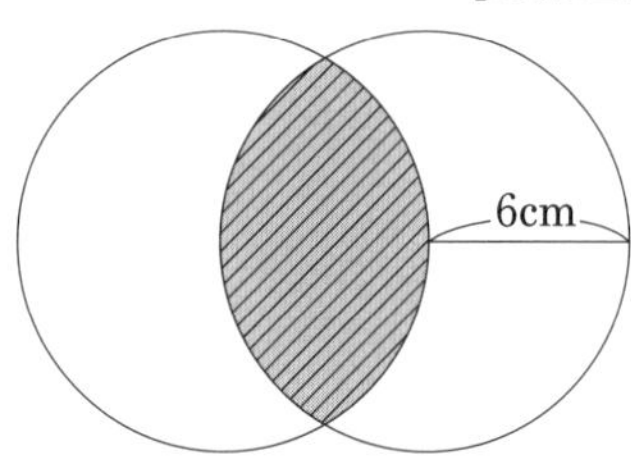

実戦問題2の解説

No.7の解説　4つの円が重なった部分の面積

→問題はP.325　正答3

STEP❶　正方形ABCDで考える

4つの円が重なり合っている部分の面積は，図Ⅰの灰色の部分である。この面積を求めるには，図Ⅱのように正方形ABCDの面積から斜線部分を4つ分引いたものである。

斜線部分の面積Sは，図Ⅲのように四分円ABCからS_1とS_2を引けばよい。△PBCは正三角形であるから，S_1は中心角60°の扇形PBCから正三角形を引いて求められる。また，S_2は中心角60°の扇形の面積である。

図Ⅰ

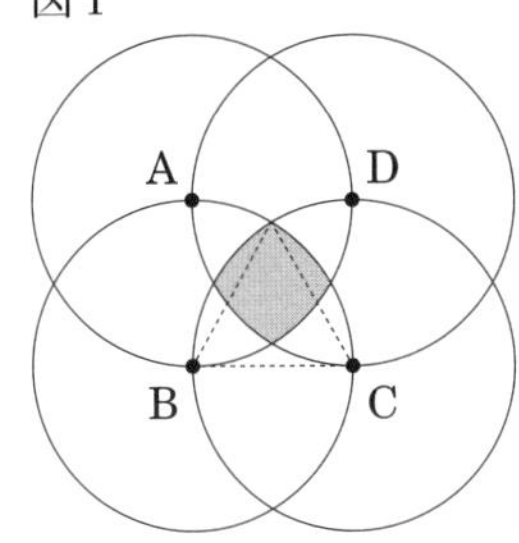

図Ⅱ

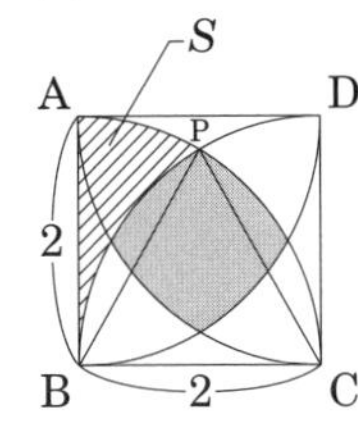

図Ⅲ

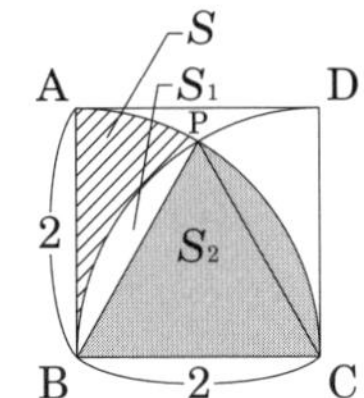

STEP❷　S_1とS_2を求める

$$S_1=\frac{1}{6}\pi\times2^2-\frac{1}{2}\times2\times\sqrt{3}=\frac{2}{3}\pi-\sqrt{3}$$

$$S_2=\frac{1}{6}\pi\times2^2=\frac{2}{3}\pi$$

$$S=\frac{1}{4}\pi\times2^2-S_1-S_2=\pi-\left(\frac{2}{3}\pi-\sqrt{3}\right)-\frac{2}{3}\pi=\sqrt{3}-\frac{1}{3}\pi$$

よって，求める面積は，$2^2-4S=4-4\sqrt{3}+\frac{4}{3}\pi$となり，**3**が正しい。

No.8 の解説　斜線部の領域の面積

→問題はP.325　**正答3**

STEP❶　等しい面積をさがす

点Bと点Aを結ぶと，図Ⅰの斜線部分の面積S_1と図Ⅱの斜線部分の面積S_2は等しい。

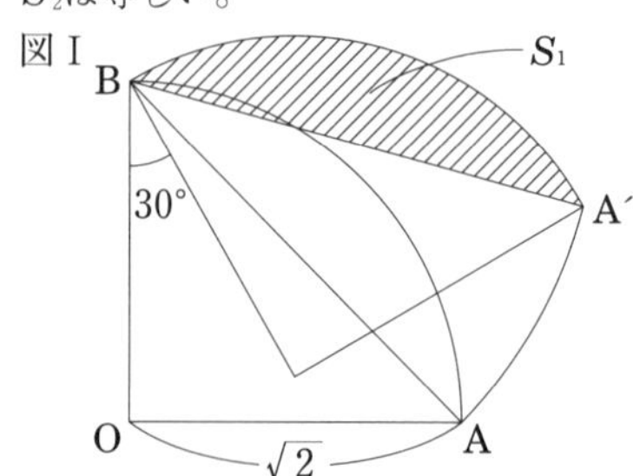

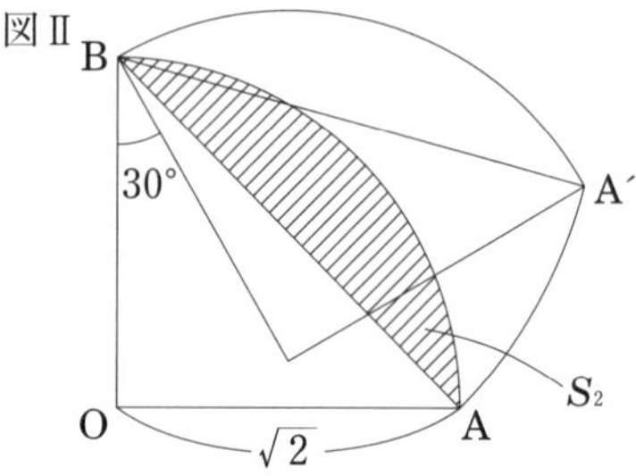

STEP❷　求める面積は扇形BAA′に等しい

図Ⅲの弧ABの通過する斜線部の領域の面積Sは，図Ⅳの扇形BAA′の面積に等しい。

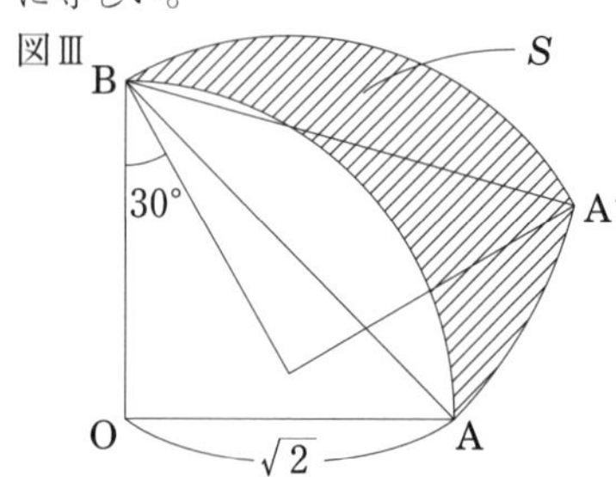

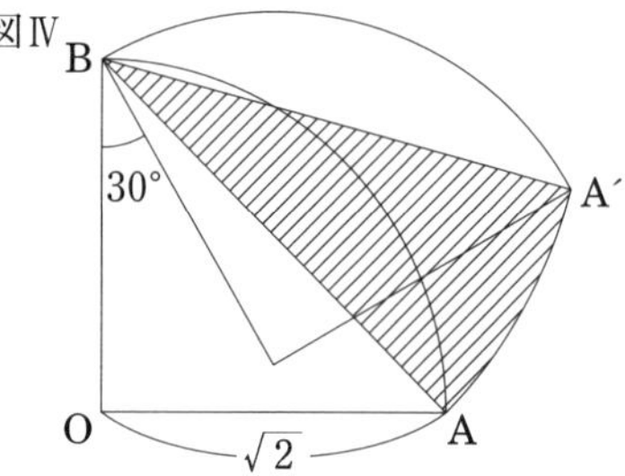

STEP❸　扇形BAA′の面積を求める

扇形BAA′は，半径AB＝2，中心角30°であるから，その面積は，

$2^2\pi\times\frac{30}{360}=4\pi\times\frac{1}{12}=\frac{1}{3}\pi$となり，**3**が正しい。

No.9 の解説　2つの円の面積の計

→問題はP.326　正答3

STEP❶　大きい円の面積を求める

正三角形の場合，内心(内接円の中心)と重心は一致するので，図の正三角形ABCの内接円である円Oの中心(内心)Oは△ABCの重心と一致する。

重心は中線AMを2：1の比に内分するので，AO：OM＝2：1となる。

したがって，円Oの半径OMはAMの$\frac{1}{3}$である。

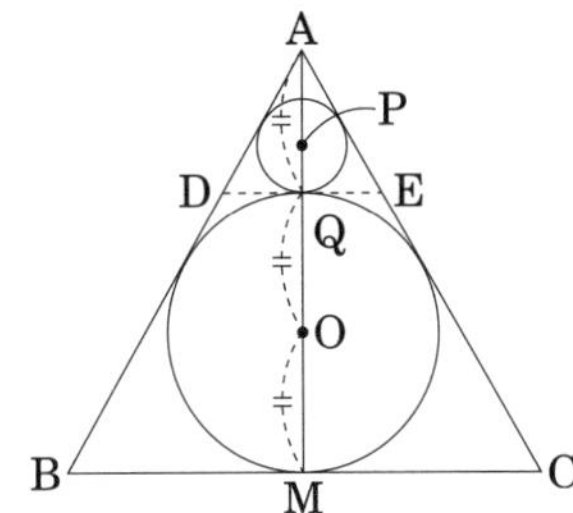

△ABMは30°，60°，90°の直角三角形であるから，BM：AM＝1：$\sqrt{3}$
点Mは辺BCの中点であるから，BM＝aより，AM＝$\sqrt{3}a$となる。

よって，$\text{OM}=\frac{1}{3}\text{AM}=\frac{\sqrt{3}}{3}a$

ゆえに，円Oの面積は，$\left(\frac{\sqrt{3}}{3}a\right)^2\pi=\frac{1}{3}\pi a^2$

STEP❷　小さい円の面積を求める

△ABC∽△ADEで，$\text{AQ}=\frac{1}{3}\text{AM}$だから，相似比は3：1となる。

よって，△ABCと△ADEの面積比は，相似比の２乗となるから，$3^2:1^2=9:1$となる。したがって，その内接円の面積比も同様に9：1である。

△ADEの内接円Pの面積は，

$$\frac{1}{3}\pi a^2\times\frac{1}{9}=\frac{1}{27}\pi a^2$$

となる。

STEP❸　２つの円の面積の合計を求める

２つの円の面積の和は，

$$\frac{1}{3}\pi a^2+\frac{1}{27}\pi a^2=\frac{9}{27}\pi a^2+\frac{1}{27}\pi a^2=\frac{10}{27}\pi a^2$$

となり，**3**が正しい。

No.10の解説　2つの円の重なった部分の面積を求める

→問題はP.326　正答4

面積を求めるコツは，扇形や三角形などの面積の公式で求められるように補助線を引くことである。

STEP❶　補助線を引く

まず，次の図のように2つの円の中心をO_1，O_2とし，2円の交点をA，Bとする。2つの円が，それぞれ中心を通ることから，$O_1A=O_1O_2=O_2A$，$O_1B=O_1O_2=O_2B$であるから，$\triangle O_1O_2A$と$\triangle O_1O_2B$は正三角形で，$\angle AO_1O_2=\angle BO_1O_2=60°$である。また，$\angle AO_1B=60°+60°=120°$であり，同様に，$\angle AO_2B=120°$である。

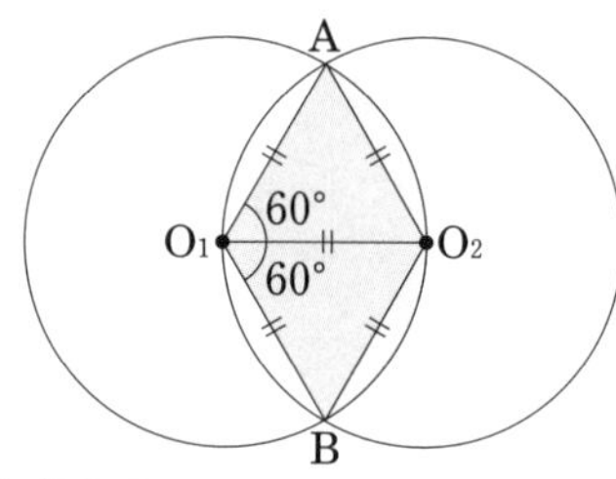

STEP❷　斜線部分の面積を考える

斜線部分の面積は，扇形O_1ABと扇形O_2ABの和から四角形AO_1BO_2を引いたものになる。ここで，扇形O_1ABと扇形O_2ABは同じ図形であり，四角形AO_1BO_2は正三角形AO_1O_2の2倍になっている。

STEP❸　三角形AO_1O_2の面積を求める

正三角形AO_1O_2は下図のようになっているから，その面積は，

$$\frac{1}{2}\times 6\times 3\sqrt{3}=9\sqrt{3}\,(\mathrm{cm}^2)$$

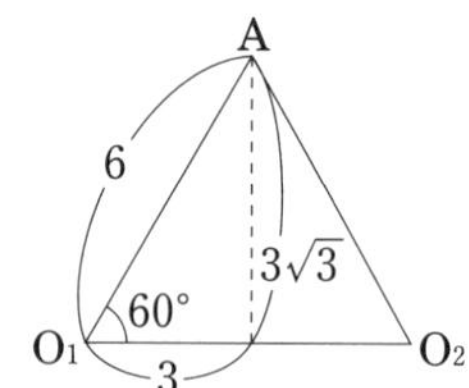

STEP❹　斜線部分の面積を求める

したがって，求める面積は，

$$\pi \times 6^2 \times \frac{120}{360} \times 2 - 2 \times 9\sqrt{3} = 24\pi - 18\sqrt{3} \text{〔cm}^2\text{〕}$$

となり，**4**が正しい。

必修問題

高さが40cmで底面積が1,000cm²の水槽がある。この水槽に高さ20cmの円筒Aと高さ30cmの円筒Bを2つ置く。この円柱にはふたはなく中は空洞である。ここに毎分1,000cm³の水を入れたところ，水の高さはグラフのようになった。水を入れ始めてからAまでの時間を12分，BC間の時間を9分とすると，2つの円柱の底面積の差はいくつか。ただし，円柱の厚さは考えないものとする。　　【地方上級（全国型）・令和元年度】

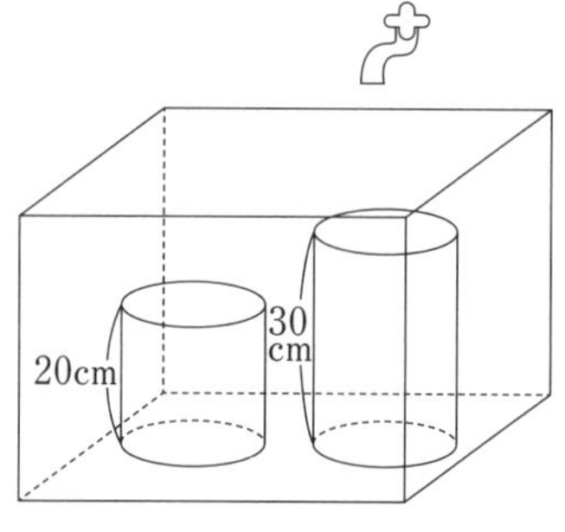

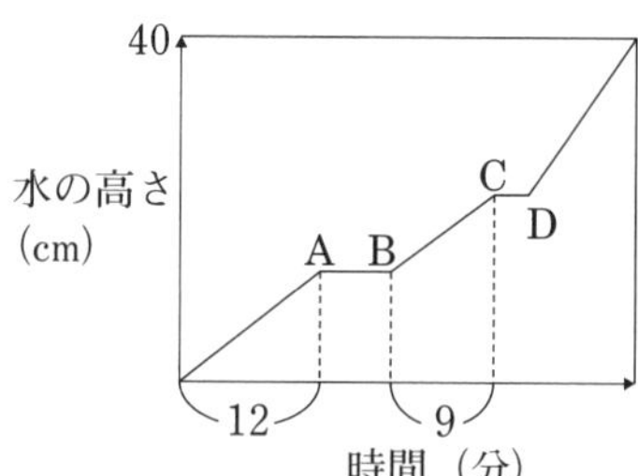

1 100 cm^2
2 150 cm^2
3 200 cm^2
4 250 cm^2
5 300 cm^2

難易度　＊＊

必修問題の解説

水槽に水を入れていく過程をグラフに表した問題である。グラフのAB間，CD間は高さに変化がないので，それぞれ円筒に水が入り続けている時間であることが読み取れる。

STEP❶　グラフのAまでの過程を考える

グラフのAまでは，一定に水の高さが増加しているので，円筒Aに水が流入するまでの過程である。

つまり，12分かけて円筒Aの上部まで水が入ったので，入った水の量は，

$1000 \times 12 = 12000$〔cm^3〕

である。

ところが，水位は20cmになっているので，円筒AとBの20cmまでの体積は，

$1000 \times 20 - 12000 = 8000$〔$cm^3$〕

である。

円筒A，Bの底面積をそれぞれS，$T$$cm^2$とすると，

$20(S+T) = 8000$

$S+T = 400$ ……①

STEP❷ BC間の過程を考える

AB間は円筒Aに水が入り続けていると考えられるので，高さの変化はない。次のBC間では，一定に水の高さが増加しているので，円筒Bに水が流入するまでの過程である。

つまり，9分かけて円筒Bの上部まで水が入ったので，入った水の量は，

$1000 \times 9 = 9000$〔cm^3〕

である。

ところが，水位は10cmに上っているので，円筒Bの10cm分の体積は，

$1000 \times 10 - 9000 = 1000$〔$cm^3$〕

である。

STEP❸ 底面積の差を求める

円筒Bの底面積は$T$$cm^2$であるから，

$10T = 1000$

$T = 100$〔cm^2〕

これを①に代入すると，$S = 300$〔cm^2〕

したがって，$S-T = 300-100 = 200$〔cm^2〕となり，**3**が正しい。

正答 3

FOCUS

立体図形は見取図をかくことによって，具体的なイメージをつかむことが大切である。そもそも立体のものを平面で考えるのだから，苦手な人が多いテーマであるが，できるだけ平面図形に帰着させて考えるのがポイントである。単に，体積や表面積を求める問題だけでなく，立体表面上の最短距離を求めるものなどもよく出題されている。

POINT

重要ポイント 1 さまざまな立体図形の体積と表面積

(1) 角柱

体積：$V=Sh$

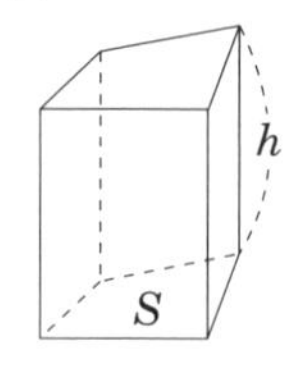

(2) 角すい

体積：$V=\frac{1}{3}Sh$

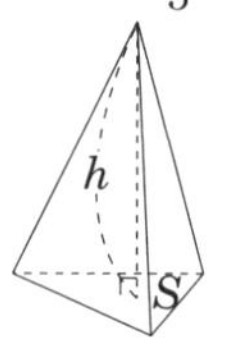

(3) 円柱

体積：$V=\pi r^2 h$

表面積：$S=2\pi r^2+2\pi rh$

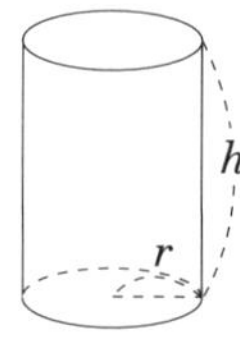

(4) 円すい

体積：$V=\frac{1}{3}\pi r^2 h$

表面積：$S=\pi r^2+\pi rl$

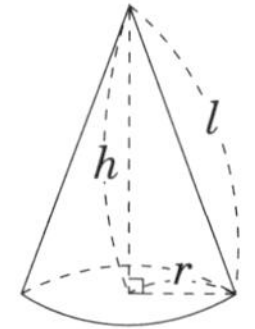

(5) 球

体積：$V=\frac{4}{3}\pi r^3$

表面積：$S=4\pi r^2$

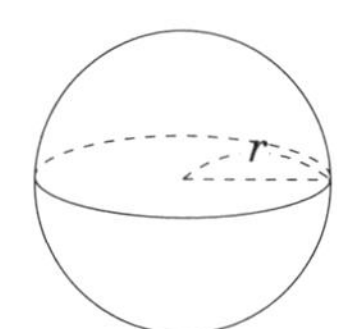

重要ポイント 2 立体図形の解法の手順

立体図形は平面図形として処理することが考え方の基本である。以下の手順で考えよう。

(1) 適当な平面で切る
(2) 切り口は別にかく
(3) 平面図形の性質を利用する

〔例題〕底面の半径10cm，高さ20cmの直円すいがある。この底面の円の中心に頂点をおいて内接する底面の半径3cmの直円すいがある。内接する直円すいの体積を求めよ。

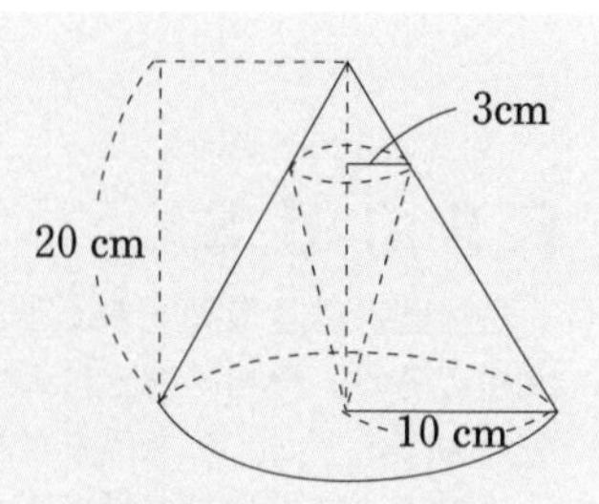

直円すいの頂点と底面の円の中心を通る平面での切断面を考える。

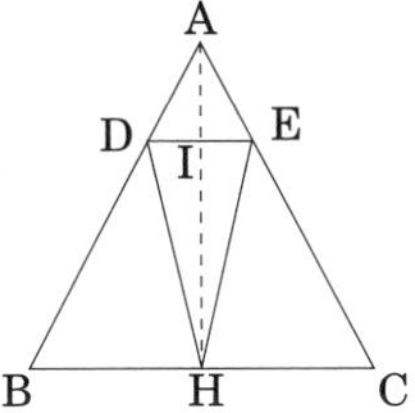

DE//BCより，AH：HC＝AI：IEであるから，

$20 : 10 = AI : 3$

$AI = 6$〔cm〕

したがって，IH＝AH－AI＝20－ 6 ＝14〔cm〕となり，内接する直円すいの体積は，

$$3^2\pi \times 14 \times \frac{1}{3} = 42\pi \text{〔cm}^3\text{〕}$$

である。

重要ポイント 3　立体表面上の最短距離

最短距離は展開図上で直線になる。立体の展開図をかいて考えるとよい。

〔例題〕 1辺の長さが6cmである図のような正4面体の頂点から2cmの距離にある辺上の点Pを出発し，すべての面を通って点Pへ戻る場合の最短距離は何cmか。

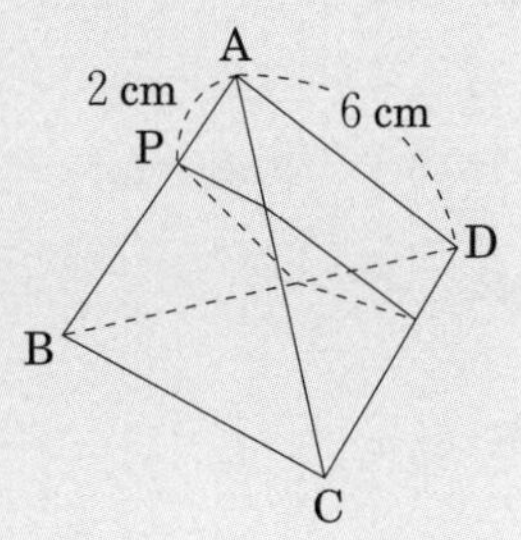

Pを含む面から順に経路に従って展開図をかくと，下の図のようになる。最短距離は展開図上で直線になる。

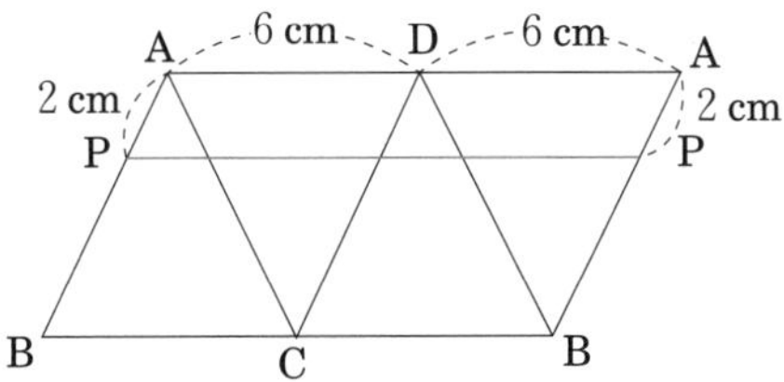

したがって，求める最短距離は12cmである。

第3章 図形

実戦問題❶　基本レベル

* No.1　底面が20cm×20cmの直方体の水槽に高さ10cmまで水が入っている。この水槽に底面を水平に保ったまま円柱をこの水中に沈めていき，円柱の底面が水槽の底面に着いたとき，水面の高さは16cmとなって，円柱の上部は水面から出ていた。このとき，この円柱の底面積はいくらか。　【市役所・令和２年度】

1　100cm^2

2　120cm^2

3　150cm^2

4　180cm^2

5　200cm^2

* No.2　高さhの円すいを底面と水平な面で切断したところ，新たにできた小さな円すいの体積は，切断前の円すいの体積の$\frac{1}{8}$であった。このとき，小さな円すいを取り除いた後に残る円すい台の高さとして正しいのはどれか。

【国家専門職・令和２年度】

1　$\frac{1}{4}h$

2　$\frac{1}{2}h$

3　$\frac{5}{8}h$

4　$\frac{3}{4}h$

5　$\frac{7}{8}h$

No.3* 次の図のように，3つの辺の長さがそれぞれa，$3a$，$2a$である直方体の3つの頂点を結んでできる斜線部分の面積として，正しいのはどれか。

【地方上級・平成21年度】

1 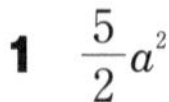 $\frac{5}{2}a^2$

2 $\frac{7}{2}a^2$

3 $\frac{9}{2}a^2$

4 $\sqrt{10}a^2$

5 $\sqrt{13}a^2$

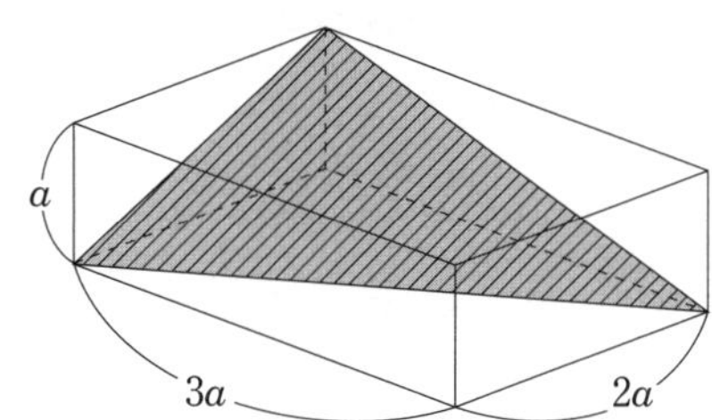

No.4** 図のように，底面の直径がRの直円すいの側面を水平面上で滑らないように転がしたところ，ちょうど直円すいが８回転したときに水平面上の円を一周して元の位置に戻った。

この直円すいの表面積はいくらか。 【国家総合職・平成24年度】

1 $\frac{9\pi R^2}{4}$

2 $\frac{5\pi R^2}{4}$

3 $\frac{15\pi R^2}{4}$

4 $\frac{17\pi R^2}{4}$

5 $\frac{33\pi R^2}{4}$

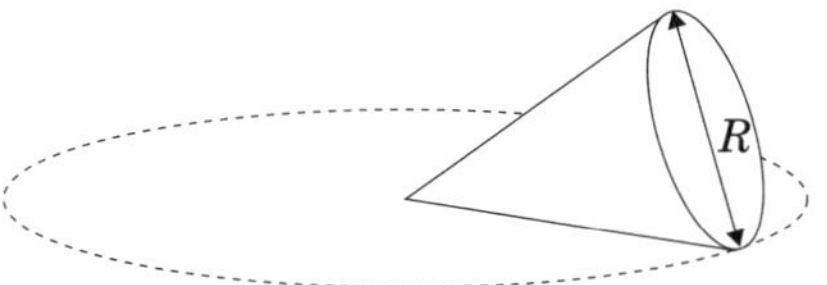

No.5 ＊＊ 図のように，水平な机の上に置かれた円柱形の容器の中に，水と半径3cmの球が入っており，球は水の中に完全に沈んでいる。今，この球を容器から取り出したところ，球を取り出す前と比べて，容器の底から水面までの高さが4%下がった。容器に入っている水の体積はいくらか。

ただし，円周率はπとする。　【国家専門職・平成29年度】

1　$824\pi\ \mathrm{cm}^3$
2　$844\pi\ \mathrm{cm}^3$
3　$864\pi\ \mathrm{cm}^3$
4　$884\pi\ \mathrm{cm}^3$
5　$904\pi\ \mathrm{cm}^3$

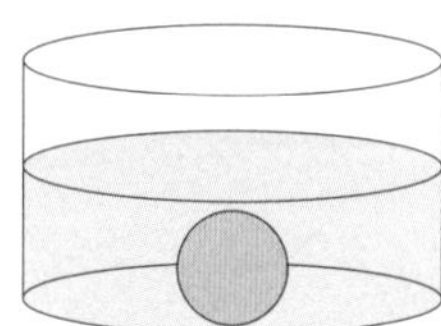

No.6 ＊＊ 2匹の蜂A，Bをそれぞれ同じ長さのひもにつなぎ，図のようにひもの反対側の端を蜂Aについては立方体の頂点に，蜂Bについては立方体の上面の辺の中点に固定した。蜂Aが移動できる部分の体積をV_a，蜂Bが移動できる部分の体積をV_bとするとき，V_aとV_bの比として正しいものは，次のうちどれか。

ただし，2匹の蜂は立方体の内部には入れないものとし，ひもの長さは立方体の1辺の長さの$\frac{1}{2}$より短い。　【市役所・平成21年度】

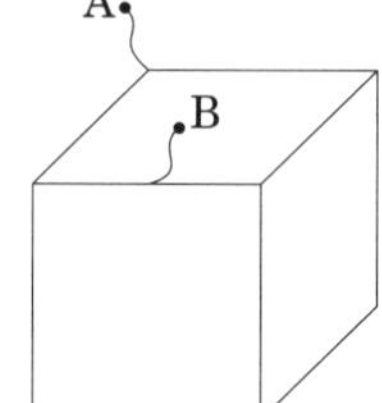

1　$V_a : V_b = 4 : 3$
2　$V_a : V_b = 5 : 4$
3　$V_a : V_b = 6 : 5$
4　$V_a : V_b = 7 : 6$
5　$V_a : V_b = 8 : 7$

No.7 ＊＊ **図のように，半径$\frac{\sqrt{2}}{2}$，高さ$3\sqrt{2}\pi$の円柱の上面の点Aから糸を，円柱の側面をちょうど3周して点Aの直下にある底の点Bに到達するように巻き付けるとき，糸の最短の長さはいくらか。**

ただし，糸の太さおよび弾性は考慮しないものとする。

【国家総合職・平成27年度】

1 $2\sqrt{5}\pi$

2 $\frac{9}{2}\pi$

3 6π

4 $6\sqrt{2}\pi$

5 9π

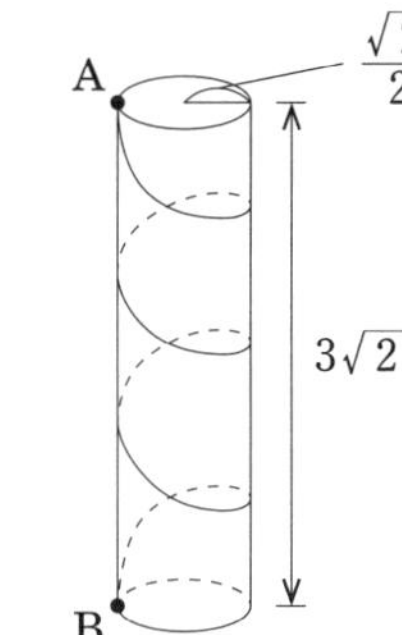

No.8 ＊＊ **図Ⅰのように，上下とも円すい形をした砂時計があり，上部のみに砂があるとき，その高さは2cmで，この砂がすべて下部に落ちるまでには8分かかる。この砂時計を，図Ⅱのように，上部にある砂の高さが1cmとなったときにひっくり返して，図Ⅲのようにした。この図Ⅲの状態から，再び上部にある砂の高さが1cmとなるまでにかかる時間として正しいものは，次のうちどれか。ただし，砂の落ちる速度は常に一定であるとする。**

【地方上級・平成21年度】

1 2分後

2 3分後

3 4分後

4 5分後

5 6分後

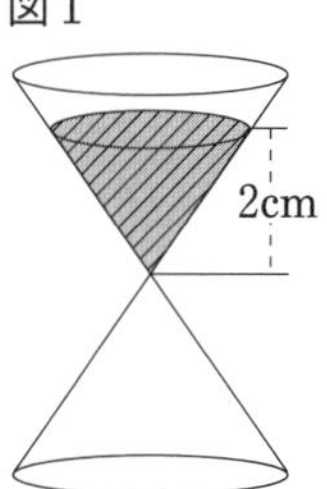

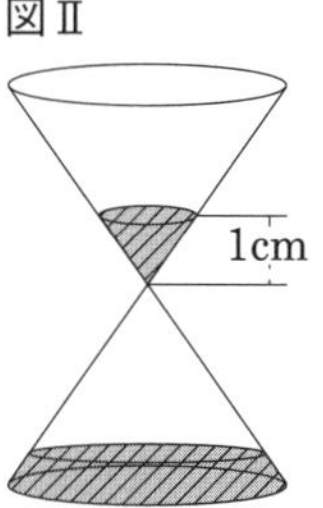

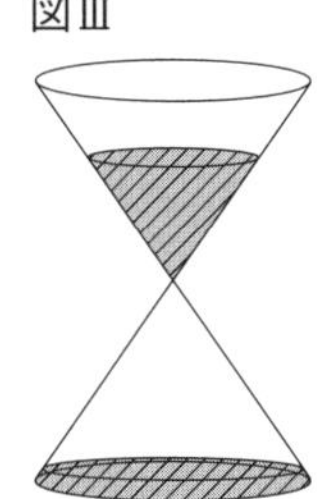

第3章 図形

実戦問題❶の解説

No.1 の解説　円柱の底面積　→問題はP.336　正答3

STEP❶　増えた体積を求める

円柱の底面が水槽の底面に着いたとき，水面の高さが16cmになったことから，もともとの高さ10cmから6cm高くなったことになる。

よって，水面下の増えた体積は，$20 \times 20 \times 6 = 2400$〔$\text{cm}^3$〕である。

STEP❷　円柱の底面積を求める

この2400cm^3は，水中の中に入っている円柱の体積と考えられる。水中の中に入っている円柱の高さは16cmであるから，底面積を$S\text{cm}^2$とすると，

$16S = 2400$より，$S = 150$〔cm^2〕であるから，**3**が正しい。

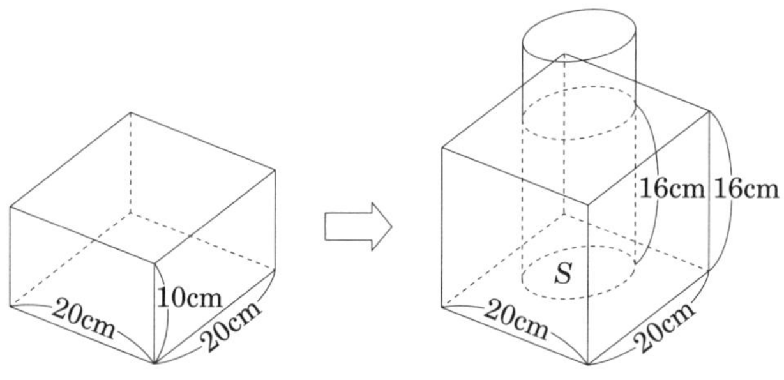

No.2 の解説　円すい台の高さ　→問題はP.336　正答2

STEP❶　体積比を考える

相似な立体の体積比は，相似比の3乗に等しい。相似比が$m:n$ならば体積比は$m^3:n^3$である。

底面と水平な面で切断したから，もとの円すいと新たにできた小さな円すいは相似である。もとの円すいの体積を1とすると，小さな円すいの体積は$\frac{1}{8}$であるから，

$$1:\frac{1}{8} = 1^3:\left(\frac{1}{2}\right)^3$$

より，高さの比は$1:\frac{1}{2}$である。

STEP❷　円すい台の高さを求める

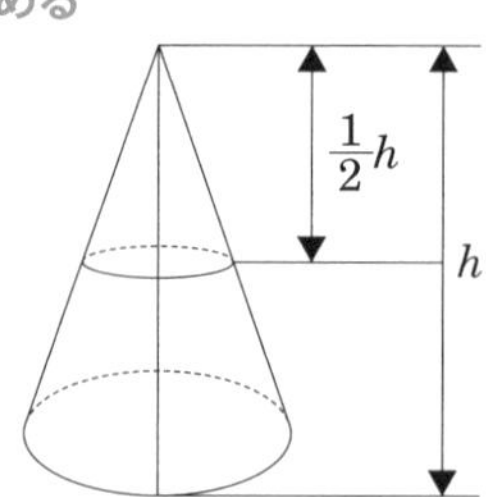

したがって，もとの円すいの高さはhであるから，小さな円すいを取り除いた円すい台の高さは$\frac{1}{2}h$である。

よって，**2**が正しい。

No.3 の解説　三角形の面積

→問題はP.337　**正答2**

STEP❶　三平方の定理を利用する

図のように，△ABCとして，その3辺の長さを考える。

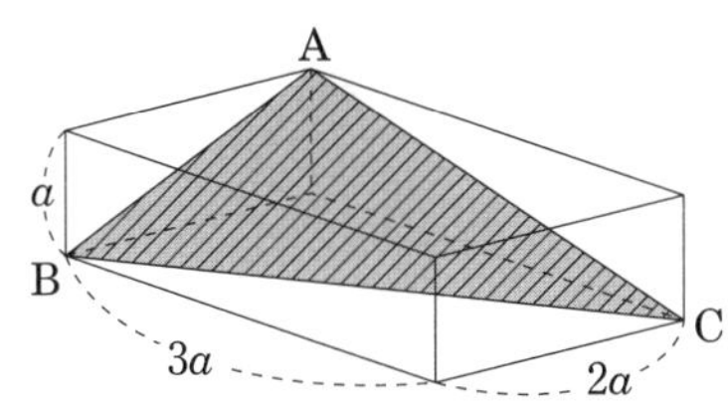

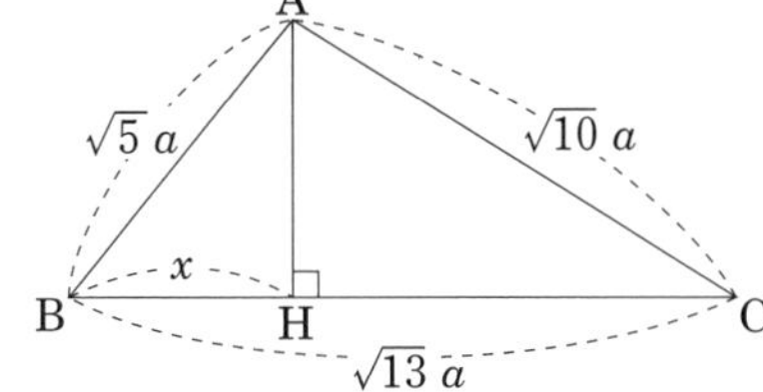

三平方の定理より，

$AB=\sqrt{a^2+(2a)^2}=\sqrt{5}a$

$BC=\sqrt{(3a)^2+(2a)^2}=\sqrt{13}a$

$CA=\sqrt{a^2+(3a)^2}=\sqrt{10}a$

STEP❷　△ABCの面積を求める

ここで，△ABCの頂点Aから辺BCに垂線AHを引き，$BH=x$とすると，

$CH=\sqrt{13}a-x$

△ABHで，$AH^2=(\sqrt{5}a)^2-x^2=5a^2-x^2$　……①

△AHCで，$AH^2=(\sqrt{10}a)^2-(\sqrt{13}a-x)^2=10a^2-13a^2+2\sqrt{13}ax-x^2$

$=2\sqrt{13}ax-3a^2-x^2$　……②

①，②より，$5a^2-x^2=2\sqrt{13}ax-3a^2-x^2$

$2\sqrt{13}ax=8a^2$

$a\neq 0$より，$x=\frac{4}{\sqrt{13}}a$

よって，$AH=\sqrt{(\sqrt{5}a)^2-\left(\frac{4}{\sqrt{13}}a\right)^2}=\sqrt{5a^2-\frac{16}{13}a^2}=\sqrt{\frac{49}{13}a^2}=\frac{7}{\sqrt{13}}a$

したがって，△ABCの面積は，

$\frac{1}{2}\times\sqrt{13}a\times\frac{7}{\sqrt{13}}a=\frac{7}{2}a^2$

となり，**2**が正しい。

No.4 の解説　直円すいの表面積

→問題はP.337　正答 1

STEP❶　直円すいの母線の長さを求める

底面の直径がRの直円すいの側面を水平面上で滑らないように転がしたら，直円すいが８回転したときに水平面上の円を一周して元の位置に戻ったことから，水平面上にある円の円周は，直円すいの底面である円周πRの８倍であるから，$8\pi R$となる(図Ⅰ)。

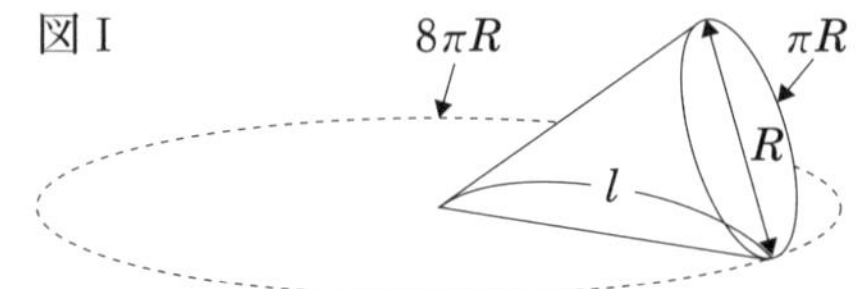

したがって，直円すいの母線の長さをlとすると，

$$2\pi l = 8\pi R$$

より，$l = 4R$

STEP❷　側面の展開図の中心角を求める

直円すいは図Ⅱのようになるが，その展開図を描くと図Ⅲのようになり，底面となる円の円周と側面となる扇形の弧の長さが一致するので，中心角をαとすると，

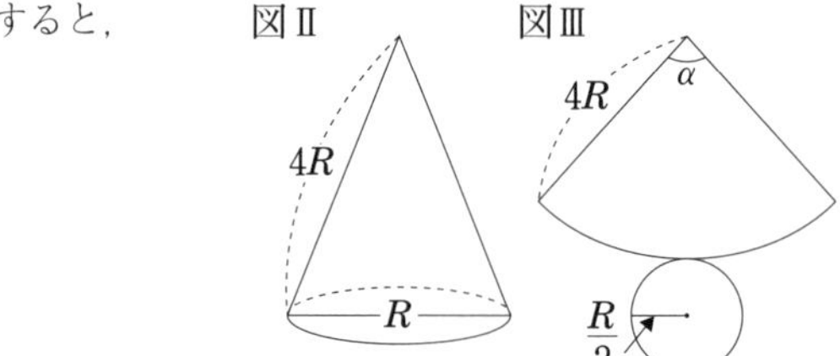

$$2\pi \times \frac{R}{2} = 2\pi \times 4R \times \frac{\alpha}{360}$$

より，$\alpha = 45°$

STEP❸　直円すいの表面積を求める

よって，直円すいの表面積は，側面積と底面積の合計だから，

$$\pi \times (4R)^2 \times \frac{45}{360} + \pi \times \left(\frac{R}{2}\right)^2 = 2\pi R^2 + \frac{\pi R^2}{4} = \frac{9\pi R^2}{4}$$

となり，**1** が正しい。

No.5の解説　容器に入っている水の体積

→問題はP.338　正答3

STEP❶　球の体積を求める

容器に入っている水の体積をVcm^3，この球の体積をWcm^{3}とする。

半径rの球の体積は$\frac{4}{3}\pi r^3$であるから，$W=\frac{4}{3}\pi\times 3^3=36\pi$〔cm^3〕

STEP❷　Vを求める

この球を容器から取り出したところ，球を取り出す前と比べて，容器の底から水面までの高さが4％下がったということは，$V:W=(100-4):4=96:4=24:1$である。

よって，$V=24W=24\times 36\pi=864\pi$〔cm^3〕となり，**3**が正しい。

No.6の解説　2つの体積の比

→問題はP.338　正答4

STEP❶　蜂の動きをつかむ

蜂をつないだひもの反対側を中空の1点に固定したとき，蜂が移動できるのはひもの長さを半径とする球の範囲となる。ところが，蜂Aのひもは立方体の頂点に固定されているので，蜂Aは球の$\frac{1}{8}$に相当する部分が立方体の内部になる。同様にして，蜂Bのひもは辺の中点に固定されているので，蜂Bは球の$\frac{1}{4}$に相当する部分が立方体の内部になり，そこには移動できない。

STEP❷　体積比を求める

ひもの長さは同一なので，両者が移動できる部分の体積V_aとV_bの比は，

$$V_a:V_b=\left(1-\frac{1}{8}\right):\left(1-\frac{1}{4}\right)=\frac{7}{8}:\frac{3}{4}=7:6$$

となり，**4**が正しい。

第3章 図形

No.7 の解説　糸の最短の長さ

→問題はP.339　正答3

STEP❶　立体表面上の最短距離は展開図上で考える

立体表面上の最短距離は展開図上で直線になる。したがって，円柱の側面の展開図を考えると長方形であり，縦の長さは$3\sqrt{2}\pi$，横の長さは$2\pi\times\frac{\sqrt{2}}{2}=\sqrt{2}\pi$となる（図Ⅰ）。点Aから点Bに到達するまで3周するから，図Ⅱのように円柱の側面図を3枚横に並べると考えやすい。

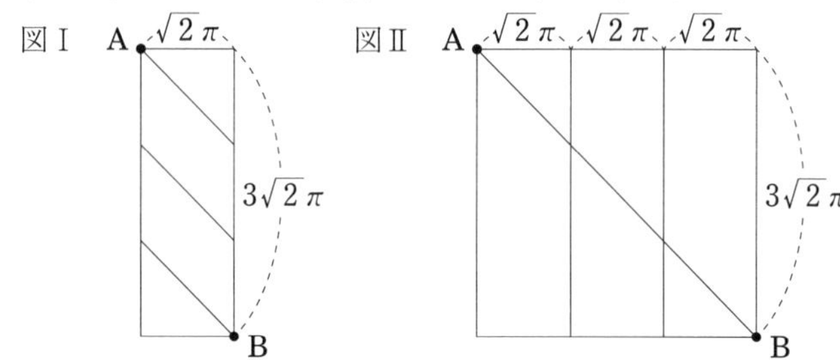

STEP❷　最短の長さを求める

求める糸の最短の長さは，1辺$3\sqrt{2}\pi$の正方形の対角線の長さであるから，

$$3\sqrt{2}\pi\times\sqrt{2}=6\pi$$

となり，**3**が正しい。

No.8 の解説　砂時計

→問題はP.339　正答5

STEP❶　相似比と体積比の関係を利用する

図Ⅰ，図Ⅱにおける上部の砂の形状は相似の円すい形である。高さの比が2：1のとき，相似な立体の体積比は相似比の3乗になるから，$2^3:1^3=8:1$である。

STEP❷　時間を求める

よって，図Ⅱのときに上部にある砂の体積は図Ⅰの$\frac{1}{8}$で，図Ⅰから図Ⅱの状態になるまでに7分かかり，図Ⅱの状態から上部の砂が全部落ちるまでに1分かかることになる。

そこで，図Ⅱの状態から砂時計の上下をひっくり返すと，そこから7分ですべての砂が落ちることになるが，すべて落ち切る1分前までの状態を考えればよいので，かかる時間は，$7-1=6$分後であり，**5**が正しい。

実戦問題❷　応用レベル

＊＊
No.9　**一辺の長さが2の正六面体（Ⅰa）と正八面体（Ⅱa）がある。各頂点に集まってくる辺の中点を通る平面で切り落として，立体Ⅰbと立体Ⅱbを作った。このとき，ⅠbとⅡbの表面積をそれぞれX，Yとすると，XとYの比の組合せとして正しいものはどれか。**　【地方上級（全国型）・令和３年度】

	X	:	Y
1	4	:	3
2	3	:	2
3	2	:	1
4	5	:	2
5	4	:	1

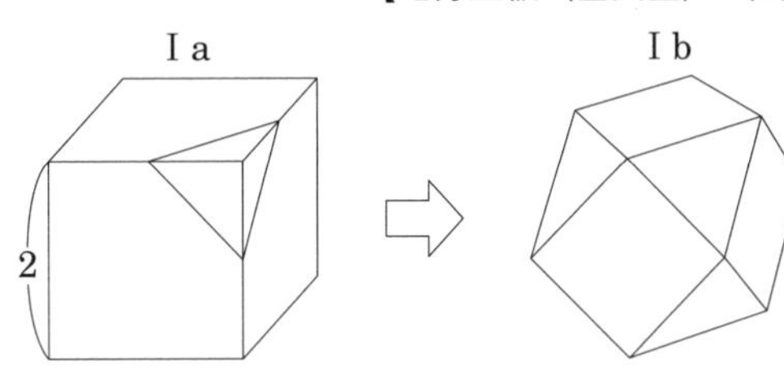

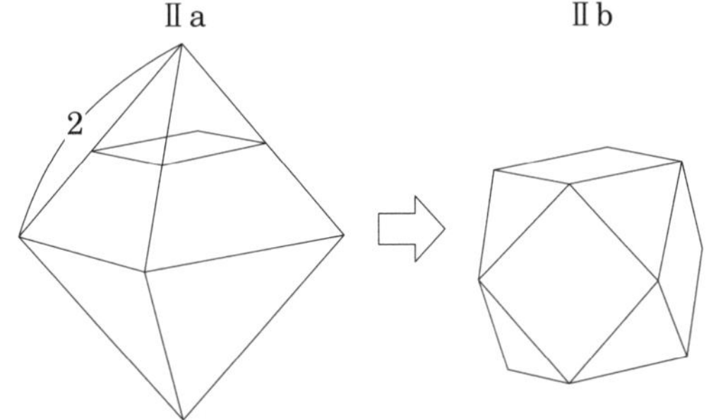

＊＊
No.10　**容積24㎥の立方体の容器がある。この容器いっぱいに水を入れてふたをした後，図のように面の中央（面の対角線の交点部分）に小さな穴を開ける。容器内に残る水の最大量は，A，B２か所に穴を開けた場合［ア］㎥であり，A，B，C３か所に穴を開けた場合［イ］㎥である。**

ア，イに当てはまる数の組合せとして正しいものは，次のうちどれか。ただし，容器は傾けてもよい。　【市役所・平成19年度】

	ア	イ
1	18	20
2	18	21
3	20	18
4	21	18
5	21	20

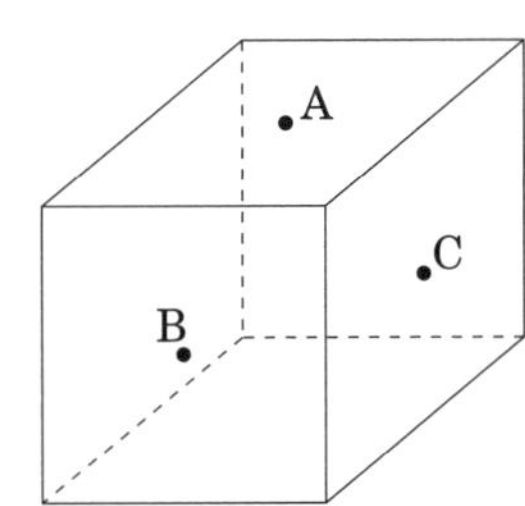

No.11 ＊＊ 図のように，水平な地面の上に各辺の長さが4mの正四角すいA－BCDEがあり，太陽に照らされている。太陽が，底辺BEの中点Mの鉛直上方，正四角すいA－BCDEの高さの1.5倍の高さにある点Pと頂点Aを結ぶ延長線上にあるとき，地面にできる正四角すいA－BCDEの影の面積はいくらか。

【国家総合職・平成21年度】

1 $2\sqrt{3}$ m²
2 4 m²
3 $2\sqrt{6}$ m²
4 $4\sqrt{2}$ m²
5 $4\sqrt{3}$ m²

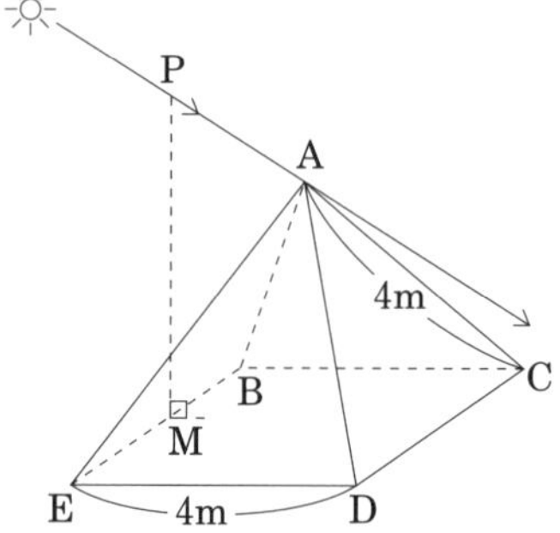

No.12 ＊＊ 1辺8cmの大立方体ABCD－EFGHの中に1辺4cmの小立方体OPQR－STUVが入れられている。大立方体の頂点Fが床面に接し，対角線DFが床面に対して鉛直になるように傾けたところ，小立方体の頂点Tが頂点Fと重なった。この状態で大立方体の頂点Dの部分に穴を開け，小立方体の頂点Rの位置まで水を注いだ。その後，大立方体の面EFGHが床面に接するように水平に戻し，内部の小立方体を取り除いたとき，大立方体の内部での水の深さとして正しいものは，次のうちどれか。ただし，大立方体から水はこぼれず，小立方体の内部に水は入らないものとする。また，小立方体は水に浮かず，立方体の厚さは考えなくてよい。

【地方上級・平成17年度】

1 1.5cm
2 2.0cm
3 2.5cm
4 3.0cm
5 3.5cm

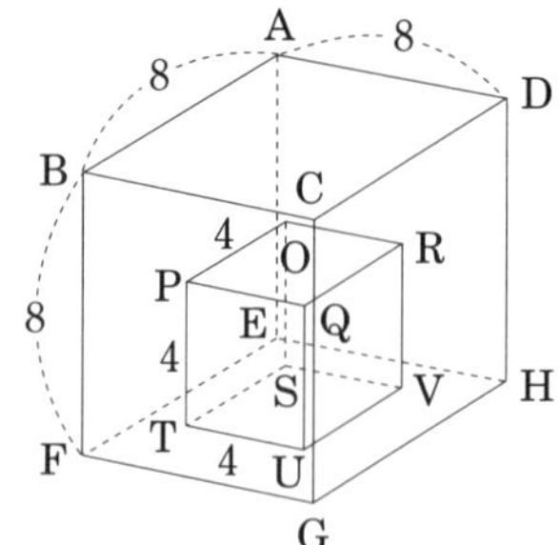

実戦問題2の解説

No.9 の解説　表面積の比

→問題はP.345　正答3

STEP❶　Xを求める

正六面体の面の数は6個，頂点の数は8個である。頂点の切断面は，図Ⅰのように，1辺の長さが$\sqrt{2}$の正三角形であり，切り落とされて残った面のほうは一辺の長さが$\sqrt{2}$の正方形である。

図Ⅰ

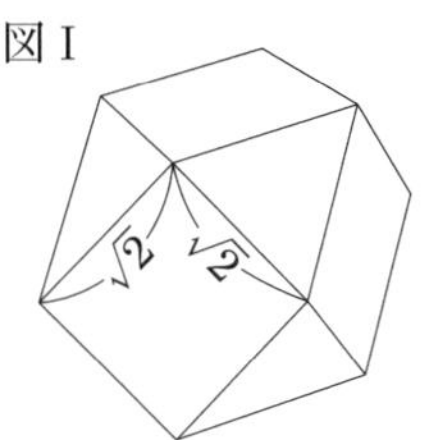

したがって，$X=(\sqrt{2})^2\times6+\sqrt{2}\times\frac{\sqrt{2}}{2}\times\sqrt{3}\times\frac{1}{2}\times8=12+4\sqrt{3}$

STEP❷　Yを求める

正八面体の面の数は8個，頂点の数は6個である。頂点の切断面は，図Ⅱのように，1辺の長さが1の正方形であり，切り落とされて残った面のほうは一辺の長さが1の正三角形である。

図Ⅱ

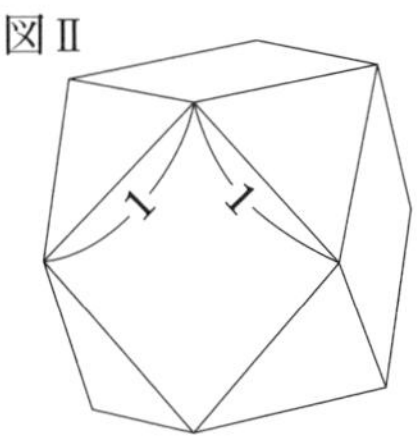

したがって，$Y=1\times\frac{\sqrt{3}}{2}\times\frac{1}{2}\times8+1^2\times6=6+2\sqrt{3}$

STEP❸　XとYの比を求める

$$\begin{aligned}X:Y&=(12+4\sqrt{3}):(6+2\sqrt{3})\\&=2(6+2\sqrt{3}):(6+2\sqrt{3})\\&=2:1\end{aligned}$$

であるから，**3**が正しい。

第3章 図形

No.10 の解説　容器に残る水の最大量　→問題はP.345　正答５

STEP❶　アを求める

A，B２か所に穴を開けた場合，容器内に残る水の量が最大となるのは図Ⅰの場合で，図の灰色の部分には水が残らない。この部分の体積は，底面積が立方体の$\frac{1}{8}$となる三角柱だから全体の$\frac{1}{8}$で，このとき全体の$\frac{7}{8}$に水が残り，その体積は$24\times\frac{7}{8}=21$〔m^3〕である。

図Ⅰ

STEP❷　イを求める

A，B，C３か所に穴を開けた場合，容器内に残る水の量が最大となるのは図Ⅱの場合で，図の灰色の部分には水が残らない。この部分の体積は，三角すいで立方体の$\frac{1}{2}\times\frac{1}{3}=\frac{1}{6}$であるから，全体の$\frac{5}{6}$に水が残り，その体積は$24\times\frac{5}{6}=20$〔$m^3$〕である。

したがって，ア＝21，イ＝20となり，**5**が正しい。

図Ⅱ

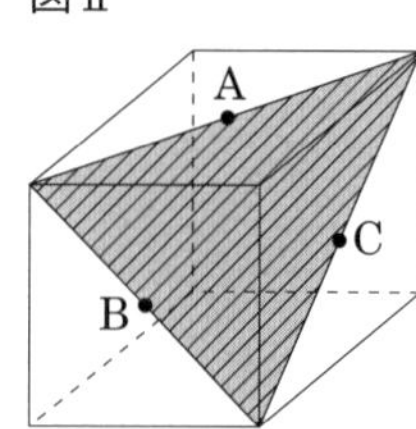

No.11 の解説　正四角すいの影の面積

→問題はP.346　正答2

STEP❶　地面にできる影について考える

図のように，地面にできる正四角すいA－BCDEの影は，頂点Aに対応する位置を点Qとすると，△QCDであるから，その面積を求めることになる。

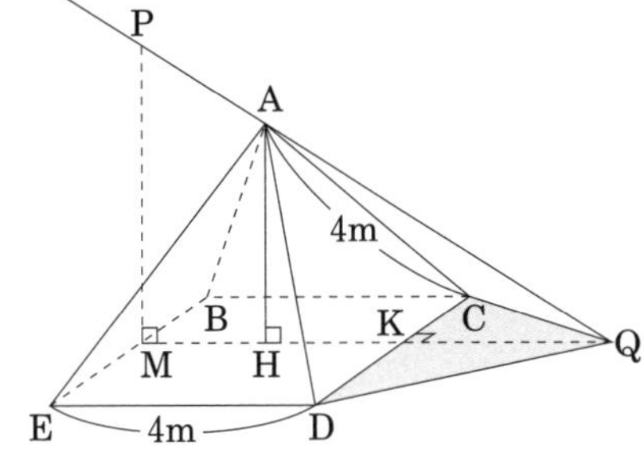

それには，底辺CD＝4mであるから，高さKQを求めればよい。

STEP❷　高さKQを求める

頂点AからMQに垂線AHを下ろし，3点Q，P，Mを通る平面の切り口は，次の図のようになる。

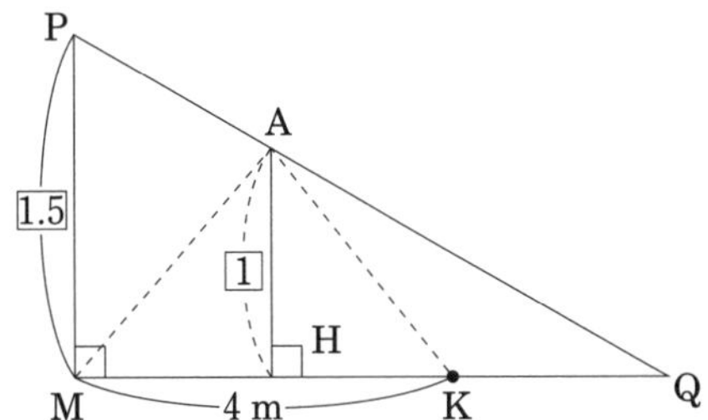

△PMQ∽△AHQで，PM：AH＝1.5：1＝3：2であるから，

MQ：HQ＝3：2

点HはMK＝4mの中点であるから，MH＝2m

よって，MQ＝6mとなり，KQ＝2mとわかる。

STEP❸　△QCDの面積を求める

底辺CD＝4m，高さKQ＝2mであるから，△QCDの面積は，

$$\frac{1}{2}\times 4\times 2 = 4\,[\mathrm{m}^2]$$

となり，**2**が正しい。

No.12の解説 水の深さ

→問題はP.346 正答4

STEP❶ 正六角形に着目する

大立方体の頂点Fが床面に接し，対角線DFの床面に対して鉛直になるように傾けたところ，小立方体の頂点Tが頂点Fと重なったことから，頂点RはDFの中点となる。

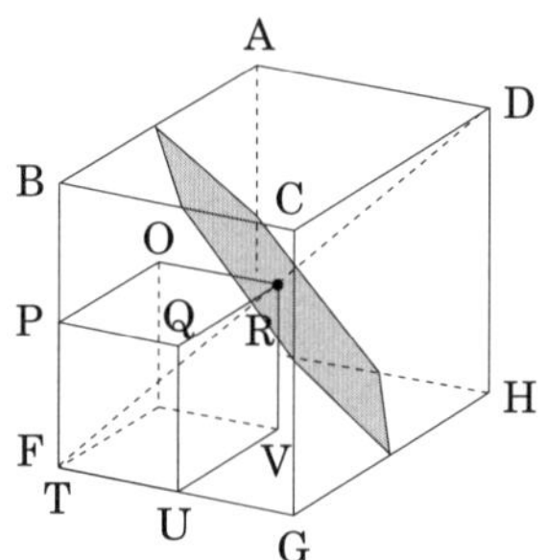

この状態で大立方体の頂点Dから水を入れ，小立方体の頂点Rの位置まで水を注ぐと，頂点RがDFの中点だから，ちょうど半分の高さまで水が入ることになる。また，このとき，水面の形は頂点DとFから等距離の点になるので，辺AB，BC，CG，GH，HE，EAの中点を結ぶ正六角形である。

STEP❷ 水の深さを求める

結局，この正六角形によって大立方体は二等分されるので，大立方体を水平に戻したとき，水面の高さは4 cmとなる。

大立方体と小立方体の体積比は2^3：1^3＝8：1であるから，水面下において，小立方体の体積が占める割合は$\frac{1}{4}$であり，小立方体を取り除くと，水面の高さは4 cmの$\frac{3}{4}$になる。

したがって，求める水の深さは，$4\times\frac{3}{4}=3$〔cm〕となり，**4**が正しい。

第4章

場合の数と確率

テーマ 28 場合の数
テーマ 29 順列
テーマ 30 組合せ
テーマ 31 確率（1）
テーマ 32 確率（2）
テーマ 33 確率（3）

第4章 場合の数と確率

試験別出題傾向と対策

頻出度	試験名	国家総合職					国家一般職					国家専門職				
	年度	21-23	24-26	27-29	30-2	3-5	21-23	24-26	27-29	30-2	3-5	21-23	24-26	27-29	30-2	3-5
	テーマ　出題数	5	4	3	4	2	5	4	3	2	3	6	2	3	3	3
B	28 場合の数			1	1		1						1	1		
C	29 順列											2				
B	30 組合せ		1	1		1				1			1		1	
A	31 確率（1）						1	3	1	1		2		1		
A	32 確率（2）	3	2	1	2	1	2	1	2		2	1		1		2
B	33 確率（3）	2	1		1		1				1	1			2	1

数的推理で出題される場合の数と確率は，定義や基本公式に当てはめて計算すれば解けてしまうものがほとんどである。したがって，定義や基本公式をしっかりと身につけることが大切である。特に，順列，組合せの公式が出てくるが，与えられた問題の内容もつかめないうちに，すぐにこれらの公式に当てはめようとしないことである。まずは，問題の内容をしっかりと把握すること。場合によっては単なる数え上げだけで解けてしまうものもある。表や樹形図を活用して数え上げていくことも必要不可欠である。その中で，必要に応じて順列・組合せという考え方を利用することにより，合理的な数え方を工夫するというのが一般的である。問題の中には，一種独特の考え方や発想を必要とするものも少なくないので注意したい。そして，わずかな問題設定の違いで解き方が異なるというものもある。それだけに単なる公式の当てはめは危険である。

確率に関しては，数え上げ型の問題もあるが，順列・組合せの公式を利用して考える問題が多い。余事象の確率，確率の加法定理と乗法定理といった基本事項は確実に身につけて理解しておく必要がある。最近は，条件付確率や期待値に関する問題が増加する傾向にあるので，そこまで対応できるようにしておきたい。計算技術は加減乗除ができれば十分であるが，大切なのは問題に対する読解力と考え方である。

●国家総合職

非常に出題率が高く，毎年1～2問出題されている。なかには凝った問題もあるので十分に対策をしておく必要がある。問題文が長いものもあるので，読解力も必要である。最近の出題例では，8ケタの2進法の数を作るとき，20番目に大きい2進法の数を問われるものが出題されたが，1と0の同じものを含む順列の知識を必要とするものであった。

地方上級（全国型）					地方上級（東京都）					地方上級（特別区）					市役所（C日程）					
21-23	24-26	27-29	30-2	3-5	21-23	24-26	27-29	30-2	3-5	21-23	24-26	27-29	30-2	3-5	21-23	24-26	27-29	30-2	3-4	
0	1	3	4	2	3	4	4	3	4	0	2	2	1	2	2	0	1	0	2	
		2	1	1											2		1			テーマ28
													1							テーマ29
									1		1								1	テーマ30
	1			1	1	1	2	2	2		1	1							1	テーマ31
			2		2	2	2	1	1					1						テーマ32
		1	1			1			1			1		1						テーマ33

●国家一般職

毎年１～２問は出題されている頻出分野である。最近は確率の問題が多く出題されている。年によっては，ややレベルの高い問題も出題されているので，対策は万全を期したい。

最近の出題例では，ＡとＢの２チームが野球の試合をして，ＡチームがＢチームに３勝２敗で勝つ確率を問うものが出題されたが，５試合目にＡが勝つことに着目することがポイントである。また，ある村において４人をランダムに選んだとき，２人以上の誕生日が同じになる確率を求める問題が出題された。

●国家専門職

毎年出題されている頻出分野である。最近は確率の問題が多く出題されている。内容的には，標準レベルが多いがやや難解なものもあるので，十分演習を積んでおくことが必要である。

最近の出題例では，Ａの袋の中から３本を取り出し，Ｂの袋に入れて，Ｂの袋から２本取り出したとき，取り出した２本が同じ種類の缶飲料である確率を求める問題が出題されたが，場合分けが必要になる問題であった。

●地方上級

全国型でも，毎年出題される傾向にある。東京都では毎年１～２題出題されており，令和５年度に出題された出た目の数の和が素数になる確率の問題は，ほとんど同じ問題が平成30年度にも出題されている。また，特別区でも頻出分野の一つである。内容的には，基本から標準的で教科書レベルのものが多く出題されている。

●市役所

出題自体は少ないが，出題レベルは基本から標準的なものが多い。

テーマ 28　第4章　場合の数と確率

場合の数

必修問題

A～Cの３人であみだくじをする。各段の点線に沿ってAB間またはBC間に１本ずつ，合計３本の実線を書き入れる。このときにできるあみだくじの総数とAが当たりになる線の引き方の数の組合せとして正しいものはどれか。

【地方上級（全国型）・令和３年度】

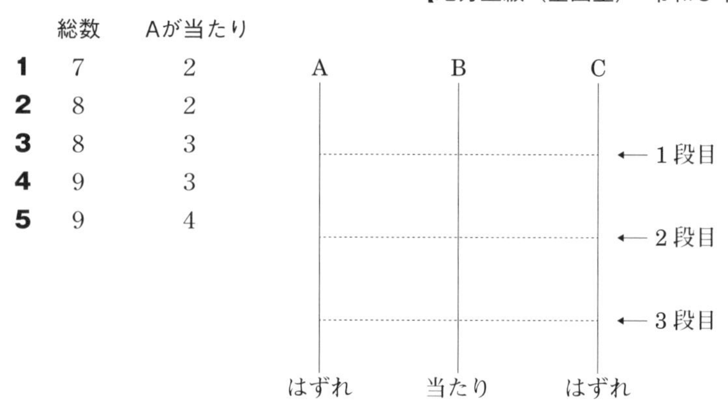

	総数	Aが当たり
1	7	2
2	8	2
3	8	3
4	9	3
5	9	4

難易度　＊

必修問題の解説

場合の数の問題では，必ずしも順列や組合せの公式が使えるとは限らない場合がある。そのときは，場合の数の和と積の法則や樹形図をかくなどの工夫をすることによって効率的に求めることができる。

STEP❶　実線の引き方

１段目の線の引き方は２通り，２段目，３段目も同様に２通りあるから，すべての線の引き方は，$2 \times 2 \times 2 = 8$〔通り〕である。

図のように１段目の線を１，２，２段目の線を３，４，３段目の線を５，６とする。

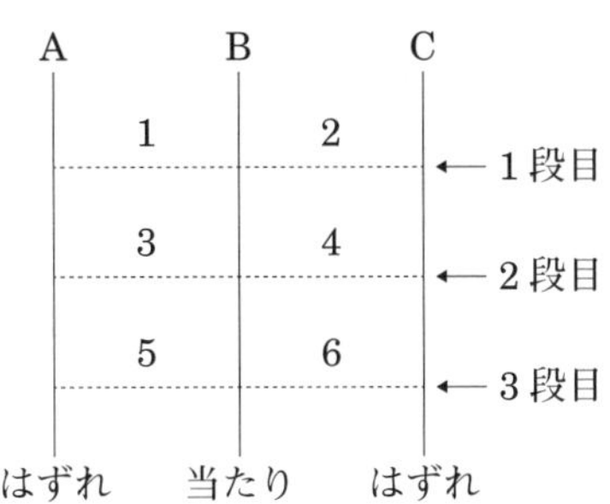

STEP❷ 樹形図で考える

すべての線の引き方の8通りについて，Aが当たるかはずれるか樹形図で考える。

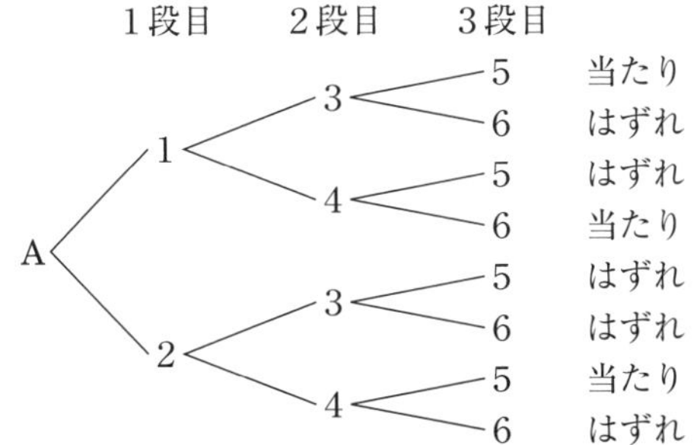

したがって，このときにできるあみだくじの総数は8通りで，Aが当たりになる線の引き方は3通りであるから，**3**が正しい。

正答 3

FOCUS

場合の数を求めるには，数え上げが原則であるが，とりとめもなく数えるだけでは，数え落としや重複して数えてしまうなどが避けられない。そこで，樹形図を利用したり，あるいは，和の法則や積の法則を用いるなど問題に応じて工夫しなくてはならない。

POINT

重要ポイント 1 場合の数は樹形図をかく

ある事柄が何通りあるかを表す数を場合の数という。場合の数を求めるのに，もれなくかつ重複することなく数える方法の一つに樹形図をかいていく方法がある。

〔例題〕1，2，3，4の数字がこの順に並んでいる。これらのどの数字も，もとの位置にはないような並べ方は何通りあるか。

次のような樹形図で考える。

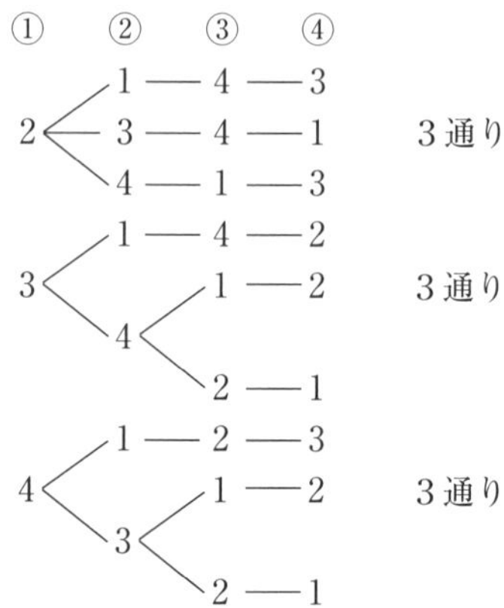

合計3 × 3 = 9〔通り〕である。

重要ポイント 2 場合の数の和と積の法則

場合の数を考えるとき，いくつかの事柄の場合の数の合計，または組合せを求めることが必要になる場合がある。そのようなときには次の法則を当てはめて考える。

(1) 和の法則：ある事柄Aがm通り，Bがn通り起こるとき，AまたはBのいずれかが起こる場合の数は**$m+n$通り**である。

(2) 積の法則：ある事柄Aの起こり方がm通り，そのおのおのに対して，事柄Bの起こり方がn通りあるとすると，AとBがともに起こる場合の数は**$m \times n$通り**である。

〔例題〕A地からB地へ行くのに3通り，B地からC地へ行くのに5通りの道がある。A地からB地を通ってC地へ行く方法は何通りあるか。

A地からB地へ行く3通りのおのおのについて，B地からC地へ行く方法が5通りあるので，求める場合の数は，積の法則より，

3 × 5 = 15〔通り〕

ある。

重要ポイント 3 最短経路は数え上げる

格子状の道路網のある地点から別の地点まで行く最短経路の数を求める問題は，原則的な方法，つまり数え上げていくのが手っとり早い方法である。

各交差点に，出発点からその交差点まで行く最短経路の数を，各交差点順に記入していく。

〔例題〕 5×5の碁盤の目状の市街地で左上のA地点を出発点に，右下のP地点まで行く最短経路を求めよ。

Aを出発点とすれば，以下の左図においてB，CおよびD，Eまでは明らかに1通りの経路しかないので，これらの交差点には1を記入する。Fまでは，B経由でもD経由でも行くことができるので，1＋1＝2より2通りの経路があることになる。そこで，Fには2と記入する。同様にして，Gまでは，C経由でもF経由でも行くことができるから，1＋2＝3より3通りの経路がある。したがって，Gには3と記入する。このような操作を終着点に達するまで続けていく。

そうすると，問題の碁盤目状に区画された市街地において，A地点からP地点まで最短経路で行く方法が右図のように252通りあることがわかる。

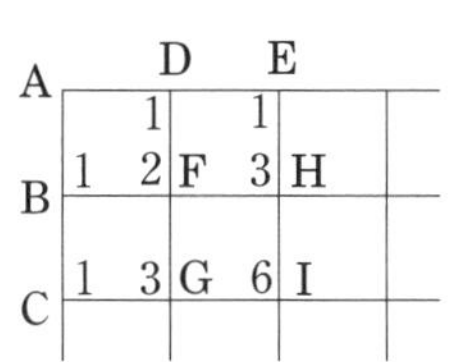

A	1	1	1	1	1
1	2	3	4	5	6
1	3	6	10	15	21
1	4	10	20	35	56
1	5	15	35	70	126
1	6	21	56	126	252 P

実戦問題

＊
No.1 **A，B，Cの３人は，それぞれコインをa枚，b枚，c枚持っている。コインの枚数が$7 \geqq c > b > a \geqq 1$であるとき，$a$，$b$，$c$の組合せは何通りあるか。**

【地方上級・平成28年度】

1 30通り
2 35通り
3 40通り
4 45通り
5 50通り

＊
No.2 **100～999までの整数で，次の条件を満たす数はいくつあるか。**

【地方上級・平成27年度】

○一の位が０でない。
○一の位と十の位の数が異なっている。
○十の位と百の位の数が異なっている。

1 549
2 585
3 621
4 657
5 693

＊
No.3 **A～Dの4人がいて，Aからスタートしてボールを順番に渡していく。ボールは以下の条件で渡すことにする。**

○直前に受け取った人にはボールを渡さない。
○前に渡した相手には渡すことはできない。
○A以外は何度受け取ってもよいし，一度も受け取らなくてもよい。

このとき，再びAにボールが渡るまでに何通りの渡し方があるか。

【地方上級（全国型）・平成29年度】

1 12通り
2 18通り
3 24通り
4 30通り
5 33通り

No.4 ＊＊ **図のように，スタートとゴールが設定された，縦３マス×横３マスの色分けされたシートがある。出された指示に従って，このシート上でスタートから駒を動かす。今，a～eの５つの指示のうち，４つの指示を一つずつ出して，このシート上でスタートから駒を動かす。駒がゴールまでたどり着く指示の出し方は何通りか。**

a：現在のマスが青色のとき，北に１マス進む。

b：現在のマスが青色のとき，東に１マス進む。

c：現在のマスが黄色または赤色のとき，東に１マス進む。

d：隣接する黄色のマスに進む。

e：隣接する赤色のマスに進む。

ただし，隣接するとは，東西南北のいずれかの辺でマスが接している場合をいう。また，一度実行された指示は再び実行されないものとする。

【国家総合職・令和元年度】

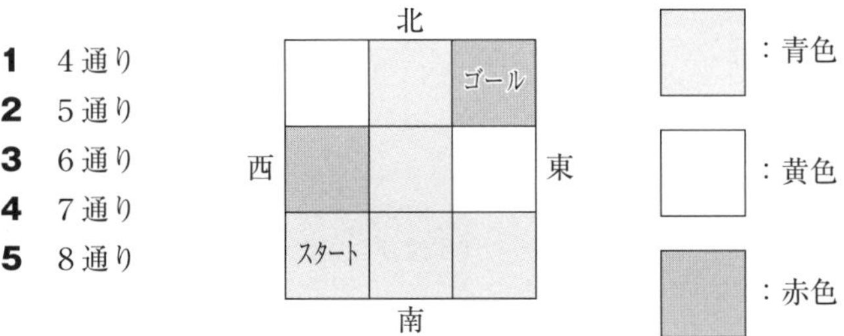

1　4通り
2　5通り
3　6通り
4　7通り
5　8通り

No.5 ＊＊ **1～8の数字が1つずつ書かれた8枚のカードがある。この8枚のカードを2枚ずつ組み合わせたところ，各組の2枚のカードに書かれた数の差は，それぞれ1，2，3，4となった。また，2枚のカードの数の和が4となる組があった。このとき，6の数字が書かれたカードと組み合わされたカードに書かれた数字として正しいものは，次のうちどれか。**　【市役所・平成21年度】

1　2
2　4
3　5
4　7
5　8

実戦問題の解説

No.1 の解説　a，b，cの組合せの数　→問題はP.358　正答2

STEP❶　樹形図を作る

cは3から7までのいずれかであるから，5つの場合に分けて考える。

①cが7のとき

c　b　a

7 ─ 6 ── 5～1　5通り
7 ─ 5 ── 4～1　4通り
7 ─ 4 ── 3～1　3通り
7 ─ 3 ── 2～1　2通り
7 ─ 2 ── 1　1通り
計 15通り

②cが6のとき

c　b　a

6 ─ 5 ── 4～1　4通り
6 ─ 4 ── 3～1　3通り
6 ─ 3 ── 2～1　2通り
6 ─ 2 ── 1　1通り
計 10通り

③cが5のとき

c　b　a

5 ─ 4 ── 3～1　3通り
5 ─ 3 ── 2～1　2通り
5 ─ 2 ── 1　1通り
計 6通り

④cが4のとき

c　b　a

4 ─ 3 ── 2～1　2通り
4 ─ 2 ── 1　1通り
計 3通り

⑤cが3のとき

c　b　a

3 ── 2 ── 1　1通り

STEP❷　場合の数を求める

以上の①～⑤の場合を合計すると，15＋10＋6＋3＋1＝35〔通り〕となり，**2**が正しい。

No.2 の解説　条件を満たす数の個数　→問題はP.358　正答4

STEP❶　一の位が0でない数の個数を求める

百の位は1～9の9通り。

十の位は0～9の10通り。

一の位は0でないので，1～9の9通り。

したがって，一の位が0でない数の個数は，9×10×9＝810〔個〕　……①

STEP❷　一の位と十の位，十の位と百の位が同じ数を考える

一の位と十の位が同じ数は，11，22，33，………，99の9通り。

これらのそれぞれについて，百の位は9通りあるので，9×9＝81〔個〕

同様にして，十の位と百の位が同じ数も81個。

この中には，すべての位が同じ数111，222，333，………，999の9個が重複して数えられているので，81＋81－9＝153〔個〕　……②

STEP❸　条件を満たす数を求める

したがって，条件を満たす数は①－②であるから，

810－153＝657〔個〕

となり，**4**が正しい。

No.3 の解説　ボールの渡し方　→問題はP.358　正答2

STEP❶　樹形図を作る

Aが最初にBのボールを渡したとき，条件に従ってボールの渡し方を樹形図にすると，次のようになる。

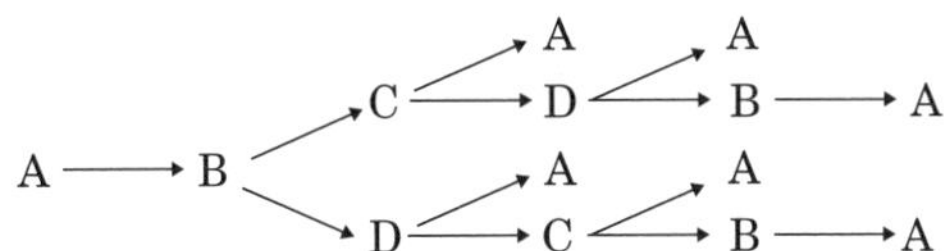

このように，Aが最初にBに渡したときは6通りある。

STEP❷　求めるボールの渡し方を求める

Aが最初にCやDに渡したときも，同様の渡し方が考えられるから，求めるボールの渡し方は，6×3＝18〔通り〕となり，**2**が正しい。

No.4 の解説　指示の出し方

→問題はP.359　**正答 4**

STEP❶　場合に分ける

図のように，1～7とする。

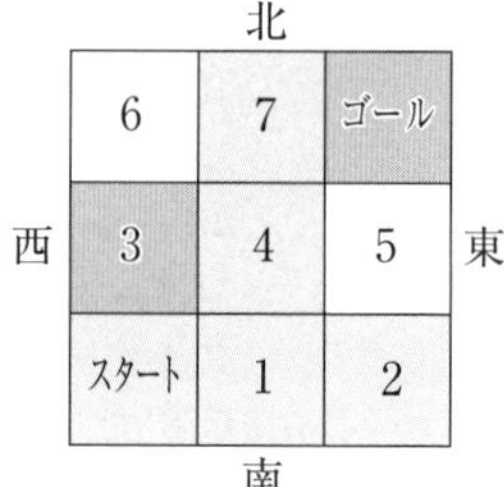

：青色
：黄色
：赤色

スタート地点は青色であるから，5つの指示のうち最初に出せる指示は，a，b，eのうちのどれかである。

STEP❷　最初の指示がaのとき

最初の指示がaのときに，駒がゴールまでたどり着く指示の出し方は次の通りである（一度実行された指示は再び実行されないことに注意する）。

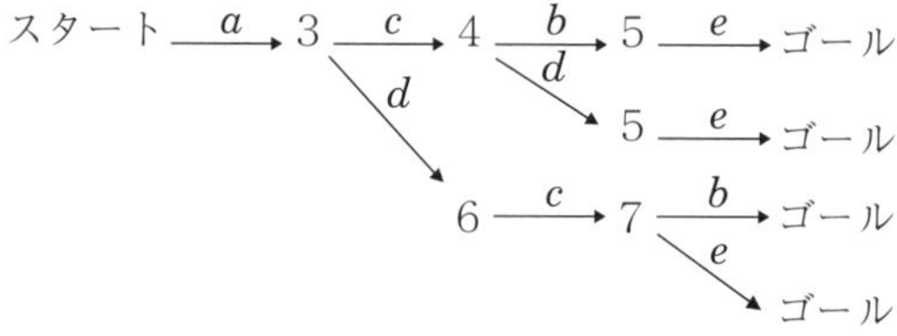

STEP❸　最初の指示がbのとき

最初の指示がbのときは，同様にして，

スタート $\xrightarrow{b}$ 1 $\xrightarrow{a}$ 4 $\xrightarrow{d}$ 5 $\xrightarrow{e}$ ゴール

STEP❹　最初の指示がeのとき

最初の指示がeのときは，

スタート $\xrightarrow{e}$ 3 $\xrightarrow{c}$ 4 $\xrightarrow{a}$ 7 $\xrightarrow{b}$ ゴール

　　　　　　3 $\xrightarrow{d}$ 6 $\xrightarrow{c}$ 7 $\xrightarrow{b}$ ゴール

STEP❺　指示の出し方を求める

以上のことから，駒がゴールまでたどり着く指示の出し方は7通りであり，**4**が正しい。

No.5の解説 カードに書かれた数字

→問題はP.359 正答4

STEP❶ 2枚のカードの和が4となる場合を考える

まず，和が４となる２枚のカードの組合せは「１と３」が書かれたカードしかない。この差は２なので，残りは差が１，３，４となる組合せである。したがって，残った６つの数字で実際に組合せを試してみるしかない。

組合せ		3		
		1		
差	1	2	3	4

STEP❷ 2枚カードの差が1，3，4となる場合を考える

差が４となる２枚のカードの組合せは「８と４」,「６と２」の２つ

差が３となる２枚のカードの組合せは「８と５」,「７と４」,「５と２」の３つ

差が１となる２枚のカードの組合せは「８と７」,「７と６」,「６と５」,「５と４」の４つ

なので，一番場合分けの少ない差が４となる組合せで場合分けをして考える。

STEP❸ 「8と4」の場合を考える

差が４となる組合せが「８と４」の場合，差が３となる組合せとしてありうるのは「５と２」のみであり，差が１となる組合せは「７と６」と確定する。

STEP❹ 「6と2」の場合を考える

差が４となる組合せが「６と２」の場合，差が３となる組合せとしてありうるのは①「８と５」，②「７と４」の２つがある。

①「8と5」のとき

残る数字「４と７」では差が１にならない。

②「7と4」のとき

残る数字「５と８」でも差が１にならない。

STEP❺ 結論を導く

以上により，「８と４」,「５と２」,「７と６」の組合せとなり，６の数字が書かれたカードと組み合わされたカードに書かれた数字は７とわかり，**4**が正しい。

組合せ	7	3	5	8
	6	1	2	4
差	1	2	3	4

順　列

必修問題

K，O，K，K，A，K，O，U，M，Uの10文字を横一列に並べるとき，4つのKが左から5番目までにすべて含まれる場合は何通りか。

【国家専門職・平成29年度】

1　300通り
2　450通り
3　600通り
4　900通り
5　1,200通り

難易度　＊＊

必修問題の解説

同じものを含む順列の問題である。n個のもののうち，p個は同じもの，q個はほかの同じもの，r個はまたほかの同じもの，……であるとき，それらn個のもの全部を1列に並べる順列の総数は，

$$\frac{n!}{p!q!r!\cdots}\quad（ただし，p+q+r+\cdots\cdots=n）$$

STEP❶　場合分けする

4つのKが左から5番目までにすべて含まれる場合は，5番目までの残り1文字が2つあるOとUの場合と1つしかないAとMの場合に分けて考える。

STEP❷　OとUの場合

左から5番目までが，4つのKとOの場合は，左から6番目以降は，O，A，Mと2つのUの並び方となるから，

左から5番目まで	6番目以降
KKKKO	OAMUU

左から5番目までの並び方は，Oの位置によって5通りある。

左から6番目以降の並び方は，5つのもののうち，2つは同じものを1列に並べる順列であるから，

$$\frac{5!}{2!}=\frac{5\times4\times3\times2\times1}{2\times1}=60〔通り〕$$

よって，全部で，$5\times60=300$〔通り〕

Uの場合も同様にして，300通りあるから，OとUの場合は600通りである。

STEP❸　AとMの場合

左から5番目までが，4つのKとAの場合は，左から6番目以降は，Mと2つず

つあるOとUの並び方となるから，

左から5番目まで	6番目以降
KKKKA	MOOUU

左から5番目までの並び方は，Aの位置によって5通りある。

左から6番目以降の並び方は，5つのもののうち，2つずつ同じものを1列に並べる順列であるから，

$$\frac{5!}{2!2!}=\frac{5\times4\times3\times2\times1}{2\times1\times2\times1}=30\text{〔通り〕}$$

よって，全部で，5×30＝150〔通り〕

Mの場合も同様にして，150通りあるから，AとMの場合は300通りである。

STEP❹　求める場合の数

したがって，求める場合の数は，600＋300＝900〔通り〕となり，**4**が正しい。

正答　4

FOCUS

順列を求めるための公式として，$_nP_r$の公式は有名である。これはこれで重要であることはいうまでもないが，この公式を知っているからといってなんら問題解決にはならない。一番重要なのは考え方を身につけることである。計算そのものは簡単な場合が多いのだから，問題をより多く解くことによって，この分野特有の考え方をよく理解して得意分野としてほしい。

POINT

重要ポイント 1 **順列**

異なるn個のものの中からr個取って1列に並べる場合の数を，n個のものの中からr個取る**順列**といい，その総数を${}_n\mathrm{P}_r$で表す。

$${}_n\mathrm{P}_r = \underbrace{n(n-1)(n-2)\cdots\cdots(n-r+1)}_{r\text{個の積}}$$

〔例題〕 1, 2, 3, 4, 5の5枚のカードの中から，3枚を選んで3ケタの整数を作る場合の数を求めよ。

百の位……1, 2, 3, 4, 5の5枚のカードのどれかで5通りある。
十の位……100の位のカードを除いた4枚のカードのどれかで4通りある。
一の位……100の位と10の位のカードを除いた3枚のカードのどれかで3通りある。

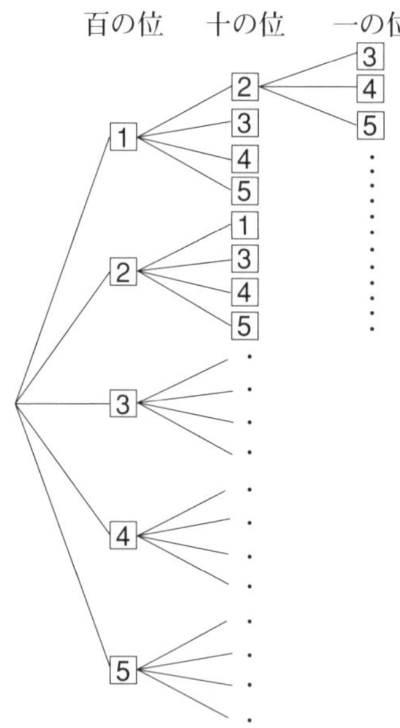

したがって，積の法則により，3枚を選んで3ケタの整数は，

$5 \times 4 \times 3 = 60$〔通り〕

あることがわかる。これを5枚の異なるカードから3枚を選んで取った順列といい，その総数を${}_5\mathrm{P}_3$で表す。つまり，${}_5\mathrm{P}_3 = 5 \times 4 \times 3 = 60$となる。

〈$r=n$のとき〉

$${}_{n}\mathrm{P}_{n}=n(n-1)(n-2)\cdots\cdots3\cdot2\cdot1=n!$$

と表し，この式のように１からnまでの自然数の積を**nの階乗**といい，**$n!$**で表す。
注）$0!=1$と定める。

$${}_{n}\mathrm{P}_{r}=\frac{n!}{(n-r)!}$$

重要ポイント２ **円順列**

異なるn個のものを円形に並べたものを，n個のものの**円順列**という。
その総数は，**$(n-1)!$**である。

〔例題〕５人の生徒a，b，c，d，eが円形のテーブルに座るときの座り方は何通りか。

$(5-1)!=4!=4\times3\times2\times1=24$〔通り〕

重要ポイント３ **重複順列**

異なるn個のものから同じものを繰り返し使ってr個のものを並べる順列を，**重複順列**という。
その総数は**n^r**である。

〔例題〕２種類の記号「—，・」を繰り返し使って５個並べて記号を作るときの異なる記号の数は何通りか。

$2^5=2\times2\times2\times2\times2=32$〔通り〕

重要ポイント４ **同じものを含む順列**

n個のもののうち，p個は同じもの，q個はほかの同じもの，r個はまたほかの同じもの，……であるとき，それらn個のもの全部を１列に並べる順列を考えてみよう。

その総数は　$\dfrac{n!}{p!q!r!\cdots}$（ただし，$p+q+r+\cdots\cdots=n$）

〔例題〕６個の数字１，２，２，３，３，３を１列に並べる順列の総数は何通りか。

$$\frac{6!}{1!2!3!}=\frac{6\times5\times4\times3\times2\times1}{1\times2\times1\times3\times2\times1}=60〔通り〕$$

実戦問題

*
No.1 **ある会社で内線を設置することにした。番号は３ケタである。番号を以下の条件をすべて満たすように設定するとき，番号は何通りになるか。**

【市役所・平成23年度】

○３ケタの数字はそれぞれ何番でもよく，０が先頭でもよいが，３つの数字はすべて異なる。

○番号には１か２のうち１つだけを必ず入れる。

○番号には９か０のうち１つだけを必ず入れる。

1　72通り　**2**　144通り
3　216通り　**4**　288通り
5　360通り

*
No.2 **黄，赤，青，緑，白色の５個の玉を次の条件で横一列に並べるとき，並べ方は何通りあるか。**

【国家専門職・平成25年度】

○黄色の玉は端に置く。

○赤色の玉と青色の玉は隣り合うように置く。

○緑色の玉は中央（左右それぞれの端から３つ目）に置かない。

1　16　**2**　20
3　24　**4**　28
5　32

**
No.3 **ある部署では，１年間通じて活動するプロジェクトチーム（以下，チーム）をいくつか構成することになっているが，これらのチームは次のア，イ，ウの要件に従って構成されている。**

ア：チームごとの多様性を発揮させるため，構成メンバーが全員同じチームは作らない。

イ：チーム間の情報共有のため，どの２つのチームの構成メンバーを見ても，必ず共通する人が少なくとも１名はいる。

ウ：チームは１名で構成してもよい。

この部署には昨年８名が所属していたが，今年は１名増えて９名となった。このとき，今年構成できるチームの数は昨年よりいくつ増えたか。

【国家一般職・平成14年度】

1　64　**2**　96
3　128　**4**　160
5　192

No.4（＊＊） **同じ鉛筆が全部で６本ある。これをA，B，Cの３人に残らず配る場合の配り方は全部で何通りか。ただし，鉛筆を1本ももらえない人がいてもよいとする。**

【国家専門職・平成24年度】

1　22通り
2　24通り
3　26通り
4　28通り
5　30通り

No.5（＊＊） **TOKUBETUの8文字を並べるとき，2つのTの間に他の文字が1つ以上入る並べ方は何通りあるか。**

【地方上級（特別区）・令和元年度】

1　1,260通り
2　2,520通り
3　7,560通り
4　8,820通り
5　10,080通り

No.6（＊＊） **A～Jの10人が飛行機に乗り，次のような３人掛け・４人掛け・３人掛けの横一列の席に座ることになった。**

窓 □□□ 通路 □□□□ 通路 □□□ 窓

この10人の座り方について，次のようにするとき，座り方の組合せはいくつあるか。

【国家専門職・平成23年度】

○A，B，Cの３人は，まとまった席にする。
○DとEは席を隣どうしにしない。
○AとFは窓際の席にする。

なお，通路を挟んだ席は隣どうしの席ではないものとする。

1　1,122通り
2　1,212通り
3　1,221通り
4　2,112通り
5　2,211通り

実戦問題の解説

No.1 の解説　3ケタの番号の並び方
→問題はP.368　正答2

STEP❶　積の法則を用いる

番号には1か2のうち1つを必ず入れることから，その選び方は2通り。同様にして，9か0のうち1つを必ず入れることから，その選び方は2通り。残りの3～8の数字から1つ選ばれるので，その選び方は6通り。

よって，3つの数字の選び方は，積の法則より，

2×2×6＝24〔通り〕

STEP❷　選ばれた数字の並べ方

選ばれた3つの数字の並べ方は，そのおのおのに対して，

3！＝6〔通り〕

以上より，求める場合の数は，積の法則より，

24×6＝144〔通り〕

となり，**2**が正しい。

No.2 の解説　5個の玉の並び方
→問題はP.368　正答2

STEP❶　黄色の玉について考える

黄色の玉は端に置くから，

（ｉ）㊤○○○○　または，（ⅱ）○○○○㊤

の2通りの場合がある。

STEP❷　赤色と青色の玉について考える

赤色の玉と青色の玉は隣り合うように置くから，

(赤)(青)　または　(青)(赤)

の2通りの場合がある。

STEP❸　緑色の玉について考える

緑色の玉は中央には置かないから，下図で②と⑦には置かない。

（ｉ）(黄)①②③④　または，（ⅱ）⑤⑥⑦⑧(黄)

緑色の玉を①に置くと，赤色と青色のセットは②③または③④の2通り

緑色の玉を③に置くと，赤色と青色のセットは①②の1通り

緑色の玉を④に置くと，赤色と青色のセットは①②または②③の2通り

よって，（ｉ）の場合で緑色と赤色と青色のセットの置き方は5通りある。

（ⅱ）についても同様である。

白色の玉は残りの1か所に置けばよいから，1通り。

STEP❹　すべての並び方を求める

以上のことから，すべての並び方は，

2×2×5＝20〔通り〕

となり，**2**が正しい。

No.3 の解説　チームの数

→問題はP.368　正答3

STEP❶　重複重列で考える

昨年の8名の中に，どのチームにも共通する人が少なくとも1名（この人は，結局どのチームにも所属していることになる）はいることから，ほかの7名について考えると，どの人もチームの構成メンバーに入るか入らないかで2通りの選択肢があるので，全部で$2^7=128$〔通り〕のチームができることになる。

STEP❷　増えたチーム数を求める

今年は1名増えて9名になれば，同様にして，$2^8=256$〔通り〕のチームができるから，昨年に比べて，$256-128=128$〔通り〕増えたことになる。よって，**3**が正しい。

No.4 の解説　6本の鉛筆の配り方

→問題はP.369　正答4

STEP❶　仕切りを入れる

鉛筆6本をA，B，Cの3人に残らず配る場合の配り方は，2本の仕切りの左側にある鉛筆をAの鉛筆，中にある鉛筆をBの鉛筆，右側にある鉛筆をCの鉛筆であるとする。たとえば，下の図は，Aが0本，Bが1本，Cが5本になる。

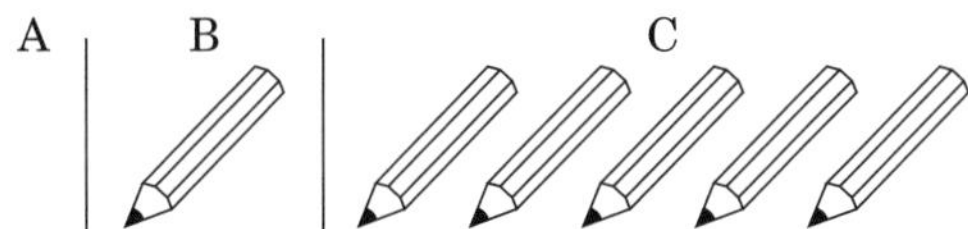

STEP❷　同じものを含む順列で考える

このように考えると，求める場合の数は，6本の鉛筆と2本の仕切りの並べ方の総数に等しいから，

$$\frac{8!}{6!2!}=28\text{〔通り〕}$$

となり，**4**が正しい。

No.5の解説 文字が1つ以上入る並べ方

→問題はP.369 正答3

STEP❶ すべての並べ方を求める

8文字のうち，TとUが2個ずつあるから，これら8文字のすべての並べ方は，

$$\frac{8!}{2!2!}=\frac{8\times7\times6\times5\times4\times3\times2\times1}{2\times1\times2\times1}=10080〔通り〕$$

STEP❷ 2つのTの間に他の文字が入らない場合を考える

2つのTの間に他の文字が入らない場合は，TTを1つの文字と考えて，他の6文字O，K，U，B，E，Uとの並び方を考えて，

$$\frac{7!}{2!}=\frac{7\times6\times5\times4\times3\times2\times1}{2\times1}=2520〔通り〕$$

STEP❸ 求める場合の数を求める

したがって，2つのTの間に他の文字が1つ以上入る並べ方は，8文字すべての並べ方から，2つのTの間に他の文字が入らない場合を引けばよいから，

$$10080-2520=7560〔通り〕$$

となり，**3**が正しい。

No.6 の解説　10人の座り方

→問題はP.369 正答4

STEP❶　AとFの席を考える

座席を左から順にア～コとする。

窓 |ア|イ|ウ| 通路 |エ|オ|カ|キ| 通路 |ク|ケ|コ|

A～Fは窓際の席にすることから，

①A－ア，F－コ　または，②A－コ，F－アの２通りがある。

STEP❷　A－ア，F－コの場合を考える

窓 |A|イ|ウ| 通路 |エ|オ|カ|キ| 通路 |ク|ケ|F|

このとき，A，B，Cの３人は，まとまった席にするから，BとCはイまたはウに座るので，その座り方は２通り。

次に，残ったエ～ケの６つの席に，残りの６人を座らせていくが，６つの席にDとEの２人が座る方法は，

$_6P_2 = 6\times 5 = 30$〔通り〕

このうち，DとEは隣どうしにしないことから，DとEは，

|エ|オ|　|オ|カ|　|カ|キ|　|ク|ケ|に座ることはない。

この場合が，左右の入れ替えを含めて，

$4\times 2 = 8$〔通り〕

よって，DとEの座り方は，

$30 - 8 = 22$〔通り〕

最後に，G，H，I，Jの４人の座り方は，

$_4P_4 = 4! = 24$〔通り〕

以上から，A－ア，F－コの場合の座り方は，

$2\times 22\times 24 = 1056$〔通り〕

STEP❸　座り方の総数を求める

A－コ，F－アの場合もまったく同様であるから，求める座り方の総数は，

$1056\times 2 = 2112$〔通り〕

となり，**4**が正しい。

第4章 場合の数と確率

組合せ

必修問題

下の図のように，５本の平行な線a～eが，他の６本の平行な線p～uと交差しており，a，e，q，s，tは細線，b，c，d，p，r，uは太線である。これらの平行な線を組み合わせてできる平行四辺形のうち，少なくとも一辺が細線である平行四辺形の総数として，正しいのはどれか。

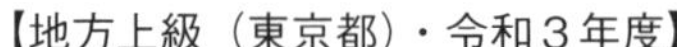

【地方上級（東京都）・令和３年度】

1　141
2　142
3　143
4　144
5　145

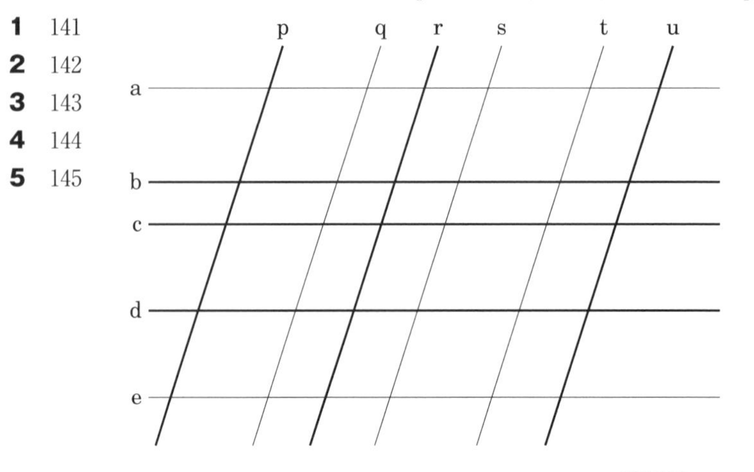

難易度　＊＊

必修問題の解説

数え上げで求めようとするのはナンセンスである。そこで，別の方法を考えてみることになる。

STEP❶　数え上げは不可能

図Ⅰのように，１，２，３，４，……と順番に数えていくのは不可能である。次に，１と２でできる平行四辺形や２と３でできる平行四辺形などがあり，場合分けも大変である。そこで，別の方法を考える必要がある。

STEP❷　組合せの考えを使う

たとえば，図Ⅰの１，２，３，６，７，８によってできる平行四辺形について考えてみると，これは横方向の平行線aとc，縦方向の平行線pとsによってできる平行四辺形と考えることができる。このように，横方向の平行線５本のうち２本を選び，縦方向６本の平行線のうち２本を選ぶと，それによって平行四辺形が１つ対

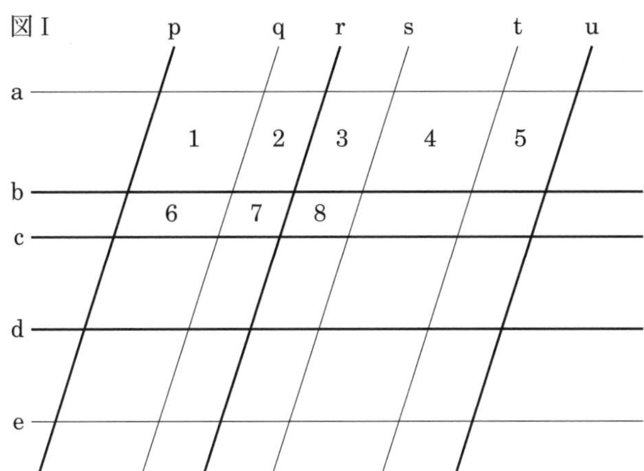

応することになる。逆に，どの平行四辺形も対応する横方向の５本の平行線のうち２本と縦方向の６本の平行線のうち２本によってできている。この対応には，重複や漏れはないから，平行四辺形の個数を数えることは，横方向の平行線と縦方向の平行線をそれぞれ２本ずつ選ぶ方法と同じである。

したがって，図Ⅰのすべての平行四辺形の数は，a～eの５本から２本，p～uの６本から２本を選べばよいから，

$${}_5C_2 \times {}_6C_2 = \frac{5 \times 4}{2 \times 1} \times \frac{6 \times 5}{2 \times 1} = 10 \times 15 = 150〔個〕$$

STEP❸　求める平行四辺形の総数

求める平行四辺形の総数は，少なくとも一辺が細線であるから，すべての平行四辺形の数から太線のみでできている平行四辺形の数を引けばよい。

太線のみでできている平行四辺形は，横方向の平行線はb，c，dの３本，縦方向の平行線はp，r，uの３本から２本を選んでできることになるから，

$${}_3C_2 \times {}_3C_2 = 3 \times 3 = 9〔個〕$$

よって，求める平行四辺形の数は，150－９＝141〔個〕であり，**1**が正しい。

正答 1

FOCUS

組合せの問題は，$_nC_r$の公式の使い方に尽きるといっても過言ではない。この組合せの公式は，次のテーマである確率でも頻繁に登場することになるので，ぜひ使い慣れてほしい。単に，公式を覚えているだけでは役に立たないので注意してほしい。

POINT

重要ポイント 1 組合せの総数

異なるn個のものの中からr個を選ぶ場合の数を，n個のものからr個取る**組合せ**という。

その総数は$_n\mathrm{C}_r$で表す。

$$_n\mathrm{C}_r=\frac{_n\mathrm{P}_r}{r\,!}=\frac{n\,!}{r\,!\,(n-r)\,!}$$

〔例題〕A，B，C，D，E，Fの６個の中から３個選ぶ場合の数は何通りか。

６個の中から３個を選んで１列に並べるとすれば，その場合の数は，$_6\mathrm{P}_3$通りである。

一方，３個を選ぶ場合の数は，３個の並べ方３！通りずつ重複する。

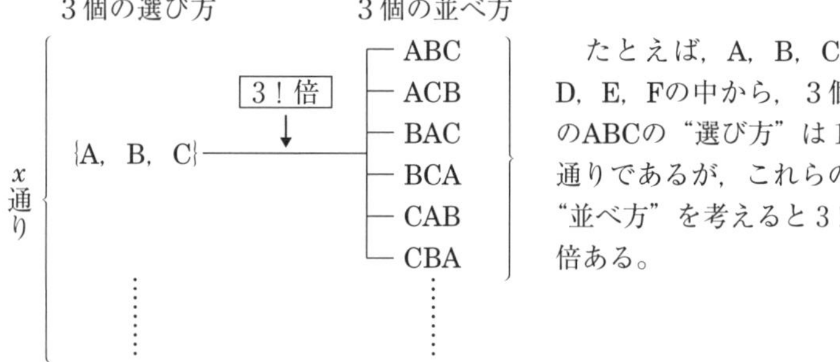

たとえば，A，B，C，D，E，Fの中から，３個のABCの“選び方”は１通りであるが，これらの“並べ方”を考えると３！倍ある。

したがって，A，B，C，D，E，Fの６個の中から，３個を選ぶ方法がx通りあるとすれば，

$$x\times 3\,!={}_6\mathrm{P}_3$$

である。

$$x=\frac{_6\mathrm{P}_3}{3\,!}=\frac{6\times 5\times 4}{3\times 2\times 1}=20〔通り〕$$

これを６個の異なるものから３個取る組合せといい，その総数を$_6\mathrm{C}_3$で表す。

つまり，$_6\mathrm{C}_3=\dfrac{_6\mathrm{P}_3}{3\,!}=20$となる。

〔例題〕１つの円周上に８個の点A～Hがある。これらの点を頂点とする四角形はいくつできるか。

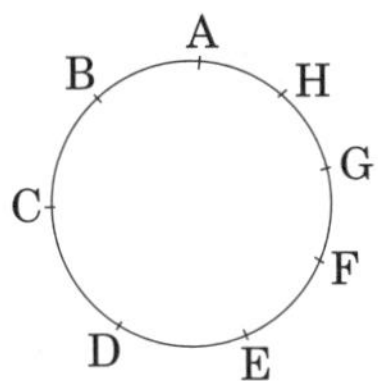

8個の点A〜Hから，どの4点を選んでも四角形ができるから，

$${}_8C_4=\frac{8!}{4!4!}=\frac{8\times7\times6\times5}{4\times3\times2\times1}=70 \text{〔個〕}$$

重要ポイント 2 ${}_nC_r$の性質

一般に，${}_nC_r={}_nC_{n-r}$が成り立つ。

〔例題〕10問出題されたテストにおいて，8問を選んで答える場合，問題の選び方は何通りあるか。

$${}_{10}C_8={}_{10}C_2=\frac{10\times9}{2\times1}=45 \text{〔通り〕}$$

重要ポイント 3 ${}_nC_r$の活用

場合の数の和の法則（AまたはBのいずれかが起こる場合の数は$m+n$通り），積の法則（AとBがともに起こる場合の数は$m\times n$通り）のm，nに${}_nC_r$を当てはめて個数を求めることができる。

〔例題〕図のような平行四辺形の中に，全部でいくつの平行四辺形が含まれているか。

横の4本の平行線の中の2本の組と，縦の5本の平行線の中の2本の組によって，平行四辺形が1つ定まるから，

$${}_4C_2\times{}_5C_2=\frac{4\times3}{2\times1}\times\frac{5\times4}{2\times1}=6\times10=60 \text{〔個〕}$$

実戦問題❶ 基本レベル

No.1＊ 8個のキャラメルをA，B，Cの3人で分けるとき，その分け方は何通りあるか。ただし，3人とも1個以上受け取るものとする。

【地方上級・平成17年度】

1 15通り
2 18通り
3 21通り
4 24通り
5 27通り

No.2＊ 次の図のように，平行四辺形を3本の斜めの平行線，7本の横の平行線で区切ったとき，その中にできるすべての平行四辺形の数はどれか。

【地方上級・平成18年度】

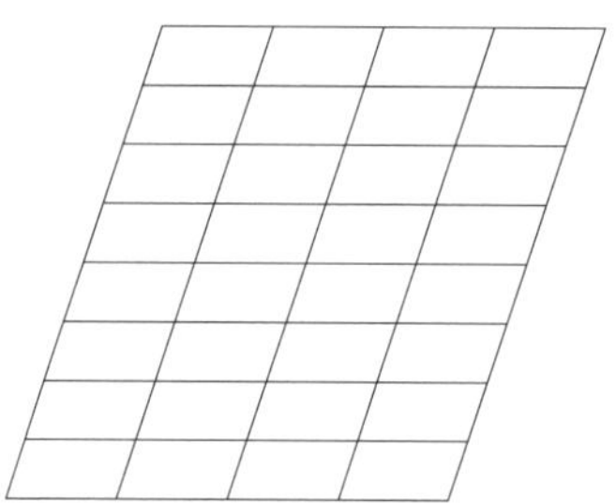

1 180
2 270
3 360
4 450
5 540

No.3＊ 祖母，両親，子ども2人の5人で暮らしている家族が，買い物に外出する場合，外出のしかたは何通りあるか。ただし，子どもだけでは外出あるいは留守番はできないものとする。

【地方上級（特別区）・平成26年度】

1 22通り
2 25通り
3 28通り
4 31通り
5 34通り

No.4 ＊ あるイベント会場に，職員８人，アルバイト４人の合わせて12人のスタッフがいる。４人のスタッフが１グループとなって受付業務を行うが，そのうちの１人は必ず職員でなければならない。１グループが１日ずつ受付業務を行うとき，異なるグループで受付業務を行うことができるのは最大で何日間か。

ただし，グループのスタッフ４人のうち少なくとも１人が異なれば，異なるグループとして数えるものとする。 【国家一般職・令和２年度】

1 106日間
2 212日間
3 392日間
4 494日間
5 848日間

No.5 ＊ あるレストランには，前菜，肉料理，魚料理，サラダ，スープ，デザートの６種類の料理がある。これらのうちから，２種類以上を組み合わせて食事をするとき，その組合せは何通りか。

ただし，サラダ，スープ，デザートのうちから，２種類以上を選択することはないものとする。 【国家専門職・令和元年度】

1 22通り
2 25通り
3 28通り
4 31通り
5 34通り

No.6 ＊＊ 次のパスカルの三角形において，上から10段目の左から5番目の数と，上から13段目の右から7番目の数との和として，正しいのはどれか。

【地方上級（東京都）・令和元年度】

1段目	1
2段目	1　1
3段目	1　2　1
4段目	1　3　3　1
5段目	1　4　6　4　1
6段目	1　5　10　10　5　1
7段目	1　6　15　20　15　6　1
8段目	1　7　21　35　35　21　7　1
9段目	1　8　28　56　70　56　・　・　・
・	・　・　・　・　・　・　・　・　・　・
・	・　・　・　・　・　・

1　621
2　918
3　1050
4　1134
5　1419

実戦問題1の解説

No.1 の解説　キャラメルの分け方

→問題はP.378　**正答3**

STEP❶　区切りで考える

8個のキャラメルを○で，A，B，Cに分ける区切りを｜で表すと，Aに1個，Bに2個，Cに5個分ける場合は，

○｜○○｜○○○○○

同様にして，Aに2個，Bに3個，Cに3個分ける場合は，

○○｜○○○｜○○○

STEP❷　組合せで求める

結局，8個のキャラメルをA，B，Cの3人に分ける方法は，7個の○と○の間に｜を2本入れる方法と同じである。

よって，${}_7C_2=\dfrac{7\times 6}{2\times 1}=21$〔通り〕となり，**3**が正しい。

No.2 の解説　平行四辺形の数

→問題はP.378　**正答3**

STEP❶　組合せで考える

斜めの平行線の2本，横の平行線2本がそれぞれ決まれば，平行四辺形が1つ確定する。

斜めの平行線は全部で5本あるから，そのうちの2本を選ぶ組合せは，

$${}_5C_2=\frac{5!}{3!2!}=\frac{5\times 4}{2\times 1}=10〔通り〕$$

横の平行線は全部で9本あるから，そのうちの2本を選ぶ組合せは，

$${}_9C_2=\frac{9!}{7!2!}=\frac{9\times 8}{2\times 1}=36〔通り〕$$

STEP❷　積の法則を利用する

したがって，2組の平行線を選ぶ場合の数は，**積の法則**より，$10\times 36=360$〔通り〕となるから，平行四辺形は全部で360個でき，**3**が正しい。

No.3 の解説　外出する組合せ

→問題はP.378　**正答2**

STEP❶　外出する人数で場合分けする

外出する人数によって場合分けをして考える。

①1人で外出する場合

子どもだけでは外出できないから，祖母，父親，母親のみの3通りである。

②2人で外出する場合

5人の中から外出する2人を選ぶ組合せは，

${}_5C_2=10$〔通り〕

このうち，子ども２人だけで外出する場合を除くから９通りである。

③３人で外出する場合

同様にして，組合せは，

$_5C_3=10$〔通り〕

このうち，子ども２人だけで留守番する場合を除くから９通りである。

④４人で外出する場合

①の逆で，祖母，父親，母親のみが留守番する場合で３通りである。

⑤５人で外出する場合

１通りである。

STEP❷　すべてを足し上げる

以上①～⑤より，$3+9+9+3+1=25$〔通り〕となり，**2**が正しい。

No.4 の解説　グループ分け

→問題はP.379　正答4

STEP❶　余事象を利用する

余事象とは，ある事象に対して，それが起こらない事象のことをいう。この問題の場合，４人のスタッフのうち１人は必ず職員でなければならないから，職員が１人の場合，２人の場合，３人の場合，４人の場合と場合分けして考えるよりは，逆転の発想で，全部の場合から職員が１人もいない場合，つまり，４人ともアルバイトの場合を引いて考えたほうが簡単である。これが余事象の考え方である。

STEP❷　最大日数を求める

職員８人，アルバイト４人の合わせて12人から４人のスタッフを選ぶ方法は，

$$_{12}C_4=\frac{12!}{4!8!}=\frac{12\times11\times10\times9}{4\times3\times2\times1}=495\text{〔通り〕}$$

４人すべてがアルバイトである選び方は，$_4C_4=1$〔通り〕

したがって，異なるグループで受付業務を行うことができる最大日数は，$495-1=494$〔日〕であり，**4**が正しい。

No.5 の解説　料理の組合せの数

→問題はP.379　正答2

STEP❶　２種類の組合せを求める

６種類の料理のうち２種類を選択する組合せは，

$$_6C_2=\frac{6!}{4!2!}=\frac{6\times5}{2\times1}=15\text{〔通り〕}$$

このうち，サラダ，スープ，デザートのうちから２種類選択する$_3C_2=3$〔通り〕を除くから，$15-3=12$〔通り〕

STEP❷　3種類の組合せを求める

6種類の料理のうち3種類を選択する組合せは，

$${}_6C_3=\frac{6!}{3!3!}=\frac{6\times5\times4}{3\times2\times1}=20〔通り〕$$

このうち，サラダ，スープ，デザートのうちから2種類以上選択する場合は，3種類の場合が1通り，2種類の場合は，前菜，肉料理，魚料理の3種類に対してそれぞれ3通りあるから，3×3＝9〔通り〕

よって，20－(1＋9)＝10〔通り〕

STEP❸　4種類の組合せを求める

前菜，肉料理，魚料理とサラダ，スープ，デザートのいずれかの組合せであるから，3通りである。また，5種類以上になると，サラダ，スープ，デザートのうちから必ず2種類以上選択することになるので不適。

STEP❹　2種類以上の組合せを求める

したがって，求める組合せは，12＋10＋3＝25〔通り〕となり，**2**が正しい。

No.6 の解説　パスカルの三角形

→問題はP.380　**正答3**

STEP❶　パスカルの三角形

パスカルの三角形は，二項展開における係数を三角形状に並べたものである。

2段目は，$(x+y)^1=x+y$のそれぞれの係数${}_1C_0=1$，${}_1C_1=1$

3段目は，$(x+y)^2=x^2+2xy+y^2$のそれぞれの係数${}_2C_0=1$，${}_2C_1=2$，${}_2C_2=1$

4段目は，$(x+y)^3=x^3+3x^2y+3xy^2+y^3$のそれぞれの係数${}_3C_0=1$，${}_3C_1=3$，${}_3C_2=3$，${}_3C_3=1$

………

n段目は，$(x+y)^{n-1}$のそれぞれの係数${}_{n-1}C_0=1$，${}_{n-1}C_1=n-1$，${}_{n-1}C_2$……${}_{n-1}C_{n-1}=1$

したがって，**n段目の左からk番目の係数は，${}_{n-1}C_{k-1}$である。**

STEP❷　和を求める

10段目の左から5番目の数は，${}_9C_4=\frac{9!}{4!5!}=\frac{9\times8\times7\times6}{4\times3\times2\times1}=126$

13段目の右から7番目の数は，左から7番目の数でもあるから，

$${}_{12}C_6=\frac{12!}{6!6!}=\frac{12\times11\times10\times9\times8\times7}{6\times5\times4\times3\times2\times1}=924$$

よって，求める和は，126＋924＝1050となり，**3**が正しい。

第4章　場合の数と確率

実戦問題❷ 応用レベル

** **No.7** **次の条件を満たすすべての数の平均値の一の位はいくらか。**

【国家総合職・平成25年度】

○3ケタから6ケタまでの自然数

○8である位はちょうど3つで，それ以外の位がある場合はすべて0

（例：8088）

1 0

2 2

3 4

4 6

5 8

** **No.8** **ある映画祭における交流パーティーに，複数の俳優が参加し，一部の者はそれぞれ付き人を1人連れてきており，それ以外の者は連れてこなかった。次のことがわかっているとき，このパーティーに参加した俳優のうち，付き人を連れてこなかった者は何人か。**

【国家総合職・平成28年度】

○俳優どうしは，全員，1対1で握手を交わした。

○各俳優は，自分の連れてきた付き人以外のすべての付き人と，1対1で自己紹介を行った。

○各付き人は，他のすべての付き人と，1対1で自己紹介を行った。

○1対1のやりとりを1回と数えると，握手が交わされたのは計105回，自己紹介が行われたのは計162回であった。

1 6人　**2** 8人

3 10人　**4** 12人

5 14人

*** **No.9** **ある青果店にはりんご，キウイフルーツ，みかんの3種類の果物が店頭にたくさん並べられている。この中から14個の果物を買うとき，何通りの買い方があるか。**

ただし，りんごとキウイフルーツはそれぞれ2個以上，みかんは3個以上買うものとする。

【国家一般職・平成14年度】

1 30通り

2 32通り

3 34通り

4 36通り

5 38通り

実戦問題2の解説

No.7の解説　平均値の一の位

→問題はP.384　正答3

STEP1　条件を満たす場合の数を求める

3ケタから6ケタまでの自然数で，8である位がちょうど3つで，それ以外は0であるものを数え上げる。

（ⅰ）3ケタのもの　888の1通り。

（ⅱ）4ケタのもの　8□□□となる□のいずれか1か所が0であるから3通り。

（ⅲ）5ケタのもの　8□□□□となる□のいずれか2か所が8となるので，

$${}_4C_2 = \frac{4 \times 3}{2 \times 1} = 6$$〔通り〕

（ⅳ）6ケタのもの　8□□□□□となる□のいずれか2か所が8となるので，

$${}_5C_2 = \frac{5 \times 4}{2 \times 1} = 10$$〔通り〕

以上から，全部で20通りある。

STEP2　各位に8が現れる回数を求める

この20通りについて，各位に8が現れる回数を考えると，

一の位では，3ケタは888で1回。
4ケタは3通りのうち1回が0だから，残り2回。
5ケタは6通りのうち3回（8□□□□の□に8と0が2か所ずつ）。
6ケタは10通りのうち4回（8□□□□□の□に8が2か所，0が3か所入るので，8と0の比が2：3で入る）。

よって，一の位で8が入るのは20通りのうち10通りである。

十の位，百の位も同様で，20通りのうち8が入るのはそれぞれ10通りずつある。

千の位では，4ケタは3通り全部。
5ケタは6通りのうち3回。
6ケタは10通りのうち4回。

よって，全部で10通りある。

万の位では，5ケタは6通り全部。
6ケタは10通りのうち4回。

これも，全部で10通りある。

十万の位では，6ケタは10通り全部。

STEP3　平均値の一の位を求める

以上のことから，条件を満たす20通りの自然数の和を考えると，6ケタす

べてで8を10回加えることになり，

$$888888 \times 10 = 8888880$$

となる。

したがって，その平均値は，$8888880 \div 20 = 444444$となり，すべての位で4となるから，**3**が正しい。

No.8 の解説　付き人を連れてこなかった者の数

→問題はP.384　正答 1

STEP❶　参加した俳優の人数を求める

このパーティーに参加した俳優の人数をx人とすると，握手が交されたのが105回で，握手を交わしたのは俳優どうしの全員であるから，x人から2人を選ぶ組合せの数が105通りということである。

$${}_x C_2 = \frac{x(x-1)}{2 \times 1} = 105$$

これより，$x(x-1) = 210$，$x^2 - x - 210 = 0$，$(x-15)(x+14) = 0$

$x > 0$であるから，$x = 15$

よって，参加した俳優の数は15人である。

STEP❷　付き人の人数を求める

付き人の人数をy人とすると，各付き人は，他のすべての付き人と1対1で自己紹介を行い，また，自分が付いている俳優以外の14人と自己紹介を行い，その合計が162回であるから，

$${}_y C_2 + 14y = 162$$

$$\frac{y(y-1)}{2 \times 1} + 14y = 162$$

$$y^2 - y + 28y = 324$$

$$y^2 + 27y - 324 = 0$$

$$(y-9)(y+36) = 0$$

$y > 0$であるから，$y = 9$

よって，付き人の数は9人である。

STEP❸　付き人を連れてこなかった者の人数を求める

したがって，求める人数は，$15 - 9 = 6$〔人〕となり，**1**が正しい。

No.9 の解説　果物の買い方

→問題はP.384　正答4

全部で14個。りんご，キウイフルーツはそれぞれ2個以上，みかんは3個以上買うことから，

$14-(2+2+3)=7$〔個〕

つまり，りんご，キウイフルーツ，みかんから重複を許して，7個取り出す組合せの方法を求めればよい。3種類のものから7個取り出す**重複組合せ**であるから，

$${}_3H_7={}_{3+7-1}C_7={}_9C_7=\frac{9!}{7!2!}=\frac{9\times8}{2\times1}=36〔通り〕$$

となり，**4**が正しい。

［別解］ 選び出す7個をすべて○で表し，3種類の区別を2本の棒｜でつけることにする。1番目の左側の棒の○はりんごを表し，1番目と2番目の棒の間の○はキウイフルーツを，そして，2番目の棒の右側の○はみかんを表すことにすれば，たとえば，

○○｜○○○○｜○ ⟺ りんご2個，キウイフルーツ4個，みかん1個

○○○｜｜○○○○ ⟺ りんご3個，キウイフルーツ0個，みかん4個

｜○○○○○○○｜ ⟺ りんご0個，キウイフルーツ7個，みかん0個

のようになり，7個の○と2本の｜の並び方の数と，求める場合の数は一致する。すなわち，3＋7－1〔個〕の場所から○が並ぶ7個の場所を選ぶ組合せの数であるから，${}_9C_7$と考えてもよい。

また，7個の○と2個の｜の**同じものを含む順列**と考えれば，

$\frac{9!}{7!2!}=36$〔通り〕と考えることもできる。

【注意】一般に，n種類のものから重複を許してr個を取る組合せ（重複組合せ）の総数を${}_nH_r$で表すと，これは（$n+r-1$）個の場所から○が並ぶr個の場所を選ぶ組合せの数であるから，

$${}_nH_r={}_{n+r-1}C_r$$

となる。

31 確　率（1）

必修問題

1から6の目が一つずつ書かれたサイコロを3回投げたとき，出た目の数の和が素数になる確率として，正しいのはどれか。ただし，サイコロの1から6の目が出る確率はそれぞれ等しいものとする。

【地方上級（東京都）・令和5年度】

1 $\frac{7}{24}$

2 $\frac{11}{36}$

3 $\frac{35}{108}$

4 $\frac{73}{216}$

5 $\frac{19}{54}$

難易度　＊＊

必修問題の解説

素数とは，1とその数自身以外には約数を持たない数である。ここでは，素数となる場合を一つ一つ拾い上げていく。

STEP❶　目の出方を求める

サイコロを3回振ったときの目の出方は，$6^3=216$〔通り〕である。また，その和は3～18であり，そのうち素数は，3，5，7，11，13，17である。

STEP❷　素数となる場合を求める

素数になる6通りの場合で，それぞれについて考えられる目の組をすべて拾い上げると次のようになる。

目の和	サイコロの目	場合の数	計
3	1　1　1	1通り	1通り
5	1　1　3 1　2　2	3通り 3通り	6通り
7	1　1　5 1　2　4 1　3　3 2　2　3	3通り 3!＝6通り 3通り 3通り	15通り
11	1　4　6 1　5　5 2　3　6 2　4　5 3　3　5 3　4　4	6通り 3通り 6通り 6通り 3通り 3通り	27通り
13	1　6　6 2　5　6 3　4　6 3　5　5 4　4　5	3通り 6通り 6通り 3通り 3通り	21通り
17	5　6　6	3通り	3通り

STEP❸　確率を求める

以上より，和が素数となる場合の数は，$1+6+15+27+21+3=73$〔通り〕であるから，求める確率は，$\frac{73}{216}$となり，**4**が正しい。

正答 4

FOCUS

国家一般職や国家専門職など国家レベルでの試験では毎年のように出題されている頻出テーマである。まず，ここでは確率の定義をしっかり理解し，これまで学んできた場合の数の計算のしかたを用いて，定義に基づいて確率が求められるようにしてほしい。

POINT

重要ポイント1 確率の求め方

同じ条件のもとで何回も繰り返すことができ，その結果が偶然によって決まると考えられる実験や観察を**試行**といい，試行の結果起こる事柄を**事象**という。

ある試行において，起こりうるすべての場合の数がn通りで，それらのどの場合も同様に確からしいとする。そのうち，事象Aが起こる場合の数がa通りあるならば，事象Aの起こる確率$P(A)$は次のように求められる。

$$\boldsymbol{P(A)=\frac{a}{n}}$$

〔例題〕1つのサイコロを投げるとき，奇数の目が出る確率を求めよ。

1の目が出ることを単に1と表すと，起こりうる結果の全体は，

集合$U=\{1,\ 2,\ 3,\ 4,\ 5,\ 6\}$

で表すことができる。このとき，集合Uを全事象という。

また，奇数の目が出る事象をAとすると，

$A=\{1,\ 3,\ 5\}$

と表すことができる。

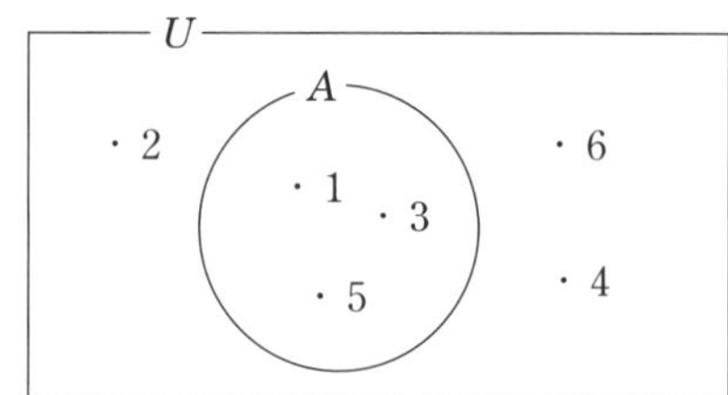

したがって，求める確率は，$P(A)=\frac{3}{6}=\frac{1}{2}$

重要ポイント2 順列を利用する確率

下の例題のような問題の場合には，以下の手順で解いていく。

(1) 順列の総数（${}_n\mathrm{P}_r$）を求める（これが確率の分母になる）

(2) 条件を満たす順列の総数を求める

(3) (2)で求めた条件の起こる場合の数の合計を，(1)で求めた起こりうるすべての事象で割る（分数の形で表す）

〔例題〕スペードのカード３枚，ハートのカード２枚を持っている。この５枚の中から順に１枚ずつ引くとき，スペードとハートのカードがすべて連続して出る確率を求めよ。

スペードの3枚のカードとハートの2枚のカードの出方は，5個の異なる順列であるから，

$_5P_5 = 5! = 5 \times 4 \times 3 \times 2 \times 1 = 120$〔通り〕

これらのうち，スペードとハートのカードが続いて出るのは次の2つの場合がある。

(ⅰ)ス・ス・ス・ハ・ハ　のとき，つまり，スペード3枚が先に，ハート2枚が後に続いて出るとき，

$3! \times 2! = 12$〔通り〕

(ⅱ)ハ・ハ・ス・ス・スのとき，つまり，ハート2枚が先に，スペード3枚が後に続いて出るとき，

$2! \times 3! = 12$〔通り〕

(ⅰ)，(ⅱ)より，求める確率は，

$$\frac{12 \times 2}{120} = \frac{1}{5}$$

重要ポイント3　組合せを利用する確率

下の例題のような問題の場合には，以下の手順で解いていく。

(1) 組合せの総数（$_nC_r$）を求める（これが確率の分母になる）

(2) 条件を満たす組合せの総数を求める

(3) (2)で求めた条件を満たす場合の数の合計を，(1)で求めた起こりうるすべての組合せの数で割る（分数の形で表す）

〔例題〕10本中4本の当たりくじがある。2本引いて2本とも当たる確率を求めよ。

10本のくじの中から，2本引いてくる場合の数は，

$$_{10}C_2 = \frac{10 \times 9}{2 \times 1} = 45〔通り〕$$

4本の当たりくじから，2本の当たりくじを引いてくる場合の数は，

$$_4C_2 = \frac{4 \times 3}{2 \times 1} = 6〔通り〕$$

よって，求める確率は$\frac{6}{45} = \frac{2}{15}$

実戦問題❶ 基本レベル

* **No.1** 3個のサイコロa，b，cを同時に振り，出た目をa，b，cに順に並べて3ケタの整数を作る。このとき，整数a b cが23の倍数になる確率はどれか。

【地方上級（特別区）・平成27年度】

1 $\frac{1}{9}$　**2** $\frac{1}{12}$

3 $\frac{1}{18}$　**4** $\frac{1}{24}$

5 $\frac{1}{36}$

* **No.2** 2個の立方体のサイコロAおよびBを同時に振ったとき，Aの出た目の数からBの出た目の数を引いた数が素数になる確率として，正しいのはどれか。

【地方上級（東京都）・平成27年度】

1 $\frac{1}{9}$　**2** $\frac{2}{9}$

3 $\frac{5}{18}$　**4** $\frac{13}{36}$

5 $\frac{4}{9}$

* **No.3** 白組の生徒10人，赤組の生徒7人および青組の生徒6人の中から，くじ引きで3人の生徒を選ぶとき，白組，赤組および青組の生徒が1人ずつ選ばれる確率として，正しいのはどれか。

【地方上級（東京都）・平成29年度】

1 $\frac{420}{12167}$　**2** $\frac{10}{253}$

3 $\frac{60}{253}$　**4** $\frac{1}{3}$

5 $\frac{43}{105}$

No.4 白組の生徒10人，赤組の生徒９人および青組の生徒８人の中から，くじ引きで３人の生徒を選ぶとき，白組，赤組および青組の生徒が一人ずつ選ばれる確率として，正しいのはどれか。　【地方上級（東京都）・令和４年度】

1 $\frac{1}{720}$　**2** $\frac{80}{2187}$

3 $\frac{8}{195}$　**4** $\frac{16}{65}$

5 $\frac{121}{360}$

No.5 各面に１～12の異なる数字が一つずつ書かれた正十二面体のサイコロがある。今，このサイコロを２回振った場合に，出た目の和が素数となる確率はいくらか。　【国家一般職・平成27年度】

1 $\frac{25}{144}$　**2** $\frac{25}{72}$

3 $\frac{17}{48}$　**4** $\frac{13}{36}$

5 $\frac{5}{12}$

No.6 図のように，円周上に等間隔に並んだ12個の点から異なる３点を無作為に選んで三角形をつくるとき，得られた三角形が正三角形になる確率はいくらか。　【国家一般職・平成24年度】

1 $\frac{1}{110}$　**2** $\frac{1}{55}$

3 $\frac{1}{33}$　**4** $\frac{1}{12}$

5 $\frac{1}{11}$

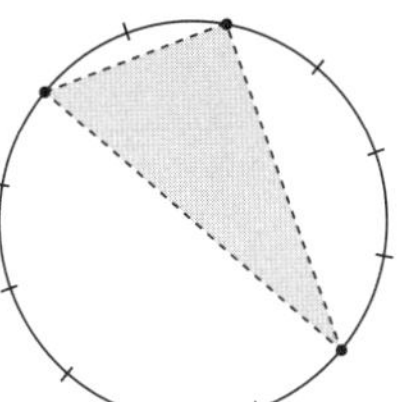

実戦問題1の解説

No.1 の解説　23の倍数となる確率

→問題はP.392　正答4

STEP❶　3ケタの整数の作り方

3個のサイコロを同時に振って3ケタの整数を作るとき，最小の数は111，最大の数は666である。

STEP❷　23の倍数

3ケタの整数で，最小の23の倍数は115である。これに次々に23を加えたものが23の倍数であるから，666までの範囲では，

115，138，161，184，207，230，253，276，299，322，345，368，391，414，437，460，483，506，529，552，575，598，621，644の24個ある。

このうち，0，7，8，9の数字が含まれているものは，サイコロの目にはないので除外すると，残りは，

115，161，253，322，345，414，552，621，644の9個である。

STEP❸　確率を求める

3個のサイコロを同時に振ったときの目の出方は，6×6×6＝216〔通り〕であるから，求める確率は，$\frac{9}{216}=\frac{1}{24}$となり，**4**が正しい。

No.2 の解説　目の差が素数になる確率

→問題はP.392　正答2

STEP❶　目の差が素数になる場合を考える

2個のサイコロの目の差は，最小が同じ目が出たときで0，最大が6と1が出たときで5であるので，0～5のいずれかである。そのうち，素数となるのは2，3，5である。

STEP❷　それぞれの場合を求める

目の差が2の場合　(A，B)＝(3，1)，(4，2)，(5，3)，(6，4)　4通り
目の差が3の場合　(A，B)＝(4，1)，(5，2)，(6，3)　3通り
目の差が5の場合　(A，B)＝(6，1)　1通り
以上，全部で8通りである。

STEP❸　確率を求める

2個のサイコロを同時に振ったとき，目の出方は，6×6＝36〔通り〕であるから，求める確率は，$\frac{8}{36}=\frac{2}{9}$となり，**2**が正しい。

No.3の解説　1人ずつ選ばれる確率

→問題はP.392　正答3

STEP❶　3人の生徒の選び方を求める

生徒は全部で，10＋7＋6＝23〔人〕いるから，この中から3人の生徒を選ぶ方法は，

$${}_{23}C_3=\frac{23\times22\times21}{3\times2\times1}=23\times11\times7\text{〔通り〕}$$

STEP❷　確率を求める

このうち，白組，赤組および青組の生徒が1人ずつ選ばれる確率は，

$$\frac{10\times7\times6}{23\times11\times7}=\frac{60}{253}$$

となり，**3**が正しい。

No.4の解説　3人の生徒を選ぶ確率

→問題はP.393　正答4

STEP❶　3人の生徒の選び方

白組の生徒10人，赤組の生徒9人および青組の生徒8人の合計27人の生徒から，くじ引きで3人の生徒を選ぶ方法は，27人の中から3人を選ぶから，

$${}_{27}C_3=\frac{27\times26\times25}{3\times2\times1}=2925\text{〔通り〕}$$

STEP❷　各組から一人ずつ選ぶ方法

白組，赤組および青組の生徒が一人ずつ選ばれる場合の数は，

$10\times9\times8=720$〔通り〕

よって，求める確率は，$\frac{720}{2925}$で，これを分母・分子を45で約分すると$\frac{16}{65}$であり，**4**が正しい。

No.5 の解説　目の和が素数となる確率

→問題はP.393　**正答3**

STEP❶　目の出方を求める

正十二面体のサイコロを２回振った場合の目の出方は，

$12 \times 12 = 144$〔通り〕

である。

STEP❷　素数となる場合を求める

２回振った場合の目の和は，２～24であり，そのうち素数は，

２，３，５，７，11，13，17，19，23

であるから，２回の目の和がこれらになる場合で，それぞれについて考えられる目の組をすべて拾い上げると次のようになる。

２回の目の和	目の出方	場合の数
2	(1，1)	1
3	(1，2)，(2，1)	2
5	(1，4)，(2，3)，(3，2)，(4，1)	4
7	(1，6)，(2，5)，(3，4)，(4，3)，(5，2)，(6，1)	6
11	(1，10)，(2，9)，(3，8)，(4，7)，(5，6)，(6，5)，(7，4)，(8，3)，(9，2)，(10，1)	10
13	(1，12)，(2，11)，(3，10)，(4，9)，(5，8)，(6，7)，(7，6)，(8，5)，(9，4)，(10，3)，(11，2)，(12，1)	12
17	(5，12)，(6，11)，(7，10)，(8，9)，(9，8)，(10，7)，(11，6)，(12，5)	8
19	(7，12)，(8，11)，(9，10)，(10，9)，(11，8)，(12，7)	6
23	(11，12)，(12，11)	2

STEP❸　確率を求める

以上より，出た目の和が素数となる場合の数は，

$1+2+4+6+10+12+8+6+2=51$〔通り〕

であるから，求める確率は，$\frac{51}{144}=\frac{17}{48}$となり，**3**が正しい。

No.6の解説　正三角形になる確率

→問題はP.393　正答2

STEP❶　三角形の総数を求める

12個の点から異なる3個を選ぶと三角形ができるので，そのときの三角形の個数は，

$$ {}_{12}C_3 = \frac{12\times11\times10}{3\times2\times1} = 220 〔個〕 $$

STEP❷　正三角形の個数を求める

この中で，選んだ3個の点を結んでできる三角形が正三角形となるのは，次の図で表された4通りである。

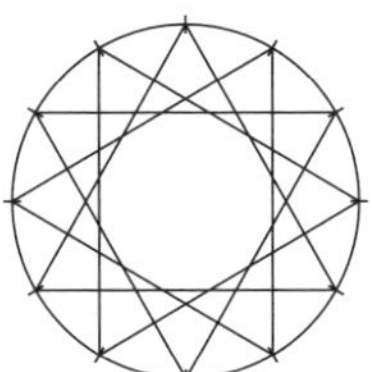

よって，求める確率は，$\frac{4}{220}=\frac{1}{55}$となり，**2**が正しい。

実戦問題❷　応用レベル

＊＊
No.7　**下図のすごろくにおいて，「スタート」の位置から，立方体のサイコロ1つを振って出た目の数だけコマを進ませ，3回目でちょうど「ゴール」の位置に止まる確率として，正しいのはどれか。ただし，「スタートに戻る」の位置に止まったときは，「スタート」の位置に戻る。**　【地方上級（東京都）・平成27年度】

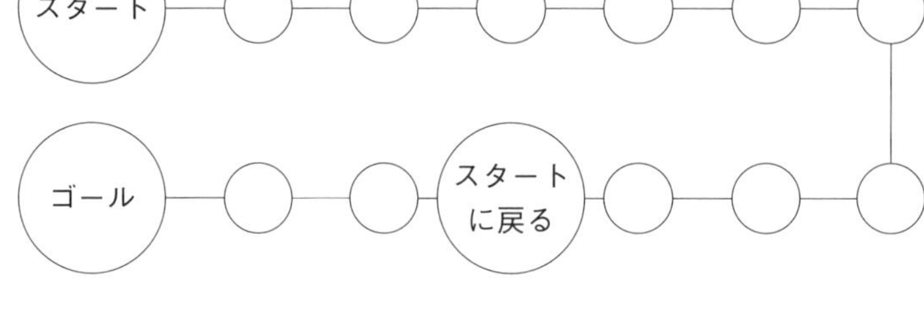

1　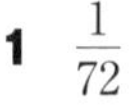 $\frac{1}{72}$

2　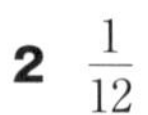 $\frac{1}{12}$

3　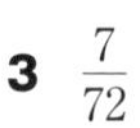 $\frac{7}{72}$

4　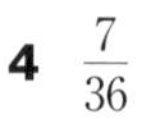 $\frac{7}{36}$

5　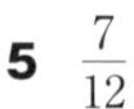 $\frac{7}{12}$

＊＊
No.8　**箱の中に同じ大きさの7個の玉があり，その内訳は青玉が2個，黄玉が2個，赤玉が3個である。この中から玉を1個ずつ取り出して左から順に横一列に7個並べるとき，色の配置が左右対称となる確率はいくらか。**

【国家一般職・令和元年度】

1　$\frac{1}{105}$

2　$\frac{2}{105}$

3　$\frac{1}{35}$

4　$\frac{4}{105}$

5　$\frac{1}{21}$

＊＊
No.9 **図のようにA～Dの４人が丸いテーブルに向かって座っている。今，Aは５個のアップルパイが入った皿を持っているが，この４人は，次のルールで皿を移動させながら，アップルパイを取ることにした。**

○皿を渡されたらアップルパイを必ず１個取る。

○皿からアップルパイを取ったら，１枚のコインを振り，表が出たら左隣の人，裏が出たら右隣の人にその皿を渡す。ただし，コインの表裏は等確率で現れるものとする。

○アップルパイがなくなるまで皿を渡し続ける。

このルールに従って最初にAがアップルパイを１個取り，その後コインの表裏に基づいて皿が移動するが，このとき，Cが最後のアップルパイを取る確率はいくらか。

【国家一般職・平成16年度】

1 $\frac{1}{5}$　　**2** $\frac{1}{4}$

3 $\frac{1}{3}$　　**4** $\frac{3}{8}$

5 $\frac{1}{2}$

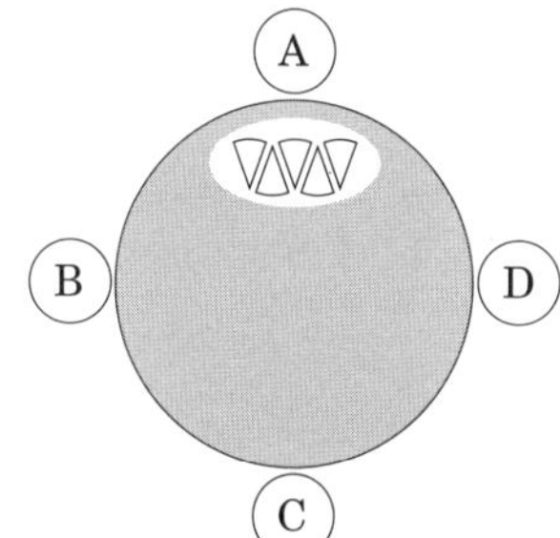

＊＊＊
No.10 **表に１から９までの異なる数が書かれた９枚のカードがある。これから任意の５枚を選び，この５枚のうち４枚を表向きに，１枚を裏向きに置いたとき，表向きのカードを見ると，どの２枚の数も連続した数とはならなかった。この条件の下で，裏向きに置かれているカードを表向きにしたとき，３つの連続した数が生じる確率はいくらか。**

【国家総合職・平成15年度】

1 $\frac{1}{3}$　　**2** $\frac{2}{5}$

3 $\frac{4}{9}$　　**4** $\frac{1}{2}$

5 $\frac{5}{9}$

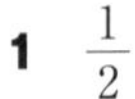

No.11 図のようなネットワークがあり，Xは故障率$\frac{1}{2}$の中継機器を表している。機械Aから機械Bまで通信を行うとき，通信が成功する確率はいくらか。

【国家一般職・平成14年度】

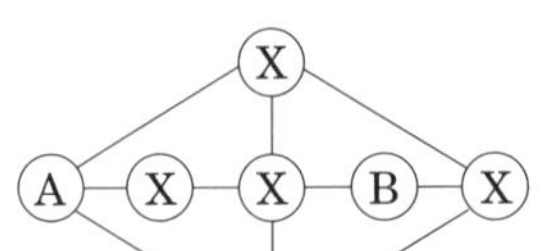

1 $\frac{1}{2}$

2 $\frac{5}{8}$

3 $\frac{3}{4}$

4 $\frac{13}{16}$

5 $\frac{27}{32}$

実戦問題2の解説

No.7の解説　「ゴール」の位置に止まる確率

→問題はP.398　正答2

STEP❶　ゴールの条件を考える

まず,「スタートに戻る」を除外して考えてみる。**3回目でコマがちょうど「ゴール」の位置に止まるためには，3回振ったサイコロの目の数の和が13になればよい。**

3回振ったサイコロの目の数の和が13になる目の組合せは,（1, 6, 6）が3通り,（2, 5, 6）が6通り,（3, 4, 6）が6通り,（3, 5, 5）が3通り,（4, 4, 5）が3通りの合計21通りである。

ところが，2回目までの目の数の和が10のときは,「スタート」の位置に戻ることになるので除外しなければならない。2回目までの和が10になるのは,（4, 6, 3),（6, 4, 3),（5, 5, 3）の3通りあるから，3回目でちょうど「ゴール」の位置に止まるのは，$21-3=18$〔通り〕である。

STEP❷　確率を求める

サイコロを3回振ったときの目の出方は，$6^3=216$〔通り〕であるから，求める確率は，$\frac{18}{216}=\frac{1}{12}$となり，**2**が正しい。

No.8 の解説　左右対称となる確率

→問題はP.398　**正答3**

STEP❶　玉の並べ方を求める

青玉が２個，黄玉が２個，赤玉が３個の合計７個の球の並べ方は，同じものを含む順列であるから，

$$\frac{7!}{2!2!3!}=\frac{7\times6\times5\times4\times3\times2\times1}{2\times1\times2\times1\times3\times2\times1}=210\text{〔通り〕}$$

である。

STEP❷　左右対称となる場合を求める

色の配置が左右対称となるには，赤玉が必ず中心にならなければならない。また，左右対称となるのは，青玉，黄玉，赤玉のそれぞれ１個ずつの並べ方で決定し，$3!=6$〔通り〕ある。

STEP❸　確率を求める

したがって，求める確率は，$\frac{6}{210}=\frac{1}{35}$となり，**3**が正しい。

No.9の解説　Cが最後にアップルパイを取る確率

→問題はP.399 正答5

STEP❶　表を作る

最初にAがアップルパイを1個取ると，残りは4個なので，その後のコインの表裏に基づいて，どのように皿が移動していくかを調べればよい。

コインを振る人は，最初のAを含めて，5個のアップルパイがなくなるまで（最後の5個目のアップルパイを取る人は，コインを振らないため），4人いることになるから，コインは4回振られ，その出方は，$2^4=16$〔通り〕である。

コインが表の場合を○，裏の場合を×とするとき，1回目から4回目までの表裏の出方と皿の移動は，次の表のとおりである。

1回目	2回目	3回目	4回目	皿の移動	最後に受け取る人
○	○	○	○	DCBA	A
×	○	○	○	BADC	C
○	×	○	○	DADC	C
○	○	×	○	DCDC	C
○	○	○	×	DCBC	C
×	×	○	○	BCBA	A
×	○	×	○	BABA	A
×	○	○	×	BADA	A
○	×	×	○	DABA	A
○	×	○	×	DADA	A
○	○	×	×	DCDA	A
○	×	×	×	DABC	C
×	○	×	×	BABC	C
×	×	○	×	BCBC	C
×	×	×	○	BCDC	C
×	×	×	×	BCDA	A

STEP❷　確率を求める

結局，最後に皿を受け取る人はAまたはCであり，Cが受け取る場合は16通りのうちの8通りであるから，求める確率は$\frac{8}{16}=\frac{1}{2}$であり，**5**が正しい。

第4章　場合の数と確率

No.10 の解説　3つの連続した数が生じる確率

→問題はP.399　正答2

STEP❶　表を作る

1から9までの異なる数が書かれた9枚のカードの中から，4枚を表向きにしたとき，どの2枚のカードも連続した数にならない組合せは全部で15通りある。そのそれぞれについて，もう1枚を表向きにしたときに連続した数になる場合を考えると次の表のようになる。

	表向きにしたカードの組合せ				3つの連続した数になる場合		
①	1	3	5	7	2	4	6
②	1	3	5	8	2	4	
③	1	3	5	9	2	4	
④	1	3	6	8	2	7	
⑤	1	3	6	9	2		
⑥	1	3	7	9	2	8	
⑦	1	4	6	8	5	7	
⑧	1	4	6	9	5		
⑨	1	4	7	9	8		
⑩	1	5	7	9	6	8	
⑪	2	4	6	8	3	5	7
⑫	2	4	6	9	3	5	
⑬	2	4	7	9	3	8	
⑭	2	5	7	9	6	8	
⑮	3	5	7	9	4	6	8

STEP❷　確率を求める

①～⑮までの15通りについて，それぞれ残りのカードは5枚ずつあり，この5×15＝75〔通り〕のうちで，3つの連続した数が生じるのは表のとおり30通りである。したがって，求める確率は，$\frac{30}{75}=\frac{2}{5}$となり，**2**が正しい。

No.11 の解説　ネットワークの通信

→問題はP.400　**正答2**

STEP❶　表を作る

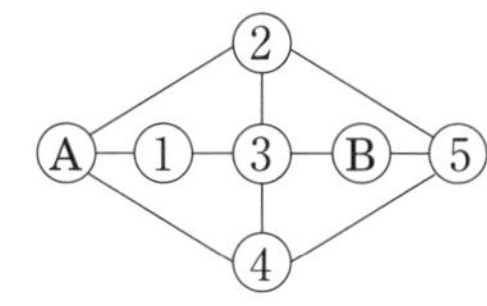

図のようにXの中継機器を１～５とおいて，それぞれが故障している場合と故障していない場合を考えると以下のようになる。

1	2	3	4	5	
○	○	○	○	○	◎
○	○	○	○	×	◎
○	○	○	×	○	◎
○	○	×	○	○	◎
○	×	○	○	○	◎
×	○	○	○	○	◎
○	○	○	×	×	◎
○	○	×	○	×	●
○	×	○	○	×	◎
×	○	○	○	×	◎
○	○	×	×	○	◎
○	×	○	×	○	◎
×	○	○	×	○	◎
○	×	×	○	○	◎
×	○	×	○	○	◎
×	×	○	○	○	◎

1	2	3	4	5	
×	×	×	×	×	●
×	×	×	×	○	●
×	×	×	○	×	●
×	×	○	×	×	●
×	○	×	×	×	●
○	×	×	×	×	●
×	×	×	○	○	◎
×	×	○	×	○	●
×	○	×	×	○	◎
○	×	×	×	○	●
×	×	○	○	×	◎
×	○	×	○	×	●
○	×	×	○	×	●
×	○	○	×	×	◎
○	×	○	×	×	◎
○	○	×	×	×	●

○は故障していない
×は故障している
◎は成功する場合
●は失敗する場合

STEP❷　確率を求める

いずれの場合も○と×の確率は同じなので表の32通りは同確率である。成功する場合が20通りであるから，求める確率は$\frac{20}{32}=\frac{5}{8}$となる。

よって，**2**が正しい。

確　率（2）

必修問題

１枚のコインを７回連続して投げるとき，裏が２回以上連続して出ない確率はいくらか。

ただし，コインの表が出る確率と裏が出る確率は等しいものとする。

【国家総合職・令和元年度】

1 $\frac{11}{64}$

2 $\frac{13}{64}$

3 $\frac{15}{64}$

4 $\frac{17}{64}$

5 $\frac{19}{64}$

難易度　＊＊

必修問題の解説

表の出る回数によって場合に分けて考える。

STEP❶　表が７回出る場合

７回とも表が出る確率は，$\left(\frac{1}{2}\right)^7=\frac{1}{128}$

STEP❷　表が６回出る場合

裏の出方によって７通りあるから，$\left(\frac{1}{2}\right)^7\times 7=\frac{7}{128}$

STEP❸　表が５回出る場合

表の出方は，${}_7C_5=\frac{7\times 6}{2\times 1}=21$〔通り〕であるが，このうち２回連続裏が出るのは６通りあるので，$21-6=15$〔通り〕

　㊢　㊢　㊢　㊢　㊢
∧　∧　∧　∧　∧　∧
①　②　③　④　⑤　⑥

よって，$\left(\frac{1}{2}\right)^7 \times 15 = \frac{15}{128}$

STEP❹　表が4回出る場合

裏が2回以上連続して出ないのは，裏が出る回数が1回目，3回目，5回目を（1，3，5）と表すと，（1，3，6），（1，3，7），（1，4，6），（1，4，7），（1，5，7），（2，4，6），（2，4，7），（2，5，7），（3，5，7）の10通り。

よって，$\left(\frac{1}{2}\right)^7 \times 10 = \frac{10}{128}$

STEP❺　表が3回出る場合

表が出る回数が（2，4，6）のときで1通り。

よって，$\left(\frac{1}{2}\right)^7 = \frac{1}{128}$

STEP❻　確率を求める

表が出る回数が2回以下の場合は，裏が2回以上連続して出ないことはないから，求める確率は，$\frac{1}{128}+\frac{7}{128}+\frac{15}{128}+\frac{10}{128}+\frac{1}{128}=\frac{34}{128}=\frac{17}{64}$となり，**4**が正しい。

正答 4

FOCUS

確率を定義によって求めることができることを前提に，ここでは，いろいろな性質や法則を使えるようにさらなるステップアップをしてほしい。ここでは，加法定理や乗法定理の使い方について学ぼう。

POINT

重要ポイント 1 確率の加法定理

２つの事象AとBが同時に起こることがないとき，AとBは互いに**排反**であるという。

また，２つの事象A，Bに対して，「AまたはB」という事象を$A \cup B$で表す。

AとBが排反事象のとき次の式が成り立つ。

$$\boldsymbol{P(A \cup B) = P(A) + P(B)}$$

AとBが排反事象でないとき次の式が成り立つ。

$$\boldsymbol{P(A \cup B) = P(A) + P(B) - P(A \cap B)}$$

重要ポイント 2 確率の乗法定理

事象Aが起こったときに事象Bが起こる確率を条件つき確率といい，$P_A(B)$で表す。このとき事象A，Bがともに起こる確率$P(A \cap B)$は次のように表される。

$$\boldsymbol{P(A \cap B) = P(A)P_A(B)}$$

特に，A，Bが独立ならば，$\boldsymbol{P(A \cap B) = P(A)P(B)}$

注）**独立**：２つの試行において，一方の試行の結果が，他方の試行の結果に影響しないとき，２つの試行は独立であるという。

〔例題〕当たりくじ２本を含む10本のくじがある。今，A，B２人がこの順でくじを１回ずつ引くとき，A，Bそれぞれの当たりくじを引く確率を求めよ。ただし，１度引いたくじはもとに戻さないものとする。

A，Bがそれぞれ当たりくじを引く確率を$P(A)$，$P(B)$とすると，

Aの当たる確率は，$P(A) = \dfrac{2}{10} = \dfrac{1}{5}$

次に，Bの当たる確率は，次の２つの場合がある。

（ｉ）Aが当たり　かつ　Bが当たる場合

$$P(A \cap B) = P(A)P_A(B) = \frac{1}{5} \times \frac{1}{9} = \frac{1}{45}$$

（ⅱ）Aがはずれ　かつ　Bが当たる場合

$$P(\overline{A} \cap B) = P(\overline{A})P_{\overline{A}}(B) = \frac{8}{10} \times \frac{2}{9} = \frac{8}{45}$$

（ｉ），（ⅱ）より，$P(B) = P(A \cap B) + P(\overline{A} \cap B) = \dfrac{1}{45} + \dfrac{8}{45} = \dfrac{9}{45} = \dfrac{1}{5}$

したがって，$P(A) = P(B)$となり，一般に，くじの当たる確率は，くじを引く順番には影響されないことがわかる。

重要ポイント 3 確率の乗法定理の続き

条件付き確率に関する例題をもう一つ考えてみる。

〔例題〕 5回に1回の割合で帽子を忘れるくせのあるK君が，正月にA，B，C3軒を順に年始回りをして家に帰ったとき，帽子を忘れてきたことに気がついた。2軒目の家Bに忘れてきた確率を求めよ。

まず，A，B，Cのどこかで帽子を忘れる確率を求めると，

Aで忘れる確率は，$\frac{1}{5}$

Bで忘れる確率は，Aで忘れずにBで忘れることから，$\frac{4}{5}\times\frac{1}{5}=\frac{4}{25}$

Cで忘れる確率は，AでもBでも忘れずにCで忘れることから，$\frac{4}{5}\times\frac{4}{5}\times\frac{1}{5}=\frac{16}{125}$

よって，A，B，Cのどこかで帽子を忘れる確率を求めると，

$$\frac{1}{5}+\frac{4}{25}+\frac{16}{125}=\frac{25+20+16}{125}=\frac{61}{125}$$

したがって，帽子を忘れる事象をEとすると，$P(E)$，$P(E\cap B)$は次のようになる。

$$P(E)=\frac{61}{125},\ P(E\cap B)=\frac{4}{25}$$

今，求めるのは$P_E(B)$であるから，$P(E\cap B)=P(E)P_E(B)$より，

$$P_E(B)=\frac{P(E\cap B)}{P(E)}=\frac{4}{25}\div\frac{61}{125}=\frac{4}{25}\times\frac{125}{61}=\frac{20}{61}$$

となる。

(注)$P(E)$を求めるのに，次のテーマ34で学ぶ余事象の確率を用いて，

$$P(E)=1-P(\overline{E})=1-\left(\frac{4}{5}\right)^3=1-\frac{64}{125}=\frac{61}{125}$$

としてもよい。

実戦問題❶　基本レベル

* **No.1**　**袋Aには白玉３個と赤玉５個，袋Bには白玉４個と赤玉２個が入っている。袋Aから１個，袋Bから１個の玉をそれぞれ無作為に取り出すとき，取り出した２個が異なる色の玉である確率として，正しいのはどれか。**

【地方上級（東京都）・令和元年度】

1　$\frac{1}{2}$

2　$\frac{13}{24}$

3　$\frac{7}{12}$

4　$\frac{5}{8}$

5　$\frac{2}{3}$

* **No.2**　**Aの袋には白玉４個と黒玉２個，Bの袋には白玉２個と黒玉２個，Cの袋には白玉１個と黒玉２個がそれぞれ入っている。今，次のような手順で袋の中の玉を移動させる。**

①Aの袋から玉を１個取り出してBの袋に入れる。

②Bの袋から玉を１個取り出してCの袋に入れる。

この状態でCの袋から玉を１個取り出すとき，それが白玉である確率として正しいものは，次のうちどれか。ただし，どの玉を取り出す確率も等しいものとする。

【地方上級・平成17年度】

1　$\frac{19}{60}$

2　$\frac{7}{20}$

3　$\frac{23}{60}$

4　$\frac{5}{12}$

5　$\frac{9}{20}$

No.3 ＊ **当たりくじを4本含む11本のくじが入っている箱の中から1本ずつ2本のくじを引くとき，初めに引いたくじを箱に戻す引き方で当たりくじを1本だけ引く確率P_1と，初めに引いたくじを箱に戻さない引き方で当たりくじを1本だけ引く確率P_2との組合せとして，正しいのはどれか。**　【地方上級・平成21年度】

	P_1	P_2
1	$\frac{16}{121}$	$\frac{6}{55}$
2	$\frac{28}{121}$	$\frac{6}{55}$
3	$\frac{28}{121}$	$\frac{28}{55}$
4	$\frac{56}{121}$	$\frac{14}{55}$
5	$\frac{56}{121}$	$\frac{28}{55}$

No.4 ＊＊ **図のように，1～9の数字が書かれた縦3列，横3列のマス目がある。今，1～9の互いに異なる数字が一つずつ書かれた9個の玉が入っている箱の中から，玉を1個取り出し，取り出した玉に書かれた数字と同じ数字が書かれたマスを塗りつぶし，取り出した玉を箱に戻す。この操作を3回繰り返したとき，マスが2つのみ塗りつぶされる確率はいくらか。**　【国家専門職・令和3年度】

1	2	3
4	5	6
7	8	9

1 $\frac{8}{81}$

2 $\frac{5}{27}$

3 $\frac{16}{81}$

4 $\frac{8}{27}$

5 $\frac{32}{81}$

No.5 ＊＊ **20本のくじの中に3本の当たりくじがある。この20本の中から同時に2本のくじを引くとき，当たりくじが1本以上ある確率はいくらか。**

【国家専門職・平成21年度】

1 $\frac{33}{190}$

2 $\frac{39}{190}$

3 $\frac{49}{190}$

4 $\frac{26}{95}$

5 $\frac{27}{95}$

No.6 ＊＊ **ある町では，20代の男性の週末の過ごし方は，外出する確率が80%であり，友人とともに過ごす確率が60%である。また，外出する場合に友人とともに過ごす確率は70%である。この町の20代の男性の週末の過ごし方について，次の確率の組合せとして最も妥当なのはどれか。** 【国家総合職・令和２年度】

Ａ：外出し，かつ，友人とともに過ごす確率

Ｂ：外出する，または，友人とともに過ごす確率

	A	B
1	48%	80%
2	48%	84%
3	56%	80%
4	56%	84%
5	56%	92%

No.7 ＊＊ **ある箱の中に，赤色のコインが５枚，黄色のコインが４枚，青色のコインが３枚入っている。今，この箱の中から同時に３枚のコインを取り出すとき，２枚だけ同じ色になる確率はどれか。** 【地方上級（特別区）・令和３年度】

1 $\frac{36}{55}$

2 $\frac{29}{44}$

3 $\frac{73}{110}$

4 $\frac{147}{220}$

5 $\frac{15}{22}$

実戦問題1の解説

No.1の解説　異なる色の玉である確率

→問題はP.410　正答2

STEP❶　袋Aから白玉，袋Bから赤玉が出る確率

袋Aから白玉を取り出し，袋Bから赤玉を取り出す確率は，

$$\frac{3}{8}\times\frac{2}{6}=\frac{1}{8}$$

STEP❷　袋Aから赤玉，袋Bから白玉が出る確率

袋Aから赤玉を取り出し，袋Bから白玉を取り出す確率は，

$$\frac{5}{8}\times\frac{4}{6}=\frac{5}{12}$$

STEP❸　確率を求める

よって，求める確率は，$\frac{1}{8}+\frac{5}{12}=\frac{3}{24}+\frac{10}{24}=\frac{13}{24}$となり，**2**が正しい。

No.2の解説　白玉である確率

→問題はP.410　正答3

STEP❶　場合に分けて考える

条件を満たす場合は，A，B，Cの袋から玉を取り出したときの中で，
㋐白，白，白　㋑白，黒，白　㋒黒，白，白　㋓黒，黒，白
の4通りである。

㋐の場合の確率は，$\frac{2}{3}\times\frac{3}{5}\times\frac{1}{2}=\frac{1}{5}$

㋑の場合の確率は，$\frac{2}{3}\times\frac{2}{5}\times\frac{1}{4}=\frac{1}{15}$

㋒の場合の確率は，$\frac{1}{3}\times\frac{2}{5}\times\frac{1}{2}=\frac{1}{15}$

㋓の場合の確率は，$\frac{1}{3}\times\frac{3}{5}\times\frac{1}{4}=\frac{1}{20}$

STEP❷　確率を求める

よって，求める確率は，$\frac{1}{5}+\frac{1}{15}+\frac{1}{15}+\frac{1}{20}=\frac{12+4+4+3}{60}=\frac{23}{60}$となり，**3**が正しい。

No.3 の解説　2種類の当選確率

→問題はP.411 正答5

STEP❶　初めに引いたくじを箱に戻す場合を考える

初めに引いたくじを箱に戻す引き方で当たりくじを1本だけ引く確率P_1の場合は，箱には必ず11本のくじが入っているので，くじを引くごとに当たる確率は$\frac{4}{11}$，はずれる確率は$\frac{7}{11}$である。2回引いて1本だけ当たる確率は，当たりくじを引くのが1回目か2回目かで2通りあるから，

$$P_1=\frac{4}{11}\times\frac{7}{11}\times 2=\frac{56}{121}$$

STEP❷　初めに引いたくじを戻さない場合を考える

一方，初めに引いたくじを戻さない引き方で当たりくじを1本だけ引く確率P_2の場合は，2本目のくじを引くときに箱の中のくじは10本しかないので，

$$P_2=\frac{4}{11}\times\frac{7}{10}+\frac{7}{11}\times\frac{4}{10}=\frac{56}{110}=\frac{28}{55}$$

となり，**5**が正しい。

No.4 の解説　9個の玉を取り出す

→問題はP.411 正答4

STEP❶　玉の取り出し方

9個の玉のうち1個を箱の中から取り出し，取り出した玉を箱に戻す。この操作を3回繰り返したときの場合の数は，$9\times9\times9=9^3$〔通り〕である。

STEP❷　2種類の数字の取り出し方

マスが2つのみ塗りつぶされるとは，3回取り出した玉の数字が2種類ということである。

たとえば，その2種類の数字が1と2の場合を考えると，1回目，2回目，3回目の取り出し方で，112，121，211，122，212，221の6通りある。

2種類の数字の選び方は，1～9の数字から2個選ぶから，$_9C_2=\frac{9\times8}{2\times1}=36$〔通り〕あるから，2種類の数字の取り出し方は，36×6通り

STEP❸　確率を求める

よって，求める確率は，$\frac{36\times6}{9\times9\times9}=\frac{8}{27}$となり，**4**が正しい。

No.5 の解説　当たりくじが1本以上ある確率

→問題はP.412　**正答5**

STEP❶　くじを引く方法を求める

20本のくじの中から同時に２本のくじを引く方法は,

$${}_{20}C_2=\frac{20\times19}{2\times1}=190\text{〔通り〕}$$

STEP❷　確率を求める

当たりくじが１本以上ある場合は，当たりくじが１本ではずれくじが１本の場合と，２本とも当たりくじの場合の２通りあるから，求める確率は,

$$\frac{{}_3C_1\times{}_{17}C_1}{{}_{20}C_2}+\frac{{}_3C_2}{{}_{20}C_2}=\frac{3\times17}{190}+\frac{3}{190}=\frac{54}{190}=\frac{27}{95}$$

となり，**5**が正しい。

No.6 の解説　確率の乗法の定理

→問題はP.412　**正答4**

STEP❶　条件つき確率

20代の男性の週末の過ごし方として，外出するという事象をXとすると,

$P(X)=0.8$

友人とともに過ごすという事象をYとすると,

$P(Y)=0.6$

外出する場合に友人とともに過ごす確率は，条件つき確率で$P_X(Y)$と表されるから,

$P_X(Y)=0.7$

STEP❷　確率の乗法定理

A：外出し，かつ，友人とともに過ごす確率は$P(X\cap Y)$と表される。

$P(X\cap Y)=P(X)\,P_X(Y)=0.8\times0.7=0.56$

B：外出する，または，友人とともに過ごす確率は$P(X\cup Y)$と表される。

XとYは排反事象でないから,

$$\begin{aligned}P(X\cup Y)&=P(X)+P(Y)-P(X\cap Y)\\&=0.8+0.6-0.56\\&=0.84\end{aligned}$$

したがって，Aは56%，Bは84%となり，**4**が正しい。

No.7 の解説　2枚だけ同じ色になる確率

→問題はP.413　**正答2**

STEP❶　場合に分けて考える

赤色のコインが2枚，黄色または青色のコインが1枚となるのは，赤色2枚については5枚のコインから2枚を選ぶ場合の数で，黄色または青色のコインから1枚を選ぶ場合の数は，4+3=7〔通り〕であるから，

$${}_5C_2\times 7=\frac{5\times 4}{2\times 1}\times 7=70〔通り〕$$

同様にして，黄色のコインが2枚のとき，青色のコインが2枚のときを求めると，

黄色のときは，${}_4C_2\times 8=\dfrac{4\times 3}{2\times 1}\times 8=48$〔通り〕

青色のときは，${}_3C_2\times 9=3\times 9=27$〔通り〕

よって，全部で，$70+48+27=145$〔通り〕である。

STEP❷　確率を求める

上の箱の中から同時に3枚のコインを取り出す場合の数は，

$${}_{12}C_3=\frac{12\times 11\times 10}{3\times 2\times 1}=220〔通り〕$$

したがって，求める確率は，$\dfrac{145}{220}=\dfrac{29}{44}$となり，**2**が正しい。

第4章　場合の数と確率

実戦問題❷　応用レベル

＊＊＊
No.8 あるロボットは，直径が20cmの円形をしており，秒速0.2mで直進し，1m進むごとに，進行方向の選択を行う。選択時にロボットが壁に接していない場合には，それまでの進行方向に対して，図Ⅰのようにそのままの方向，左，右のいずれかの進行方向をそれぞれ$\frac{1}{3}$の確率で選択する。選択時にロボットが壁に接している場合には，それまでの進行方向に対して図Ⅱのような確率で進行方向を選択する。

今，図Ⅲのように，壁に囲まれた3m20cm×2m20cmの部屋の隅Aから，このロボットが壁に接しながら矢印の方向に進み始めた。この場合，進み始めてから25秒後にロボットが反対側の隅Bに到着する確率はいくらか。

ただし，部屋には障害物はなく，進行方向の選択は瞬時に行われるものとする。

【国家総合職・平成25年度】

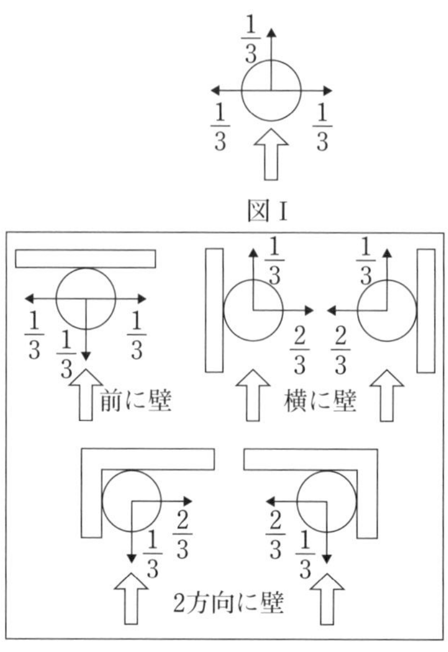

図Ⅱ

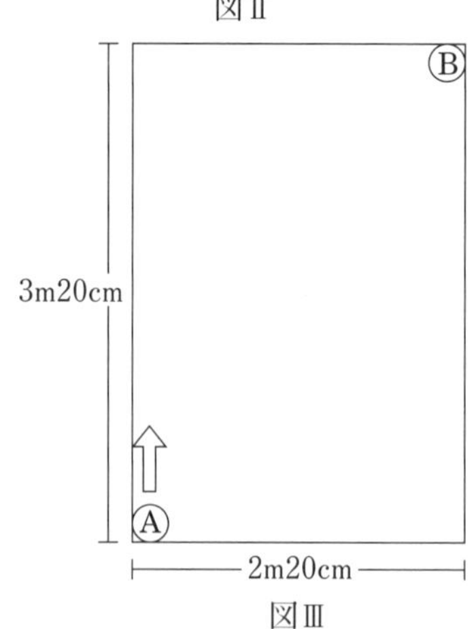

図Ⅲ

1　$\frac{4}{81}$

2　$\frac{2}{27}$

3　$\frac{1}{9}$

4　$\frac{10}{81}$

5　$\frac{4}{27}$

＊＊ No.9 ある袋に，それぞれ「0」，「0」，「0」，「＋1」，「－1」，「＋2」と書かれた6個の球が入っている。コマをx軸の原点に置き，袋に入った球を無作為に一つ取り出して，球に書かれた数だけコマをx軸に沿って動かす動作を繰り返す。この動作を4回行った後に，コマが原点にある確率はいくらか。

ただし，球は，袋から取り出した後，その都度，袋に戻すものとする。

【国家総合職・令和3年度】

1 $\frac{13}{144}$

2 $\frac{7}{48}$

3 $\frac{65}{432}$

4 $\frac{25}{144}$

5 $\frac{77}{432}$

＊＊ No.10 図Ⅰのように，6個のLED電球が取り付けられているパネルが3枚ある。スイッチを入れると6個のLED電球のうち，パネル1では1個が，パネル2では2個が，パネル3では3個がそれぞれ無作為に点灯することがわかっている。

今，各パネルの点灯状態によって数字を割り当てることとして，図Ⅱのように，各パネルの点灯状態と0～9の数字を対応させる。このとき，スイッチを入れ，パネル1，パネル2，パネル3を点灯させると，3枚すべてのパネルに数字が割り当てられて3ケタの数となり，かつ，3の倍数となる確率はいくらか。

ただし，3枚のパネルの並び順は図Ⅰの状態で固定し，パネルを裏返したり，回転させたりしないものとする。また，各パネルは，図Ⅱに示した点灯状態以外の場合は，数字の割当てがなかったものとする。　【国家一般職・平成28年度】

図Ⅰ

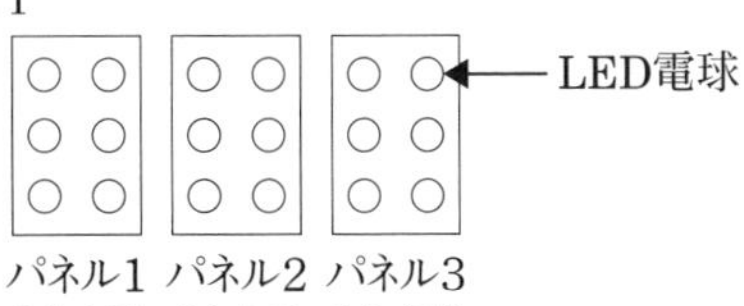

第4章　場合の数と確率

図Ⅱ

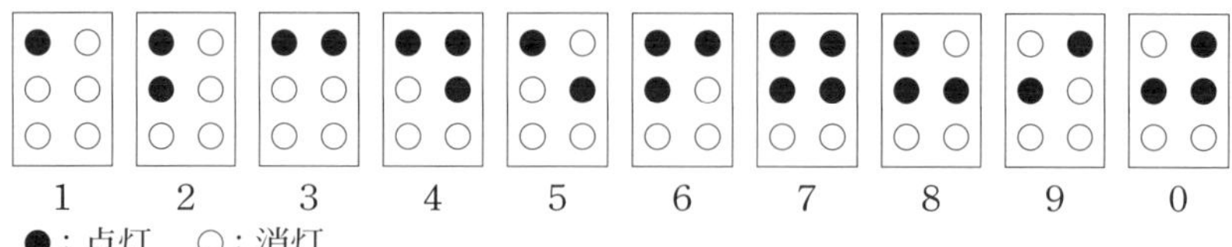

1 $\frac{1}{120}$

2 $\frac{1}{180}$

3 $\frac{1}{240}$

4 $\frac{1}{300}$

5 $\frac{1}{360}$

＊＊＊
No.11 **男性３人と女性３人の計６人が，「男女男女男女」の順に横一列で６人掛けベンチに座っている。「６人のうち２人を無作為に選び，その２人に入れ替わってもらう」という席替えを２回繰り返した時点で，両端の人がともに女性となっている確率はいくらか。**

【国家総合職・平成28年度】

1 $\frac{1}{15}$

2 $\frac{8}{45}$

3 $\frac{5}{27}$

4 $\frac{1}{3}$

5 $\frac{4}{9}$

実戦問題2の解説

No.8の解説　Bに到着する確率

→問題はP.418　正答5

STEP❶　AからBへの道順を考える

秒速0.2mで25秒進むことから，

0.2×25＝5〔m〕

進むことになる。

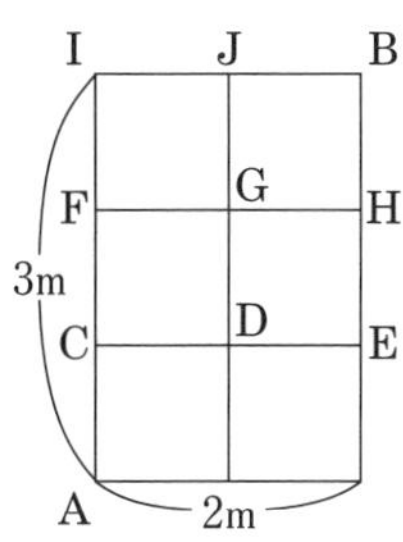

この部屋の広さは3m20cm×2m20cmであるが，ロボット本体の直径が20cmあるので，図Ⅲの部屋の縦方向（上方向）に3m，横方向（右方向）に2m進めば，合計5mとなって，AからBまで進むことができる。

1m進むごとに進行方向の選択を行うので，右図のような3m×2mの碁盤の目を最短経路でAからBまで進めばよい。

STEP❷　AからBへ進む経路

1m進むごとに進行方向の選択を行う地点を図のようにC～Jとすると，AからBまで進む最短経路は，最初は必ずC地点へ向かうので，

①A→C→D→E→H→B　②A→C→D→G→H→B
③A→C→D→G→J→B　④A→C→F→G→H→B
⑤A→C→F→G→J→B　⑥A→C→F→I→J→B

の6通りになる。

STEP❸　それぞれの確率を求める

この6通りそれぞれについて，その確率を求めると，C→D，F→G，I→Jが$\frac{2}{3}$の確率で，それ以外はすべて$\frac{1}{3}$の確率であるから，①～⑥の確率はすべて，

$$\frac{2}{3}\times\left(\frac{1}{3}\right)^3=\frac{2}{81}$$

となるので，求める確率は，

$$\frac{2}{81}\times6=\frac{12}{81}=\frac{4}{27}$$

となり，**5**が正しい。

第4章　場合の数と確率

No.9 の解説　コマが原点にある確率

→問題はP.419　**正答5**

STEP❶　場合に分けて考える

この動作を４回行った後，コマが原点にあるのは，取り出した４個に書かれた数の和が０となる場合である。球は，その都度，袋に戻すので，コマが原点にあるのは取り出した４個の球が，①「0」「0」「0」「0」，②「0」「0」「+1」「−1」，③「+1」「+1」「−1」「−1」，④「0」「−1」「−1」「+2」の４通りの場合がある。

STEP❷　それぞれの確率を求める

①の場合の確率は，$\left(\frac{3}{6}\right)^4=\left(\frac{1}{2}\right)^4=\frac{1}{16}$

②の場合の確率は，「0」が４回のうちどこの２回で取り出すかで ${}_4C_2=\frac{4\times3}{2\times1}=6$〔通り〕，「+1」「−1」の並び方で２通りあるから，全部で $6\times2=12$〔通り〕。よって，$12\times\left(\frac{3}{6}\right)^2\times\left(\frac{1}{6}\right)^2=\frac{1}{12}$

③の場合の確率は，「+1」が４回のうちどこの２回で取り出すかで，${}_4C_2=6$〔通り〕。よって，$6\times\left(\frac{1}{6}\right)^4=\frac{1}{216}$

④の場合の確率は，②の場合と同じで12通り。よって，$12\times\frac{3}{6}\times\left(\frac{1}{6}\right)^3=\frac{1}{36}$

したがって，求める確率は，$\frac{1}{16}+\frac{1}{12}+\frac{1}{216}+\frac{1}{36}=\frac{27+36+2+12}{432}=\frac{77}{432}$となり，**5**が正しい。

No.10 の解説　3の倍数となる確率

→問題はP.419　**正答4**

STEP❶　各パネルの点灯の場合を考える

パネル１の点灯のしかたは，６通り

パネル２の点灯のしかたは，${}_6C_2=\frac{6\times5}{2\times1}=15$〔通り〕

パネル３の点灯のしかたは，${}_6C_3=\frac{6\times5\times4}{3\times2\times1}=20$〔通り〕

STEP❷　各パネルが数字となる場合を考える

パネル１が数字となるのは１

パネル２が数字となるのは２，３，５，９

パネル３が数字となるのは４，６，８，０

これより，３ケタの数が３の倍数となるのは，各位の数字の和が３の倍数のときであるから，120，126，138，150，156，198の６通りである。

STEP❸　確率を求める

120という３ケタの数が現われる確率は，

$$\frac{1}{6}\times\frac{1}{15}\times\frac{1}{20}=\frac{1}{1800}$$

同様にして，126，138，150，156，198となる確率も，それぞれ$\frac{1}{1800}$であるから，求める確率は，$\frac{1}{1800}\times 6=\frac{1}{300}$となり，**4**が正しい。

No.11の解説　両端の人がともに女性になる確率

→問題はP.420　**正答2**

STEP❶　両端の人がともに女性になる条件

横１列に並んでいる６人を「AaBbCc」とし，A，B，Cが男性，a，b，cが女性とする。１回目の席替えで両端が男性となってしまうと，２回目の席替えで両端が女性となることは不可能である。したがって，１回目の席替えで両端の２人は，男性と女性もしくは女性と女性のどちらかでなければならない。

STEP❷　１回目の席替えで両端の２人が男性と女性の場合を考える

１回目の席替えで両端が男性と女性になるには，AとB，AとC，aとc，bとc，Aとcの５通りの場合と，a，B，b，Cのうちの２人が入れ替わる場合で，これは，${}_4C_2=\frac{4\times 3}{2\times 1}=6$〔通り〕で，合計で11通りある。

次に，２回目の席替えでは端の男性と端でない２人の女性が入れ替わればよいから２通りある。

したがって，全部で11×2＝22〔通り〕である。

STEP❸　１回目の席替えで両端の２人が女性と女性の場合を考える

１回目の席替えで両端が女性と女性になるには，Aとa，Aとbの２通りの場合である。

次に，２回目の席替えでは，両端の女性と端でない女性が入れ替わる２通りの場合と，両端の女性どうしが入れ替わる場合の１通りの場合と，両端の女性以外の４人が入れ替わる場合の６通りの場合で，合計で９通りある。

したがって，全部で2×9＝18〔通り〕である。

STEP❹　確率を求める

６人のうち２人が入れ替わる場合の数は，${}_6C_2=\frac{6\times 5}{2\times 1}=15$〔通り〕で，これを２回行うことから，15×15＝225〔通り〕である。

よって，求める確率は，$\frac{22+18}{225}=\frac{40}{225}=\frac{8}{45}$となり，**2**が正しい。

テーマ 第4章 場合の数と確率

33 確　率（3）

必修問題

A，Bを含む８名が，トーナメント形式の百人一首大会を行うこととなった。まず，くじ引きにより，無作為に図のトーナメント表の配置（８名が「一」から「八」のいずれかに配置される。）が決定され，その後，各試合が行われることとなった。また，この８名は実力が伯仲しており，一方が他方に勝つ確率と負ける確率は，ともに$\frac{1}{2}$であるものとする。

このとき，トーナメント戦に参加するAとBの２名のうち，1名以上が３回戦に進む確率はいくらか。

ただし，各試合において引き分けはないものとする。

【国家総合職・平成30年度】

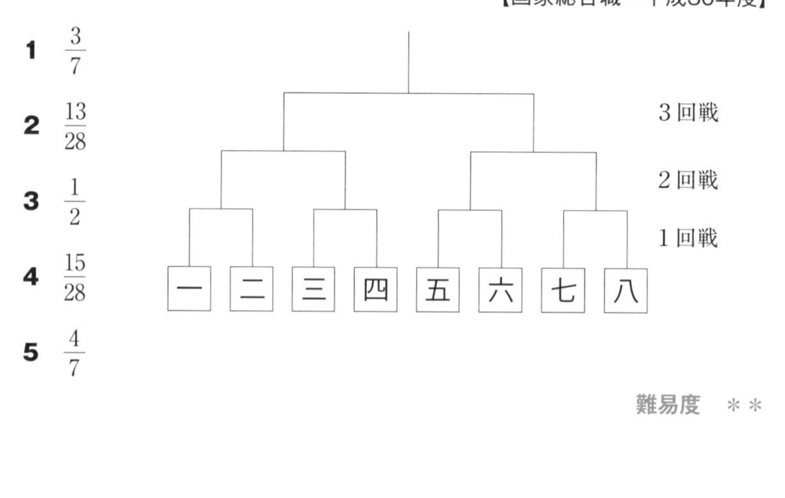

難易度　＊＊

必修問題の解説

AとBの２名のうち，１名以上が３回戦に進む確率ということは，「AとBの少なくとも１名が３回戦に進む確率」ということである。「少なくとも」というときは，余事象の確率が利用できないかと考えてみる。

STEP❶　トーナメント表に惑わされない

問題にトーナメント表が出ているので，この表を使って解きたくなるが，なかなか的が絞りづらい。そもそも，ＡとＢが一から八のどこに配置されるかと考えていくと大変である。

そこで，Aを固定して答える方法がある。この場合は，

(1) Bが三に配置される場合

(2) Bが三か四に配置される場合

(3) Bが五～八に配置される場合

の3つの場合に分けて，それぞれの確率を求めて，その和を求める方法もある。

しかし，これも結構面倒な計算が伴っている。

このように，場合分けが多いときなどは，逆転の発想をする。それが余事象の確率の利用である。

STEP❷　余事象の確率の利用

1回戦，2回戦の対戦経過は，この際無視して3回戦だけを考えればよい。そもそも3回戦に進むのは，8人のうち2人であるから，その場合の数は，

$${}_8C_2=\frac{8\times7}{2\times1}=28〔通り〕$$

である。

次に，AとBの少なくとも1名が3回戦に進む確率を求めればよいから，その余事象は「AもBも3回戦に進まない」，つまり，AとB以外の6人が3回戦に進む場合で，その場合の数は，

$${}_6C_2=\frac{6\times5}{2\times1}=15〔通り〕$$

である。

よって，求める確率は，$1-\frac{15}{28}=\frac{13}{28}$となり，**2**が正しい。

正答　2

FOCUS

確率や場合の数を求めるとき，まさに逆転の発想ともいうべきものが余事象の考え方である。これらも使いこなせるようになれば“鬼に金棒”である。

POINT

重要ポイント 1 余事象の確率

「Aでない」という事象をAの**余事象**といい，$\overline{A}$で表す。

$\overline{A}$がAの余事象のとき，

$$\boldsymbol{P(A)=1-P(\overline{A})}$$

例題のように，問題文に「少なくとも」とあるときは余事象の確率を使うとよい。

〔例題〕10個の中に3個の不良品が入っている製品の箱がある。この箱の中から勝手に3個の製品を取り出すとき，少なくとも1個の不良品が含まれている確率を求めよ。

「少なくとも1個の不良品が含まれている」事象をAとすると，$\overline{A}$は「1個も不良品が含まれていない」という事象になる。

10個の中から3個を取り出すとき，取り出し方の総数は，

$${}_{10}C_3=\frac{10\times9\times8}{3\times2\times1}=120\text{〔通り〕}$$

このうち，1個も不良品が含まれていないときは，良品ばかり3個取り出すことになる。良品は7個あるから，取り出し方の総数は，

$${}_{7}C_3=\frac{7\times6\times5}{3\times2\times1}=35\text{〔通り〕}$$

よって，求める確率は，$P(A)=1-P(\overline{A})=1-\frac{35}{120}=1-\frac{7}{24}=\frac{17}{24}$

重要ポイント 2 反復試行の確率

1回の試行で，事象Aの起こる確率をpとする。この試行をn回行うとき，事象Aがr回起こる確率は，

$$\boldsymbol{{}_nC_r p^r(1-p)^{n-r}}$$

〔例題〕1つのサイコロを繰り返し3回投げるとき，1の目が2回だけ出る確率を求めよ。

1の目が出る確率は$\frac{1}{6}$であり，1の目が出ない確率は$\frac{5}{6}$である。

3回のうち1の目が2回だけ出るのは，${}_3C_2$通り。

したがって，求める確率は，${}_3C_2\left(\frac{1}{6}\right)^2\left(\frac{5}{6}\right)=\frac{5}{72}$

重要ポイント3 期待値

ある試行に対して，数量xがとるすべての値が，

x_1，x_2，x_3，……，x_n

であり，その値をとる事象の確率がそれぞれ，

p_1，p_2，p_3，……，p_n

とするとき，

$$\boldsymbol{x_1p_1+x_2p_2+x_3p_3+\cdots\cdots+x_np_n}$$

を数量xの**期待値**という。

x	x_1　x_2　……　x_n	計
p	p_1　p_2　……　p_n	1

$p_1+p_2+\cdots\cdots+p_n=1$ に注意

〔例題〕次のような100本のくじがある。このくじを1本引くとき，賞金の期待値を求めよ。

	1等	2等	3等	
賞金	10,000円	1,000円	100円	計
本数	5	20	75	100

賞金とそれぞれが得られる確率は次のようになる。

	1等	2等	3等	
賞金	10,000円	1,000円	100円	計
確率	$\frac{5}{100}$	$\frac{20}{100}$	$\frac{75}{100}$	1

よって，求める期待値は，

$$10000\times\frac{5}{100}+1000\times\frac{20}{100}+100\times\frac{75}{100}=775〔円〕$$

したがって，このくじ1本引くとき損得の目安となる金額が775円ということになる。

実戦問題

No.1 [*] 1～9の異なる9つの整数が1個に1つずつ書かれた9個のボールが入った袋から，無作為に2個のボールを取り出すとき，2個のボールに書かれた整数の積が偶数になる確率として，正しいのはどれか。

【地方上級（東京都）・平成26年度】

1 $\frac{11}{18}$

2 $\frac{2}{3}$

3 $\frac{13}{18}$

4 $\frac{7}{9}$

5 $\frac{5}{6}$

No.2 [*] サービスエリアがA，B，C，Dの順にある高速道路を利用するとき，「AB間で渋滞に巻き込まれる確率」は0.2，「BC間で渋滞に巻き込まれる確率」は0.1，「CD間で渋滞に巻き込まれる確率」は0.3である。この高速道路をAからDまで走るとき，少なくともAB間，BC間，CD間のいずれかで渋滞に巻き込まれる確率として，正しいのはどれか。　【地方上級（東京都）・令和３年度】

1 0.418

2 0.442

3 0.496

4 0.504

5 0.507

*
No.3　**X国で販売予定の宝くじ（1口当たり200ドル）について，出現確率と賞金が次のように示されている。**

	1等	2等	3等	4等	はずれ
出現確率(%)	0.01	0.19	0.8	19.0	80.0
賞金(ドル)		20,000	4,000	100	0

この宝くじの賞金の期待値が1口当たり価格の8割（160ドル）となるための1等賞金はいくらか。　【国家専門職・平成22年度】

1　71万ドル
2　72万ドル
3　73万ドル
4　74万ドル
5　75万ドル

**
No.4　**1～6の異なる数字が各面に一つずつ書かれた正六面体のサイコロを振って，1または2の目が出たら5点加点し，3～6の目が出たら3点減点するゲームを行うとき，サイコロを5回振った時点の点数が9点である確率はいくらか。**
ただし，ゲームは0点から開始するものとし，点数がマイナスになることもある。
【国家専門職・平成30年度】

1　$\frac{4}{243}$

2　$\frac{26}{243}$

3　$\frac{40}{243}$

4　$\frac{7}{15}$

5　$\frac{13}{27}$

No.5 ＊＊ 1000から9999までの4ケタの整数の中から，１つの整数を無作為に選んだとき，選んだ整数の各位の数字の中に同じ数字が２つ以上含まれる確率として，正しいのはどれか。 【地方上級（東京都）・平成28年度】

1 $\frac{9}{25}$

2 $\frac{62}{125}$

3 $\frac{692}{1375}$

4 $\frac{683}{1250}$

5 $\frac{83}{125}$

No.6 ＊＊ Aは100万円の元金を有しており，これを株式投資か債券投資のいずれか一方で１年間，運用することを考えている。

株式投資については，１年後に元金が25万円増加するか15万円減少するかのいずれかであると仮定する。なお，１年後に株式投資で，増加する確率や減少する確率についてはわかっていない。一方，債券投資については，元金に対して１年間で確実に10%の利子が付くと仮定する。

Aが，１年後に，株式投資により得られる金額の期待値が債券投資により得られる金額を上回れば株式投資を選択するとした場合，株式投資を選択するのは，株式投資により元金が増加する確率が，次のうち，最低限いくらより大きいと予想するときか。 【国家専門職・令和４年度】

1 62.5 %
2 65.0 %
3 67.5 %
4 70.0 %
5 72.5 %

実戦問題の解説

No.1 の解説　2個のボールに書かれた整数の積が偶数になる確率 →問題はP.428 正答3

STEP❶　ボールを取り出す場合の数

9個のボールから2個のボールを取り出す場合の数は，

$${}_9C_2=\frac{9\times 8}{2\times 1}=36〔通り〕$$

STEP❷　余事象を考える

2個のボールに書かれた整数の積が偶数になる場合は，2個とも奇数を取り出す場合の余事象であるから，2個とも奇数を取り出す場合は，1，3，5，7，9の5個のボールから2個取り出す場合の数である。

$${}_5C_2=\frac{5\times 4}{2\times 1}=10〔通り〕$$

よって，求める確率は，$1-\frac{10}{36}=1-\frac{5}{18}=\frac{13}{18}$となり，**3**が正しい。

No.2 の解説　渋滞に巻き込まれる確率 →問題はP.428 正答3

STEP❶　余事象で考える

AB間で渋滞に巻き込まれない確率は，$1-0.2=0.8$

BC間で渋滞に巻き込まれない確率は，$1-0.1=0.9$

CD間で渋滞に巻き込まれない確率は，$1-0.3=0.7$

よって，AB間でもBC間でもCD間でも渋滞に巻き込まれない確率は，

$0.8\times 0.9\times 0.7=0.504$

STEP❷　確率を求める

少なくともどちらかで渋滞に巻き込まれる確率は，余事象の確率より，

$1-0.504=0.496$となり，**3**が正しい。

No.3 の解説　1等賞金 →問題はP.429 正答1

STEP❶　期待値の求め方

各等の出現率×賞金の合計より，期待値が求められる。

STEP❷　1等賞金を求める

1等賞金をxドルとすると，

$$x\times\frac{0.01}{100}+20000\times\frac{0.19}{100}+4000\times\frac{0.8}{100}+100\times\frac{19.0}{100}=160$$

$$0.01x+3800+3200+1900=16000$$

$$0.01x=7100$$

$$x=710000$$

したがって，1等賞金は71万ドルとなり，**1**が正しい。

No.4 の解説　反復試行の確率

→問題はP.429　正答3

STEP❶　点数が9点になる場合を考える

サイコロを5回振った時点の点数が9点である場合は，5点加点をx回とすると，3点減点は$5-x$回であるから，

$$5x-3(5-x)=9$$
$$8x=24$$
$$x=3$$

したがって，1または2の目が3回，3～6の目が2回出ることになる。

STEP❷　確率を求める

サイコロが1または2の目が出る確率は，$\frac{2}{6}=\frac{1}{3}$，3～6の目が出る確率は$\frac{2}{3}$であるから，反復試行の確率より，

$${}_5C_3\left(\frac{1}{3}\right)^3\times\left(\frac{2}{3}\right)^2=10\times\frac{1}{27}\times\frac{4}{9}=\frac{40}{243}$$

となり，**3**が正しい。

No.5 の解説　同じ数字が2つ以上含まれる確率

→問題はP.430　正答2

STEP❶　余事象を考える

「各位の数字の中に同じ数字が2つ以上含まれる」の余事象は，「各位の数字がすべて異なっている」である。

1000から9999までの4ケタの整数は9000個あり，各位の数字がすべて異なる場合は千の位については1～9の9通り，百の位については千の位の数字以外と0を含めて9通り，十の位については8通り，一の位は7通りとなるから，その確率は，

$$\frac{9\times9\times8\times7}{9000}=\frac{9\times8\times7}{1000}=\frac{63}{125}$$

STEP❷　確率を求める

したがって，求める確率は，

$$1-\frac{63}{125}=\frac{62}{125}$$

となり，**2**が正しい。

No.6の解説　株式投資の場合の期待値を求める

→問題はP.430　正答1

STEP❶　株式投資の場合の期待値を求める

株式投資により元金が増加する確率をpとすると，減少する確率は$1-p$である。したがって，1年後に，株式投資により得られる金額の期待値は，

$25p-15(1-p)$〔万円〕

一方，債券投資については，元金100万円に対して10%の利子が付くから，

$100\times0.1=10$〔万円〕

STEP❷　不等式を作る

株式投資により得られる金額の期待値が10万円を上回ればいいから，

$$25p-15(1-p)>10$$
$$40p>25$$
$$p>\frac{25}{40}=\frac{5}{8}=0.625$$

よって，元金が増加する確率が，62.5%より大きければいいから，**1**が正しい。

索　引

【あ】
余り……54

【い】
一般項……102
因数分解……34

【え】
円……300，316
円周角……300
円順列……367
円すい……334
円柱……334

【お】
扇形……316
同じものを含む順列……367

【か】
外心……272
角すい……334
角柱……334
確率……390
確率の加法定理……408
確率の乗法定理……408
加減法……126

【き】
記数法……63
期待値……427
球……334
給排水問題……256
距離……188

【く】
組合せ……376，391

【け】
計算法則……20
原価……225

【こ】
公倍数……42
公約数……42

【さ】
最小公倍数……42
最大公約数……42
最短距離……335
最短経路……357
三角形……270，272，282
三角数……103
三平方の定理……271

【し】
時間……188
仕事算……248
指数法則……21
四則混合計算……20
集合……176
重心……272
重複順列……367
樹形図……356
順列……366，390
商……54
乗法の公式……34
剰余類……54
初項……102
進法……64

【す】
数列……102

【せ】
正の数・負の数の加減……20
正の数・負の数の乗除……20
接弦定理……301
接線……300，316

【そ】
素因数分解……34
相加平均……149
増加率……241
相似……270
相乗平均……149
素数……34

【た】
代入法……126
ダイヤグラム……214
旅人算……202

【ち】
中点連結定理……271
頂角の２等分線……272

【つ】
通過算……203

【て】
定価……225

【と】
等差数列……102
等比数列……102
時計算……164

【な】
内心……272
内接……301

【に】
ニュートン算……256

【ね】
年齢算……164

【の】
濃度……232

【は】
場合の数……356
速さ……188

反復試行……426

【ひ】
百分率……240
比例配分……224

【ふ】
覆面算……90
不等号……148
不等式……148

【へ】
平均……165
平行線……270
平行根の計算……21

【ほ】
方べきの定理……302

【ま】
窓口の処理能力……257
魔方陣……90

【め】
メネラウスの定理……284

【や】
約数……42

【よ】
余事象……426

【り】
流水算……202

【れ】
連比……224
連立１次不等式……148
連立方程式……126

【わ】
割合……240

【数字】
10進法……64
１次方程式……118

●本書の内容に関するお問合せについて

『新スーパー過去問ゼミ』シリーズに関するお知らせ，また追補・訂正情報がある場合は，小社ブックスサイト（books.jitsumu.co.jp）に掲載します。サイト中の本書ページに正誤表・訂正表がない場合や訂正表に該当箇所が掲載されていない場合は，書名，発行年月日，お客様の名前・連絡先，該当箇所のページ番号と具体的な誤りの内容・理由等をご記入のうえ，郵便，FAX，メールにてお問合せください。

〒163-8671　東京都新宿区新宿 1-1-12　実務教育出版　第二編集部問合せ窓口
FAX：03-5369-2237　　E-mail：jitsumu_2hen@jitsumu.co.jp

【ご注意】
※電話でのお問合せは，一切受け付けておりません。
※内容の正誤以外のお問合せ（詳しい解説・受験指導のご要望等）には対応できません。

公務員試験
新スーパー過去問ゼミ 7　**数的推理**

2023年 9 月 10 日　初版第 1 刷発行　〈検印省略〉
2024年 5 月 15 日　初版第 3 刷発行

編　者　資格試験研究会
発行者　淺井　亨

発行所　株式会社 実務教育出版
〒163-8671　東京都新宿区新宿1-1-12
☎編集　03-3355-1812　　販売　03-3355-1951
振替　00160-0-78270

印　刷　図書印刷
製　本　ブックアート

ISBN 978-4-7889-3745-1 C0030　Printed in Japan
乱丁，落丁本は本社にておとりかえいたします。